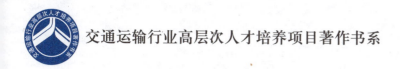

主　编　陈济丁
副主编　孔亚平　陈建业

绿色公路

Science and Practice of Green Road in China | 建设理论与实践

人民交通出版社股份有限公司
China Communications Press Co.,Ltd.

内 容 提 要

本书为"交通运输行业高层次人才培养项目著作书系"中的一本,从景观格局、土地资源、自然植被、野生动物和水环境等方面,分析论述了公路建设运营对资源环境的影响规律;从土地资源节约、植被保护与恢复、野生动物保护、水环境保护、水土保持监测、噪声防治——声屏障、旅游公路规划设计等方面,总结阐述了绿色公路建设的常用技术;筛选介绍了河南省三门峡至淅川高速公路、吉林省环长白山旅游公路、江西省南昌至樟树高速公路改扩建工程、贵州省赤水河谷旅游公路、吉林省吉林至延吉高速公路和湖北省神农架至宜昌旅游公路等绿色公路建设典型案例。

本书可供从事公路工程可行性研究、工程设计、工程咨询、工程施工、工程监理、工程管理、运营管理、维修养护、科学研究及教育培训人员使用,亦可作为环境保护、水土保持等领域相关人员的参考书。

图书在版编目(CIP)数据

绿色公路建设理论与实践 / 陈济丁主编. — 北京:人民交通出版社股份有限公司, 2017.7
(交通运输行业高层次人才培养项目著作书系)
ISBN 978-7-114-13861-4

Ⅰ.①绿⋯ Ⅱ.①陈⋯ Ⅲ.①道路工程 - 道路建设 - 研究 Ⅳ.①U41

中国版本图书馆 CIP 数据核字(2017)第 117547 号

交通运输行业高层次人才培养项目著作书系
书　　名:**绿色公路建设理论与实践**
著　作　者:**陈济丁**
责任编辑:周　宇　张　鑫　李　娜
出版发行:人民交通出版社股份有限公司
地　　址:(100011)北京市朝阳区安定门外外馆斜街 3 号
网　　址:http://www.ccpress.com.cn
销售电话:(010)59757973
总　经　销:人民交通出版社股份有限公司发行部
经　　销:各地新华书店
印　　刷:北京盛通印刷股份有限公司
开　　本:787×1092　1/16
印　　张:22.5
字　　数:505 千
版　　次:2017 年 7 月　第 1 版
印　　次:2017 年 7 月　第 1 次印刷
书　　号:ISBN 978-7-114-13861-4
定　　价:125.00 元

(有印刷、装订质量问题的图书,由本公司负责调换)

交通运输行业高层次人才培养项目著作书系编审委员会

主　任：杨传堂

副主任：戴东昌　周海涛　徐　光　王金付
　　　　　陈瑞生（常务）

委　员：李良生　李作敏　韩　敏　王先进
　　　　　石宝林　关昌余　沙爱民　吴　澎
　　　　　杨万枫　张劲泉　张喜刚　郑健龙
　　　　　唐伯明　蒋树屏　潘新祥　魏庆朝
　　　　　孙　海

作者简介
Author Introduction

　　陈济丁,研究员,交通运输部科学研究院副院长,新世纪百千万人才工程国家级人选,交通运输部环境保护标准化技术委员会委员、海南国际旅游岛建设交通运输专家咨询委员会委员,兼任中国公路学会理事、中国公路学会公路环境与可持续发展分会秘书长。

　　主要研究领域为:绿色公路、旅游公路、交通环境保护和可持续发展等。发表论文60余篇,授权专利包括"多功能桥面径流串联处理装置""基于生境因子的动物通行热区的评判方法""一种树围混凝土砌块"等。

　　主持完成国家科技支撑计划项目"高海拔高寒地区高速公路建设环境保护技术"和交通运输部科技项目"云南山区高等级公路边坡生物防护技术研究""多年冻土地区公路生态环境保护与评价技术研究""中巴喀喇昆仑公路环境保护与地质灾害防治关键技术研究"等重大科研任务。主持完成"吉林省鹤(岗)大(连)高速公路绿色公路主题性项目""海南国际旅游岛旅游公路发展规划""吉林省吉(林)延(吉)高速公路景观环保完善设计"等重大咨询、设计项目。

书系前言
Preface of Series

进入21世纪以来,党中央、国务院高度重视人才工作,提出人才资源是第一资源的战略思想,先后两次召开全国人才工作会议,围绕人才强国战略实施做出一系列重大决策部署。党的十八大着眼于全面建成小康社会的奋斗目标,提出要进一步深入实践人才强国战略,加快推动我国由人才大国迈向人才强国,将人才工作作为"全面提高党的建设科学化水平"八项任务之一。十八届三中全会强调指出,全面深化改革,需要有力的组织保证和人才支撑。要建立集聚人才体制机制,择天下英才而用之。这些都充分体现了党中央、国务院对人才工作的高度重视,为人才成长发展进一步营造出良好的政策和舆论环境,极大激发了人才干事创业的积极性。

国以才立,业以才兴。面对风云变幻的国际形势,综合国力竞争日趋激烈,我国在全面建成社会主义小康社会的历史进程中机遇和挑战并存,人才作为第一资源的特征和作用日益凸显。只有深入实施人才强国战略,确立国家人才竞争优势,充分发挥人才对国民经济和社会发展的重要支撑作用,才能在国际形势、国内条件深刻变化中赢得主动、赢得优势、赢得未来。

近年来,交通运输行业深入贯彻落实人才强交战略,围绕建设综合交通、智慧交通、绿色交通、平安交通的战略部署和中心任务,加大人才发展体制机制改革与政策创新力度,行业人才工作不断取得新进展,逐步形成了一支专业结构日趋合理、整体素质基本适应的人才队伍,为交通运输事业全面、协调、可持续发展提供了有力的人才保障与智力支持。

"交通青年科技英才"是交通运输行业优秀青年科技人才的代表群体,培养选拔"交通青年科技英才"是交通运输行业实施人才强交战略的"品牌工程"之一,1999年至今已培养选拔282人。他们活跃在科研、生产、教学一线,奋发有为、锐意进取,取得了突出业绩,创造了显著效益,形成了一系列较高水平的科研成果。为加大行业高层次人才培养力度,"十二五"期间,交通运输部设立人才培养专项经费,重点资助包含"交通青年科技英才"在内的高层次人才。

人民交通出版社以服务交通运输行业改革创新、促进交通科技成果推广应用、支持交通行业高端人才发展为目的,配合人才强交战略设立"交通运输行业高层次人才培养项目著作书系"(以下简称"著作书系")。该书系面向包括"交通青年科技英才"在内的交通运输行业高层次人才,旨在为行业人才培养搭建一个学术交流、成果展示和技术积累的平台,是推动加强交通运输人才队伍建设的重要载体,在推动科技创新、技术交流、加强高层次人才培养力度等方面均将起到积极作用。凡在"交通青年科技英才培养项目"和"交通运输部新世纪十百千人才培养项目"申请中获得资助的出版项目,均可列入"著作书系"。对于虽然未列入培养项目,但同样能代表行业水平的著作,经申请、评审后,也可酌情纳入"著作书系"。

高层次人才是创新驱动的核心要素,创新驱动是推动科学发展的不懈动力。希望"著作书系"能够充分发挥服务行业、服务社会、服务国家的积极作用,助力科技创新步伐,促进行业高层次人才特别是中青年人才健康快速成长,为建设综合交通、智慧交通、绿色交通、平安交通做出不懈努力和突出贡献。

交通运输行业高层次人才培养项目
著作书系编审委员会
2014 年 3 月

前言
Foreword

党的十八大以来,党中央把生态文明建设放在突出的战略位置,着力推进绿色发展、循环发展、低碳发展。十八届五中全会进一步确立了"创新、协调、绿色、开放、共享"五大发展理念,为今后国民经济和社会发展指明了方向。

我国公路规模大、里程长、涉及范围广,截至2016年年底,全国公路总里程达469.63万km,公路密度达48.92km/百km^2。庞大的公路网络,对自然生态和环境质量的影响不容忽视。交通运输部高度重视资源节约环境保护工作,先后实施了以四川省川(主寺)九(寨沟)公路为代表的公路勘察设计典型示范工程、以河南省三(门峡)淅(川)高速公路为代表的绿色公路主题性项目和以湖北省神(农架木鱼坪)宜(昌兴山昭君桥)旅游公路为代表的科技示范工程等项目,公路设计理念不断丰富,节约用地、节能减排、保护环境等技术不断创新,绿色公路建设水平不断提升。

1987年,交通运输部科学研究院(原交通部科学技术信息研究所)以聂嘉宣研究员为代表的科研人员,率先开展了《公路建设对环境影响的研究》,开创了我国公路环保研究的先河。此后,公路环保科研团队不断壮大,科研领域不断拓展,从刚开始的公路交通噪声污染规律及其防治,逐步拓展到资源节约、节能减排、生态保护、污染防治、景观保护等与绿色公路相关的各个方向。30年来,先后完成了《贵黄公路声屏障技术研究》《生态敏感区高速公路景观及资源环境综合保护技术研究与示范》《海南省旅游公路规划》《遵义赤水河谷旅游公路设计》《河南省三(门峡)淅(川)高速公路绿色公路主题性项目咨询》等一大批项目,在绿色公路相关理论研究、技术研发和工程实践中积累了大量的经验,在公路生态环境保护与恢复、公路景观与旅游公路规划设计、公路水土保持监测与水土流失防治、公路节能减排评估等诸多领域,走在行业前列。

绿色公路是绿色交通的重要组成部分,大力开展绿色公路建设对于践行五大发展理念、促进生态文明和建设美丽中国等都具有十分重要的意义。2016年7月

20 日,交通运输部印发《关于实施绿色公路建设的指导意见》,明确了绿色公路的发展思路和建设目标。为了更好地指导和推动绿色公路建设,我院绿色公路研究团队,对近 30 年来在该领域科研、咨询、设计和工程实践的代表性成果,进行系统梳理和总结,编著了本书。

在编写过程中,我们力求做到理论与实践相结合,系统性与实用性相统一,深入浅出,使读者对绿色公路建设从基础理论、实用技术到工程实践有一个较为全面的了解。本书的出版,以期为我国公路交通的建设管理人员、工程技术人员和相关科研人员提供参考和借鉴,为绿色公路建设尽一份绵薄之力。

本书由陈济丁研究员任主编,孔亚平研究员、陈建业教授级高工任副主编。全书分理论篇、技术篇、案例篇三篇共 21 章。理论篇,从景观格局、土地资源、自然植被、野生动物和水环境等方面,分析论述了公路建设运营对资源环境的一些影响规律;技术篇,从土地资源节约、植被保护与恢复、野生动物保护、水环境保护、水土保持监测、噪声防治—声屏障、旅游公路规划设计等方面,总结阐述了绿色公路建设的常用技术;案例篇,筛选介绍了我院作为技术支撑单位实施的一些绿色公路典型项目,包括河南省三门峡至淅川高速公路、吉林省环长白山旅游公路、江西省南昌至樟树高速公路改扩建工程、贵州省赤水河谷旅游公路、吉林省吉林至延吉高速公路和湖北省神农架至宜昌旅游公路等。各章编写分工如下:第 1 章由陈济丁、王新军编写,第 2 章由关磊、王云、赵世元编写,第 3 章由陶双成、刘涛、崔慧珊、孔亚平编写,第 4 章由陈建业、陈学平、王倜编写,第 5 章由王云、关磊编写,第 6 章由王新军、简丽、刘涛编写,第 7 章由陈济丁、孔亚平、王新军编写,第 8 章由陶双成、孔亚平、刘涛、陈琳编写,第 9 章由陈建业、陈学平、王倜、陈济丁编写,第 10 章由王云、关磊编写,第 11 章由王新军、简丽、刘学欣、刘涛编写,第 12 章由陈琳、刘涛、陈宗伟、李华编写,第 13 章由孔亚平、付金生、聂嘉宣编写,第 14 章由孔亚平、王萌萌、陆旭东、陈济丁编写,第 15 章由刘学欣、陈建业、简丽编写,第 16 章由陆旭东、陈建业、王倜编写,第 17 章由杜小冰、顾晓峰编写,第 18 章由王萌萌、孔亚平、刘毅编写,第 19 章由周剑、陆旭东、杜小冰编写,第 20 章由陈学平、刘龙编写,第 21 章由陈济丁、王新军编写。全书由陈济丁统稿,北京大学蔡晓明教授审校。

衷心感谢交通运输部科技司、综合规划司、法制司、公路局等司局,在科技项目、前期工作费项目、节能减排项目等方面给予的大力支持和悉心指导,使得相关研究得以顺利实施和圆满完成!衷心感谢各省(自治区、直辖市)交通运输厅(局、委)和项目业主等单位提供的宝贵机会和大力帮助,使得相关试验得以顺利完成,相关成果得以推广应用！衷心感谢各个项目的合作伙伴，这些成果的取得是各单位团结协作、共同攻关的结果！衷心感谢聂嘉宣研究员、毛文碧高工、刘红研究员、高洁教授级高工、饶黄裳高工等老同志开创的交通环保事业，为绿色公路建设研究奠定了厚实基础！衷心感谢绿色公路研究团队的全体成员（包括已经调离我院的同志），本书的出版是大家智慧和汗水的结晶！衷心感谢人民交通出版社股份有限公司的周宇主任和张鑫、李娜编辑，从全书的结构布局到图表格式、文字校核，无不凝聚着你们的心血！本书引用了大量文献资料，在此向文献作者一并致谢！

绿色公路建设涵盖领域广、涉及学科多，限于我们的知识水平和实践经验，缺点、错误在所难免，敬请广大读者批评指正，以便今后进一步修改完善。

作　者
2017 年 5 月

目录 Contents

上篇 理 论 篇

1 公路环境影响概述 ·· 3
  1.1 我国公路发展现状与规划 ··· 3
  1.2 公路建设运营对资源环境的影响 ··· 4
  1.3 小结 ·· 10
  本章参考文献 ·· 10
2 公路对景观格局的影响 ·· 11
  2.1 景观完整性与景观破碎化 ·· 11
  2.2 单条公路对景观格局的影响 ··· 12
  2.3 公路网络对景观格局的影响 ··· 18
  2.4 小结 ·· 21
  本章参考文献 ·· 21
3 公路对土地资源的影响 ·· 24
  3.1 占用土地资源 ·· 24
  3.2 影响扰动区土地质量 ·· 28
  3.3 水土流失 ·· 32
  3.4 小结 ·· 35
  本章参考文献 ·· 36
4 公路对自然植被的影响 ·· 37
  4.1 用地范围内植被影响 ·· 37
  4.2 用地范围外植被影响 ·· 38
  4.3 路侧外来植物入侵 ··· 42
  4.4 小结 ·· 50
  本章参考文献 ·· 51
5 公路对野生动物的影响 ·· 54
  5.1 栖息地影响 ··· 54
  5.2 交通致死 ·· 57

  5.3 迁徙影响与阻隔作用 · 62

  5.4 公路影响域 · 64

  5.5 小结 · 66

  本章参考文献 · 66

6 公路对水环境的影响 · 69

  6.1 对湿地水系连通性的影响 · 69

  6.2 工程施工对沿线水环境的影响 · 75

  6.3 路面径流 · 79

  6.4 沿线设施污水 · 85

  6.5 融雪剂 · 88

  6.6 小结 · 90

  本章参考文献 · 91

7 绿色公路概述 · 93

  7.1 绿色发展理念的提出 · 93

  7.2 绿色公路基本内涵 · 94

  7.3 绿色公路实现途径 · 95

  7.4 绿色公路建设技术 · 96

  7.5 小结 · 98

  本章参考文献 · 98

中篇 技 术 篇

8 公路建设土地资源保护 · 103

  8.1 永久用地节约集约利用 · 103

  8.2 临时用地节约集约利用与复垦 · 109

  8.3 表土资源保护 · 116

  8.4 公路水土保持 · 121

  本章参考文献 · 126

9 公路路域植被保护与恢复 · 127

  9.1 路域植被保护 · 127

  9.2 公路路域植被恢复 · 134

  本章参考文献 · 158

10 公路路域野生动物保护 · 160

  10.1 野生动物保护对策 · 161

  10.2 公路网规划阶段 · 161

  10.3 公路设计阶段 · 163

  10.4 公路施工阶段 · 167

  10.5 公路运营阶段 · 167

10.6 野生动物通道效果监测	168
本章参考文献	174

11 公路沿线水环境保护 — 176

11.1 施工废水污染防治	176
11.2 路（桥）面径流处置	179
11.3 公路沿线设施污水处理	184
11.4 环境友好型融雪剂	204
本章参考文献	211

12 公路水土保持监测 — 213

12.1 监测指标体系	213
12.2 监测点布局	217
12.3 定量监测方法	225
本章参考文献	233

13 公路噪声防治——声屏障 — 234

13.1 声屏障概述	234
13.2 声屏障类型	235
13.3 设计原则	239
13.4 设计流程	240
13.5 设计要点	245
13.6 设计案例	248
本章参考文献	254

14 旅游公路规划设计 — 255

14.1 旅游公路概述	255
14.2 旅游公路规划	258
14.3 旅游公路设计	262
本章参考文献	287

下篇 案 例 篇

15 河南省三门峡至淅川高速公路 — 291

15.1 工程概况	291
15.2 建设思路	291
15.3 绿色公路试点内容	292
15.4 建设成效	299

16 吉林省环长白山旅游公路 — 301

16.1 工程概况	301
16.2 建设理念	301
16.3 主要做法	302

| | 16.4 建设成效 | 305 |

17 江西省南昌至樟树高速公路改扩建工程 ... 307
- 17.1 工程概况 ... 307
- 17.2 景观环保设计原则 ... 307
- 17.3 景观环保设计亮点 ... 308
- 17.4 建设成效 ... 313

18 贵州省赤水河谷旅游公路 ... 314
- 18.1 项目概述 ... 314
- 18.2 设计主题 ... 314
- 18.3 设计策略 ... 315
- 18.4 主要做法 ... 315
- 18.5 建设成效 ... 320

19 吉林省吉林至延吉高速公路 ... 323
- 19.1 工程概况 ... 323
- 19.2 完善设计的主要做法 ... 323
- 19.3 建设成效 ... 326

20 湖北省神农架至宜昌旅游公路 ... 328
- 20.1 工程概况 ... 328
- 20.2 建设理念 ... 328
- 20.3 主要做法 ... 329
- 20.4 建设成效 ... 333

21 绿色公路展望 ... 335
本章参考文献 ... 338

上篇
理论篇

1 公路环境影响概述

公路在地球上形成一个庞大的网络,是分布最为广泛的人工设施之一。作为重要的交通基础设施,公路在国民经济和社会发展中扮演着极其重要的角色。由于公路规模大、里程长、涉及范围广,它对自然生态和环境质量的影响受到社会的广泛关注。

1.1 我国公路发展现状与规划

20 世纪 90 年代以来,我国公路实现了跨越式发展,为国民经济发展提供了强有力的支撑。根据《2015 年交通运输行业发展统计公报》,截至 2015 年年末,全国公路总里程达 457.73 万 km,公路密度为 47.68km/km²,公路养护里程 446.56 万 km,占公路总里程的 97.6%(图 1-1)。等级公路里程 404.63 万 km,占公路总里程的 88.4%,其中二级及以上公路里程 57.49 万 km。高速公路里程达 12.35 万 km,其中国家高速公路 7.96 万 km(图 1-2)。高速公路车道里程 54.84 万 km。农村公路(含县道、乡道、村道)里程达 398.06 万 km,其中村道 231.31 万 km。通公路的乡(镇)占全国乡(镇)总数的 99.99%,其中通硬化路面的乡(镇)占全国乡(镇)总数的 98.62%;通公路的建制村占全国建制村总数的 99.87%,其中通硬化路面的建制村占全国建制村总数的 94.45%。

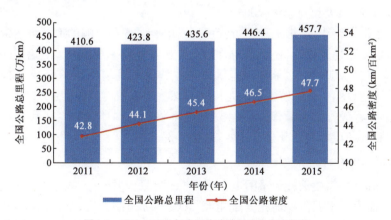

图 1-1　2011~2015 年全国公路总里程及公路密度

根据《国家公路网规划(2013 年—2030 年)》,国家公路网规划总规模 40.1 万 km,由普通国道和国家高速公路两个路网层次构成。普通国道规划总计 26.5 万 km,其中利用原国道 10.4 万 km、原省道 12.4 万 km、原县乡道 2.9 万 km,合计占规划里程的 97%,其余 3% 约 0.8 万 km 需要新建;截至 2014 年,达到二级及以上技术标准的普通国道路线约占 60%,按照未来基本达到二级及以上标准测算,共约 10 万 km 需要升级改造;国家高速公路规划总计 11.8 万 km,截至 2014 年,已建成 7.31 万 km,在建约 1.99 万 km,待建约 2.5 万 km,分别占 62%、17%

和21%。由此可见,未来较长的一段时间内,我国公路建设还将保持一个较快的发展态势。"十三五"期间,仍是交通运输基础设施发展、服务水平提高和转型发展的黄金时期。

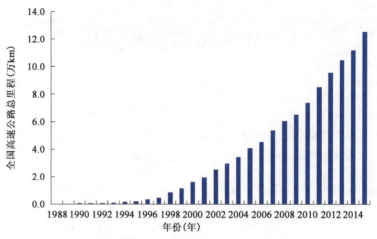

图1-2　1988~2015年全国高速公路总里程

1.2　公路建设运营对资源环境的影响

公路建设不仅能有效地带动一大批相关产业的发展,而且公路设施的改善和服务水平的提高,又能降低物流成本、刺激自驾游等消费需求。公路的建设和运营改善了沿线各地区、各城市的可达性,促进了沿线地区土地资源的合理利用,使工业化、城镇化、农业现代化水平得以提高。据有关专家分析计算,公路交通建设的投资乘数约为2.63,最终累计社会总产乘数约为7,即如果增加100亿元公路投资,最终将带动社会总产出700亿元,可见公路建设对经济增长的贡献显著(崔晓天和程建学,2004)。

公路路域是指公路建设、维护和运行管理过程中所改变和影响的地面自然带状空间,这种带状空间既包括公路建筑设施,还涵盖与公路产生相互作用和影响的自然生态系统的相关区域(毛文碧和段昌群,2009)。公路路域范围内的生物及其环境构成了路域生态系统,其大小取决于公路建设对自然生态系统的影响范围和自然生态系统对公路的影响范围。

然而,公路自建设开始到运营,整个生命周期都将对资源环境产生一系列的影响,包括资源占用、能源消耗、环境影响以及景观改变等(图1-3)。

1.2.1　能源消耗

公路建设和运营,需要消耗大量的电力、燃油等能源。据统计,我国建造高速公路需水泥近10 000t/km,而生产水泥需要消耗大量能源,2007年我国生产水泥能耗占全国能耗总量的5%(卢海涛,2011)。研究表明,公路建设过程中,每公里四车道高速公路能耗达1 399t标煤。在20年的公路生命周期内,每公里四车道高速公路共消耗2 512t标煤(尚春静等,2010)。此外,据国家统计局相关数据,2008年我国交通运输业石油消费量约占全国石油终端消费总量的36%,其中公路运输、水路运输、城市客运在交通运输业中的比例分别约为44%、20%和15%。另据国家2009年统计数据,交通运输行业汽油、煤油、柴油和燃料油消费量分别占各类油消费总量的46.68%、91.3%、57.37%和44.23%,从平均水平来看,交通运输行业油耗比已达到47.29%(吕荣胜和孙扬,2012)。

1.2.2 资源占用

公路建设首先要占用一定的土地。公路永久占地改变了土地的原有利用功能,表现为农田、林地、草地等非建设用地转化为交通用地,直接造成区域内相关地类绝对数量和可利用土地资源量的减少,这种影响具有持(永)久性和不可逆性。在多数地区,建设公路不可避免地要占用一些耕地,导致耕地面积减小,在局部地区一定程度上会加剧人均耕地紧张。以高速公路为例,一般路基宽在 26m 以上,路界范围内永久占地可达 40m 甚至 60m,每公里占地约为 $0.05km^2$。根据国家发改委综合运输研究所统计,"十五"期间全国共新增建设用地 3285 万亩($1 亩 \approx 666.6m^2$,下同),其中新增交通用地 546 万亩,占建设用地增量的 16.6%,平均每年新增交通用地 109.2 万亩。"十一五"以来交通建设大发展,每年新增交通用地更为可观。根据我国交通中长期发展规划,交通建设用地总规模还将有一定程度的增长。除永久占地以外,公路施工过程中的施工便道、施工场地(拌和场、预制场等)、施工营地、取土(料)场、弃渣场还需要大量的临时用地。

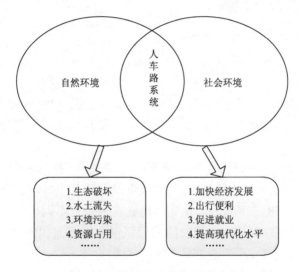

图 1-3 公路与自然、社会环境的关系图

此外,公路建设需要大量的水泥、沥青、钢材等工程材料。穿越矿区的公路,有可能造成压矿,导致部分矿产资源埋在路下无法开采利用。公路建设如果不注意表土的收集和保护,还会造成表土资源的浪费等。

1.2.3 环境影响

公路作为长距离的带状人工构造物,它会改变所经区域的环境特征。尽管公路在沿线环境系统中所占面积比例不大,但由于是长距离线状分布,其对生态环境所产生的影响甚至大于同等面积的城市(图 1-4)。

研究表明,公路自建设开始的整个生命周期都将对沿线环境产生一系列影响,包括对土壤环境、水环境、声环境和大气环境等方面的影响。施工期的环境影响主要包括:地表扰动对生态环境的破坏及水土流失,施工机械的污染物排放,施工噪声对人类和野生动物的干扰,施工营地的生活污水和垃圾等。运营期的环境影响主要包括:公路对野生动物的阻隔效应和交通致死,汽车尾气排放和交通噪声,沿线服务设施的生活污水和垃圾,以及运输事故引发危险化

图1-4 公路建设对生态系统影响示意图
（王玉滴、王新军根据日本山寺喜成教授报告重绘）

学品泄漏导致的环境风险等。公路对周边环境中动物、植物、土壤、水和空气等因子的影响范围各不相同，影响范围与公路的交通量、生态因子种类及其变化特点等相关，沿公路形成一定范围的影响带（图1-5）。

按照《国家公路网规划（2013年—2030年）》，到2030年，我国将形成7条放射线、9条南北纵线和18条东西横线组成的干线公路网，加上数以百万公里计的普通公路，将形成庞大的公路网络体系。公路网对生态系统及其生态环境具有一系列不同尺度的生态效应，直接或间接地影响其结构、功能和格局。如，美国公路网面积仅占国土面积的1%左右，但是其影响区域可达到国土总面积的20%，甚至是25%（Forman，2000；Forman和Deblinger，2000；Reed等，1996）。李双成等（2004）研究认为，我国受公路网络影响的国土面积占到了18.37%。

公路网对生态环境的影响表现如下：

（1）在个体或种群水平上，一方面公路修建直接破坏了动物的栖息环境，或使生境质量下降；另一方面，公路特别是高速公路影响物种的传播和迁移，动物在穿越公路时会发生与车辆的碰撞而导致死伤。

（2）在生态系统或景观水平上，公路修建会引起破碎化。生态系统或景观的破碎化中断了水平的生态流，改变了景观格局，增加了边缘比例，引起一系列的生态过程变化（Forman，Alexander，1998；Saunders等，2002），进而影响到生态系统的功能。此外，公路修建和运营会诱导人口向交通沿线聚集，形成新的集镇或城市，改变区域性土地利用和土地覆被结构与格局，对生态系统的空间分布产生较大影响。

（3）公路对于生态系统发育基质和环境质量也有较大影响。在山区修建公路切割山体时，容易引起滑坡、崩塌以及水土流失等地质和水文灾害。同时，公路网的存在改变了径流格局和集水区域，对生态系统的发育产生间接影响。另外，公路运营带来的车辆尾气、交通噪声、危险化学品泄漏等都会使环境质量下降,影响生态系统的健康。

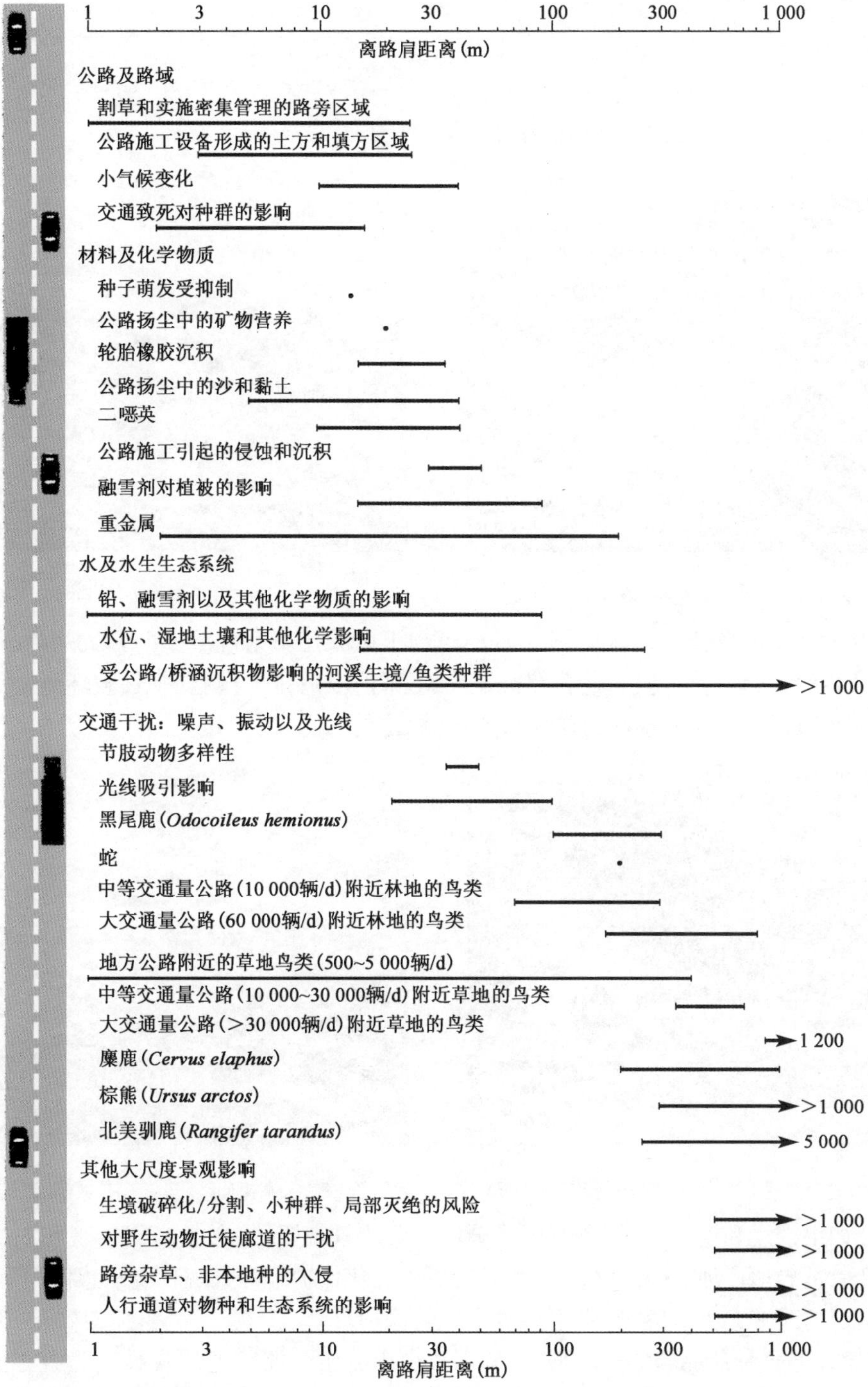

```
离路肩距离(m): 1    3    10    30    100    300    1 000

公路及路域
  割草和实施密集管理的路旁区域
  公路施工设备形成的土方和填方区域
  小气候变化
  交通致死对种群的影响
材料及化学物质
  种子萌发受抑制
  公路扬尘中的矿物营养
  轮胎橡胶沉积
  公路扬尘中的沙和黏土
  二噁英
  公路施工引起的侵蚀和沉积
  融雪剂对植被的影响
  重金属
水及水生生态系统
  铅、融雪剂以及其他化学物质的影响
  水位、湿地土壤和其他化学影响
  受公路/桥涵沉积物影响的河溪生境/鱼类种群        >1 000
交通干扰:噪声、振动以及光线
  节肢动物多样性
  光线吸引影响
  黑尾鹿(Odocoileus hemionus)
  蛇
  中等交通量公路(10 000辆/d)附近林地的鸟类
  大交通量公路(60 000辆/d)附近林地的鸟类
  地方公路附近的草地鸟类(500~5 000辆/d)
  中等交通量公路(10 000~30 000辆/d)附近草地的鸟类
  大交通量公路(>30 000辆/d)附近草地的鸟类
  麋鹿(Cervus elaphus)                         1 200
  棕熊(Ursus arctos)                           >1 000
  北美驯鹿(Rangifer tarandus)                   5 000
其他大尺度景观影响
  生境破碎化/分割、小种群、局部灭绝的风险        >1 000
  对野生动物迁徙廊道的干扰                       >1 000
  路旁杂草、非本地种的入侵                       >1 000
  人行通道对物种和生态系统的影响                 >1 000

离路肩距离(m): 1    3    10    30    100    300    1 000
```

图 1-5　公路对不同生态因子的影响距离

注:水平横线表示记录到的有显著生态学意义的平均和最大的影响距离(Forman,2003)。

1.2.4 景观改变

公路建设对景观的影响主要包括以下方面：

(1)在公路建设过程中,不可避免地要改变地形、地貌(图1-6)。
(2)公路的分割作用导致景观破碎化。
(3)植被的破坏造成地表的裸露,导致景观变差(图1-7)。

图1-6　公路建设改变地形地貌(陈济丁 拍摄)　　　　图1-7　某高速公路取土场(陈济丁 拍摄)

(4)由于设计不当,形成不良景观。如隧道口上方采用喷射混凝土的方式防护,像是山体的伤疤(图1-8);边坡过度防护,使公路缺乏生机(图1-9);排水设施明显,破坏了公路与自然的和谐(图1-10);设置人为景观,有时给人画蛇添足的感觉(图1-11)。

图1-8　某高速公路隧道口喷射混凝土(陈济丁 拍摄)　　图1-9　某高速公路采用浆砌护坡(陈济丁 拍摄)

此外,如果选线和设计不当,还有可能破坏重要的景观资源(包括自然景观和人文景观)。风景名胜区、世界遗产地、重点文物保护单位、历史文化保护地等景观环境敏感区,景观要求很高,对于景观的改变尤为敏感,更要注意对景观的保护。

公路建设也会对景观产生积极影响,如环长白山旅游公路修建的观景台为游客欣赏长白山美景提供了很好的观赏平台(图1-12)。又如,通过路基高度优化设计、采用灵活的边坡坡率等措施,尽量使路基边坡与自然坡面有机融合,与自然起伏的地形相适应,融入自然,可以更好地展现自然景观(图1-13)。

1 公路环境影响概述

图1-10 某公路隧道口截排水设施明显(陈济丁 拍摄)

图1-11 某高速公路挡墙上的壁画(陈济丁 拍摄)

图1-12 长白山观景台为游人提供远眺长白山的理想去处(陆旭东 拍摄)

图1-13 路基边坡采用灵活的边坡坡率(陆旭东 拍摄)

公路对资源环境的影响,既有正面的,如通过合理的景观保护与利用,可以为驾乘人员提供愉悦的公路景观;也有负面的,如占用大量的土地,使其使用功能发生改变。有的是局部的,如对于沿线植被的破坏仅限于扰动区;有的则影响范围较广,如对北美驯鹿的影响可达5 000m以上(图1-5)。有的是暂时的,如扰动区的水土流失,一般在公路建成后,由于植被的恢复或工程防护措施的竣工,即可得到控制;有的则影响时间较长,如对于野生动物的阻隔作用。

1.3 小结

截至 2015 年年末,我国公路总里程达 457.73 万 km,密度达 47.68km/百 km^2,公路里程长、规模大、分布范围广。今后较长的一段时期内,我国公路建设还将保持较快的发展势头。公路的建设运营会极大地改善沿线城市、乡村的可达性,促进沿线地区经济社会发展。同时,公路也不可避免地会对资源环境产生一系列的影响,包括资源占用、能源消耗、环境影响以及景观改变等。

本章参考文献

[1] Forman R T T, Alexander L E. Roads and their major ecological effects[J]. Annual review of ecology and systematics, 1998: 207-C2.

[2] Forman R T T, Deblinger R D. The ecological road – effect zone of a Massachusetts (USA) suburban highway [J]. Conservation biology, 2000, 14(1): 36-46.

[3] Forman R T T. Estimate of the area affected ecologically by the road system in the United States[J]. Conservation biology, 2000, 14(1): 31-35.

[4] Forman R T T. Road ecology: science and solutions[M]. Island Press, 2003.

[5] Reed R A, Johnson-Barnard J, Baker W L. Contribution of roads to forest fragmentation in the Rocky Mountains [J]. Conservation biology, 1996, 10(4):1098-1106.

[6] Saunders S C, MislivetsmR, Chen J, et al. Effects of roads on landscape structure within nested ecological units of the Northern Great Lakes Region, USA[J]. Biological conservation, 2002, 103(2): 209-225.

[7] 崔晓天,程建学. 城乡社会经济与公路网发展互动关系分析[J]. 交通与运输,2004(06):9-10.

[8] 李双成,许月卿,周巧富,等. 中国道路网与生态系统破碎化关系统计分析[J]. 地理科学进展,2004,23(5):77-85.

[9] 卢海涛. 高速公路全生命周期能耗统计模型研究[D]. 长沙:长沙理工大学,2011.

[10] 吕荣胜,孙扬. 我国交通运输能源消耗研究综述[J]. 经济问题探索,2012(11):178-182.

[11] 毛文碧,段昌群. 公路路域生态学[M]. 北京:人民交通出版社,2009.

[12] 尚春静,张智慧,李小冬. 高速公路生命周期能耗和大气排放研究[J]. 公路交通科技,2010,27(8):149-154.

2 公路对景观格局的影响

公路作为一种线形构筑物,对生态系统中的各种能流和物流具有强烈的连接和/或隔离作用(Forman,2000&2003;Serrano 等,2002;李俊生,2009)。公路网络对区域生态环境的影响集中体现在对生态景观格局的影响上,会引起生态景观格局破碎化,是导致生物多样性降低的重要因素之一(André 等,2002;Davide,2004)。景观破碎化对野生动物的迁徙、大型动物的栖息地、外来物种的传播、原始或近原始生境的消失等方面,都会带来严重的负面效果,已成为景观生态学和保护生物学等领域备受关注的研究课题(Anden,1994;丁伟等,2003;项卫东等,2003)。

2.1 景观完整性与景观破碎化

景观完整性指景观构成要素及其数量结构和空间分布格局的自然性,及其与环境过程之间的协调一致性,是景观自然演化及对其环境背景(包括气候和地质基础)的长期适应结果(邬建国,2005)。景观完整性是衡量景观结构与功能的一个综合指标,主要包括景观结构的多样性、异质性、破碎化程度、景观及其中生态系统功能的强度与稳定性。一般认为,在自然环境中,生物与非生物因素及其相互作用形成的自然景观格局是相对完整的格局(Thumer,1990)。

景观破碎化(Landscape Fragmentation)是指景观中各生态系统之间的功能联系断裂或连接性减少的现象(邬建国,2005)。景观破碎化引起斑块数目、形状和内部生境 3 个方面的变化,会导致外来物种入侵、改变生态系统结构、影响物质循环、降低生物多样性,从而影响到景观的稳定性,即景观的干扰阻抗与恢复能力。景观异质性、景观斑块面积与景观破碎化关系极其密切。景观面积扩大时,其异质性增加,而景观异质性降低或损失往往改变物种生境空间结构,某些物种因生境异质性降低或损失而导致种群下降或灭绝(Jochen,2002)。

作为典型的人工廊道,公路的通道和屏障作用十分突出,公路的建设促进了景观破碎化现象的发生与发展。公路网络相当于在原有景观格局上叠加了一种新的网络结构。公路网对原有景观格局的景观结构、斑块数量、斑块形状等都会产生影响并导致改变(Geneletti,2004)。

景观格局特征可从 3 个层次进行分析:①单个斑块(individual patch);②由若干单个斑块组成的斑块类型(patch type or class);③包括若干斑块类型的景观镶嵌体(landscape mosaic)。景观指数能够高度浓缩景观格局信息,是反映其结构组成和空间配置某些方面特征的简单定量指标。表征这 3 个层次景观格局特征的指数分别是:斑块水平指数(patch-level index)、类型水平指数(class-level index)和景观水平指数(landscape-level index)。斑块水平指数包括斑块的面积、形状、边界特征等;类型水平指数有斑块的平均面积、平均形状指数、斑块密度、边界密度等;景观水平指数除了各种类型指数外,还有多样性指数、均匀度指数、优势度指数、聚集度指数、距离指数和生境破碎化指数等(Westhoff 等,1997;陈文波等,2002)。

2.2 单条公路对景观格局的影响

公路的直接侵占和间接影响,会造成公路周边土地利用状况变化和景观破碎化程度加剧(刘世梁等,2007;段禾祥等,2008)。单条公路对景观格局的影响可以通过斑块数、斑块密度等景观指数来表征(张镱锂等,2002;刘世梁等,2005&2006)。下面以吉林省环长白山旅游公路和云南省滇藏公路北线为例进行分析。

2.2.1 吉林省环长白山旅游公路

环长白山旅游公路起点位于长白山自然保护区管理委员会池北区(原二道白河镇,位于长白山北坡),终点位于 302 省道抚松县漫江镇北,全长 85.84km,是一条连接长白山北、西、南坡的旅游公路。该公路主要利用原有林道进行改扩建,原林道宽 4m,改扩建后宽度为 10m,新建路段 30.5km,其中 5.63km 穿越保护区的试验区。于 2007 年开工建设,2009 年 10 月建成通车。

基于"3S"技术,利用 ERDAS 软件对 2010 年长白山地区 Landsat 陆地卫星 TM 遥感影像的土地利用类型进行解译,运用 ArcGIS 对解译出的土地利用类型进行分析,并模拟出道路修建前后区域内的景观斑块情况。分别统计环长白山旅游公路改扩建工程路基两侧 100m、200m、300m、500m、1 000m 范围内景观指数的变化,来分析公路改扩建对路域景观格局的影响。结果表明,斑块数量随着距公路距离的增加而增加(图 2-1),斑块密度随距公路距离的增加而减小(图 2-2)。这是由于本项目不是新建公路,公路路线多基于原有旧路扩建,公路附近区域内景观格局不是天然形成的,而是早已受到了原有公路的影响,建筑物、农田在公路两侧集中分布,导致公路附近斑块密集。从图中还可看出,公路改扩建后斑块密度有所增加,且增加幅度随距公路距离的增加而逐渐减小,这说明公路改扩建导致的景观破碎化程度随着与公路距离的增加而降低。究其原因,主要是两个方面,一是新线将许多老线"裁弯取直",产生大量三角地(图 2-3);二是公路建设的一些临时用地(取弃土场、施工便道等)也集中分布在公路两侧,导致距离公路越近,景观越破碎。

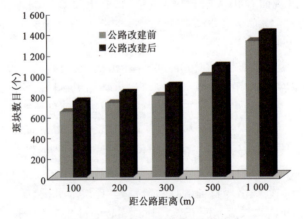

图 2-1 斑块数目与距公路距离的关系

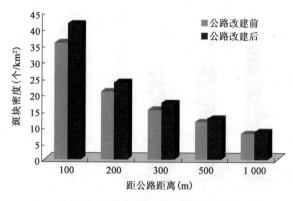
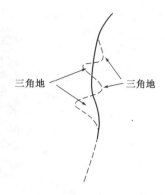

图 2-2　斑块密度与距公路距离的关系　　　　图 2-3　公路改扩建产生三角地导致景观破碎化
　　　　　　　　　　　　　　　　　　　　　　　　　（虚线为老路，实线为改建路）

距公路不同距离的周长—面积分维数变化趋势见图 2-4，对距公路不同距离内边缘密度分析表明，公路改扩建后分维数减小，说明景观斑块受到人类活动的干扰，景观异质性增加，且周长—面积分维数在公路改扩建前后的差值随缓冲距离的增加而减小。由于缓冲区域内景观斑块已不再完整，因此，该指数只能反映公路改扩建后的变化，无法科学地说明随公路距离变化的规律性。

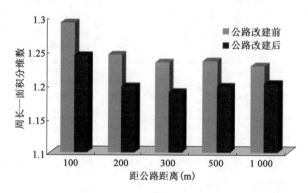

图 2-4　周长—面积分维数与距公路距离的关系

从图 2-5 可以看出，公路改扩建后，距公路不同距离区域的景观分割度指数均比原来增加了一倍，由此可见公路对景观的破碎化影响不可小视。在改建路段，原有公路与新建公路之间的区域被分割形成许多小的三角区域（图 2-3），这加剧了景观斑块的破碎化，导致景观分割度指数大幅升高。如果将废弃的公路予以植被恢复，可有效降低景观斑块的破碎化程度。

公路改扩建对不同景观类型的影响程度存在明显的差异。阔叶林受到的影响最大，公路改扩建后景观分割指数增加了一倍多，而建筑用地和水体湿地受到的影响较小。由于公路两侧很大范围内的针叶林在 20 世纪 30～60 年代受到严重破坏，距公路不同距离内景观分割指数的变化规律性不明显，在公路改扩建后增加了 40%，而 500m 范围内的针叶林景观分割指数增加了 70%。农田与建筑用地集中分布在公路路侧，因此，公路对其分割影响也集中在路侧一定范围内，公路对农田的分割集中在 300m 范围内，而对建筑用地的分割集中在 500m 范围内（图 2-6）。

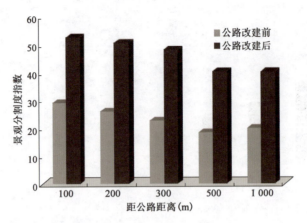

图 2-5　景观分割度指数与距公路距离的关系

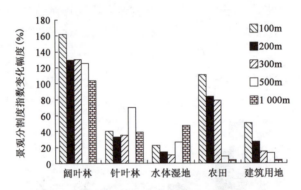

图 2-6　各景观类型的景观分割度指数与距公路距离的关系

公路改扩建后蔓延度指数有所下降,且离公路越近,下降越大,这说明公路建成后各类型景观斑块连通程度降低,趋于离散,距离公路越近,离散程度越大。随着距公路距离的增加,蔓延度指数有所增加,而公路改扩建前这种增加更为平缓。说明改扩建后距离公路越近,景观连通性越差,景观破碎化程度越高(图 2-7)。

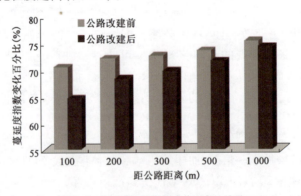

图 2-7　蔓延度指数与距公路距离的关系

公路改扩建对不同景观类型的影响程度存在明显的差异。距公路不同距离的最大斑块指数在公路改扩建后明显比之前降低,500m 缓冲区域内降为原来的一半。这说明由于公路的切割作用,沿线最大斑块面积明显缩小,景观破碎化加剧(图 2-8)。

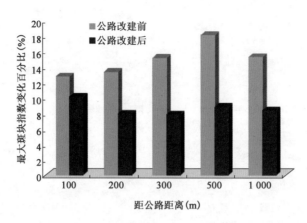

图 2-8　最大斑块指数与距公路距离的关系

2.2.2　滇藏公路北线

滇藏公路北线（G214）香德二级公路（香格里拉市至德钦县）位于云南和西藏交界的三江并流地区，起点为香格里拉县城北，终点位于德钦县迎宾台，路线全长 157.7km，属于较为典型的翻山公路。滇藏公路北线穿越白马雪山国家级自然保护区的实验区，保护区以滇金丝猴及其栖息的寒温性针叶林生态系统为主要保护对象。

利用"3S"技术对 1989 年和 2005 年该地区卫星影像数据进行解译分析。选取 4 个反映景观碎裂化程度的指标，即斑块密度、平均分维数、聚集度指数和 Shannon 多样性指数，在景观和类型两个水平上，研究了滇藏公路北段沿线路侧 20km 范围内 1989 年和 2005 年的景观格局，评价了 1989～2005 年期间公路路侧景观碎裂化情况（表 2-1）。

1989 年、2005 年滇藏公路北段沿线景观指数　　　　表 2-1

年份	斑块密度（PD）	平均分维数（FRAC）	聚集度指数（AI）	Shannon 多样性指数（SHDI）
1989 年	2.95	1.07	93.78	2.04
2005 年	2.99	1.08	93.72	2.08

从表 2-1 可以看出，2005 年与 1989 年相比，区域景观的 Shannon 多样性指数有所增加，说明区域内景观的丰富程度和复杂程度有所加大，反映出区域内景观破碎化程度有所加深。这 16 年里，区域内景观斑块密度略有增加，反映出受人类活动如土地利用方式的改变，许多原来同质的大斑块逐渐转化为面积相对较小的异质斑块。例如，由于公路的修建，该区域内人为活动强度增加，农业的扩展导致针叶林、阔叶林等林地转化为农业用地（旱地、水田），使得大面积的林地覆盖转化为小面积覆盖，而且不同景观类型的土地覆盖相互混合，更增加了空间异质性，从而导致景观的碎裂化程度增加。

滇藏北线公路修建导致人为活动增加，其对景观的影响在 1989 年和 2005 年两个时间节点上可以从 Shannon 多样性指数、斑块密度、平均分维数和聚集度指数在不同海拔区间的变化情况得到一定程度的体现。整体趋势是，海拔较高区域破碎化程度的增加更为明显，海拔较高区域景观指数的变化大于海拔较低区域景观指数的变化（图 2-9～图 2-12）。

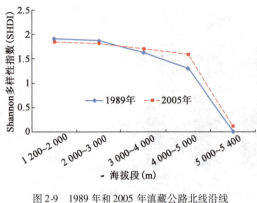

图2-9　1989年和2005年滇藏公路北线沿线
Shannon多样性指数随海拔变化

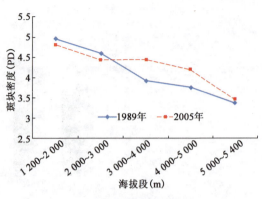

图2-10　1989年和2005年滇藏公路北线沿
线斑块密度随海拔变化

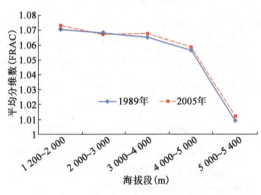

图2-11　1989年和2005年滇藏公路北线沿线
平均分维数随海拔变化

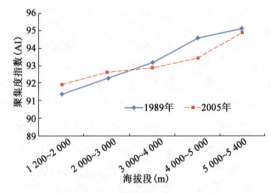

图2-12　1989年和2005年滇藏公路北线沿线
聚集度指数随海拔变化

如图2-9所示，1989年和2005年的区域景观Shannon多样性指数均随着海拔的增加而减小，并且16年间，在海拔3 000m以下区域景观的Shannon多样性指数呈减小趋势，在海拔3 000m以上区域景观的Shannon多样性指数呈增加趋势，这与斑块密度、聚集度指数沿海拔的梯度格局具有很好的对应关系。区域景观的Shannon多样性指数沿海拔梯度的格局也同样在一定程度上反映了两个时段区域景观碎裂化程度随着海拔的增加而减小的格局，以及研究时段内区域的景观碎裂化程度在相应的海拔段上呈加深的趋势。从图2-10可以看出，在1989年、2005年两个时段，区域景观斑块密度都随着海拔的增加而减小。在此期间，海拔3 000m以下区域的斑块密度呈减小趋势，而在海拔3 000m以上，景观的斑块密度有显著增加，表明在海拔3 000m以下和海拔3 000m以上，景观碎裂化程度分别有所减弱和有所加深，景观碎裂化在海拔3 000～5 000m之间加深的幅度要大于海拔3 000m以下其减小的幅度。从图2-11可以看出，1989年和2005年的区域景观平均分维数总体上随着海拔的增加而减小，并且除海拔2 000～3 000m之间外，2005年的区域景观平均分维数均略大于1989年同等海拔的区域景观平均分维数。从图2-12可以看出，1989年和2005年的区域景观聚集度指数均随着海拔的增加而增加，并且在海拔3 000m以下1989～2005年之间区域景观的聚集度指数呈增加趋势，在海拔3 000m以上区域景观的聚集度指数呈减小趋势，此格局与景观的斑块密度沿海拔梯度格局正好相反，同样在一定程度上反映了两个时段区域景观碎裂化程度随着海拔的增加而减小的格局,以及研究时段内区域的景观碎裂化程度在相应的海拔段上呈加深的趋势。

图 2-13 是 1989～2005 年期间,各景观类型斑块密度变化量随海拔变化情况。从图中可以看出,在海拔 3 000m 以下区域,由于旱地和水田斑块密度减小的总幅度大于河谷干旱灌丛、建设用地、阔叶林等景观类型斑块密度增加的总幅度,因此导致了此海拔段景观整体碎裂化程度的减小;而在海拔 3 000～5 000m 之间,景观碎裂化程度的大幅增加主要源于此海拔段的河谷干旱灌丛、阔叶林、针叶林、高山灌丛斑块密度的大幅增加;而海拔 5 000m 以上的景观碎裂化程度小幅增加主要源于冰雪和草地斑块密度增加的贡献。

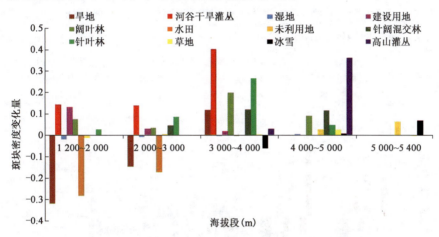

图 2-13　1989～2005 年各景观类型斑块密度变化量与海拔的关系

图 2-14 是 1989～2005 年期间,各景观类型平均分维数变化量随海拔变化情况。从图中可以看出,海拔 1 200～2 000m 之间区域景观的复杂化程度增加,主要源于此海拔段内受人类活动切割比较强烈的林地和水田的平均分维数增加的贡献;海拔 2 000～3 000m 之间区域景观的复杂化程度减小,主要因为此海拔段内旱地和建设用地的平均分维数减小所导致;海拔 3 000～4 000m 之间、4 000～5 000m 之间、5 000～5 400m 之间区域景观的复杂化程度增加,分

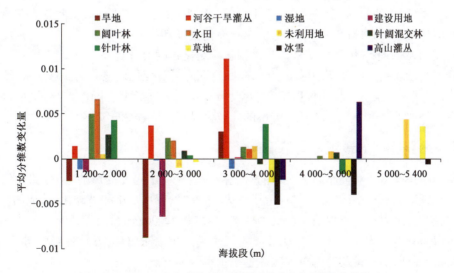

图 2-14　1989～2005 年各景观类型平均分维数变化量与海拔的关系

别源于此海拔段内河谷干旱灌丛和针叶林、高山灌丛、未利用地和草地的平均分维数增加的贡献。此研究时段内,区域景观的平均分维数增加,在一定程度上反映了区域景观碎裂化程度加深的趋势;而两个时段区域景观的平均分维数沿海拔梯度的格局,也在一定程度上反映了两个时段区域景观碎裂化程度随着海拔的增加而减小的格局。

图 2-15 是 1989~2005 年期间,各景观类型聚集度指数变化量随海拔变化图,从图中可以看出,海拔指数 3 000m 以下景观聚集度指数的减小,主要源于旱地、水田和建设用地聚集度指数增加的贡献;海拔 3 000~4 000m 之间景观聚集度指数的增加,主要源于冰雪、未利用地和河谷干旱灌丛的贡献;而海拔 4 000m 以上景观聚集度指数的增加,主要源于全球变暖而导致的冰雪聚集度指数减小而做的贡献。

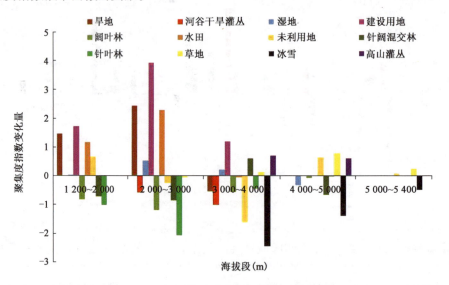

图 2-15　1989~2005 年各景观类型聚集度指数变化量与海拔的关系

以上分析表明,在研究期内三江并流地区的景观碎裂化程度总体上随海拔上升而减小。但在 1989~2005 年期间,海拔 3 000m 以下,景观碎裂化程度有所降低,主要是人为景观要素的聚集度增加所致;而海拔 3 000m 以上景观碎裂化程度却有所上升,这个趋势与高海拔地区人为活动加剧,高山带气候变化带来的自然植被碎裂化程度上升有关。

滇藏公路沿线是三江并流地区 1989~2005 年期间景观变化最显著的区域之一,受公路建设的影响,区域内的景观碎裂化程度略有加剧,但具体到不同类型之间的差异,则明确显示了人为景观类型的扩张聚集与自然景观类型的碎裂化并行的过程。

2.3　公路网络对景观格局的影响

单条公路建设主要对公路周边区域的景观格局造成一定程度的影响,而公路网络会对更大范围的区域造成景观格局影响,往往造成更为严重的景观片断化和破碎化,造成的动植物不同种群间的交流阻碍和隔离现象也会更为明显(何磊等,2006;李双成等,2004;刘世梁,2006;张晓峰等,2006;李月辉等,2012)。因此,对生态敏感地区路网的生态景观影响进行探讨,有利于避免由于路网的建设及运营对大区域生态景观的影响。

利用"3S"技术收集并整理内蒙古自治区 1985 年、1996 年、2000 年、2006 年和 2009 年 5

期的内蒙古土地利用类型分布图,使用 Fragstats 软件对草原生态系统的面积、景观指数(包括边缘指数、景观形状指数、面积周长分维度等)与路网里程的关系进行分析。可以看出,随着内蒙古自治区公路里程的增加,草原生态系统的面积呈减少的趋势,二者呈一定的负相关关系(图2-16)。公路的修建和运营的确会在一定程度上影响周边的自然生态系统,但公路因素占多大比例还有待进一步研究(何念鹏,2001;黄晓霞,2006)。

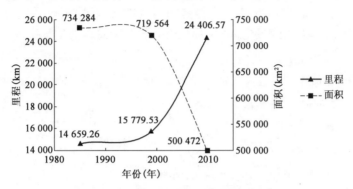

图 2-16　公路网里程与草原生态系统面积的关系

1985 年以来不同时期内蒙古自治区草原类型的景观现状如表 2-2 所示。

不同时期草原生态系统类型景观指数　　　　　　　　表 2-2

年份 (年)	边缘密度 (ED)	景观形状指数 (LSI)	周长—面积分维数 (PAFRAC)	归一化的景观形状指数 (NLSI)	面积加权的平均邻近度指数 (CONTIG_AM)
1985	1.472	97.944	1.558	0.227	0.758
1996	1.469	94.479	1.553	0.212	0.774
2000	1.418	95.244	1.558	0.222	0.762
2006	1.384	102.318	1.565	0.264	0.720
2009	1.289	103.555	1.578	0.291	0.692

从草原生态系统类型的边缘因素来看,边缘密度(ED)值逐年降低,说明生态系统被分割较为严重,形状不规则,存在一定程度的破碎化。草原生态系统边界越长,受到外界干扰也就越多,边缘生境增多就伴随着内部生境的减少。因此,边缘因素中的两个边缘因子反映了一种类型生态系统受到边缘效应影响的强弱程度,这两个因子值越高,受到的边缘效应也就更严重。陈智等对中国黑叶猴的生境破碎化进行了相关研究,也发现随着边缘因子的上升,其适宜生存的内部生境减少(陈智等,2006)。而本研究中内蒙古草原生态系统总边缘长度和边缘密度的减少可能是由于草原生态系统总体面积和斑块数量的减少造成的。

景观形状指数(LSI)和周长—面积分维数(PAFRAC)是度量景观空间格局复杂性的重要指标之一,在一定程度上反映人类活动对景观格局的影响,而斑块形状是影响动物迁移、觅食等活动的重要因素。当 PAFRAC=1 时,所有的斑块形状为最简单的方形或圆形;当 PAFRAC 值增大时,说明斑块形状变得更复杂,更不规则。一般来说,受人类活动干扰小的自然景观的周长—面积分维数较低,而受人类活动影响大的人为景观的周长—面积分维数高。

从表 2-2 中可以看出,各形状指数中 LSI、PAFRAC 都有一定程度的增加,说明内蒙古草原生态系统各斑块的形状都变得复杂和不规则,人为干扰比较强烈。而反映斑块聚集程度的

CONTIG_AM 指数则有一定程度的下降,说明草原生态系统类型的聚集程度下降,之间的隔离程度增大,造成生活在草原生态系统类型中的动物迁移遇到更大的阻碍,基因流减弱,物种变异程度下降,每个斑块中的动植物种群面临更大的灭绝风险。

内蒙古自治区不同时期的路网里程与景观格局变化的关系如图 2-17 所示。从图中可以看出,随着路网的扩张,内蒙古自治区草原生态系统的分维数也随之增加,说明路网在一定程度上影响了草原生态系统的形状,使其变得愈加不规则,使草原生态系统的边缘生境面积增加,内部未受干扰的生境面积减少,造成草原生态系统类型总体的生境质量呈下降趋势。

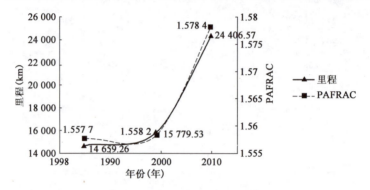

图 2-17　公路网里程与草原生态系统分维数之间的关系

从表 2-3 可知,在景观水平上,整个内蒙古自治区的斑块密度(PD)呈下降趋势,说明 30 年来斑块数量是减少的,自然生态系统遭到了较为严重的侵占。而斑块周长—面积分维度指数(PAFRAC)呈上升趋势,表明斑块的形状趋于复杂化,边缘生境增加,内部未受干扰的生境减少,整体生境质量下降。区域景观的 Shannon 多样性指数略有增加,表明区域内景观的丰富程度和复杂程度加大,也在一定程度上反映了区域内景观的破碎化程度逐渐加深。分析其原因,景观多样性主要取决于景观要素类型的数量和面积比例,由于人为干扰频繁,土地覆盖类型逐渐转化,景观类型逐渐变得丰富,因而区域景观的 Shannon 多样性指数有所增加。聚集度指数(AI)近 25 年呈上升趋势而隔离度指数(SPLIT)呈下降趋势,说明内蒙古自治区自然斑块的隔离程度近 30 年有所增加,不同斑块间的物种交流被减弱,基因流被阻隔,单个斑块中的生物种群面临更高的灭绝风险(表 2-3)。

表 2-3　不同时期内蒙古自治区整体景观指数

年份（年）	斑块面积（PD）	周长—面积分维数（PAFRAC）	香农多样性指数（SHDI）	聚集度指数（AI）	隔离度指数（SPLIT）
1985	0.026	1.605	1.543	68.709	11.362
1996	0.026	1.608	1.539	67.900	11.876
2000	0.025	1.609	1.554	68.855	11.369
2006	0.018	1.624	1.478	72.163	9.670
2009	0.016	1.628	1.482	73.069	9.929

内蒙古自治区公路网里程与斑块多样性之间的关系如图 2-18 所示。从图中可以看出,随着路网的扩展,内蒙古自治区内自然生境斑块的多样性呈下降趋势,说明由于路网的扩展,人为活动范围扩大,所占用自然生境的面积也相应扩大,从而造成了自然生境斑块的种类和数量

减少,Shannon 多样性指数呈下降趋势。

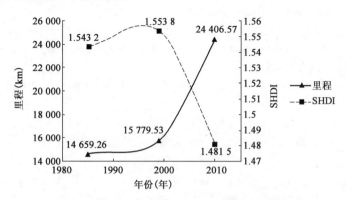

图 2-18　内蒙古自治区公路网里程与斑块多样性之间的关系

在景观尺度通过景观指数分析发现,公路建设使得景观多样性增加,这与土地利用分析得到的结果相似,因为公路的建设带来了物资的交流,使得地区的产品能够运出来,外界的商品能够运进去。物资的流动拉动了地方经济的发展,使得土地利用发生改变,同时对应的景观发生变化。

由于景观完整性受气候变化、生境演替以及其他人为干扰等多方面的影响,公路网络对其影响难以准确界定和量化。尽管如此,上述分析表明,近 30 年来,路网的扩展对内蒙古自治区草原生境以及自然斑块都有一定程度的影响。因此在路网规划时,应当避让生态环境较为敏感的区域以及景观完整性良好的区域,尽量减少公路修建和运营对生态环境造成干扰(刘佳妮,2008)。

2.4　小结

针对单条公路和公路网络对景观格局的影响,国外已经开展了许多研究。Sari 等(2002)研究结果表明,公路扩张是美国北大湖区景观破碎化的主要因素。Forman 等(2000)的研究发现,边缘效应幅度(DEI,Depth of Edge Influence)大约是公路直接影响距离的 10 倍。

我国在公路对景观格局影响方面的研究还比较少,与国外相关研究结论基本一致。不论单条公路还是公路网络,都会对景观格局不可避免地造成一定影响。李双成等(2004)对我国路网与生态系统景观破碎化的关系进行了研究,发现随着路网等级的降低、公路密度的增加,生态系统的破碎化程度显著增大。

目前,我国处于经济中高速发展的时期,路网规模仍将继续扩大,并且向西部地区、边缘地区和山区等地区扩展。为此,加强公路对于景观格局影响方面的研究,进而提出路网优化布局等减缓措施,对于维护区域生态系统的多样性和完整性具有重要意义。

本章参考文献

[1] Anden H. Effects of Habitat Fragmentation on Birds and Mammals in Landscapes with Different Proportions of Suitable Habitat:A Review[J]. Oikos,1994,71:355-366.

[2] André BotequilhaLeitão, Jack Ahern, Applying landscape ecological concepts and metrics in sustainable land-

scape planning [J]. Landscape and Urban Planning, 2002, 59: 65-93.

[3] Davide Geneletti, Using spatial indicators and value functions to assess ecosystem fragmentation caused by linear infrastructures [J]. International Journal of Applied Earth Observation and Geoinformation, 2004, (5): 1-15.

[4] Forman R. T. T., Estimate of the area affected ecologically by the road system in the United States [J]. Conservation Biology, 2000, 14: 36-46.

[5] Forman, R. T. T., Sperling, D. et al. Road Ecology: Science and Solutions [M]. Island Press, Washington D. C, 2003.

[6] Geneletti D. Using Spatial Indicators and Value Functions to Assess Ecosystem Fragmentation caused by Linear Infrastructures [J]. International Journal of Applied Earth Observation and Geoinformation, 2004, 5(1): 1-15.

[7] Jochen A G. Landscape Division, Splitting Index, and Effective Mesh Size: New Measures of Landscape Fragmentation [J]. Landscape Ecology, 2002, 15(2): 115-130.

[8] Sari C Saunders, Mo R Mislivets, Jiquan Chen, et al. Effects of roads on landscape structure within nested ecological units of the Northern Great Lakes Region [J]. Biological Conserbation, 2002(103): 209-225.

[9] Serrano M, Sanz L, Puig J, et al. Landscape Fragmentation caused by the Transport Network in Navarra (Spain): Two-scale Analysis and Landscape Integration Assessment [J]. Landscape and Urban Planning, 2002, 58(2-4): 113-123.

[10] Thumer M G. Spatial and Temporal Analysis of Landscape Patterns [J]. Landscape Ecology, 1990, 4(1): 21-30.

[11] Westhoff J, Eckstein F, Sittek H. Three-Dimensional Evaluation of Cartilage Thickness and Cartilage Volume in the Knee Joint with MR Imaging: Reproducibility in Volunteers [J]. Rofo-Fortschritte Auf Dem Gebiet Der Rontgenstrahlen Und Der Bildgebenden, 1997, 167(6): 585-590.

[12] 陈文波,肖笃宁,李秀珍.景观指数分类、应用及构建研究[J].应用生态学报,2002,13(1):121-125.

[13] 陈智.基于3S技术的黑叶猴生境破碎化研究[D].南京:广西师范大学,2006.

[14] 丁伟,杨士剑,刘泽华.生境破碎化对黑白仰鼻猴群群数量的影响[J].人类学学报,2003,22:338-344.

[15] 段禾祥,王崇云,彭明春,等.大理至丽江高速公路建设对沿线景观格局的影响[J].云南大学学报(自然科学版),2008,30(S1):398-420.

[16] 何磊,唐亚,李绍才.道路网络生态影响研究进展[M].生命科学进展,2006,2:175-194.

[17] 何念鹏,周道玮,吴泠,等.人为干扰强度对村级景观破碎度的影响[J].应用生态学报,2001,12(6):897-899.

[18] 黄晓霞,江源,顾卫,等.GIS支持下的中国西部公路建设生态影响区划[J],生态学报,2006:26(4):1221-1230.

[19] 李俊生,张晓岚,吴晓莆,等.道路交通的生态影响研究综述[J].生态环境学报,2009,18(3):1169-1175.

[20] 李双成,许月卿,周巧富,等.中国道路网与生态系统破碎化关系统计分析[J].地理科学进展,2004,23(5):78-85.

[21] 李双成,许月卿,周巧富.中国道路网与生态系统破碎化关系统计分析[J].地理科学进展,2004,23(5):78-86.

[22] 李月辉,吴志丰,陈宏伟,等.大兴安岭林区道路网络对景观格局的影响[J].应用生态学报,2012,23(8):2087-2092.

[23] 刘佳妮,李伟强,包志毅.道路网络理论在景观破碎化效应研究中的应用[J].生态学报,2008,28(9):4352-4362.

[24] 刘世梁,崔保山,杨志峰,等.高速公路建设对山地景观格局的影响——以云南省澜沧江流域为例[J].

山地学报,2006,24(1):54-59.

[25] 刘世梁,崔保山,杨志峰,等.道路网络对澜沧江流域典型区土地利用变化的驱动分析[J].环境科学学报,2006,26(1):162-167.

[26] 刘世梁,杨志峰,崔保山,等.道路对景观的影响及其生态风险评价——以澜沧江流域为例[J].生态学杂志,2005,24(2):897-901.

[27] 刘世梁,温敏霞,崔保山.不同道路类型对澜沧江流域景观的生态影响[J].地理研究,2007,26(3):486-490.

[28] 邬建国.景观生态学——格局、过程与等级[M].北京:高等教育出版社,2005.

[29] 项卫东,郭建,魏勇,等.高速公路建设对区域生物多样性影响的评价[J].南京林业大学学报:自然科学版,2003,27(6):43-47.

[30] 张晓峰,周伟.公路网规划对景观格局影响的分析方法研究[J].武汉理工大学学报(交通科学与工程版),2006,3(6):976-979.

[31] 张镱锂,阎建忠,刘林山,等.青藏公路对区域土地利用和景观格局的影响——以格尔木至唐古拉山段为例[J].地理学报,2002,57(3):253-266.

[32] 郑钰,李晓文,崔保山,等.云南纵向岭谷区道路网络对生态系统影响的尺度效应[J].生态学报,2009,29(8):4268-4278.

3 公路对土地资源的影响

土地是陆地表面具有肥力的、能生长绿色植物的疏松表层,是生物圈繁衍生息的基础。绝大多数植物以土地作为生命的基质,大多数粮食、蔬菜、水果、药材等的生产依靠着它。土地表层中栖息着许多生物,估计已知细菌50%以上的物种居于土壤之中,土壤中的蚯蚓约有1 800种,线虫有几千种,还有大量的节肢动物。

我国人均耕地面积较小,只有 $0.093hm^2$,仅相当于全球平均水平的40%。公路建设需要占用大量的土地资源,不可避免地要占用一部分耕地;同时,也会对受扰动地区的土壤质量造成一些影响,降低其生产力;此外,受扰动地区还容易发生土壤侵蚀,造成水土流失。

3.1 占用土地资源

公路建设对土地资源的占用分为两种情况,即永久占用和临时占用。

3.1.1 永久占地

公路永久占地将改变土地的原有利用功能,使得原来的农田、林地、草地等非建设用地变成交通用地,这种影响具有持(永)久性和不可逆性。大多数地区建设公路不可避免地要占用耕地,一定程度上加剧人—地紧张关系。

3.1.1.1 永久占地数量巨大

交通运输部科学研究院2008年开展《公路建设用地若干关键问题研究》,对18个省市2007年在建公路建设项目用地情况进行了调查,依据调查结果测算了各技术等级公路项目的占地数据。结果表明,截至2006年年底,全国公路里程345.7万km,其中高速公路4.5万km,一级公路4.5万km,二级公路26.3万km,三级公路35.5万km,四级公路157.5万km,等外公路117.4万km(图3-1)。据此测算,全国公路用地约为499.68万 hm^2,其中高速公路占地32.41万 hm^2,一级公路24.65万 hm^2,二级公路83.03万 hm^2,三、四级及等外公路359.59万 hm^2(图3-2)。

按照当时的规划,2007~2020年,公路建设总体规模约为293.8万km。其中高速公路7.75万km,一级公路7.89万km,二级公路30.41万km,三级公路53.68万km,四级公路143.97万km,等外公路50.1万km(马骥,2009)(图3-3、表3-1)。基于上述数据,2007~2020年间公路建设用地总体规模约为193.8万 hm^2,而根据《全国土地利用总体规划纲要(2006—2020年)》,到2020年全国新增建设用地为585万 hm^2,公路建设用地约占新增建设用地的50.22%。

3 公路对土地资源的影响

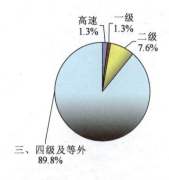

图 3-1 截至 2006 年年底分技术等级公路里程

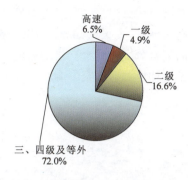

图 3-2 截至 2006 年年底分技术等级公路占地

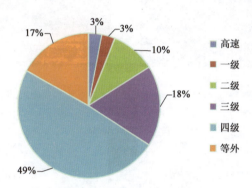

图 3-3 2007~2020 年全国不同等级公路建设比例(%)

分阶段全国公路建设规模(万 km)　　　　　　　　表 3-1

公 路 等 级	2007~2010 年	2011~2020 年	2007~2020 年
高速	3.9	3.9	7.8
一级	1.6	6.3	7.9
二级	7.8	22.6	30.4
三级	16.2	37.5	53.7
四级	55.9	88.1	144.0
等外	21.8	28.3	50.1
总计	107.2	186.7	293.9

3.1.1.2 占用耕地多

公路建设一定程度上会使沿线耕地数量减少,降低居民的可利用土地资源数量,给农业生产带来一些负面影响,进而会对居民的生产生活造成一定影响。

例如,江西省彭湖高速公路沿线的湖口县和彭泽县均为传统的农业县,其中湖口县人均耕地面积约为 0.067hm²,彭泽县人均耕地面积约为 0.044hm²,而彭湖高速公路永久占地 326.93hm²(含连接线占地 16.53hm²),其中占用耕地 185.07hm²、园地 11.96hm²、其他农用地 24.18hm²、建设用地 24.25hm²、荒草地等共计 23.11hm²(图 3-4)(孙斌,2009 和 2011)。公路永久占地中对耕地、园地和其他农用地占用数量巨大,导致公路沿线耕地的减少,使本来就匮乏的人均耕地资源更加稀缺。

彭湖高速公路建设主要用地类型占用比例见图 3-5，其中占用耕地、园地和其他农用地的比例较高，分别达到 57%、4% 和 7%。据调查，在彭泽县和湖口县境内，彭湖高速公路永久占用耕地的数量分别占到全县耕地总量的 0.49% 和 0.46%，占用耕地数量较多，对沿线土地资源特别是耕地资源有一定影响。

a) 棉地　　　　　　　　　　　　　　　b) 稻田

图 3-4　彭湖高速公路沿线主要土地类型（陶双成 拍摄）

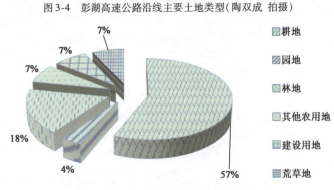

图 3-5　彭湖高速公路建设主要用地类型占比

据《公路建设用地若干关键问题研究》，按照当时规划，我国高速公路 2007~2020 年总用地规模约 50.6 万 hm^2，其中耕地面积约 23.0 万 hm^2，耕地占比为 45.5%。国省干线（除去其中的高速公路）的总用地规模约 67.6 万 hm^2，其中耕地面积约 26.9 万 hm^2，耕地占比为 39.8%。农村公路的总用地规模约 75.6 万 hm^2，其中耕地面积约 38.6 万 hm^2，耕地占比为 51.1%。不同技术等级公路耕地占用数量及占比如表 3-2 所示。

2007~2020 年各技术等级公路预计占地总量　　　　表 3-2

公 路 等 级	建设里程 （万 km）	占地总量 （万 hm^2）	耕地总量 （万 hm^2）	耕地比例 （%）
高速	7.7	50.6	23.0	45.5
一级	7.9	28.8	9.9	34.4
二级	30.4	38.8	17.0	43.8
三级	53.7	28.8	12.8	44.4
四级	144.0	39.1	22.2	56.8
等外	50.1	7.6	3.6	47.4
合计	293.8	193.8	88.5	45.7

综上所述,公路建设需要占用许多土地,最大限度地避免占用沿线耕地资源非常重要。对于土地资源特别是耕地资源稀缺的地区,应尽量压缩永久性用地数量,并尽可能避免占用耕地。

3.1.2 临时占地

公路建设临时用地包括施工便道、施工场地(拌和场、预制场等)、施工营地、取土(料)场、弃渣场等。不同项目临时用地的数量和土地类型有较大差异,与设计方案和所处地区环境条件等关系密切。

3.1.2.1 临时占地数量多

公路建设项目临时占地数量较多,但不同地区、不同项目差异明显。

如新疆维吾尔自治区 S313 线察布查尔至都拉塔口岸公路建设项目,工程永久占地为 193.83hm^2,而取料(土)场、施工生产生活区、施工便道、弃渣场等临时占地为 73.86hm^2,临时占地约为工程永久占地面积的 38.1%,临时用地类型主要为荒漠草地。内蒙古自治区临河至白疙瘩(蒙甘界)段高速公路建设项目,工程永久占用土地 7 071.78hm^2(含连接线、互通、服务区、收费站等沿线设施占地),各类临时占地 1 662.16hm^2,临时占地约为工程永久占地面积的 23.5%,临时用地类型主要为草地、沙丘、盐碱地和未利用土地。

又如,江西南昌至奉新高速公路建设项目,工程永久占地为 251.4hm^2,临时占地约为 99.2hm^2,临时占地约为工程永久占地面积的 39.5%,临时用地类型主要为荒地、林地等。广东广梧高速公路建设项目,工程永久占用土地 695.6hm^2,临时占地约为 148.1hm^2,临时占地约为工程永久占地面积的 21.3%,临时用地类型主要为荒地、林地等。

3.1.2.2 临时用地原有土地功能不易恢复

从公路工程项目竣工环保验收情况来看,对于施工便道,要恢复至扰动前的状态是非常困难的,原有土地利用功能几近丧失;对于施工场地(拌和场、预制场等),大部分能够进行生态恢复,但要恢复至扰动前的土地利用功能,需要较长时间;对于施工营地,根据占用的用地类型,有的能够实现部分恢复,有的需要转变使用功能,例如转为建设用地;对于取土(料)场、弃渣场等,虽然地形、地貌、土壤理化状态等发生明显改变,但若处理得当,仍能够实现复耕复垦(图3-6、图3-7)。

图 3-6 安徽某公路取土场占用林地后难以恢复原貌(陶双成 拍摄)

a) 弃渣场占用林地

b) 弃渣场占用荒地

图 3-7 某公路弃土（渣）场改变原有用地功能（陶双成 拍摄）

综上所述，公路建设项目临时用地数量巨大，有的临时用地将在相当长的一段时间内无法恢复至原有使用功能。

3.2 影响扰动区土地质量

公路建设扰动区，主要包括永久用地范围内构筑物以外的土地以及临时用地。公路建设和运营过程中对扰动区土地质量的影响主要表现在表土资源破坏、土壤物理化性状改变、土地使用功能改变、水土流失等方面，其中水土流失在3.3节中专门阐述。

3.2.1 破坏表土资源

表土指地面表层部位的土壤，表土层包括自然土壤中的腐殖质层、含枯枝落叶层以及耕作土壤中的耕作层是泥土中含有较多有机质和微生物的部分（黄昌勇，2000）。形成1cm 厚的表土需要 100~400 年的漫长岁月，因此保护表土非常重要（环境科学大辞典编委会，2008）。而《公路路基施工技术规范》（JTG F10—2006）要求，对填方段和利用挖方段的原地面要清除表土（图3-8）。

a) 施工机械清表施工

b) 清表土路侧临时堆放

图 3-8 鹤大高速公路，清表时剥离的肥沃的表土资源（陶双成 拍摄）

如果建设过程中不注意保护表土，就会破坏表土资源，对植被生长繁衍和生态平衡极其不利。以往公路建设中，对表土资源的保护和利用重视不够，往往随意填埋或废弃，一方面造成了表土资源的极大浪费(图 3-9),另一方面在后期植被恢复时又因为缺乏优质的种植土壤而导致绿化效果不佳。

图 3-9　某公路建设中废弃的表土资源(陶双成 拍摄)

对江西彭湖高速公路沿线表土的主要营养成分进行了分析(图 3-10、表 3-3)。从表 3-3 可以看出,沿线典型棉地路段清表土壤养分中全氮、有机质、碱解氮、有效磷和有效钾的含量分别为 1.2g/kg(二级)、19.1g/kg(四级)、125.6mg/kg(二级)、16.4mg/kg(三级)、205.6mg/kg(一级);稻田路段清表土壤养分中全氮、有机质、碱解氮、有效磷和有效钾的含量分别为 1.5g/kg(二级)、26.5g/kg(三级)、108.3mg/kg(三级)、27.4mg/kg(二级)、186.5mg/kg(二级)。公路沿线表土养分含量总体较高,多处于二级或三级水平,可用于后期植被恢复和临时用地复垦(陶双成,2015)。

a) 表土现场取样

b) 表土集中堆放场

图 3-10　彭湖高速公路表土养分取样分析和表土集中收集情况(陶双成 拍摄)

彭湖高速沿线耕地表层土营养成分　　　　　表 3-3

土地类型	养分						
	全氮 (g/kg)	有机质 (g/kg)	全磷 (g/kg)	全钾 (g/kg)	碱解氮 (mg/kg)	有效磷 (mg/kg)	有效钾 (mg/kg)
棉地	1.2	19.1	0.4	2.0	125.6	16.4	205.6
稻田	1.5	26.5	0.3	1.9	108.3	27.4	186.5

按清表厚度20cm测算，江西彭湖高速公路项目全线可收集的表土资源量达59.03万 m^3，其中水田路段可收集表土23.92万 m^3、旱地路段可收集表土23.63万 m^3、林地路段可收集表土11.48万 m^3，数量非常可观。

3.2.2 影响土壤理化性质

预制厂、混凝土拌和站、沥青拌和站、施工便道等临时用地硬化处理后，会对原土地利用方式产生影响。同时，施工过程中的水泥、沥青等施工废料和施工废水也会对临时用地的土壤理化性质产生影响。

3.2.2.1 影响土体物理性状

如图3-11和图3-12所示，公路施工会改变扰动区地表土壤的物理特性。施工便道上车辆的碾压，以及施工场地内各种机械、预制件的加工、堆放，会使地表的土壤更加密实，孔隙率减小。建筑材料的溢洒以及施工场地内材料的堆放，会使水泥等建筑材料与地表土壤发生掺混，造成地表土体的固结。这些都会导致土壤的团粒结构被破坏，进而对土地的后期使用功能产生影响。随着临时用地压盖和使用年限的延长，各类土壤质量会出现下降的趋势。

图3-11 施工便道碾压改变土壤物理特性
（陶双成 拍摄）

图3-12 拌和站改变土壤物理特性
（陶双成 拍摄）

3.2.2.2 改变地表和地形

如图3-13所示，公路的取土、采料和弃渣作业以及施工便道、场地的开挖、填筑等，将使得地表原有土壤被深层土壤（或岩石）或弃方代替，地表土壤的物理性质将可能发生质的变化，无疑会对土地的使用功能产生影响。另外，取土、采料、弃渣等作业还将改变地表的微地形，也会影响到土地的使用功能。

3.2.2.3 影响土壤化学性状

如图3-14所示，临时用地上地表植被清除后，加上地表人为扰动，降低了土壤的抗蚀性，在降雨、径流及风力的作用下，极易加剧水土流失，导致地表土壤物理性状改变。随着地表土壤养分的流失，土壤化学性状也相应地发生变化。

不同的临时用地利用方式对土壤的化学性质有较大的影响。工程建设中临时用地扰动最多的土层分布在0~35cm，若沥青混凝土拌和站施工废水直接排放，也会使得周边土壤pH值升高，土壤化学性状向着不利于植被生长的方向发展。

另外，施工作业中，各种材料溢洒、废水漫流、油料的泄漏和垃圾堆放等，都可能导致石油类、无机盐类等渗入土地,使局部土壤的化学性质发生改变(图3-15)。

图 3-13　路基工程施工改变地表和地形(陶双成　拍摄)

a)搅拌站建设

b)拌和站硬化

图 3-14　临时用地影响土壤理化性质(陶双成　拍摄)

图 3-15　公路桩基施工的含油废水对土壤化学性质产生影响(陶双成　拍摄)

3.2.3　对土地使用功能的影响

从以上分析不难发现,公路施工不可避免地会改变土壤的性状,进而也会对土地的使用功能产生影响。根据影响程度的不同可以分为量变和质变两种情况,即土地的原有功能降低和原有功能的丧失(即发生土地使用功能改变)。

3.2.3.1 土地使用功能降低

对于工程施工临时占用的耕地、园地等农用地来说,经施工期间车辆的碾压、堆料及预制构造物的占压、场地硬化等外力作用后,土壤的物理结构会发生改变;施工期间地表裸露使水土流失加剧,土壤养分也会随之发生流失,一些建筑材料会对地表土壤造成一定的污染。上述情形将使临时用地的立地条件变差,可耕种性、可绿化性大大降低,即使采取复垦措施,短时间内也难以达到占用前的种植效果,表现为土地使用功能的下降。

3.2.3.2 土地使用功能改变

平原区的取土坑,若平整恢复不到位,由于地形条件的改变,易于积水,原来的耕地有可能无法再耕作。山地取料场,有时会由于基岩裸露且坡度较大,难以恢复植被。石质弃渣场,由于原有的地表土壤被大块的石渣所占压,渣体空隙大,很难保水保肥,往往不具备恢复到原土地利用方式的条件。上述情形,可以认为是土地原有功能丧失,只能采用其他的土地利用方式,转变土地使用功能,比如将取土坑改为养殖塘,参见图3-16。

图3-16 溧广高速公路取土场转变为鱼塘(陶双成 拍摄)

3.3 水土流失

公路建设诱发的水土流失问题引起了社会的广泛关注(陈宗伟,2012)。公路水土流失是在各种自然因素包括气候、地质、地形地貌、土壤植被等的潜在影响下,由于人为活动即公路工程施工而造成的水土流失现象,是一种典型的人为加速侵蚀现象。公路水土流失具有土壤流失量大、侵蚀类型复杂、内部差异显著和时段性明显等特点。

3.3.1 土壤流失量

公路工程项目线路长,占地面积大,建设周期长,挖填方量大,地面植被和土壤破坏严重,土壤侵蚀现象十分突出。公路工程建设产生大量的弃土和弃渣,不仅容易造成严重的土壤侵蚀,而且为土壤侵蚀的发生提供了物质来源。据估计,"十一五"期间,全国开发建设项目可能产生水土流失总面积6.16万hm^2(新华社,2007),扰动地表面积达到5.5万km^2(蔺明华,2008),其中每建设1km公路要增加1 535t的水土流失量,平坦路基土壤侵蚀模数1 000~2 500t/(km^2·年),坡面路基为18 000~30 000t/(km^2·年),路基边坡为20 000~50 000t/(km^2·年),路堑边坡为5 000~10 000t/(km^2·年)(张皓,2014)。

以江西省南昌至奉新高速公路为例,该项目于2009年9月开工建设,于2011年10月建成通车,至2012年自然恢复期结束。从表3-4可以看出,该项目共造成土壤流失量约为

3.40万t,其中,因施工造成新增土壤流失量约为1.95万t。

南昌至奉新高速公路工程土壤流失量　　　　　　　表3-4

年份	防治分区	面积(hm²)	土壤流失总量(t)	原地貌土壤流失量(t)	新增土壤流失量(t)
2009年	主体工程区	201.24	4 293.12	872.04	3 421.08
	管理服务用地	1.70	30.60	10.20	20.40
	取土场	16.73	345.75	111.53	234.22
	弃渣场	2.50	18.33	4.58	13.75
	施工场地	21.30	291.10	213.00	78.10
	施工便道	3.50	72.92	15.17	57.75
	小计	246.97	5 051.82	1 226.52	3 825.30
2010年	主体工程区	230.46	16 362.66	2 995.98	13 366.68
	管理服务用地	5.70	330.60	102.60	228.00
	取土场	22.73	1 477.45	454.60	1 022.85
	弃渣场	5.50	137.50	30.25	107.25
	施工场地	21.58	1 079.00	647.40	431.60
	施工便道	3.50	217.00	45.50	171.50
	小计	289.47	19 604.21	4 276.33	15 327.88
2011年	主体工程区	230.46	5 300.58	2 995.98	2 304.60
	管理服务用地	5.70	142.50	102.60	39.90
	取土场	33.04	1 354.64	660.80	693.84
	弃渣场	6.60	92.40	36.30	56.10
	施工场地	21.58	820.04	647.40	172.64
	施工便道	3.50	112.00	45.50	66.50
	小计	300.88	7 822.16	4 488.58	3 333.58
2012年	主体工程区	230.46	691.38	2 995.98	-2 304.60
	管理服务用地	5.70	57.00	102.60	-45.60
	取土场	33.04	462.56	660.80	-198.24
	弃渣场	6.60	39.60	36.30	3.30
	施工场地	21.58	215.80	647.40	-431.60
	施工便道	3.50	35.00	45.50	-10.50
	小计	300.88	1 501.34	4 488.58	-2 987.24
总计			33 979.53	14 480.01	19 499.52

3.3.2 土壤侵蚀类型

开发建设活动以人为侵蚀为主,又叠加了自然侵蚀外营力,导致开发建设区域既有地带性侵蚀类型分布,也有人为活动侵蚀类型分布(李智广,2008)。公路工程是线性建设项目,经过的地貌类型复杂多样,涉及多种侵蚀类型,水力侵蚀、重力侵蚀、风力侵蚀、冻融侵蚀和泥石流等都有可能发生。

以湖北省沪蓉西(宜长段)高速公路为例,该项目位于湖北省西南,东接江汉平原,南邻湖南省,北部与湖北省神农架林区、秭归县相衔接,沿线地势西南高、东北低,自西向东呈梯级下降,全路段内断裂构造比较发育,不良工程地质问题主要为断裂、岩溶、坍塌、滑坡及土体膨胀变形等。项目区地处亚热带,属温湿季风性气候,气候湿热,降雨充沛,年均降水量1 338～1 600mm。因此,水力侵蚀和重力侵蚀是该项目土壤侵蚀的主要类型,如表3-5所示。

沪蓉西高速公路宜长段土壤侵蚀主要类型　　表3-5

侵蚀形式			裸露边坡			有防护的边坡		
			挖方边坡	填方边坡	堆砌边坡	挖方边坡	填方边坡	堆砌边坡
水力侵蚀		溅蚀	显著	显著	显著	发生	发生	发生
	面蚀	层状	发生	发生	发生	发生	发生	发生
		砂砾化	发生	发生	发生	发生	发生	发生
		鳞片状	发生	发生	发生	发生	发生	发生
		细沟状	显著	显著	显著	发生	发生	发生
	沟蚀	浅沟	发生	发生	显著			发生
		切沟			发生			
		冲沟						
重力侵蚀		泻溜	发生					
		崩塌	发生	发生	发生			
		滑坡	发生		发生			

3.3.3　水土流失重点部位

公路项目不同工程单元受施工工艺和工程数量的影响,其水土流失状况有显著差异,公路路基、取土场、弃渣场等是水土流失的重点发生部位。

以新疆G314线库车至阿克苏段高速公路工程为例,扰动土地类型中以主体工程区造成的土壤流失量最大,占土壤流失总量的68.58%,其次是取土(料)场区,占土壤流失总量的22.83%,施工生产生活区和施工便道流失量占分别总土壤流失量的3.83%和4.76%,见图3-17。

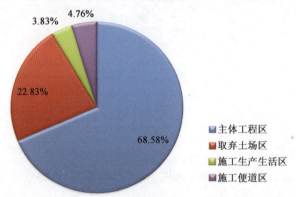

图3-17　新疆库阿高速公路土壤流失量不同工程单元占比

3.3.4 水土流失重点时段

公路建设项目由于线路长、工艺复杂、周期长等特点,土壤侵蚀在时间分布上具有不均衡的特点。一般来说,公路施工期土壤侵蚀量大,运行期土壤侵蚀量小。在公路施工过程中,由于土地开挖导致的原地貌破坏,使表土的抗蚀能力减弱,进而加剧扰动面的土壤侵蚀;路基开挖填筑及沿线取土、弃土,使土壤在工程措施、植物措施尚未成型前完全裸露,极易在暴雨或大风的条件下产生大量的土壤侵蚀。公路试运营期间,因施工破坏而影响水土流失的各种因素在实施防护工程和绿化美化措施后逐渐消失,土壤侵蚀量达到相对稳定的状态。

以内蒙古二连浩特至河口国道主干线赛汗塔拉至白音察干段公路为例,2009 年和 2010 年施工期间,各工程单元扰动地表面积及土壤侵蚀强度达到峰值,2012 年和 2013 年公路试运营期间,路面、附属设施等均已硬化,水土保持工程、植物措施开始发挥效益,土壤侵蚀量大幅减小(图 3-18)。

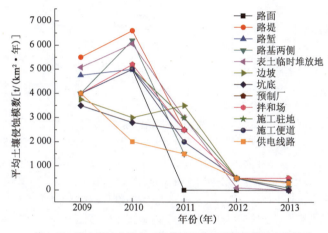

图 3-18 赛白高速公路各工程单元平均土壤侵蚀模数变化情况

3.4 小结

公路建设对土地资源的占用量巨大,主要表现为永久占用和临时占用。公路永久占地占全国建设用地的比例较高,占用耕地数量大,而不同等级公路的耕地占用比例有差异。刘珊等(2016)研究也认为,公路建设工程要占用大量宝贵的土地资源,尤其是高等级公路,由于线路标准要求较高,耕地占用现象尤为突出。公路建设项目临时用地数量巨大,临时用地要恢复至原有使用功能比较困难。为此,应加强临时用地可持续利用,从源头上减少临时用地的占用面积(吴燕等,2010),及时编制公路项目临时用地土地复垦方案专项设计(林韬,2015),并严格落实。

公路建设对扰动区的土地质量有一定影响。赵淑青等(2007)也认为,公路施工期对土壤质量的影响较大。赵建强(2002)研究指出,公路建设会扰乱沿线土壤的发育层次和土体构型,破坏原有的土壤结构和质地,使土壤肥力和保水能力显著减弱,主要表现为破坏表土资源、影响土壤理化性质和影响土地使用功能。董炜华等(2015)研究表明,临时施工场地土壤物理和化学性质发生了显著变化。此外,公路施工还会造成表土资源大量的损失和浪费,土地原有耕作功能丧失。这与王一博等(2004)、余海龙等(2006)的研究结论一致。

公路建设会造成扰动区的土壤流失量迅速增加,属典型的人为加速侵蚀类型。水土流失类型、程度和强度与主体工程建设有直接的因果关系(史东梅,2006),受项目区生态环境、气候类型及地貌条件等影响,路域环境土壤侵蚀类型主要包括水力侵蚀、重力侵蚀、混合侵蚀和风力侵蚀(肖飞,2008),不同区域土壤侵蚀类型差异较大,南方大多以水力侵蚀为主。受施工工艺和工程数量影响,公路路基、取土场、弃渣场等工程单元是水土流失发生的重点部位,弃土场边坡的生态治理是公路建设环境保护的重要内容(卓慕宁等,2007)。水土流失是公路建设中的重要环境问题之一,尤其是对于山区公路建设(周富春,2006)。土壤侵蚀主要发生在施工期,土壤侵蚀量较运营期大得多。

本章参考文献

[1] 陈宗伟.基于水土保持的建设理念在吉延高速公路中的应用[J].中国水土保持,2012,(2):63-65.
[2] 董炜华,韩德复,李沁枚,等.公路建设对其周边土壤理化性质的影响[J].长春师范大学学报,2015,34(2):87-89.
[3] 环境科学大辞典编委会.环境科学大辞典[M].北京:中国环境科学出版社,2008.
[4] 黄昌勇.土壤学[M].北京:中国农业出版社,2000.
[5] 李智广.开发建设项目水土保持监测[M].北京:中国水利水电出版社,2008.
[6] 林韬.广东省潮州至惠州高速公路项目临时用地土地复垦方案专项设计[J].广东土地科学,2015,14(6):41-48.
[7] 蔺明华.开发建设项目新增水土流失研究[M].郑州:黄河水利出版社,2008.
[8] 刘珊,段亚萍,桂浩尧,等.公路工程占地分析及对策研究[J].国土资源导刊,2006(5):23-25.
[9] 马骥,孔亚平,刘占山,等.公路建设面临用地难题[J].交通建设与管理,2009(9):60-63.
[10] 史东梅.高速公路建设中侵蚀环境及水土流失特征的研究[J].水土保持学报,2006,20(2):5-9.
[11] 孙斌,陶双成.彭湖高速的土地节约实践[J].交通建设与管理,2009(9):64-65.
[12] 孙斌,陶双成.彭湖高速公路土地资源节约与保护对策研究[J].交通建设与管理,2010(5):135-137.
[13] 孙宪魁,刘涛,张翔,等.新疆公路工程建设水土保持对策研究[J].交通标准化,2010(222):67-69.
[14] 陶双成,孔亚平,王偶.利用表土进行堆形地貌营造的临时用地恢复方法研究[J].公路,2015(12):246-249.
[15] 王一博,王根绪,常娟.人类活动对青藏高原冻土环境的影响[J].冰川冻土,2004,26(5):523-527.
[16] 吴燕,奚成刚,付金生,等.公路建设中临时用地可持续利用技术研究综述[J].公路交通科技(应用技术版),2010(10):374-378.
[17] 肖飞.公路水土流失类型及预测方法研究[J].水土保持应用技术,2008(6):32-34.
[18] 余海龙,顾卫,姜伟,等.高速公路路域土壤质量退化演变的研究[J].水土保持学报,2006,20(4):195-198.
[19] 张皓,何腾兵,林昌虎,等.城镇化开发建设项目引发的水土流失及防治进展[J].浙江农业科学,2014,(1):95-99.
[20] 赵剑强.公路交通与环境保护[M].北京:人民交通出版社,2002.
[21] 赵淑青,崔保山,高丽娜,等.纵向岭谷区公路建设对沿线地区土壤质量的影响[J].科学通报,2007,52(增刊Ⅱ):166-175.
[22] 周富春.山区公路工程建设期水土流失量的预测模式[J].重庆建筑大学学报,2006,28(5):27-29.
[23] 卓慕宁,李定强,郑煜基.高速公路弃土场的水土流失监测及其生态治理[J].水土保持通报,2007,27(4):96-99.

4 公路对自然植被的影响

植物是自然界中的初级生产者,是地球上几乎所有生态系统中有机物质及能源的源泉,是人类衣、食、住、行等原材料的直接或间接来源。植物是维持地球生态平衡的关键角色,它不仅作为生产者构成食物链的基础,而且通过光合作用为其自身和动物提供氧气满足生物呼吸的需要,它也是水循环和其他物质循环如氮循环的关键,还在调节气候变化、土壤发育和防止水土流失等方面发挥重要作用。森林、草原、湿地等各类植物,还为人类提供宜居环境扮演着关键角色。

公路建设过程中,用地(永久+临时)范围内的植被不可避免地要被砍伐、清除或损坏,造成植物资源的损失;公路建成后,由于局地小气候的改变,会对公路沿线一定范围内的植被群落产生影响,引起群落结构、多样性和演替方向的变化;由于地表裸露、局地小气候变化及运输携带,或者不当绿化,为外来植物的定居创造了条件,还可能引起外来植物入侵。

4.1 用地范围内植被影响

公路里程长,占地面积大,路基的填筑与开挖,不可避免地要破坏征地范围内的林木以及其他地表植被。构筑物(桥涵、路基、交安设施、服务区建筑等)范围内,原有植被的地上地下生物量完全损失,不可恢复;永久用地范围内的路基边坡、沿线设施绿地等区域内,原有植被大部分被破坏,但可以通过自然或人工的方式,逐步恢复植被;临时用地范围内的植被,在施工期会被暂时破坏,造成地上生物量部分损失,施工完成后能够逐渐恢复。

因此,公路用地范围内对植被的主要影响是占地造成植被生物量的损失,这种损失可以通过调查和统计计算得出,计算结果可以为公路环境保护设计、生态补偿等提供参考。

以环长白山旅游公路改扩建工程为例,阐述公路用地范围内植被破坏情况。据调查,环长白山旅游公路沿线植被类型包括:以红松为主的针阔混交林、以云冷杉为主的常绿针叶林、以蒙古栎和椴树为主的阔叶林、杨桦次生林等。其中针阔叶混交林和杨桦林为最主要的植被类型。

环长白山旅游公路清表范围严格控制在占地红线内,以最大限度地减少对植被的破坏。其中,永久占地 33.204hm^2;临时占地面积为 42.82hm^2。

参考《长白山北坡森林生态系统的生物量及化学能研究》(秦丽杰等,2002)和《长白山阔叶红松林大样地木本植物组成及主要树种的生物量》(姜萍等,2005)等研究成果,单位面积林型地上部分生物量如表 4-1 所示,其中,原始红松针阔叶混交林的地上生物量远大于杨桦林。

不同林型单位面积地上生物量（t/hm²）　　　　　　　　　　　表4-1

植被类型	针阔叶混交林			杨桦林		
	乔	灌	草	乔	灌	草
生物量	139	7.47	2.99	98	22.05	2.45
合计	149.46			122.5		

参考《长白山不同生态系统地下部分生物量及地下 C 贮量的调查》（杨丽韫等，2003）的调查结果，单位面积林型地下部分生物量如表4-2所示。其中，原始红松针阔叶混交林根系生物量比天然杨桦次生林高出两倍多，说明此种森林类型的固土保水等生态效益远大于次生林，也进一步说明了原始林保护的重要性。

不同林型单位面积地下生物量（g/m²）　　　　　　　　　　　表4-2

植被类型	单位面积生物量
红松针阔叶混交林	51.55
天然杨桦次生林	21.87

用不同植被类型单位面积生物量乘以占地面积计算出生物量的损失，详见表4-3。结果表明，由于公路建设造成植被破坏引起的生物量（地上与地下）损失很大，数以万吨计。因此，公路建设过程中，植被保护与恢复十分重要。

生物量损失情况（包括地上和地下生物量）　　　　　　　　　　表4-3

名　称		占地面积（hm²）	生物量损失（t）
永久占地	新建路段 非保护区路段	24.87	4 290.72
	新建路段 保护区路段	5.63	112.57
	改扩建路段	33.20	4 793.08
	全线永久占地共计	63.70	4 403.29
临时占地	全线临时占地共计	42.82	6 181.92
总计		106.52	10 585.21

4.2　用地范围外植被影响

公路建设不仅会对用地范围内植被造成破坏，而且会对用地范围外路侧一定范围的植被产生影响。用地范围内植被的破坏导致地表裸露，会对沿线路域小气候环境造成影响，进而可能对路侧一定范围的植被群落产生多方面的影响，如植物种类、结构、多样性，以及演替变化等，还为外来物种的入侵提供了可能。

作者于2009年在吉林省环长白山旅游公路，就公路沿线小气候变化及公路沿线植物群落变化等内容开展了研究，主要成果简述如下。

4.2.1　路侧小气候变化

2009年对环长白山旅游公路次生林环境段落以及原始林环境段落分别进行了气候因子调查。采用温湿度仪记录距离公路 0m、5m、10m、20m、50m、100m 距离下的温湿度变化情况。结果表明，对于原始林而言，公路对路侧环境温湿度的影响范围可达 10m，该范围内的温湿度与背景因子存在显著差异;对于次生林而言,这种影响可达20m,影响距离更远。说明原始林对于局地温湿度改变的缓冲性强于次生林(图4-1)。

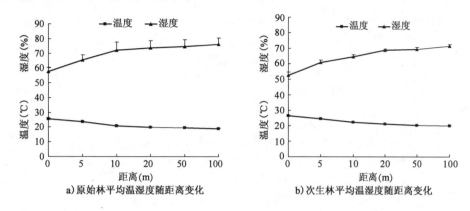

a) 原始林平均温湿度随距离变化　　b) 次生林平均温湿度随距离变化

图4-1　平均温湿度与距公路距离的关系

与此同时,采用光度计记录原始林和次生林中不同距离正午光照强度的变化。结果表明,对于两种林型,公路引起路侧光照强度变化的影响范围均为10m左右(图4-2)。

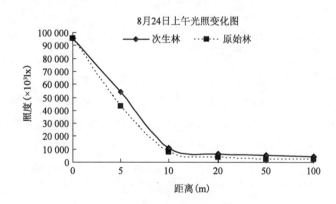

图4-2　光照变化与公路距离关系

上述结果说明,环长白山旅游公路的修建,一定程度上改变了路域局地小气候,林木的清除造成路侧光照强度增加和温湿度的变化。路侧10m左右的地方是光照强度、温度、湿度等因子变化趋缓的转折点。

4.2.2　路侧植物群落变化

2009年对环长白山旅游公路次生林环境段以及环长白山旅游公路原始林环境段分别进行了路侧植物群落的变化调查。在距离公路0m、5m、10m、20m、50m、100m的位置进行植物样方调查,共设置18个2m×2m的灌木样方,18个1m×1m的草本样方,分别记录种类、高度、盖度、株数等。用相似性指数、物种重要值、Simpson多样性指数及Pielou均匀度指数,来描述长白山区公路建设对沿线植被物种组成的影响和多样性变化的情况。

将原始阔叶林和天然杨桦次生林群落中距离公路0m、10m、20m、50m、100m物种的重要值前五位由高到低排列,组成优势物种,见表4-4。

优 势 物 种 组 成　　　　　　　　表4-4

群落	原始林草本	原始林灌木	次生林草本	次生林灌木
0	小叶芹、东方草莓、羊胡子苔草、毛茛、山茄子	溲疏、山杨、春榆、阔叶悬钩子、白牛槭	宽叶苔草、大籽蒿、球花凤毛菊、高苔草、柳兰	珍珠梅、榆树、柳树、柳叶绣线菊、茶条槭
5m	木贼、小叶芹、兴安升麻、山茄子、宽叶苔草	暴马丁香、长白茶藨子、溲疏、刺五加、白牛槭	小叶芹、蚊子草、宽叶苔草、猴腿蹄盖蕨、木贼	珍珠梅、野蔷薇、接骨木、溲疏、长白忍冬
10m	木贼、小叶芹、水蕨菜、宽叶苔草、美汉草	溲疏、长白忍冬、色木槭、长白茶藨子、卫矛	宽叶苔草、蚊子草、木贼、小叶芹、卵叶车叶草	柳叶绣线菊、珍珠梅、野蔷薇、蓝靛果忍冬、绣线菊
20m	木贼、小叶芹、宽叶苔草、山茄子、兴安升麻	溲疏、卫矛、刺五加、长白忍冬、色木槭	羊胡子苔草、猴腿蹄盖蕨、卵叶车叶草、小叶芹、蚊子草	柳叶绣线菊、蓝靛果忍冬、野蔷薇、珍珠梅、山丁子
50m	细叶苔草、兴安升麻、小叶芹、宽叶苔草、猴腿蹄盖蕨	溲疏、暴马丁香、卫矛、假色槭、刺五加	羊胡子苔草、桂皮紫萁、小叶芹、蚊子草、问荆	柳叶绣线菊、蓝靛果忍冬、野蔷薇、绣线菊
100m	细叶苔草、宽叶苔草、猴腿蹄盖蕨、小叶芹、山茄子	溲疏、色木槭、长白忍冬、刺五加、白牛槭	羊胡子苔草、水蕨菜、猴腿蹄盖蕨、小叶芹、卵叶车叶草	柳叶绣线菊、蓝靛果忍冬、珍珠梅、野蔷薇

从林下植物优势物种组成来看,原始林和次生林中重要值前五位的植被完全不同,表明不同群落类型下植被组成不同。其次,距离公路 0m 和 100m 植被组成变化很大,0m 位置以喜光植物居多,100m 位置则是耐阴植物占主导。就原始林草本优势物种排序情况而言,距离公路 50m 和 100m 的优势种前五位情况基本相似,均以苔草为主且有 4 种植物相同(细叶苔草、宽叶苔草、猴腿蹄盖蕨、小叶芹);距离公路 20m 之内,各样方的优势种前五位情况很相似(木贼、小叶芹等居多)。原始林中灌木离公路 10m 以外,优势种组成前五位都很相似(羊胡子苔草、猴腿蹄盖蕨等居多)。就次生林草本物种重要值排序情况而言,离公路 20m 之外优势种的组成前五位情况很相似,都是以羊胡子苔草为代表。灌木在离公路 10m 以外,优势种前五位组成很相似(柳叶绣线菊、蓝靛果忍冬等居多)。调查结果表明,公路对路侧植物组成产生了影响,随着离公路距离的增加,优势种呈现从喜光植物到耐阴植物的变化。

表 4-5 是不同样方之间植物物种相似性指数比较,可以看出,无论是原始林还是次生林,离公路 50m 与 100m 的样方之间物种相似性指数最高(原始林草本 0.70,灌木 0.53;天然次生林草本 0.53,灌木 0.56);离公路 0m 与 100m 的样方之间物种相似性指数最低(0.10～0.29 不等)。相似性指数随着样方之间距离的增加而降低:以原始林草本为例,离公路 0m 与 5m 的样方之间物种相似性指数最高(0.38),离公路 0m 与 100m 的样方之间物种相似性指数最低(0.23),最高值比最低值高出约 67%。另外一个明显规律是,两种林型,无论是草本还是灌木,样方离公路越远,与其他样方之间的相似性指数越高,以次生林草本为例,离公路 0m 位置的样方与其他样方的相似性指数为 0.10～0.19;离公路 5m 位置的样方与其他样方的相似性指数为 0.22～0.45,以此类推。从样方之间相似性指数的变动幅度可以看出,总体而言,草本样方之间的物种相似性指数变动幅度较灌木样方剧烈。

距公路不同距离的植被组成相似性指数比较   表4-5

距 离	原始阔叶林		天然次生林	
	草 本	灌 木	草 本	灌 木
0 与 5m	0.38	0.21	0.19	0.42
0 与 10m	0.37	0.23	0.18	0.21
0 与 20m	0.33	0.20	0.13	0.17
0 与 50m	0.27	0.28	0.10	0.15
0 与 100m	0.23	0.29	0.10	0.14
5m 与 10m	0.45	0.38	0.45	0.33
5m 与 20m	0.46	0.44	0.42	0.30
5m 与 50m	0.42	0.38	0.25	0.30
5m 与 100m	0.36	0.32	0.22	0.30
10m 与 20m	0.63	0.41	0.46	0.44
10m 与 50m	0.50	0.31	0.43	0.30
10m 与 100m	0.31	0.30	0.41	0.21
20m 与 50m	0.57	0.46	0.46	0.43
20m 与 100m	0.48	0.38	0.43	0.38
50m 与 100m	0.70	0.53	0.53	0.56

公路对路侧植物多样性的影响包括正、负两方面。从图4-3~图4-6可以看出，离公路0m位置和100m位置的生物多样性都是较高的，这是由于长白山区公路沿线森林郁闭度非常高，公路修建后大大增加了森林的透光性，光照条件的改善使得一些喜光植物大量生长，客观上增加了路侧植被的物种多样性，这说明公路对植物多样性有一定的正效应。但是0m位置样方的均匀度不及100m位置样方，说明0m位置样方虽然物种丰富，但是稳定性不及100m位置样方，这说明了公路对植物多样性的负效应，即破坏了稳定的原始生态环境。此外，鉴于路侧植物多样性和组成变化与气象因子变化规律的一致性，可以认为，在长白山区公路路侧，对于草本植物的影响范围约为20m左右，对于灌木的影响范围约为10m左右，影响强度随着距公路距离的增加而逐渐减弱。

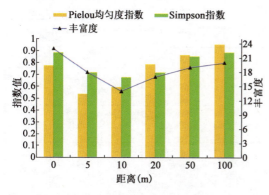

图4-3 原始林草本植物群落多样性与公路距离的关系图

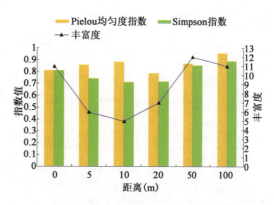

图4-4 原始林灌木植物群落多样性与公路距离的关系

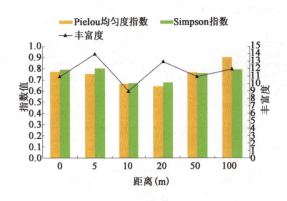

图 4-5 次生林草本植物群落多样性与公路距离的关系图

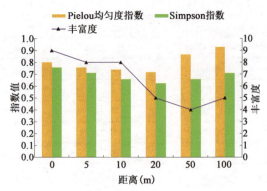

图 4-6 次生林灌木植物群落多样性与公路距离的关系

4.3 路侧外来植物入侵

由于公路施工扰动造成土地裸露,生态条件改变,有可能导致外来植物的迅速扩散。外来植物到一个新的环境,由于没有天敌和限制因素,很容易沿公路向两侧扩散,并形成爆发态势。公路绿化过程中若选用的植物种类不当,也可能引入外来入侵植物。此外,公路运营过程中,运输车辆可能携带外来植物种子等繁殖材料进入路域,也会产生外来入侵植物的定居和扩散。

为了解公路路侧外来之物入侵情况,交通运输部科学研究院、交通运输部规划研究院与云南大学的研究人员,于 2007~2009 年对云南省公路路域外来植物入侵情况进行了现场调查。所调查公路的基本信息见表4-6。调查方法是在对公路沿线野外考察的基础上,选择典型路段进行样方调查和定点观测,确定公路沿线外来植物的种类、结构,调查结果见表4-7,并对外来入侵植物的来源及外来植物的危害性进行分析研究。

公 路 基 本 信 息　　　　　表 4-6

名　称	走　向	等　级	通车时间(年)	总长度(km)
思茅—小勐养公路	南北走向	高速公路	2006	97.75
楚雄—大理公路	东西走向	高速公路	1999	178.78
玉溪—元谋公路	南北走向	高速公路	2001	293.16
楚雄—牟定公路	南北走向	二级公路	1996	56.23
昆明—楚雄公路	东西走向	高速公路	1998	152.30

云南省公路沿线外来入侵植物一览表　　　　　表 4-7

序号	种　名	科名	性状	原产地	分布范围	入侵途径	危害程度
1	紫茎泽兰 *Eupatorium adenophorum* Spreng	菊科 Compositae	草本	中美洲	全省各地	从缅甸自然传入	很严重
2	飞机草 *E. odoratum* L.	菊科 Compositae	草本	中美洲	全省各地	从缅甸自然传入	很严重
3	刺苞果 *Acanthospermum australe*（L.）Kuntze	菊科 Compositae	草本	南美洲热带	东南、西南和南部及干热河谷	从中南半岛自然传入	一般

续上表

序号	种名	科名	性状	原产地	分布范围	入侵途径	危害程度
4	藿香蓟 *Ageratum conyzoides* L.	菊科 Compositae	草本	中美洲	全省各地	从中南半岛自然传入	严重
5	熊耳草 *A. houstonianuum* Mill	菊科 Compositae	草本	中美洲	东南、西南、中西部和南部	从中南半岛随人带入	一般
6	钻形紫菀 *Aster subulatus* Michx.	菊科 Compositae	草本	北美洲	全省各地	随人类活动带入	一般
7	三叶鬼针草 *Bidens pilosa* L.	菊科 Compositae	草本	南美洲热带	全省各地	随人类活动带入	一般
8	小蓬草 *Conyza canadensis*（L.）Cronq.	菊科 Compositae	草本	北美洲	全省各地	随人类活动和交通工具传入或随风传播	严重
9	苏门白酒草 *C. sumatrensis*（Retz.）Walker	菊科 Compositae	草本	南美洲热带	全省各地	随人类活动和交通工具传入或随风传播	严重
10	香丝草 *C. bonariensis*（L.）Cronq.	菊科 Compositae	草本	南美洲	全省各地	随人类活动和交通工具传入或随风传播	一般
11	革命菜 *Crassocephalum crepidioides*（Benth.）S. Moore	菊科 Compositae	草本	非洲热带	全省各地	随人类活动和交通工具传入或随风传播	一般
12	一年蓬 *Erigeron annuus* L. Pers.	菊科 Compositae	草本	北美洲	全省各地	随人类活动和交通工具传入或随风传播	一般
13	牛膝菊 *Galinsoga parviflora* Cav.	菊科 Compositae	草本	南美洲	全省各地	可能随旅行者带入	一般
14	粗毛牛膝菊 *G. quadriradiata* Ruizet Pav.	菊科 Compositae	草本	南美洲	全省各地	可能随旅行者带入	一般
15	银胶菊 *Parthenium hysterophorus* L.	菊科 Compositae	草本	南北美洲热带	东南、西南和南部及干热河谷	从中南半岛自然传入	严重
16	欧洲千里光 *Senecio vulgaris* L.	菊科 Compositae	草本	欧洲	东南、西南和南部及干热河谷	随作物种子或随风传播	一般
17	加拿大一枝黄花 *Solidago canadensis* L.	菊科 Compositae	草本	北美洲	昆明	作鲜切花引种	一般
18	金腰箭 *Synedrel lanodiflora*（L.）Gaertn.	菊科 Compositae	草本	南美洲热带	东南、西南和南部及干热河谷	随作物种子及人类活动传播	一般

续上表

序号	种 名	科名	性状	原产地	分布范围	入侵途径	危害程度
19	肿柄菊 *Tithonia diversifolia* A. Gray	菊科 Compositae	草本	中美洲	东南、西南和南部及干热河谷	作观赏植物引种	严重
20	羽芒菊 *Tridax procumbens* L.	菊科 Compositae	草本	南美洲热带	东南、西南和南部及干热河谷	可能随人类活动带入	一般
21	薇甘菊 *Mikania micrantha* H. B. K.	菊科 Compositae	藤本	中南美洲	德红州、保山地区		一般
22	野燕麦 *Avena fatua* L.	禾本科 Gramineae	草本	欧洲地中海地区	全省各地	随麦种引入	一般
23	地毯草 *Axonopus compressus* (Swartz.) Beauv.	禾本科 Gramineae	草本	南美洲热带	全省各地	作草坪植物和牧草引种	一般
24	蒺藜草 *Cenchruse chinatus* L.	禾本科 Gramineae	草本	南美洲热带	全省各地	随人及动物活动传入	一般
25	毒麦 *Loliumtemu lentum* L.	禾本科 Gramineae	草本	欧洲地中海地区	全省各地	随小麦引种带入	一般
26	长芒毒麦 *L. temulentum* var. *longiaristatum* Parnell	禾本科 Gramineae	草本	欧洲	全省各地	随小麦引种带入	一般
27	田毒麦 *L. temulentum* var. *arvense* Bab.	禾本科 Gramineae	草本	欧洲	全省各地	随小麦引种带入	一般
28	波斯毒麦 *L. persicum* Boiss. et Hohen	禾本科 Gramineae	草本	欧洲	全省各地	随小麦引种带入	一般
29	细穗毒麦 *L. renotum* Schrank	禾本科 Gramineae	草本	欧洲	全省各地	随小麦引种带入	一般
30	大黍 *Panicum maximum* Jacq.	禾本科 Gramineae	草本	东非热带	东南、西南和南部及干热河谷	作牧草引入或随粮食种子带入	一般
31	两耳草 *Paspslum conjugatum* Bergius	禾本科 Gramineae	草本	南美洲热带	东南、西南和南部及干热河谷	随粮食种子带入	一般
32	假高粱 *Sorghum halepense* (L.) Pers	禾本科 Gramineae	草本	欧洲地中海地区	全省各地	随粮食种子带入	一般

续上表

序号	种 名	科名	性状	原产地	分布范围	入侵途径	危害程度
33	曼陀罗 *Datura stramonium* L.	茄科 Solanaceae	草本	北美墨西哥	东南、西南和南部及干热河谷	作药用植物引入	一般
34	洋金花 *D. metel* L.	茄科 Solanaceae	草本	北美洲	全省各地	作药用植物引入	一般
35	喀西茄 *Solanum aculeatissimum* Jacq.	茄科 Solanaceae	灌木	南美洲巴西	东南、西南和南部及干热河谷	随人类活动带入	一般
36	牛茄子 *S. capsicoides* All	茄科 Solanaceae	灌木	南美洲巴西	东南、西南和南部及干热河谷	随人类活动带入	一般
37	假烟叶树 *S. verbascifolium* L.	茄科 Solanaceae	灌木	南美洲热带	全省分布	随人类活动带入	一般
38	水茄 *S. torvum* Swartz	茄科 Solanaceae	灌木	加勒比海地区	东南、西南和南部及干热河谷	随人类活动带入	一般
39	空心莲子草 *Alternanthera philoxeroides*（Mart.）Griseb.	苋科 Amaranthaceae	草本	南美洲	全省各地水域，也在陆地生长	作饲料引入	很严重
40	刺花莲子草 *Al. pungens* H. B. K	苋科 Amaranthaceae	草本	南美洲	全省各地	随人类活动带入	一般
41	刺苋 *Amaranthus spinosus* L.	苋科 Amaranthaceae	草本	美洲热带	全省各地	随人类活动带入	一般
42	皱果苋 *A. viridis* L.	苋科 Amaranthaceae	草本	非洲热带	全省各地	随蔬菜或粮食引入	一般
43	凹头苋 *A. lividus* L.	苋科 Amaranthaceae	草本	南美洲热带	全省各地	随蔬菜或粮食引入	一般
44	金合欢 *Acacia farnesiana*（L.）Willd.	含羞草科 Mimosaceae	灌木	南美洲热带	东南、西南和南部及干热河谷	作观赏植物引种	一般
45	银合欢 *Leucaena leucocephala*（Lam.）de Wit	含羞草科 Mimosaceae	灌木	南美洲热带	东南、西南和南部及干热河谷	作观赏植物引种	一般
46	含羞草 *Mimosa pudica* L.	含羞草科 Mimosaceae	草本	南美洲热带	东南、西南和南部及干热河谷	作观赏植物引种	一般

续上表

序号	种名	科名	性状	原产地	分布范围	入侵途径	危害程度
47	梨果仙人掌 Opuntia stricta var. dillenii（L.）Mill	仙人掌科 Cactaceae	灌木	北美洲 墨西哥	全省各地	作观赏植物引入	一般
48	单刺仙人掌 O. monacantha（Willd.）Haw.	仙人掌科 Cactaceae	草本	南美洲	全省各地	作观赏植物引入	一般
49	仙人掌 O. stricta（Haw.）Haw. var. dillenii（Ker-Gawl.）Benson	仙人掌科 Cactaceae	草本	美洲	全省各地	作观赏植物引入	一般
50	野甘草 Scoparia dulcis L.	玄参科 Scrophulariaceae	草本	南美洲热带	东南、西南和南部及干热河谷	随作物引种传入	一般
51	波斯婆婆纳 Veronica persica Poir.	玄参科 Scrophulariaceae	草本	西亚、欧洲	全省各地	随苗木引种传入	一般
52	婆婆纳 V. polita Pries	玄参科 Scrophulariaceae	草本	西亚	全省各地	随苗木引种传入	一般
53	土荆芥 Chenopodium ambrosioides L.	藜科 Chenopodiaceae	草本	中南美洲	全省各地	随人类活动带入	严重
54	杂配藜 Ch. Hybridum L.	藜科 Chenopodiaceae	草本	欧洲及西亚	全省各地	随人类活动带入	一般
55	臭荠 Oronopus didymus（L.）J. E. Smith	十字花科 Cruciferae	草本	南美洲	全省各地	可能由鸟兽携带传入	一般
56	北美独行菜 Lepidium virginicum L.	十字花科 Cruciferae	草本	北美洲	全省各地	可能由粮食引种传入	一般
57	飞扬草 Euphorbia hirta L.	大戟科 Euphorbiaceae	草本	非洲热带	全省各地	随苗木引种传入	一般
58	蓖麻 Risinus communis L.	大戟科 Euphorbiaceae	灌木	非洲东北部	全省各地	作经济作物引入	一般
59	野西瓜苗 Hibiscus trionum L.	锦葵科 Malvaceae	草本	中非	全省各地	可能随作物引种或人类活动带入	一般
60	赛葵 Malvastrum coromandelianum（L.）Garcke	锦葵科 Malvaceae	灌木	美洲	东南、西南和南部及干热河谷	人类活动和交通工具带入	一般

续上表

序号	种名	科名	性状	原产地	分布范围	入侵途径	危害程度
61	野胡萝卜 *Daucus carota* L.	伞形科 Umbelliferae	草本	欧洲	全省各地	随蔬菜引种或人类活动带入	一般
62	刺芹(刺芫荽) *Eryngium foetidum* L.	伞形科 Umbelliferae	草本	南美洲热带	东南、西南和南部及干热河谷	从中南半岛随人带入	一般
63	五爪金龙 *Ipomoea cairica*（L.）Sweet.	旋花科 Convolvulaceae	草本	美洲或欧洲	东南、西南和南部及干热河谷	可能人为引入	一般
64	圆叶牵牛 *I. purpurea*（L.）Roth	旋花科 Convolvulaceae	草本	南美洲热带	全省各地	作观赏植物引入	一般
65	马缨丹 *Lantana camera* L.	马鞭草科 Verbenaceae	灌木	南美洲热带	全省各地	作观赏植物引入	很严重
66	假马鞭草 *Stachytarpheta jamaicensis*（L.）Wahl	马鞭草科 Verbenaceae	草本	中南美洲	东南、西南和南部及干热河谷	可能随人类活动和交通工具带入	一般
67	草胡椒 *Peperomia pellucida*（L.）H. B. K.	胡椒科 Piperraceae	草本	中美洲	东南、西南和南部及中部	随苗木引种传入	一般
68	紫茉莉 *Mirabilis jalapa* L.	紫茉莉科 Nyctaginaceae	草本	美洲热带	全省各地	作观赏和药用植物引入	一般
69	垂序商陆 *Phytolacca americana* L.	商陆科 Phytolaccaceae	草本	北美洲	全省各地	作药用植物引入	一般
70	落葵薯 *Anredera cordifolia*（Terore）Steenis	落葵科 Basellaceae	藤本	南美洲	全省各地	作蔬菜引入	一般
71	红花酢浆草 *Oxalis corymbosa* DC.	酢浆草科 Oxalidaceae	草本	南美洲热带	全省各地	作观赏植物引种	一般
72	野老鹳草 *Geranium carolinianum* L.	牛儿苗科 Geraniaceae	草本	美洲	全省各地	能随粮食种子可带入	一般

续上表

序号	种 名	科名	性状	原产地	分布范围	入侵途径	危害程度
73	蛇婆子 *Waltheria indica* L.	梧桐科 Sterculiaceae	灌木	可能为美洲热带	东南、西南和南部及干热河谷	人类活动和交通工具带入	一般
74	龙珠果 *Passiflora foetida* L.	西番莲科 Passifloraceae	藤本	安第列斯群岛	东南、西南、中部和南部及干热河谷	可能人为引入或无意带入	一般
75	大薸 *Pistia stratiotes* L.	天南星科 Araceae	草本	南美洲巴西	全省各地水域	作饲料引入	一般
76	凤眼莲 *Eichhornia crassipes* (Mart.) Solms	雨久花科 Pontederiaceae	草本	南美洲巴西	全省各地	作花卉和饲料引入	很严重

注：入侵物种危害程度的划分方法（很严重、严重、一般三种）与丁莉等（2006）对入侵物种危害程度的划分方法（Ⅰ级、Ⅱ级、Ⅲ级）相同。

4.3.1 公路路域外来植物的种类和结构

调查结果表明，云南省公路沿线分布的外来植物多达 76 种，分别属于 24 科 55 属。其中菊科植物最多，有 21 种，菊科、禾本科、茄科、苋科植物种数量超过了云南省公路沿线全部外来植物物种数量的 50%。其中，草本植物有 64 种，占物种总数的 84.21%，表明云南省公路沿线分布的外来植物物种以草本植物占绝对优势（图 4-7）。

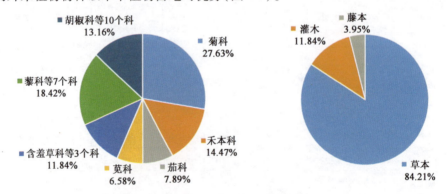

图 4-7 云南省公路沿线外来植物组成比例

4.3.2 外来植物来源

76 种外来植物中，原产美洲的有 56 种，占总物种数的 73.69%，其中南美洲最多；欧洲 10 种（13.16%）；非洲 6 种（7.89%）；亚洲 2 种（2.63%）；不确定来源 2 种（2.63%）（图 4-8）。

4.3.3 外来植物危害性

根据外来植物的危害程度，可将其划分为三种类型，即危害很严重、危害严重、危害一般。在云南省公路沿线调查发现的 76 种外来植物中，危害程度很严重的物种有 5 种，分别是紫茎泽兰（*Eupatorium adenophorum*）、飞机草（*E. odoratum*）、空心莲子草（*Alternanthera philoxe-*

roides)、马缨丹(Lantana cumara)、凤眼莲(Eichhornia crassipes),占外来植物物种总数的 6.58%;危害程度严重的物种有 6 种,分别是藿香蓟(Ageratum conyzoides)、小蓬草(Conyza canadensis)、苏门白酒草(C. sumatrensis)、银胶菊(Parthenium hysterophorus)、肿柄菊(Tithonia diversifolia)、土荆芥(Chenopodium ambrosioides),占总数的 7.89%;危害程度一般的物种有 65 种,占总数的 85.53%(图 4-9)。

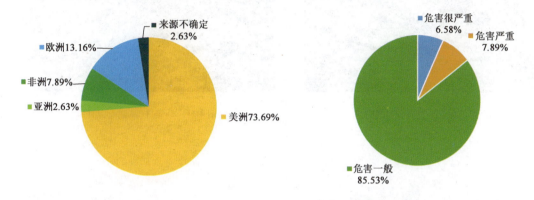

图 4-8　云南省公路沿线外来植物原产地占比　　图 4-9　云南省公路沿线外来植物危害程度占比

需要特别指出的是,目前云南省公路沿线蔓延的外来植物,虽然有 80% 以上的物种其危害程度还处于一般水平,但公路沿线入侵植物的预防和控制需要引起高度重视。因为诸如紫茎泽兰、飞机草、凤眼莲、空心莲子草等物种,已被列入我国第一批外来入侵物种名单,其繁殖能力之强、扩张速度之快、危害程度之大是触目惊心的,一旦放任其扩散,可能会对公路沿线的生态环境造成灾难性的破坏。还有一些物种属于潜在的严重危害种,比如薇甘菊(Mikania micrantha)于 2005 年在云南省德红州盈江、瑞丽、陇川等地被首次发现,现已传播到保山地区。

4.3.4　公路绿化与外来植物入侵

在公路绿化过程中,如果认识不到位或者选用的植物种类不当,也会造成外来植物入侵。首先要区分两个概念,一是外来种,二是入侵种。外来种指对某一区域或特定生态系统而言,不是该区域或生态系统的任何物种(包括其种子、卵、孢子或其他可以使该物种繁衍的物质),它是相对于本地种而言的。入侵种则是指由于其引入,一旦遇到适宜的气候、生态环境和传播扩散条件,很容易爆发成灾,已经或即将使当地经济、环境受到损害,甚至危及人类健康的外来物种。所以,公路绿化中必须禁止使用外来入侵植物种类。

外来植物种类中许多已经归化,不会对当地的生物多样性和生态环境造成破坏。但有些已被列入外来入侵植物的种类,目前还在有的公路绿化中被加以应用,如南方的膨蜞菊(图 4-10)、马缨丹(图 4-11)、金合欢、银合欢等,必须引起高度重视,最大限度地避免生物入侵的风险。南方公路边坡绿化中常用的巴哈雀稗和北方公路绿化常用的火炬树(图 4-12)及小冠花等,虽然未被列为外来入侵植物,但从应用情况来看,这些植物具有明显的入侵植物特征,往往对其他植物种类或沿线的农牧业有潜在的威胁,在今后的公路绿化中应用要慎之又慎,尽量选用本地植物种类替代。

图 4-10　膨蜞菊（陈建业　拍摄）

图 4-11　马缨丹（陈建业　拍摄）

图 4-12　火炬树（陈建业　拍摄）

4.4　小结

公路建设对植被的影响,首先是占地造成的生物量损失。环长白山旅游公路改扩建工程,由于公路建设引起的植被破坏,导致生物量(地上与地下)损失高达 1 万余吨。这与成文联等人的研究结论一致:公路建设通过植被砍伐、工程占地等直接干扰沿线植被,造成生物量损失(成文联等,2000;林思祖等,2004),这种影响对乔木尤为显著(包薇红等,2000)。

其次,由于公路的修建,会引起路域范围光照强度、温度和湿度发生变化。研究表明:原始林路侧温度、湿度影响范围在 10m 左右,而次生林路侧温度、湿度影响范围达 20m;原始林和次生林,路侧光照强度剧烈变化的范围均为 10m 左右,距公路土路肩 10m 范围内有较为剧烈变动,10m 以外光照变化趋于平缓。公路会影响与植物生长发育密切相关的生态因子,从而对其生长发育产生间接扰动(金则新等,2002;刘开昌等,2000)。生态因子的改变,会直接影响到植被群落的多样性和物种组成,随着与公路距离的增加,优势种呈现从喜光植物到耐阴植物的变化。研究表明:长白山区公路路侧对草本植物的影响范围约为 20m,对灌木的影响范围约为 10m,影响强度随着距离的增加而逐渐减弱。Radley Z. Watkins 等的研究结论与此相似,认为:在森林环境下,公路建设对森林群落的影响局限于路缘附近,路侧 15m 范围内种类结构有所改变,但是从 5m 开始很快恢复到自然植被群落状态(Radley Z. Watkins 等,2003)。冯丽等研究结果表明,腾格里沙漠公路建设对植被造成显著影响的范围约 5m 左右,10m 后与对照基本一致(冯丽等,2011);但是与本研究结论不同的是,沙漠公路建设对灌木的盖度和密度有显著的负面影响,这可能与沙漠恶劣条件下灌木破坏后恢复困难有关。刘杰等人依托纵向岭谷区高速公路开展的研究也表明,公路通过对植物数量和光合作用等的改变,对沿线植物生物量产生影响,乔木主要受负面影响,灌木和草本主要受正面影响,影响范围和强度因路段、地貌条件和植被类型而不同(刘杰等,2006)。

公路对自然植被的影响,还包括公路建设和运营引起的外来植物入侵问题。研究表明:云南公路沿线分布外来植物达 76 种,其中草本 64 种,占总数的 84.21%;原产美洲的有 54 种,占总数的 71.05%;从危害情况看,危害程度很严重的有 5 种,占总数的 6.58%,危害程度严重的有 6 种,占总数的 7.89%。公路绿化应慎用膨蜞菊、马缨丹、巴哈雀稗、火炬树等植物种类,以免对其他植物种类或沿线的农牧业造成不利影响。

对于公路外来植物,国外学者开展了很多研究。Randall 等认为:从路肩到公路外围的小环境中,外来种都是较为常见的(Randall,J. M.,J. Marinelli,eds. 1966)。人流和车流的进入,会带入植物种子(Christen DC,2009)。Ullmann 等人通过对新西兰公路路域的广泛研究,发现在外来植物多样性方面,从路肩、边沟、沟渠外侧斜坡到路外区域,没有显著差异,每处都有 100~110 个植物物种(Ullmann,1998)。在加拿大和美国,大多数常见的公路路域外来植物物种来源于欧洲和亚洲,反映了人类的迁徙和商业地理模式(Diamond,J. 1999)。鉴于外来植物入侵形势日益严峻,特别是一些恶性入侵植物(如紫荆泽兰等)的快速蔓延,我国学者开始重视外来入侵植物,从我国外来植物入侵危害情况(刘鹏程,2004;丁莉等,2006;李乡旺等,2007),以及典型外来入侵植物如紫茎泽兰、空心莲子草等的生物生态学特征与入侵机理(刘伦辉等,1989;淮虎银等,2003;王俊峰等,2004;于兴军等,2004)等方面,都开展了一些研究。但总的说来,我国针对公路外来植物入侵方面的研究还比较少,特别是对于公路绿化可能造成的外来植物入侵问题还缺乏研究。

本章参考文献

[1] Aerts R. Interspecfic competition in natural plant communities: mechanisms, trade-offs and plant-soil feedbacks[J]. Journal of Experimental Botany,1999, 50: 29-37.

[2] Bengtsson J, Nilsson S G, Franc A, et al. Biodiversity, disturbances, ecosystem function and management of European forests[J]. Forest ecology and Management, 2000, 132:39-50.

[3] Brian D F, Jorgensen S E, Bernard C P, et al. Ecosystem growth and development[J]. BioSystems, 2004(77): 213-28.

[4] Canters K, Piepers A, Hendriks H A, et al. Proceedings of the international conference on Habitat fragmentation and infrastructure in Maastricht & DenHague Delft[M]. Ministry of Transport ,1995: 61-69.

[5] CHRISTEN D C, MATLACK G R. The habitat and conduit functions of roads in the spread of three invasive plant species[J]. Boil Invasions, 2009, 11: 453-465.

[6] Davide G B. Biodiversity impact assessment of roads and approach based on ecosystem rarity[J]. Environmental Impact Assessment Review ,2003(23):343-365.

[7] Diamond, J. Guns, Germs, and Steel: The Fates of Human Societies[M]. New York: Norton,1999.

[8] Forman R T, Sperling D ,Bissonette J A , et al. Road ecology :science and solutions[M]. Inland Press ,2002.

[9] Iina J, Pukkala T. Application of ecological field theory in distance-dependent growth modeling[J]. Forest Ecology and Management, 2002, 161:101-107.

[10] PurvesDW, LawR. Experimentalderivation of functions relating growth of Arabidopsis thalianato neighbor size and distance[J]. Journal of Ecology,2002, 90: 882-894.

[11] Randall,J. M. ,and J. Marinelli, eds. Invasive Plants: Weeds of the Global Garden[M]. New York: Brooklyn Botanic Garden,1966.

[12] RZ Watkins,J Chen,J Pickens,KD Brosofske. Effects of Forest Roads on Understory Plants in a Managed Hardwood Landscape[J]. Conservation Biology, 2003, 17(2):411-419.

[13] Ullmann. Lateral differentiation and the role of exotic species in roadside vegetation in southern New Zealand [J]. Flora ,1998,193:149-64.

[14] Upadhyay R K, Rai V, Lyengar S R K. How do ecosystems respond to external perturbations[J]. Chaos, Solitons and Fractals , 2000, (11):1963-1982.

[15] WilliamJ, Mitsch J W, Day J R. Thinking big with whole-ecosystem studies and ecosystem restoration a legacy of H. T. Odum[J]. Ecological Modelling, 2004, 178 :133-155.

[16] 包薇红,范兢.浅谈公路建设对生态环境的影响[J].交通环保,2000,21(3):42-44.

[17] 曹广成.长白山生态旅游开发对策[J].东北师大学报(自然科学版),2008,40(4):147-151.

[18] 陈辉,李双成,郑度.青藏公路铁路沿线生态系统特征及道路修建对其影响[J].山地学报,2003,21(5):559-567.

[19] 陈建业,陆旭东,王倜.长白山区公路对路域植物物种组成及多样性的影响[J].生态环境学报,2010,19(2):373-378.

[20] 成文联,柳海鹰,王世冬.生物量与其影响因素之间关系的研究[J].内蒙古大学学报(自然科学版),2000,31(3):285-288.

[21] 丁莉,杜凡,张大才.云南外来入侵植物研究[J].西部林业科学,2006,35(4):98-108.

[22] 冯丽,李新荣,郭群,等.腾格里沙漠东南缘公路对路域植被物种组成的影响[J].应用生态学,2011,22(5):1114-20.

[23] 淮虎银,金银根,张彪,等.外来植物空心莲子草分布的生境多样性及其特征[J].杂草科学,2003,18(1):18-20.

[24] 贾乃光.数理统计[M].北京:中国林业出版社.1999.

[25] 姜萍,叶吉,吴钢.长白山阔叶红松林大样地木本植物组成及主要树种的生物量[J].北京林业大学学报,2005,27(增刊2):112-115.

[26] 金则新,柯世省.浙江天台山七子花群落主要植物种类的光合特性[J].生态学报,2002,22(10):1645-1652.

[27] 李乡旺,胡志浩,胡晓立,等.云南主要外来入侵植物初步研究[J].西南林学院学报,2007,27(6):5-10.

[28] 林思祖,杨梅,曹子林,等.不同强度人为干扰对马尾松地上部分生物量及生产力的影响[J].西北植物学报,2004,24(3):516-522.

[29] 刘杰,崔保山,董世魁,等.纵向岭谷区高速公路干扰强度对沿线植物主要生理生态特征的影响[J].环境科学学报,2007,27(1):158-165.

[30] 刘杰,崔保山,杨志峰,等.纵向岭谷区高速公路建设对沿线植物生物量的影响[J].生态学报,2006,26(1):83-90.

[31] 刘开昌,张秀清,王庆成,等.密度对玉米群体冠层内小气候的影响[J].植物生态学报,2000,24(4):489-493.

[32] 刘龙,叶慧海.高速公路路域植被恢复设计与施工技术初探[J].交通环保,2002,23(1):13-16.
[33] 刘伦辉,刘文耀,郑征,等.紫茎泽兰个体生物及生态学特性研究[J].生态学报,1989,9(1):66-70.
[34] 刘鹏程.云南省防治外来生物入侵刻不容缓[J].林业调查规划,2004,29(2):94-98.
[35] 娄彦景,赵魁义,胡金明.三江平原湿地典型植物群落物种多样性研究[J].生态学杂志,2006,25(4):364-368.
[36] 秦丽杰,张郁,曹艳秋,等.长白山北坡森林生态系统的生物生产量及化学能研究[J].东北师大学报(自然科学版),2002,34(1):72-76.
[37] 尚玉昌.普通生态学[M].北京:北京大学出版社.2002.
[38] 沈国舫.森林培育学[M].北京:中国林业出版社,2005.
[39] 孙青,卓慕宁,朱利安,等.论高速公路建设中的生态破坏及其恢复[J].土壤与环境,2002,11(2):210-212.
[40] 孙儒泳,李庆芬,牛翠娟,等.基础生态学[M].北京:高等教育出版社,2002.
[41] 王俊峰,冯玉龙,梁红柱.紫茎泽兰光合特性对生长环境光强的适应[J].应用生态学报,2004,5(8):1373-1377.
[42] 王绪高.长白山阔叶红松林物种多度和空间分布格局的关系[J].生态学杂志,2008,27(2):145-150.
[43] 胥晓刚,杨冬生,胡庭兴.公路区域生态破坏及植被恢复技术应用与研究进展[J].中国园林,2005,1:51-54.
[44] 杨丽韫,李文华.长白山不同生态系统地下部分生物量及地下C贮量的调查[J].自然资源学报,2003,18(2):204-209.
[45] 于兴军,于丹,马克平.不同生境条件下紫茎泽兰化感作用的变化与入侵关系的研究[J].植物生态学报,2004,28(6):773-780.
[46] 周繇.长白山区珍稀濒危植物优先保护序列的研究[J].林业科学研究,2006,19(6):740-749.
[47] 周繇.长白山区野生纤维植物调查[J].东北林业大学学报.2006,34(1):104-108.

5 公路对野生动物的影响

动物是生态系统中的消费者,不能将无机物合成有机物,只能以有机物为食物。根据食物的不同,可分为草食动物、肉食动物、杂食动物、腐生动物等;按照在食物链上的位置不同,可分为一级消费者、二级消费者、三级消费者等。作为消费者,动物在生态系统中发挥着重要的生态作用:对初级生产的有机物进行加工、再生产,提供其他动物和人类所需的食物和产品;扩散植物种子、为植物授粉等,保证植物种群的生长和繁衍;对其他生物种群起调控作用,保证生态系统的稳定和生态平衡;其分泌物和尸体等,为物质循环发挥重要作用等等。

由于工农业生产、过度开发、盲目引种等人类活动,带来工业废水、汽车尾气、固体垃圾、酸雨、温室效应等一系列环境问题,导致大量野生动物受到生存威胁,甚至濒临灭绝。

20世纪20年代,北欧公路上大型野生动物与车辆相撞导致的交通事故引起了人们对于野生动物与车辆相互作用的关注。此后,西方发达国家陆续开展了公路对野生动物影响的调查与监测研究。2003年出版的《道路生态学:科学与实践》,就公路对野生动物的影响及其保护做了较为全面的总结(Forman等,2003)。Forman等人认为,公路对野生动物的影响主要表现为"栖息地损失、栖息地质量降低、道路交通致死、迁徙阻隔、动物种群分割与局部灭绝等"。

我国有关公路交通对野生动物的影响研究起步较晚,研究区域主要涉及吉林长白山区、青藏高原、西南山区等地(王云等,2010c)。交通运输部科学研究院从21世纪初开始,在吉林环长白山旅游公路、青藏公路、中巴喀喇昆仑公路等地,围绕公路交通对野生动物的影响开展了长期观测研究,下面将主要研究成果做一介绍。

5.1 栖息地影响

公路建设与运营对野生动物栖息地的影响包括三个方面:栖息地损失、栖息地退化和栖息地改善,其中前两个为负面影响,后一个为正面影响。

5.1.1 栖息地损失

建设公路不可避免地要把用地范围内的林地、草地、湿地等原来的野生动物栖息地转变为建设用地,导致野生动物栖息地面积减少(图5-1)。受到公路的直接影响,斑块B消失,斑块D面积减少,斑块F被切割为2个小斑块F_1和F_2,斑块A与C之间受到阻隔。

例如,中巴喀喇昆仑公路穿越巴基斯坦红其拉甫国家公园,该公园是巴基斯坦北部干旱荒漠区一个非常重要的野生动物栖息地,栖息着珍稀濒危种类马可波罗盘羊、雪豹、棕熊等野生动物。2008年开工建设的中巴公路改扩建工程,穿越国家公园路段K753+800~K811+343,平均拓宽2m,大约占用野生动物栖息地11.5hm^2。

又如,环长白山旅游公路建设之前是林区小道,没有路面,宽度不足5m,车辆稀少,野生动物能自由穿越小道。据长白山科学研究院研究人员介绍,该小道上经常能遇见马鹿、狍子、野猪等野生动物。20世纪60年代,一个猎人还曾经在距离公路不远的地方猎杀数只东北虎。因此,可以认为原有林区小道对野生动物的影响是比较小的(图5-2)。该路改扩建后,导致约84hm^{2}的栖息地被直接占用,再加上挖方边坡、填方边坡、观景台等区域的占地,野生动物栖息地的直接损失面积超过85hm^2(图5-3)。

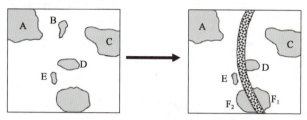

图5-1 公路对野生动物栖息地的影响(毛文碧等,2009)

图5-2 林区小道改扩建前(王云 拍摄)

图5-3 林区小道改扩建后(王云 拍摄)

5.1.2 栖息地退化

公路建成运营后,受车辆噪声污染和夜间灯光干扰等影响,路侧一定范围内声、光、温、湿等环境要素都会发生相应变化,会导致野生动物栖息地质量下降。

例如,环长白山旅游公路通车后,2010年监测结果表明,距离公路0m(路肩处)噪声值约为80dB(A),垂直于公路100m远处噪声下降到约为46dB(A)的较低值,300m降到40dB(A)以下(接近约35db的背景值)。研究发现,噪声影响范围单侧超过100m,视觉影响范围单侧约为100m,植物优势种变化较为剧烈的范围是单侧0~20m,光照影响范围约为单侧10m,温度、湿度影响范围为单侧0~20m,景观格局影响范围约为单侧200m(图5-4)(王云等,2010a)。

又如,毗连或穿越湿地的公路会导致野生鸟类栖息地退化,一些鸟类的活动范围被限制在垂直公路的一定距离之外。作者于2009年和2010年冬季,沿云南省纳帕海湿地环湖公路,以自驾车匀速行驶调查(40km/h)与徒步定点观测相结合的方式,对公路路域鸟类回避距离与黑颈鹤的行为反应进行了研究。发现:很多鸟类对环湖公路已经产生了一定的适应性,但有一定的避让距离,环湖公路对不同鸟类的道路影响域距离从10.2~189.6m不等(表5-1)。在统计的鸟种中,有60%的种类影响范围在50~100m之间。究其原因,可能与这一区间内车辆噪声的剧烈衰减和水陆交错带的生境多样性有关。鸟类对公路的回避距离与鸟类种群大小无关(王云等,2011)。

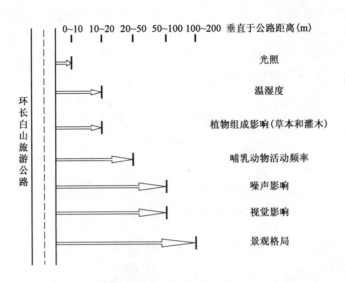

图 5-4　环长白山旅游公路对野生动物栖息地的影响（王云等，2010a）

一些鸟类对环湖公路的回避距离（m）　　　　　表 5-1

物　种	遇见频次	最　小　值	最　大　值	平均值±标准误差
白鹡鸰	6	1	20	10.2±2.8
斑头雁	41	10	254	85.5±9.4
斑嘴鸭	46	10	400	70.7±11.8
赤膀鸭	10	25	400	160.3±32.6
赤颈鸭	7	77	400	189.6±55.1
赤麻鸭	57	5	200	50.7±4.7
大嘴乌鸦	16	0	54	20.3±4.4
凤头麦鸡	10	20	90	50.3±8.2
白骨顶鸡	27	10	400	88.7±18.6
凤头鸊鷉	4	80	150	97.5±17.5
黑颈鹤	37	20	500	135.2±13.1
红嘴鸥	11	20	150	71.2±10.0
绿头鸭	19	15	400	128.5±24.5
普通鸬鹚	6	20	203	83.8±28.7
普通秋沙鸭	52	6	400	83.7±10.8
小鸊鷉	51	3	400	66.3±10.8

研究表明，敏感物种黑颈鹤（$Grus\ nigricollis$）的平均回避距离为135.2m，黑颈鹤的行为反应与其初始状态及距离公路的远近有关。如果黑颈鹤一开始就有观望行为，那么其对过往车辆就比较敏感，随时调整自己的行为（例如缓慢远离或惊飞）；黑颈鹤距离公路越近，就越有可能被惊飞。

5.1.3 栖息地改善

公路建设也可能会提高栖息地质量,从而更适宜于某些物种的栖息。在澳大利亚,密集的农田景观中,大型和中型的自然植被斑块比较少,路域植被带构成的巨型绿色网络带成为许多地方物种甚至是保护物种的栖息地(Forman 等,2003)。

中巴喀喇昆仑公路雷克特桥至红其拉甫段(K470+500~K811+343 段)路侧植被的观测结果表明,运营 30 年后,与周边环境相比,土质排水沟处植被长势更好、多样性更丰富、群落更加稳定(图 5-5)。路侧的物种丰富度、覆盖度、生物量、多样性指数、均匀度指数和群落优势度指数,在路侧 0~1m 范围内均显著高于路侧 99~100m。究其原因,主要是在干旱少雨地区,公路路面起到汇集水流作用,导致路侧水分条件优于背景区域,加上低洼地形更易使植物种子集聚、萌发,对路侧植被生长产生了正面影响,从而改善了栖息地质量(王云等,2014)。

环长白山旅游公路毗邻和穿越长白山国家级自然保护区的实验区,公路两侧森林茂密,形成边缘生境,植物种子资源丰富,再加上路侧绿化种植的种子植物等,吸引了大量啮齿类动物,如鼠类的活动。调查表明,黄鼬喜欢靠近路侧 50 米范围内活动,它们还经常利用公路过水涵洞穿越(王云等,2010b)。

图 5-5 中巴公路,路侧排水沟内植被长势好于邻近地区(王云 拍摄)

5.2 交通致死

交通导致野生动物死亡或受伤是公路对动物影响的一个显著方面。关于交通致死,北美的美国、加拿大(Mazerolle,2004;MacKinnon 等,2005;Patten,Patten,2008;Danks,Porter,2010;Langen 等,2012),欧洲的波兰、丹麦、法国、罗马尼亚、葡萄牙(Hels,Buchwald,2001;Orlowski 等,2008;Hartel 等,2009;Grilo 等,2009;Guinard 等,2012),亚洲的日本、印度(Saeki,Macdonald,2004;Gu 等,2011;Selvan 等,2012;Pragatheesh,Rajvanshi,2013),南美洲的巴西(Bueno 等,2013),大洋洲的澳大利亚(Taylor,Goldingay,2004;Ramp 等,2006)等国家都开展了大量研究。

近年来,我国学者在野生动物交通致死方面也做了一些观测研究,现将研究结果介绍如下。

5.2.1 吉林环长白山旅游公路

5.2.1.1 交通致死种类和数量

从 2009 年 4 月到 2012 年 3 月,每月至少 2 次,沿环长白山旅游公路调查野生动物交通致死情况。由于长白山区每年 11 月至次年 3 月路面基本被雪覆盖,车辆难以通行,因此这段时期未予调查。共调查 101 次,总行程达 5 641km。在该路上共记录到 63 种 3 475 只动物因交通致死(表5-2),平均致死率为 61.6 只/100km,其中体型最大的动物为西伯利亚狍(*Capredus pygargus*)(Wang 等,2013)。

环长白山旅游公路野生动物交通致死一览表(2009年4月—2012年3月)　　　表5-2

分　类	种　类	拉　丁　名	致死数量
两栖类 amphibian	雨蛙	*Hyla arborea*	35
	中华蟾蜍*	*Bufo gargarizans*	186
	东方铃蟾*	*Bombina orentalis*	853
	黑斑蛙*	*Pelophylax igromaculatus*	1
	中国林蛙*	*Rana chensinensis*	1 826
	极北鲵*	*Salamandrella keyserlingi*	95
爬行类 reptile	丽斑麻蜥*	*Eremias argus*	1
	白条锦蛇*	*Elaphe dione*	48
	灰链游蛇	*Amphiesma vibakari*	1
	蝮蛇	*Gloydius halys*	13
	红点锦蛇*	*Elaphe rufodorsata*	2
	虎斑游蛇	*Rhabdophis tigrinus*	6
	极北蝰*	*Vipera berus*	17
	棕黑锦蛇*	*Elaphe schrenckii*	9
	不能识别(2种)		2
鸟类 bird	白眉鸫	*Turdus obscurus*	1
	白腹鸫*	*Turdus pallidus*	2
	白鹡鸰*	*Motacilla alba*	5
	白眉鹀*	*Emberiza tristrami*	17
	白头鹀*	*Emberiza leucocephala*	1
	北红尾鸲*	*Phoenicurus auroreus*	1
	长尾林鸮Ⅱ	*Strix uralensis*	7
	长尾雀	*Uragus sibiricus*	1
	银喉长尾山雀*	*Aegithalos caudatus*	4
	赤胸鹀	*Emberiza fucata*	1
	短翅树莺	*Cettia canturians*	1
	红尾伯劳*	*Lanius cristatus*	1
	红胁蓝尾鸲*	*Tarsiger cyanurus*	4
	花尾榛鸡Ⅱ	*Bonasa bonasia*	12
	黄喉鹀*	*Emberiza elegans*	16
	灰背鸫	*Turdus hortulorum*	18
	灰腹灰雀*	*Pyrrhula pyrrhula*	2
	灰鹡鸰*	*Motacilla cinerea*	16
	灰头鹀*	*Emberiza cineracea*	51
	家燕*	*Hirundo rustica*	1

续上表

分 类	种 类	拉 丁 名	致 死 数 量
鸟类 bird	黑枕绿啄木*	*Picus canus*	1
	（树）麻雀*	*Passer montanus*	4
	煤山雀*	*Parus ater*	1
	普通鵟 II	*Buteo buteo*	1
	普通䴓	*Sitta europaea*	5
	山斑鸠*	*Streptopelia orientalis*	1
	树鹨*	*Anthus hodgsoni*	1
	小䴙䴘*	*Podiceps ruficollis*	1
	沼泽山雀*	*Parus palustris*	3
	不能识别(2 种)		2
哺乳类 mammal	远东鼠耳蝠	*Myotis bombinus*	1
	东北刺猬*	*Erinaceus amurensis*	7
	大林姬鼠	*Apodmus speciosus*	4
	东北兔*	*Lepus mandschuricus*	8
	小鼯鼠*	*Petaurista elegans*	1
	褐家鼠	*Rattus norvegicus*	1
	红背䶄	*Clethrionomys rutilus*	1
	花鼠*	*Tamias sibiricus*	143
	獾*	*Meles meles*	2
	黄鼬*	*Mustela sibirica*	1
	银鼠(伶鼬)*	*Mustela nivalis*	3
	西伯利亚狍*	*Capreolus pygargus*	1
	普通鼩鼱	*Sorex araneus*	6
	缺齿鼹	*Mogera robusta*	1
	家猫	*Felis catus*	1
	棕背䶄	*Clethrionomys rufocanus*	17
总计			3 475

注：国家Ⅱ级保护动物(National second-class protected animals)：用"Ⅱ"表示；列入《国家保护的有益的或者有重要经济、科学研究价值的陆生野生动物名录》：用"＊"表示。鸟类命名及分类参照《中国鸟类分类与分布名录》(郑光美，2005)。

从表中可以看出，两栖类动物受该路影响最大，交通致死数量达 2 996 只，占致死总数的 86.21%；哺乳类(198 只,5.7%)、鸟类(182 只,5.24%)和爬行类(99 只,2.85%)所占比例较小。从致死物种数来看，鸟类最多，达 31 种，哺乳类 16 种，爬行类 10 种，两栖类 6 种。交通致死数量较多的野生动物物种依次是中国林蛙(*Rana chensinensis*)(1 826 只)、东方铃蟾(*Bombina orentalis*)(853 只)、中华蟾蜍(*Bufo gargarizans*)(186 只)和花鼠(*Tamias sibiricus*)(143 只)，这四种动物占到致死总数的 86.56%。

上述交通致死物种中,有三种为国家Ⅱ级保护物种,分别是花尾榛鸡(*Bonasa bonasia*)(12只),长尾林鸮(*Strix uralensis*)(7只)和普通鵟(*Buteo buteo*)(1只)。

5.2.1.2 交通致死的季节特征

从2009年4月~2012年3月,每月至少2次,沿环长白山旅游公路调查野生动物交通致死情况,记录动物致死的数量、种类及地理位置。调查结果显示:鸟类致死多发生在夏季,为5.65只/100km,春秋季较少,分别为2.35只/100km和1.37只/100km;兽类致死率最高为秋季,为5.92头/100km,其次为夏季,为4.96头/100km,春季为1.15头/100km;两栖类致死率最高为夏季,50.05只/100km,春季为22.57只/100km,秋季为6.52只/100km;爬行类最高为夏季3.01条/100km,其次为秋季2.14条/100km,春季为0.38条/100km(Wang等,2013)。

很多研究认为,动物交通致死与季节、动物的生活周期性活动有关。在长白山保护区,公路对两栖类动物最直接的伤害就是交通致死。两栖类的交通致死与其活动周期有关,每年4~9月为两栖类动物的生长活动期,其中4~5月、8~9月为两栖类动物的上山期和下山期,两栖类动物在公路附近活动频繁,需要穿越公路进行迁移,由于其行动缓慢,很容易造成交通致死;同时,每年7月和8月是长白山自然保护区的旅游高峰期,交通量较大,车速也很快,导致两栖类动物的致死率较高。由于两栖类迁移高峰期与旅游高峰期重叠,因此6~8月是两栖类动物致死数量最大的月份。

5.2.2 青藏公路

通过实地调查,走访询问野生动物保护管理部门及查阅相关媒体报道等资料,对2004~2008年青藏公路导致的野生动物交通致死情况进行了调查统计。交通致死和受伤动物的种类、数量、具体位置、时间等情况,见表5-3。不完全统计结果表明,四年间青藏公路上发生的车辆撞死大型野生动物的事故共7起,被撞死野生动物8只,种类主要是藏羚(*Pantholops hodgsoni*)、藏原羚(*Ansinus kiang*)和藏野驴(*Procapra picticaudate*)。青藏公路昆仑山至五道梁一带是野生动物活动的密集区,也是野生动物交通致死的高发区。在迁徙过程中,藏羚主要在青藏公路K2994~K2998区间穿越公路;藏野驴多在青藏公路K2970~K2980区间穿越公路;藏原羚多在青藏公路不冻泉至五道梁之间活动,穿越公路地点通常不固定,这些区间都是野生动物交通致死的高发区。在野生动物集中迁徙(移)季节,会有大量的动物穿越公路,而公路上车辆行驶速度较快,一些驾驶人见到野生动物通过公路时不鸣号、不减速,给野生动物跨越公路带来较大的安全隐患。

青藏公路2004年7月~2008年8月野生动物交通致死一览表　　　　表5-3

物种名称	数量(只)	事故发生时间	事故发生地点
藏原羚 *Ansinus kiang*	1	2004年7月22日	青藏公路2989
藏羚(幼仔) *Pantholops hodgsoni*	1	2004年8月12日	青藏公路2995
藏野驴 *Procapra picticaudate*	1	2004年9月29日	青藏公路2970
棕熊 *Ursus arctos*	2*	2005年9月1日	青藏公路2910
藏羚 *Pantholops hodgsoni*	1	2006年8月16日	青藏公路2994
藏野驴 *Procapra picticaudate*	1	2007年6月23日	青藏公路2959
藏羚 *Pantholops hodgsoni*	1	2008年8月5日	青藏公路2996

注:*交通致死的棕熊为一大一小。

5.2.3 云南思小高速公路

潘文靖等采用痕迹追踪、村寨访问和定期监测方法,从 2006 年 3 月~10 月间,在思小高速公路穿越西双版纳自然保护区的路段上,共监测到亚洲象(*Elephas maximus*)上高速公路活动 44 次。其中,野象谷隧道南侧观象台 5 次、野象谷隧道北侧服务区 3 次、野象谷隧道北侧立交区 6 次(其中一次造成车象相撞的事故)、农场五队 22 次、K81+600 路段 8 次。记录到的亚洲象 44 次上公路路面的活动中,只有 3~4 次发生在白天,其余均发生在晚间至凌晨。亚洲象在高速公路上活动时很可能会与过往车辆相撞,或者由于被围观、惊吓而伤人,这给亚洲象自身的安全以及高速公路的行车安全都带来了很大威胁(Pan 等,2009)。

研究认为亚洲象上路主要有 2 个原因:获取食物和跨公路迁移。其中,以跨公路迁移为目的的有 2 处:野象谷隧道南侧观象台、K81+600 路段。这两处在公路修建前是亚洲象跨公路通道的位置,但是并未设计建造相应野生动物通道。以获取食物为目的的有 2 处:野象谷隧道北出口服务区、野象谷隧道北出口立交区。由于这两处的公路路侧种植了大王棕、假槟榔、竹子等亚洲象喜食的植物,对亚洲象有很大的吸引力,因此造成亚洲象多次跨公路采食植物,给公路行车安全带来了很大安全隐患和直接威胁(潘文靖,2007)。

亚洲象上公路路面活动多发生在晚间至凌晨,虽然这对亚洲象来说是一个干扰较小的时间段,但对于驾驶员来说夜间的视野很差,而且保护区内多雾,会进一步影响驾驶员对路面状况的观察,潜在的安全隐患更大(潘文靖,2007)。

5.2.4 四川若尔盖湿地附近的公路

自 2007 年 5 月开始,戴强等就公路对若尔盖湿地两栖类动物的影响进行了调查,共调查了 190 条样线,覆盖了若尔盖保护区附近的国道 213 线、省道 209 线和县道唐热线 3 条公路。其中,在省道 209 线的一条样线上,100m 范围内,记录到被车压碾致死的高原林蛙(*Rana kukunoris*)56 只(图 5-6)。在一场雨后,这三条公路就调查到 5 414 只两栖类动物被轧死或撞死,同时还有部分其他野生动物死亡。调查人员认为,其他野生动物虽然不会像两栖类动物大量成群穿行公路,但由于这些物种的种群数量相对较少,公路交通致死对其物种种群数量影响也较大。

四川观鸟会沈尤会长负责 G213 若尔盖湿地路段野生动物公路伤害研究与对策项目,也记录到大量野生动物致死情况,其中包括国家二级保护动物荒漠猫(*Felis bieti*)(图 5-7)。

图 5-6 G213 若尔盖湿地附近路段,两栖类动物被碾压致死(戴强 拍摄)

图 5-7 G213 若尔盖湿地附近路段,交通致死的荒漠猫(沈尤 拍摄)

5.2.5　新疆卡拉麦里自然保护区附近的公路

张峰等自2007年8月至10月间，对卡拉麦里自然保护区附近的G216进行了调查，发现5匹普氏野马（*Equus przewalskii*）被车撞死（图5-8）。分析交通致死原因，一是216国道重新改造后，路面拓宽，路基加高，方便车辆的通行，车速更快，给穿越国道的野马造成了更大的威胁；二是该路段两侧多积水洼地，是保护区内水源集中分布的地区，这些积水洼地的植被明显优于其他地方，也易于吸引野马，野马为获取水源和食物频繁横穿国道；三是G216两侧地势起伏，上坡路段成为驾驶人的视野盲区。因此，导致了野马被车辆致死惨剧的发生（张峰等，2008）。

图5-8　野马被撞死在路侧边沟中（张峰 拍摄）

5.3　迁徙影响与阻隔作用

5.3.1　公路对动物的阻隔作用

我国野生动物种群大规模迁徙物种，最受关注的当属青藏高原的藏羚。每年6～9月间，大规模的藏羚迁徙，吸引着无数全球野生动物爱好者的目光（图5-9）。因此，青藏公路对藏羚的阻隔作用就成了专家、学者关注和研究的热点。

图5-9　藏羚迁徙期穿越青藏公路（关磊 拍摄）

2001年和2002年的6~9月,裴丽等采用样线法(从昆仑山口K2900到五道梁K3005),凭借望远镜观察路侧800m,车速为35km/h,调查时间10:00~13:00,记录藏羚数量及位置。此外,在藏羚经常横穿公路位置(重点是K2998)进行蹲点观察,时间6:30~19:00,记录藏羚总数及其跨越公路的数量与耗费时间。研究发现:

(1)人类活动对藏羚迁徙产生了一定的影响,由于青藏铁路于2001年开工,2002年迁徙时间比2001年延长,有的甚至无法到达预定的繁殖场而在公路一侧就地产崽。

(2)藏羚跨越公路遇到很大困难,每群不足100只的藏羚,每次过路时间至少45min以上,多数为1h或2h左右,成功率很低,如一个种群共827只成功穿越的仅有250只,这是由于车流量过高造成的。

(3)2001年以前,藏羚羊在楚玛尔河两侧20km范围内(K2974~K3000)自由迁徙,但青藏铁路施工开始后,迁徙廊道被压缩到K2980~K2986,K2994和K2996~K2998(裴丽等,2004)。

2003年和2004年8月,殷宝法等采用样线法(驾车从不冻泉保护站—五道梁,车速40~60km/h),通过望远镜观察路侧1 000m内大型动物重量数量、时间和位置,以及动物穿越公路的行为如抬头、靠近、登上路基、警戒和穿越等,对第一只动物穿越公路需要的时间进行分析。研究发现:交通流对动物穿越公路产生干扰,尤其是车流量较大时段,藏羚穿越公路所需时间(156s)要长于藏原羚(28s)和藏野驴(18s)(殷宝法等,2006)。

2004年6月21至8月22日,Xia L等采用自动录像和直接计数法对藏羚往返可可西里的全部过程进行监测,结果如下:

(1)上迁。6月21日至7月2日,记录到1 660只跨越青藏公路和铁路,全部穿越可可西里铁路通道。

(2)下迁。7月底,藏羚携幼崽返回,监测到2 303只个体跨越公路后通过铁路,其中1 291只使用动物通道,1 012只直接翻越铁路路基(Xia等,2007)。

5.3.2 公路促进动物移动

公路,尤其是林区或交通量小的道路,往往会成为一些动物的移动廊道。国外研究显示,在人类很少使用的道路上,狼(*Canis lupus chanco*)喜欢沿着道路迁移、捕食,猞猁(*Felis lynx isabellina*)会沿着道路边缘和森林小道迁移很长距离(Forman等,2003)。澳大利亚的海蟾蜍(*Bufo marinus*)沿道路迁徙的数量要多于周围植被区域。尤其是在有着密集树木覆盖的森林中,海蟾蜍往往使用道路作为行动和扩散廊道(Forman等,2003)。

2008年11月、12月,我们沿环长白山旅游公路采用慢速行车(车速20~30km/h)以及徒步调查相结合的方式,每5km垂直于公路往两侧各深入200m调查黄鼬(*Mustela sibirica*)的活动痕迹,观察包括足迹、粪便、洞口、食物残渣等,统计黄鼬穿越公路的踪迹,记录黄鼬痕迹的数量、位置,以及周边生态环境特征如最大雪深和植被类型(分为原始红松林和白桦次生林两种类型),并进行拍照、GPS定位。共进行3次调查,每次调查持续3d,均在雪后2d、有雪被覆盖情况下进行。结果表明,垂直于公路0~50m范围内黄鼬出现27次,占总次数的64.3%,50~100m范围内出现次数6次,占总次数的14.3%,100~150m范围内出现次数5次,占总次数的11.9%,150~200m范围内出现次数4次,占总次数的9.5%。经卡方检验,发现距公路不同距离范围内黄鼬出现频率呈显著差异,公路对黄鼬的影响域为50m左右,具有吸引效应。分析原因可能有三个方面:第一,对于黄鼬来说,在公路上相比于在密林内容易移动;第二,公路两侧形成边缘生境,植物种子资源丰富,啮齿类动物如鼠类等较多,所以会吸引黄鼬在路域一定范围内活动捕食;第三,游客经常沿路丢弃食物、垃圾等,间接促进了鼠类的取食,进而吸引黄鼬前来活动(王云等,2010b)。

5.4 公路影响域

公路影响域指路域范围内动植物、土壤、水体等受到公路及附属设施明显影响的范围,一般比公路本身宽许多倍,边界很不规则(Forman,2000)。公路对野生动物的影响域是各国近年来关注的研究内容之一,深入分析影响域大小范围是交通部门和环境保护部门提出缓解环境影响的一个突破口(孔亚平等,2011)。目前公路影响域研究涉及兽类(Shanley,Pyare,2011;Ascensao等,2012;连新明等,2012)、鸟类(Speziale等,2008;Li等,2010;Arevalo,Newhard,2011;Zhang等,2012;Xu等,2013)、两栖类(Eigenbrod等,2009;Dai,Wang,2011;Viol等,2012)或者综合类群(Forman,Deblinger,2000;Pocock,2005;王云等,2013)等。

5.4.1 吉林环长白山旅游公路

2010年5月~2012年2月,对环长白山旅游公路路侧500m范围内的鸟兽活动实体和痕迹进行了调查(图5-10),研究了环长白山旅游公路野生动物的影响域,研究结果见图5-11、图5-12。

图5-10 国家二级保护动物花尾榛鸡照片

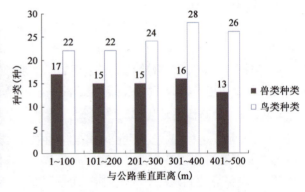

图5-11 路侧不同距离处的野生动物种类数

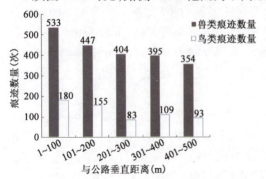

图5-12 路侧不同距离处的野生动物痕迹数

从图5-11可见,路侧500m范围内不同距离带的兽类种类有13~17种,差异不显著(卡方检验,$P > 0.05$)。从图5-12可见,兽类痕迹数量有显著差异($P < 0.05$),200m之内兽类痕迹数量显著大于200m之外,兽类活动有积聚趋势。可以认为,本路对兽类的影响域约为200m,为集聚效应。

从图5-11可见,路侧500m范围内不同距离带的鸟类种类22~28种,差异不显著(卡方检验,$P > 0.05$)。从图5-12可见,鸟类痕迹的数量在200m范围内显著大于200m之外,说明公路廊道是吸引鸟类活动的。可以认为,本路对鸟类的影响域范围约为200m,为集聚效应。

5.4.2 青藏公路和铁路

殷宝法等在2003年8月和2004年8月,分析了藏羚、藏原羚和藏野驴在距离路基不同距离范围内的种群密度和行为特征,发现藏羚和藏原羚有靠近公路500m范围内活动的趋势,而藏野驴有回避公路500m范围活动的趋势。作者认为,这一差异可能是由青藏公路的阻隔效应造成的(殷宝法等,2007)。

连新明等于2010年6月14~27日和8月10~17日,观察了兽类对青藏公路的回避距离。结果显示:野牦牛(*Bos mutus*)回避距离最远(999±304.2)m,其次是藏野驴(568.4±83.2)m、藏羚(286.3±26.7)m和藏原羚(177.0±14.5)m,依次递减,并存在极显著差异。并且发现藏羚和藏原羚对公路的回避距离不受车流量的影响,因此认为个体大小、集群规模、行为特征和食物资源等是影响因素(连新明等,2012)。

5.4.3 四川若尔盖湿地附近的公路

戴强等在若尔盖湿地附近的2条公路两侧,对路侧不同距离的小型兽类和鸟类分布进行了调查,其中小型兽类调查范围为距离公路800m,鸟类调查范围为距离公路400m。结果表明,施工中的国道213线路两侧黑唇鼠兔(*Ochotona curzoniae*)洞穴高密度区域离道路更远,在公路两侧400m处达到峰值,极显著高于距离公路10m处的密度;而在正常运营中的省道209线两侧,其洞穴密度在200m处达到最高值,但与其他距离的洞穴密度没有显著性差异。无论在国道213线还是省道209线,公路对高原鼢鼠(*Myospalax baileyi*)洞穴分布的影响均未达到显著性水平。雀形目和隼形目鸟类的分布均呈现距离公路越远密度越高的趋势,但是只有距离公路400m处雀形目鸟类的密度显著高于50m与200m处;距离公路不同距离的样线中隼形目鸟类密度和物种丰富度没有显著性差异。由此可以看出,施工中的公路对黑唇鼠兔的影响区域比正常运营的公路更宽,其公路影响域达到400m,400m的调查范围对鸟类尤其是隼形目鸟类来说可能还略有不足。但是,根据此深度的调查可以确定施工中的国道213线雀形目和隼形目鸟类的公路影响域宽度大于400m(戴强等,2006)。

5.4.4 新疆沙漠公路

Xu等于2012年8月,沿着沙漠公路8个样点,调查白尾地鸦(*Podoces biddulphi*)的出现位置,统计距离公路50m、50~100m、100~150m的物种数量。采用警戒距离(当人类靠近,行为有明显变化)、惊飞距离(当人类靠近,鸟类飞走)衡量公路对其影响。分别测量村庄路段(高交通量、强人为干扰)、村庄之间路段(中等交通流和人为干扰)和远离这些区域的路段。共调查到48个个体。统计结果显示:白尾地鸦数量在公路近处显著高于公路远处,公路对白尾地鸦的影响域为50m,为聚集效应(Xu等,2013)。

5.4.5 秦岭大熊猫栖息地内的步道

龚明昊等在秦岭大熊猫栖息地选择3条步道,收集步道周边地区的大熊猫(*Ailuropade melanoleuca*)痕迹点(粪便、足迹、食迹、卧穴等)数据991个,并沿垂直道路的方向随机设置12条样线,每条样线长3km左右,调查、收集样线两侧大熊猫的痕迹点数据,实地获取51个痕迹点,共计1 042个痕迹点数据。在距步道每100m处设置检测点,通过非参数检验比较检测点前后活动频率分布的变化,寻找道路对大熊猫活动影响的突变点,确定影响变化的阈值距离和评价标准。研究发现,在距离步道1 000m内,随距离的增加,大熊猫活动频率逐渐增大,大熊猫有明显的回避效应。在距步道500m、1 000m处发现活动频率发生了显著变化,为影响的阈值距离(龚明昊等,2012)。

综上所述,公路交通对野生动物的影响既有正面的(吸引或聚集),也有负面的(趋避或回避),与公路交通特征(公路等级、交通量)、周边环境(植被、地形、水体、人为干扰)、野生动物行为特征(敏感性)等相关。总体看来,我国在该领域的研究还不多,已有研究表明环长白山旅游公路对鸟兽活动有聚集效应(影响范围约200m)、青藏公路对藏羚羊和藏原羚有聚集效应(影响范围约500m),但对藏野驴有回避效应(影响范围约500m),新疆沙漠公路对白尾地鸦有聚集效应(影响范围约50m),而若尔盖湿地公路对黑唇鼠兔有回避效应(影响范围为200~400m),秦岭步道对大熊猫有回避效应(影响范围为500~1 000m)。

5.5 小结

在公路对野生动物的影响研究方面,尽管我国起步晚,但发展较快,已经引起国际同行的关注。在交通致死、迁徙影响与阻隔作用、公路影响域等方面均开展了不同程度的研究,较好地指导了工程建设实践。公路会对野生动物的栖息地、自由迁徙等造成影响,汽车还有可能导致在公路上活动或穿越公路的野生动物被撞死。

然而,与发达国家相比,我国在公路交通对野生动物影响领域的基础研究还比较薄弱,与打造"绿色公路"的目标尚有差距。今后,需加强交通致死对野生动物种群稳定性的影响、公路网络对野生动物活动及种群影响等方面的研究。

本章参考文献

[1] Arevalo JE,Newhard K. Traffic noise affects forest bird species in a protected tropical forest [J]. International Journal of Tropical Biology,2011,59(2):969-980.

[2] Ascensao F,Clevenger AP,Grilo C,et al. Highway verges as habitat providers for small mammals in agrosilvo-pastoral environments [J]. Biodiversity and Conservation, 2012,21(14): 3681-3697.

[3] Bueno C,Faustino MT,Freitas SR. Influence of landscape characteristics on Capybara road-kill on highway BR-040, southeastern Brazil [J]. Oecologia Australis,2013,17(2): 130-137.

[4] Dai Q,Wang YZ. Effect of road on the distribution of amphibians in wetland area-Test with model-averaged prediction [J]. Polish Journal of Ecology,2011,59(4):813-821.

[5] Danks ZD,Porter WF. Temporal, Spatial, and landscape habitat characteristics of moose-vehicle collisions in Western Maine [J]. Journal of wildlife management,2010,74(6):1229-1241.

[6] Eigenbrod F,Hecnar SJ,Fahrig L. Quantifying the Road-effect zone: Threshold effects of a Motorway on Anuran Population in Ontario, Canada [J]. Ecology and Society, 2009,14(1): 1-18.

[7] Forman RTT, Sperling D, Bissonette JA. et al. Road ecology: Science and Solutions[M]. Washington: Island Press,2003.

[8] Forman RTT,Deblinger RD. The ecological road-effect zone of a Massachusetts (U.S.A.) Suburban Highway [J]. Conservation Biology,2000,14(1): 36-46.

[9] Grilo C,Bissonette JA, Reis MS. Spatial-temporal patterns in Mediterranean carnivore road casualties: Consequences for mitigation [J]. Biological Conservation,2009,142:301-313.

[10] Gu HJ, Dai Q, Wang Q, et al. Factors contributing to amphibian road mortality in a wetland [J]. Current Zoology, 2011, 57(6): 768-774.

[11] Guinard E, Julliard R, Barbraud C. Motorways and bird traffic casualties: Carcasses surveys and scavenging bias [J]. Biological Conservation, 2012, 147: 40-51.

[12] Hartel T, Moga CI, Ollerer K, et al. Spatial and temporal distribution of amphibian road mortality with a Rana dalmatina and Bufo bufo predominance along the middle section of the Tarnava Mare basin, Romania [J]. North-Western Journal of Zoology, 2009, 5(1): 130-141.

[13] Hels T, Buchwald E. The effect of road kills on amphibian populations [J]. Biological Conservation, 2001, 99: 331-340.

[14] Langen TA, Gunson KE, Scheiner S, et al. Road mortality in freshwater turtles: identifying causes of spatial patterns to optimize road planning and mitigation [J]. Biodiversity Conservation, 2012, 21: 3017-3034.

[15] Li ZQ, Ge C, Li J, et al. Ground-dwelling birds near the Qinghai-Tibet highway and railway [J]. Transportation Research D, 2010(15): 525-528.

[16] MacKinnon CA, Moore LA, Brooks RJ. Why did the reptile cross the road? Landscape factors associated with road mortality of snakes and turtles in the South Eastern Georgian Bay area [C]. PRFO Proceedings, 2005: 153-166.

[17] Mazerolle MJ. Amphibian road mortality in response to nightly variations in traffic intensity [J]. Herpetologica, 2004, 60(1): 45-53.

[18] Orlowski G, Ciesiolkiewicz J, Kaczor M, et al. Species composition and habitat correlates of amphibian roadkills in different landscapes of south-western Poland [J]. Polish Journal of Ecology, 2008, 56(4): 659-671.

[19] Pan WJ, Lin L, Luo AD, et al. Corridor use by Asian elephants [J]. Integrative Zoology, 2009, 4: 220-231.

[20] Patten BDS, Patten MA. Diversity, Seasonality, and Context of Mammalian Roadkills in the Southern Great Plains [J]. Environmental Management, 2008, 41: 844-852.

[21] Pocock Z. How far into a forest does the effect of a road extend? Defining road effect edge effect in Eucalypt forests of South-Eastern Australia [C]. ICOET Proceedings, 2005: 397-405.

[22] Pragatheesh A, Rajvanshi A. Spatial patterns and factors influencing the mortality of snakes on the National Highway-7 Along Pench Tiger Reserve, Madhya Pradesh, India [J]. Oecologia Australis, 2013, 17(1): 20-35.

[23] Ramp D, Wilson VK, Croft DB. Road-based fatalities and road usage by wildlife in the Royal National Park, New South Wales, Australia [J]. Biological Conservation, 2006, 129: 348-359.

[24] Saeki M, Macdonald DW. The effects of traffic on the raccoon dog (Nyctereutes procyonoides viverrinus) and other mammals in Japan [J]. Biological Conservation, 2004, 118(5): 559-571.

[25] Selvan KM, Sridharan N, John S. Roadkill animals on national highways of Karnataka, India [J]. Journal of Ecology and the Natural Environment, 2012, 4(14): 362-364.

[26] Shanley CS, Pyare S. Evaluation the road-effect zone on wildlife distribution in a rural landscape [J]. Ecosphere, 2011, 2(2): 1-16.

[27] Speziale KL, Lambertucci SA, Olsson O. Disturbance from roads negatively affects Andean condor habitat use [J]. Biological Conservation, 2008, 141: 1765-1772.

[28] Taylor BD, Goldingay RL. Wildlife road-kills on three major roads in north-eastern New South Wales [J]. Wildlife Research, 2004, 31: 83-91.

[29] Viol EL, Chiron F, Julliard R, et al. More amphibians than expected in highway stormwater ponds [J]. Ecological Engineering, 2012, 47: 146-154.

[30] Wang Y, Piao ZJ, Guan L, et al. Road mortalities of vertebrate species on Ring Changbai Mountain Scenic Highway[J]. North-western Journal of Zoology,2013, 9(2):399-409.

[31] Xia L,Yang QS,Li ZC,et al. The effect of the Qinghai-Tibet railway on the migration of Tibetan antelope Pantholops hodgsonii in Hoh-xil National Nature Reserve, China [J]. Oryx,2007,41(3):352-357.

[32] Xu F, Yang WK, Xu WX, et al. The effects of the Taklimakan Desert highway on endemic birds Podoces biddulphi[J]. Transportation Research Part D,2013,20:12-14.

[33] Zhang M,Cheng K,Leong KF,et al. Effect of traffic noise on black-faced spoonbills in the Taipa-Coloane Wetland Reserve, Macao [J]. Wildlife Research,2012,39:603-610.

[34] 戴强,袁佐平,张晋东,等.道路及道路施工对若尔盖高寒湿地小型兽类及鸟类生境利用的影响[J]. 生物多样性,2006,14(2):121-127.

[35] 龚明昊,侯盟,蔺琛,等.基于野外痕迹点和GIS技术定量评估步道对大熊猫活动的影响[J]. 生物多样性, 2012,20(4):420-426.

[36] 孔亚平,王云,张峰. 道路建设对野生动物的影响域研究进展[J]. 四川动物. 2011,30(6):986-991.

[37] 连新明,李晓晓,徐图.可可西里四种有蹄类动物对道路的回避距离及保护建议[J]. 生态学杂志,2012, 31(1):81-86.

[38] 毛文碧,段昌群. 公路路域生态学[M]. 北京:人民交通出版社,2009.

[39] 潘文婧. 思小高速公路对亚洲象迁移的影响以及勐养保护区亚洲象种群动态研究[D].北京:北京师范大学,2007.

[40] 裘丽,冯祚建.青藏公路沿线白昼交通运输等人类活动对藏羚羊迁徙的影响[J]. 动物学报,2004,50(4):669-674.

[41] 王云,关磊,孔亚平. 环长白山旅游公路对周围环境的道路影响域研究[J]. 公路交通科技(应用技术版),2010a,10:300-303.

[42] 王云,孔亚平,曾雅娟,等. 中巴喀喇昆仑公路30年运营对路侧植被的影响[J]. 世界科技研究与发展, 2014,36(4):392-397.

[43] 王云,李麒麟,关磊,等. 纳帕海环湖公路交通噪声对鸟类的影响[J]. 动物学杂志,2011,46(6):65-72.

[44] 王云,朴正吉,关磊,等.环长白山旅游公路对野生动物的影响[J]. 生态学杂志,2013,32(2):425-435.

[45] 王云,朴正吉,李麒麟,等. 黄鼬在吉林环长白山旅游公路路域活动的调查研究[J]. 四川动物,2010b, 29(2):166-169.

[46] 王云,张峰,孔亚平. 我国交通建设对野生动物的影响及保护对策[J].交通建设与管理,2010c,5: 162-164.

[47] 殷宝法,淮虎银,张镱锂,等.青藏铁路、公路对野生动物活动的影响[J]. 生态学报,2006,26(12): 3917-3923.

[48] 殷宝法,于智勇,杨生妹,等.青藏公路对藏羚羊、藏原羚和藏野驴活动的影响[J]. 生态学杂志,2007,26 (6):810-816.

[49] 张峰,胡德夫,陈金良,等. 为放归野马开辟安全通道[J]. 大自然,2008,3:14-16.

[50] 郑光美. 中国鸟类分类与分布名录[M]. 北京:科学出版社,2005.

6 公路对水环境的影响

水是生命之源,是生态系统中不可或缺的要素。水具有可溶性和可动性等理化特性,是很多营养物质及元素的载体和溶剂,是地球上物质循环的重要介质,保障了生态系统的能量交换和物质转移。水具有高比热容的特性,是生态系统的"调节器",对于调节气温和全球气候变化起到关键作用。

公路建设与运营,会在一定程度上影响区域的水系水文和水体环境质量。若公路工程施工不当或保护措施不到位,弃渣等有可能阻塞河道,施工废水可能污染水环境;公路运营过程中,路面径流、沿线设施废水、融雪剂以及运输事故危险化学品泄漏等都有可能对水环境造成不良影响。

6.1 对湿地水系连通性的影响

湿地介于陆地和水体之间,是自然界生物多样性最为丰富的生态景观之一。湿地具有非常重要的生态功能,如蓄水调洪,减少或避免旱涝灾害的发生;延缓水流,通过沉淀、植物吸收和微生物降解等作用,净化水质,被称为地球的"肾";通过水分的不断蒸发,调节区域气候;为野生动植物提供丰富的食物来源和良好的栖息环境;等等(陆健健等,2006)。

水系连通性作为衡量水生态系统健康的一个重要指标,对维持湿地等水生生态系统的结构完整性和功能完整性具有重要意义(陆敏建和王浩,2007)。公路在穿越湿地时可能会切断湿地斑块之间的水流联系,并对湿地内物质、能量和生物体的迁移传递产生影响,进而破坏湿地生态系统的健康(Pringle,2001)。因此,研究湿地环境中公路建设对水系连通性的影响,对于识别影响的关键因素,寻求水系连通性保护措施具有重要意义。为此,在吉林省延边地区选取国道201、珲乌高速公路及环长白山旅游公路的典型湿地路段为研究对象,进行了公路建设对湿地水系连通性影响研究(张欣等,2013;李晓珂等,2014;李晓珂等,2015)。

6.1.1 对湿地阻隔影响的观测

以国道201典型为例,选取草炭土沼泽湿地路段K1+300~K2+520,对公路两侧的地下水位、含盐量、总氮、植被状况进行了观测,结果表明:K1+500路段两侧地下水位相差不大,平均值相差约0.06m。而K1+810段两侧地下水位一直保持着明显的水位差,平均相差在1.51m左右。K2+212段两侧地下水位除了在初夏期没有明显的水位差,左右两侧地下水位差小于0.5m(图6-1)。

由于公路的阻隔,公路两侧土壤中的含盐量和总氮含量均表现出不同的差异(图6-2和图6-3),且与水位变化一致。

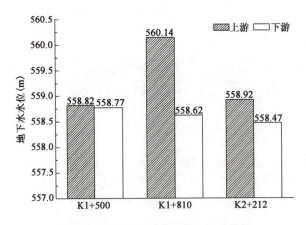

图 6-1　国道 201 线公路两侧地下水位比较

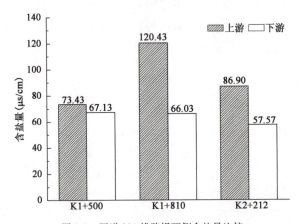

图 6-2　国道 201 线路堤两侧含盐量比较

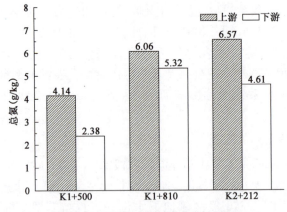

图 6-3　国道 201 线路堤两侧总氮比较

公路两侧湿地植被分布略有差异,主要以乌拉苔草群落和脓囊苔草群落为主,群落中分布着灌木,尤其在路边灌木层比较显著,两侧植被种类共 18 种。由表 6-1 可知三个观测点上游植被群落复杂程度均高于下游,且上下游植物种类差别较大,相似性低,但两侧均匀度都较好(图 6-4)。

国道201线公路两侧植被多样性指数比较   表6-1

多样性指数	K1+500		K1+810		K2+212	
	上游	下游	上游	下游	上游	下游
丰富度(S)	10	9	8	8	9	9
Shannon-Wiener 指数(H)	2.040	1.812	1.859	1.755	1.935	1.841
Pieou 均匀度指数(J)	0.886	0.825	0.894	0.844	0.881	0.885
群落相似性系数(I)	0.417		0.250		0.385	

a) 上游：乌拉苔草群落

b) 下游：臌囊苔草群落

图6-4 国道201线两侧植被群落不同

6.1.2 对湿地水系阻隔影响的预测

通过观测发现，公路建设对湿地具有阻隔效应，但是到底对湿地水系连通性影响程度如何，目前还缺乏研究报道。为此，选取珲乌高速公路黄松甸八家子典型草炭土湿地路段，通过抽水试验和示踪试验，确定含水层的水文地质参数值和湿地水系连通状况，进而采用Visual MODFLOW对地下水流场的变化进行了预测，建立地下水水流模型和地下水溶质迁移模型，基于数值模拟分析公路建设对区域水系连通性的阻隔效应。

6.1.2.1 对地下水位的影响

根据地下水水流模型预测，对比有无公路情况下地下水位（图6-5）可以看出，两种情况下地下水位的变化趋势基本一致，都与地势起伏呈现一定的规律性，海拔越高的地方其水位相对较高。然而，在有公路情况下，由于公路路基部区域阻隔了径流补给湿地的径流通道，导致公路靠近山体的一侧的水位较无公路情况下普遍上升，公路沿线出现多个积水区，地下水沿公路走向径流排泄，而公路另一侧地下水位相较于无公路情况下普遍下降，可见公路建设对地下水位产生了一定的影响。

6.1.2.2 对地下水流的影响

根据地下水水流模型预测，对比有无公路情况下地下水速度矢量图（图6-6），可以看出，地下水流向总体一致，都是由两侧向中间流动。然而有公路情况下，公路沿线地下水流向发生了一定程度的改变。可见公路的修建干扰了水流,发挥着汇水和导水的作用,一方面切断原本的路径导致公路一侧积水,另一方面迫使水流沿公路的走向流动。

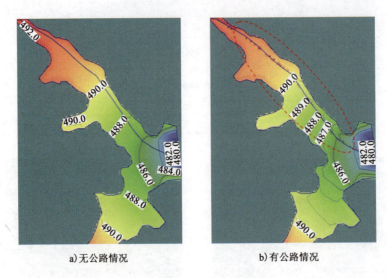

a) 无公路情况　　　　　　b) 有公路情况

图 6-5　研究区地下水等水位线预测分布图(有公路情况下,改变了局部地下水等水位线展布,造成了地下水位源向和汇向堆积)

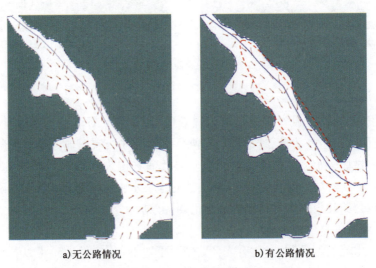

a) 无公路情况　　　　　　b) 有公路情况

图 6-6　研究区地下水速度矢量图(有公路情况下,阻碍了水由公路东北侧流向西南侧,弱化了公路两侧水的联系)

6.1.2.3　对地下水流量的影响

通过地下水水流模型预测了有无公路情况下各个水均衡区域流量变化情况,根据流量预测结果,对公路覆盖区域进行分析,单元入流量与出流量与无公路情况下相比有较大差别,每天通过公路覆盖区的流量明显减小,与无公路情况下相比,其流量减少了60%~70%。说明公路建设导致上层含水层输水能力有所下降。由于上层阻水作用,迫使部分地下水绕过公路向下层渗透而增加了下层流量。

6.1.2.4 对溶质迁移的影响

根据地下水溶质迁移模型预测结果可以看出(图6-7),在无公路情况下,研究区氮元素从上游迁移至下游的过程中,浓度分布符合一般性的迁移规律,即受对流—弥散效应影响,溶质都是沿着水流方向有规律地运动。而在有公路情况下,氮元素的迁移过程中,浓度下降明显,说明公路建设对溶质迁移产生明显的阻隔。

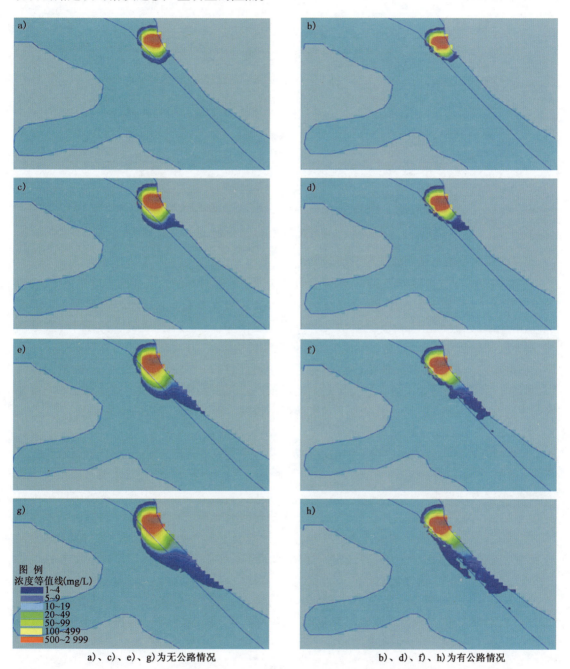

a)、c)、e)、g)为无公路情况　　　　b)、d)、f)、h)为有公路情况

图6-7　不同时间段有无公路情况下氮元素的迁移规律示意图

同时,对比有无公路情况下路基两侧的氮元素浓度表明,路基两侧氮元素浓度明显地不同,上游的溶质浓度远远大于下游的溶质浓度。公路上游溶质浓度较无公路情况下增大,且沿着公路走向不断迁移,而公路下游的溶质浓度较无公路情况下显著减小,随着时间推移,公路建设对溶质迁移的阻隔效应日趋明显(图6-8)。

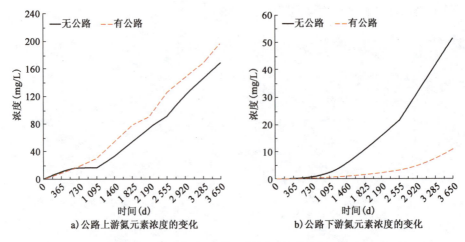

图6-8 公路两侧氮元素浓度变化趋势图

6.1.3 对湿地水系连通性影响的关键因素

公路建设对水系连通性的影响,体现在对结构连通性和对功能连通性的双重作用上,表现为对湿地水文、湿地土壤和湿地生物的改变。因此,从结构连通性和功能连通性两个方面着手,从湿地水文、湿地土壤和湿地生物三个特征出发,遵循互相匹配、全面性、可操作性、准确性、动态性和灵活性的原则,建立了评价指标体系和评价方法,并对国道201、珲乌高速公路及环长白山旅游公路的典型湿地路段水系连通性进行了评价(李晓珂等,2014)。根据评价结果,对比分析了公路建设中各参数变化对湿地水系连通性的影响,识别了公路建设中影响湿地水系连通性的关键因素,同时通过地下水水流模型预测验证了评价分析的结果。

6.1.3.1 线位与水流方向夹角

公路穿越湿地时路线走向可能与湿地水流平行、垂直或者斜向。对于垂直的水流而言,公路像一道挡水墙,切断径流路径,阻挡水体向下游流动;对于平行水流而言,水流可以沿排水边沟流动,公路发挥着水汇和水导的作用;对于斜向水流而言,公路的作用介于两者之间。根据对国道201、珲乌高速公路及环长白山旅游公路的典型湿地路段水系连通性的评价结果与现场踏勘发现,当公路走向与水流方向垂直时,上游侧地表积水严重、植被大量死亡;当公路走向与水流方向之间的夹角小于90°时,公路对湿地水系连通性的影响减弱(李晓珂等,2014)。由此可见,公路线位与水流方向之间的夹角是公路对湿地水系连通性产生影响的重要因素之一。

应用地下水水流模型预测公路路线与水流方向呈平行、垂直和斜交三种情况下的影响(表6-2),结果表明:公路建设对地下水流量、水位均产生了影响,在平行条件下,影响较小,而在垂直条件下影响最大。

因此,对比分析和模型预测模拟均表明:公路线位与水流方向夹角是影响湿地水系连通性的重要因素。

6 公路对水环境的影响

公路线位与水流方向夹角对湿地水系连通性影响的预测结果 表6-2

公路线位 与水流夹角	公路覆盖区域地下 水流量较无公路时减 小程度(%)	有公路情况下地下 水水位差(m)	公路两侧水位较无公路时变化情况	
			上游(m)	下游(m)
平行	36	0.36	0.20	-0.16
斜交	70	0.66	0.35	-0.31
垂直	90	0.90	0.48	-0.42

6.1.3.2 路基填筑形式

在国道201的湿地路段,工程中采用了直接填筑、砂桩+复合土工布、换填砂砾等软基处置技术。通过地下水水流模型预测,对比分析三种路基填筑方式对公路覆盖区两侧地下水位影响可以看出(表6-3),换填砂砾处治方案对区域地下水位影响较小,直接填筑方案次之,砂桩+复合土工布方案影响最大。无论采用何种路基填筑方式,公路覆盖区的地下水流量变化区别不大,相比较而言,换填砂砾方案地下水流量最大,直接填筑方案次之,砂桩+复合土工布处治方案水流量最小。结果表明,路基填筑形式也是影响湿地水系连通性的重要因素之一。

路基填筑技术对湿地水系连通性影响的预测结果 表6-3

路基填筑技术	无公路情况下地下 水水位差(m)	有公路情况下地下 水水位差(m)	公路两侧水位较无公路时变化情况	
			上游(m)	下游(m)
换填砂砾	0.05	0.30	0.18	-0.07
直接填筑	0.05	0.48	0.29	-0.14
砂桩+复合土工布	0.05	1.03	0.67	-0.31

6.2 工程施工对沿线水环境的影响

公路工程施工对沿线水环境影响,主要来源于施工废水排放、水土流失和施工机械跑、冒、滴、漏。施工废水包括桥梁、隧道、搅拌站等生产废水和施工营地生活污水。

6.2.1 桥梁施工的影响

桥梁施工中钻孔机械作业时产生的废水、废渣会对河流水体产生一定的污染,见图6-9。通常桥梁桩基施工期间会增加地表水中污染物浓度,但一般不会超标。另外,在桥梁上部结构现场浇铸过程中若发生油料泄漏,可能会造成水中石油类污染物超标。

例如,山西闻喜东镇至垣曲蒲掌高速公路毫清河桥梁施工路段,监测结果表明,施工点下游较上游水中主要污染物浓度均有增加,其中石油类污染物增加最多,为42.86%,其次是COD和氨氮,但均没有超出标准限值,桥梁施工对地表水体中的SS浓度、BOD浓度和pH值的变化影响较小,见表6-4。

图6-9 桥梁桩基施工导致下游水质变化
(陶双成 拍摄)

毫清河桥梁路段施工点位前后污染物浓度变化情况（单位：mg/L）　　表6-4

河段位置	污染物				
	SS	COD	氨氮	石油类	BOD
桥梁施工下游100m	103.92	23.33	0.14	0.10	4.25
桥梁施工上游100m	93.25	17.27	0.12	0.07	4.15
下游浓度增加比例(%)	11.44	35.09	16.66	42.86	2.41
水环境质量标准限值	≤200	≤30	≤1.5	≤0.5	≤6
超标率	—	—	—	—	—

6.2.2 隧道施工的影响

隧道施工有可能会破坏山体内的地下水系，导致隧道上方地下水位下降，有时甚至会引起局部井水枯竭，或山顶地表植被干枯。隧道施工废水主要来源包括：隧道穿越不良地质单元时产生的涌水；施工设备，如钻机等产生的废水；隧道爆破后用于降尘的水；喷射混凝土和注浆产生的废水以及基岩裂隙水等。

对广东广梧高速公路牛车顶隧道、亚婆髻隧道施工废水的水质状况进行了监测。结果显示，隧道施工废水略显碱性，水中悬浮物浓度超标严重，施工前期废水中COD和石油类物质存在超标现象。

公路隧道施工废水、山体渗水和施工用水的pH值检测结果，见图6-10。从图中可以看出，隧道涌水、隧道用水大多为天然水源，其pH值呈弱碱性，而施工废水的pH值呈现不同程度超标(pH值大于9)。这主要是由于水泥水解产生的硅酸三钙、硅酸二钙、氢氧化钙等均呈碱性，这些物质溶解在水中造成pH值升高，特别在隧道开挖初期施工废水中pH值更高，因此，隧道施工初期施工废水pH值应予重视。

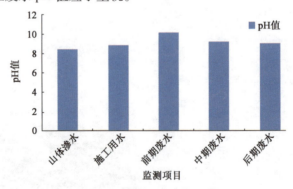

图6-10　隧道施工废水的pH值

隧道施工期间水质变化情况见图6-11。从图6-11a)和图6-11b)中可以看出，隧道施工废水中SS、氨氮浓度较山体渗水明显增加，施工中期SS浓度曾达到3 969.769mg/L，超标55倍，但氨氮浓度不超标；后期施工废水中SS、氨氮浓度明显下降。因此，隧道施工前期、中期废水中SS浓度超标比较严重，需要采取措施降低SS含量。

从图6-11c)和图6-11d)中可以看出，隧道渗水和施工用水中COD和石油类含量较低，而施工前期废水中COD和石油类浓度明显增加，其中COD最大浓度超标59.5%，石油类最大浓度超标1倍左右，而且COD和石油类浓度变化呈现明显的相关性，说明COD浓度主要与石油类污染物浓度有关。

综合来看,公路隧道施工废水污染物主要包括 SS、氨氮、COD 和石油类等,特别是 SS 浓度超标较多,其次是石油类,pH 值也偏高,需要达标处理。

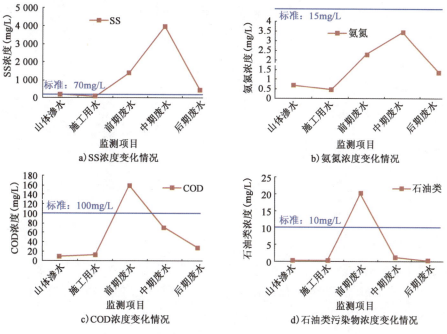

图 6-11　隧道施工期间水质变化情况

6.2.3　搅拌站的影响

搅拌站废水主要来源于场区汇水、拌和楼施工废水和水泥罐车清洗废水等。广梧高速公路 4 个典型搅拌站监测结果表明,pH 值 > 11,呈明显碱性。这主要是由于施工废水中含有大量的水泥等物质,导致 pH 值明显增加;施工废水 SS 浓度含量较高,大多超过《污水综合排放标准》(GB 8978—1996)一级标准的限值,其中最大浓度超标 83.7%。搅拌站施工废水中氨氮含量较低,没有出现超标现象;COD 含量部分超标,最大浓度超标 13.6%。分析认为,搅拌站 COD 浓度超标与运输车辆维修和车辆漏油导致石油类物质进入施工废水有关,见图 6-12、图 6-13。

图 6-12　搅拌站施工废水取样点状况(陶双成　拍摄)

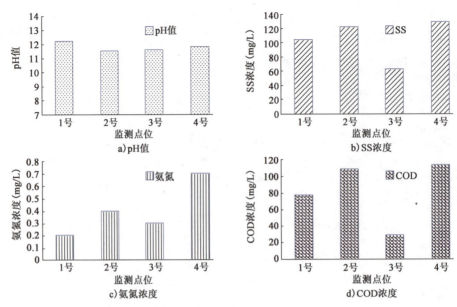

图 6-13 搅拌站施工废水污染特征

综上,搅拌站施工废水污染物主要包括 SS、COD 等,其中 SS 浓度超标较多,其次是 COD,此外,pH 值也超标。pH 值和 SS 浓度超标与水泥有关,COD 浓度与水中石油类污染物含量有直接关系,应加强 SS、COD 等污染物的达标处理。

6.2.4 施工营地的影响

施工营地污水主要来源是施工人员的生活废水。调研结果显示:施工营地生活污水中SS、COD、BOD、总氮等含量普遍较高,有机物超标严重。施工营地生活污水的 BOD/COD 比值一般在 0.4 左右,高的可达到 0.7 左右,可生化性非常好,碳源充足,反硝化脱氮效果好。

施工营地生活污水处理和排放方式,与施工营地类型和建设规模有关。以彭湖高速公路为例(图 6-14),租用城镇民房型施工营地(类型 1),生活污水有 87% 排入城镇污水管网系统进行处理;租用乡村民房型施工营地(类型 2),40% 左右采取了简易的化粪池处理措施,另有10% 左右没有采取措施;施工现场集中搭建的工棚型施工营地(类型 3),50% 左右采取了简易的化粪池处理措施,另有 15% 左右没有采取措施;施工现场临时搭建的工棚型(类型 4),施工营地生活污水有 60% 左右直接排放。

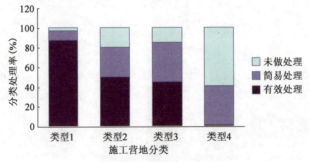

图 6-14 施工营地生活污水排放方式占比图

类型 1-租用城镇民房型;类型 2-租用乡村民房型;类型 3-现场集中搭建的工棚型;类型 4-现场临时搭建的工棚型

6.3 路面径流

公路营运期,运输过程中货物在路面上的抛撒、汽车尾气中微粒在路面上的降落、汽车燃油在路面上的滴漏及轮胎与路面的磨损等会产生污染物,降水时形成路面径流,这些有害物质会被挟带排入水体或农田,有可能会造成水环境质量下降。

6.3.1 基本特征

为了掌握高速公路路面径流的基本特征,在华南、西南地区部分公路采集了30场降雨共250余个水样,进行了水质分析(李华等,2011)。

总体看来,污染物浓度变化范围很大(表6-5、图6-15),这与已有研究结果一致(赵剑强和邱艳华,2004;李贺等,2009)。以广三高速、佛山一环高速和佛开高速等珠江三角洲路面径流污染物为例,经正态分布检验(表6-6),所测定的指标当中,pH呈正态分布,其他指标都呈非正态且向左偏离态。

高速公路路面径流的污染物浓度(mg/L)　　　　表6-5

高速公路		SS	COD	BOD$_5$	TN	TP	Cu	Zn	Pb	石油类
重庆渝武高	最小值	20.0	49.9	1.27	1.69	0.04	0.01	0.14	0.08	0.41
	最大值	2 040.0	779.5	5.96	13.9	0.69	0.36	4.64	2.06	10.80
	平均值	427.6	378.5	3.14	5.16	0.20	0.11	1.05	0.63	3.79
重庆绕城高	最小值	30.0	18.6	0.65	0.86	0.01	0.01	0.08	0.05	0.15
	最大值	740.0	458.0	4.98	5.65	0.35	1.00	1.65	0.69	3.55
	平均值	194.6	164.1	1.49	2.51	0.09	0.07	0.55	0.28	1.37
广三高速	最小值	60.0	94.5	7.10	—	—	—	0.09	<0.03	0.31
	最大值	862.0	279.7	26.2	—	—	—	0.29	<0.04	3.99
	平均值	240.2	224.6	14.9	—	—	—	0.25	0.03	2.92
佛山一环高速	最小值	12.4	19.0	2.00	0.02	0.76	—	—	—	0.69
	最大值	311.0	367.0	18.2	0.10	2.44	—	—	—	2.38
	平均值	185.5	158.8	5.64	2.22	0.05	—	—	—	1.53
佛开高速	最小值	43.8	73.4	3.10	0.06	1.64	—	—	—	0.88
	最大值	1 730.0	1 320.0	33.10	1.40	25.80	—	—	—	7.63
	平均值	509.7	472.3	12.20	5.84	0.32	—	—	—	3.69
一级排放标准		70.0	100.0	20.0	15.0	0.50	0.50	2.00	1.00	5.00
农田灌溉标准		150.0	200.0	80.0	12.0	5.00	1.00	2.00	0.10	5.00

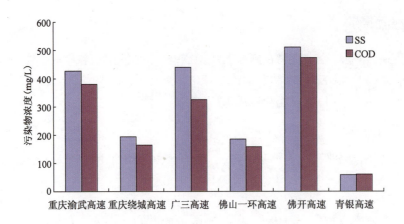

图 6-15　不同地区公路的典型污染物浓度

珠三角地区高速公路路面径流污染物的正态分布检验　　　表 6-6

指　标	pH	SS	COD_{cr}	BOD_5	TP	$NH_3\text{-}N$	石油类
偏度	0.13	3.86	2.90	1.25	3.61	2.74	1.85
峰度	−0.94	18.85	8.07	0.90	12.72	8.50	2.79
偏度判断	正态	左偏	左偏	左偏	左偏	左偏	左偏
峰态判断	正态	尖峰	尖峰	平坦	尖峰	尖峰	平坦

珠三角地区路面径流中的主要污染物为 SS、COD_{cr}，平均浓度均超过了污水排放标准、农田灌溉标准和生活污水的浓度（表 6-5），而重金属浓度远远低于污水排放标准。BOD、总氮和总磷等营养盐的浓度远远低于生活污水，且 BOD 与 COD 的比值小于 0.05（图 6-16），说明路面径流的可生化性极差。

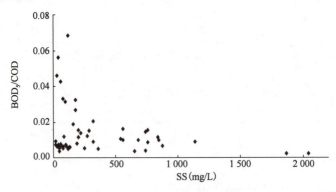

图 6-16　BOD_5/COD 比值与 SS 的关系

采用内梅罗指数对上述高速公路路面径流污染程度进行综合评价。从表 6-6 可以看出，按照《污水综合排放标准》（GB 8978—1996）一级排放标准，佛开高速达到了严重污染，其他高速有轻度以上的污染；按照《农田灌溉水质标准》（GB 5084—2005），佛开高速达到了严重污染，佛山一环无污染，其余高速有轻度以上污染（表 6-7、表 6-8）。

不同高速公路径流污染指数　　　　　　　　　　表 6-7

标　准	高速公路	内梅罗指数	污染程度
GB 8978—1996	广三高速	2.51	中度
	佛山一环	1.17	轻度
	佛开高速	3.60	严重
	渝武高速	2.77	中度
	绕城高速	1.22	轻度
GB 5084—2005	广三高速	1.18	轻度
	佛山一环	0.59	安全
	佛开高速	3.34	严重
	渝武高速	1.76	轻度
	绕城高速	1.42	轻度

内梅罗指数综合评价分级标准　　　　　　　　　　表 6-8

内梅罗指数	0~0.7	0.7~1.0	1.0~2.0	2.0~3.0	3.0~10.0	10.0以上
污染程度	安全	警戒级	轻度污染	中度污染	严重污染	极重污染

上述研究说明,在珠三角地区,当高速公路经过地表水Ⅲ类水体以上路段时,高速公路路面径流不能直排,需收集处理;当高速公路经过农田时,路面径流也不宜通过排水沟排放到农田灌溉渠。

6.3.2　影响因子

路面径流污染物来源包括:运输货物散落、汽车尾气微粒降落、汽车燃油滴漏以及轮胎与路面的磨损等。路面径流污染物的排放表现为晴天积累、雨天排放的特征,排放量及污染物浓度随着降雨频率、强度及地表污染物累积状况及交通量等的变化而改变。

6.3.2.1　降雨

降雨强度和降雨历时是影响路面径流污染物排放的重要因素,路面径流污染物浓度会随着雨强与降雨历时的变化而变化。为了验证降雨强度和降雨历时的影响,2006年6月25日,在广三高速公路对渐弱型降雨的路面径流进行了监测,结果表明:当雨强度一定时,污染物浓度随降雨历时表现出下降趋势,最终趋于某一稳定的值。同时,由于前期的冲刷稀释作用,第一场降雨的污染物浓度总体比第二场降雨的污染物浓度高(图6-17)。

2007年9月24日,在佛山一环高速公路对间歇型降雨路面径流水样的监测结果表明(图6-18,图6-19),当降雨强度由小变大再变小变大的波动时,污染物浓度随降雨历时呈现出了与降雨强度相反的变化趋势。这说明了降雨强度越大,污染物质被稀释的程度越高,浓度越低。

6.3.2.2　路面灰尘

为了研究路面灰尘对径流污染物的影响,在重庆渝武高速公路、绕城高速,于2009年4月、6月、7月、8月连续无降水3d以上的日期,采用人工清扫方式,采集路面灰尘样品,测定各粒径分配及其相应的污染物含量,结果如图6-20、图6-21、表6-9所示。结果表明:不同公路路面灰尘粒径组成不同,粒径越细,污染物浓度越高,污染越重;80%以上的污染物积聚在2.0mm以下的灰尘中,而这部分灰尘最容易进入水体(李华等,2011)。

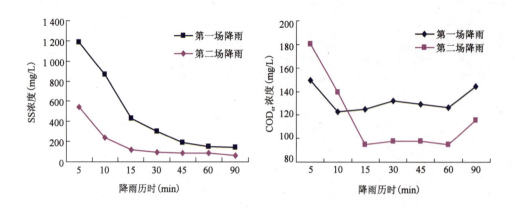

图 6-17　污染物浓度随降雨历时的变化曲线

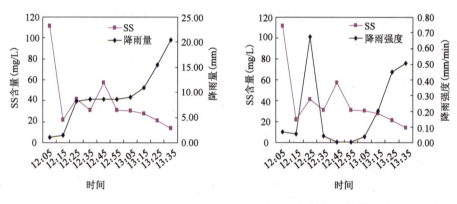

图 6-18　SS 与降雨量、降雨强度的关系图

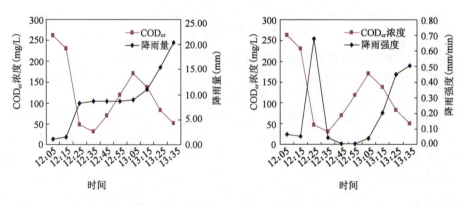

图 6-19　COD_{cr} 与降雨量、降雨强度的关系图

采用 pH 值为 5.6 的模拟酸雨对混合灰尘进行浸出实验,结果表明(表 6-10):各污染物的浸出率为 0.76%～15.94%,说明进入径流的可溶态污染物较少,主要是以随雨水流动的颗粒态污染物为主。

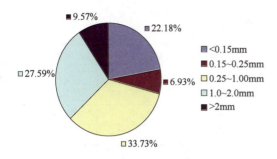

图 6-20 渝武高速路面灰尘粒径分布图

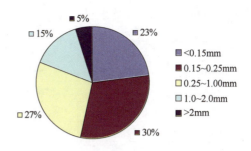

图 6-21 重庆绕城高速路面灰尘粒径分布图

重庆高速公路路面灰尘各粒径的污染物含量   表 6-9

高速公路	粒径(mm)	pH	污染物浓度(mg/kg)				
			TN	TP	Cu	Zn	Pb
渝武高速	<0.15	9.24	1178.49	114.02	98.75	297.60	148.00
	0.15~0.25	9.63	1291.80	51.83	67.25	217.50	98.08
	0.25~1.00	11.17	823.43	63.06	58.48	250.68	102.38
	1.0~2.0	11.74	679.90	88.11	32.23	73.50	69.50
	>2	11.86	793.21	8.64	20.28	58.93	85.73
	加权含量		892.16	75.29	57.12	191.55	101.53
重庆绕城高速	<0.15	9.24	534.85	62.55	40.50	68.88	134.03
	0.15~0.25	9.63	362.61	51.55	31.68	50.98	105.35
	0.25~1.00	11.17	285.56	39.70	19.80	37.83	68.18
	1.0~2.0	11.74	131.45	19.39	14.50	23.53	34.90
	>2	11.86	54.39	5.85	11.25	11.60	17.70
	加权含量		333.29	44.04	27.01	45.68	87.46

重庆高速公路路面灰尘污染物的酸雨浸出量   表 6-10

灰尘污染物	高速公路	TN	TP	Cu	Zn	Pb
灰尘含量(mg/L)	渝武高速	892.16	75.29	57.12	191.55	101.53
	绕城高速	333.29	44.04	27.01	45.68	87.46
	平均	612.73	59.66	42.07	118.62	94.50
酸雨浸出量(mg/L)	渝武高速	155.81	4.31	0.75	24.63	0.63
	绕城高速	24.94	7.43	1.98	13.20	0.81
	平均	90.38	5.87	1.37	18.91	0.72
酸雨浸出率(%)	渝武高速	17.46	5.73	1.31	12.86	0.62
	绕城高速	7.48	16.87	7.33	28.90	0.93
	平均	14.75	9.84	3.24	15.94	0.76

6.3.2.3 交通量

为了研究交通量对路面径流中污染物浓度的影响,对山东青银高速、重庆绕城高速、佛山一环高速、重庆渝武高速、广东广三高速和佛开高速 6 条高速公路日平均交通量与多场降雨路面径流的平均污染物浓度进行了比较分析,结果如表6-11、图6-22、图6-23所示。

交通量与径流污染物浓度的关系　　　　　　　　　　　　　表6-11

高 速 公 路	交通量(辆/日)	SS(mg/L)	COD(mg/L)	BOD_5(mg/L)	石油类(mg/L)
青银高速	1 440	57.8	60.10	1.20	1.13
重庆绕城高速	8 000	185.6	158.80	1.18	1.25
佛山一环高速	20 000	166.6	143.80	5.64	1.53
重庆渝武高速	32 000	219.5	278.54	5.95	2.03
广三高速	45 000	440.2	324.60	14.90	2.92
佛开高速	70 000	509.7	472.30	12.20	3.69

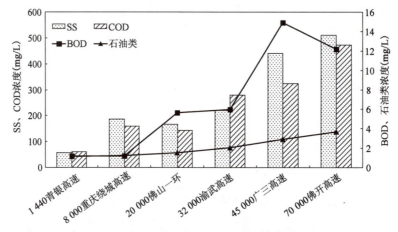

图6-22　不同交通量条件下路面径流的污染物浓度

从表6-11、图6-22中可知,当交通量增加时,各类污染物浓度总体呈上升趋势;虽然无法排除地区间的影响,但是,当交通量大于30 000辆/日时,污染物浓度显著增加,小于30 000辆/日时,各类污染物浓度上升速度不明显。由此可见,交通量对路面径流污染物贡献较大,尤其是当交通量大于30 000辆/日时影响更为显著。

由图6-23可知,随着交通量的增加,SS的浓度呈上升趋势,且随着降雨历时的增加,污染物浓度呈现下降。

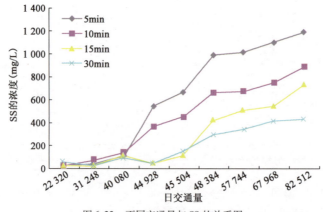

图6-23　不同交通量与SS的关系图

6.3.2.4 季节

对重庆地区春、夏、秋、冬分别计算了各季度的样本统计值,对比发现,除了SS外,各指标在冬季均明显偏高,显然是与冬季降雨少、路面沉积物累积时间长有密切关系,见表6-12。

不同季节的径流污染参数　　　　　　表6-12

污染物	春季(3~5月)		夏季(6~8月)		秋季(9~11月)		冬季(12~2月)	
	平均值	标准差	平均值	标准差	平均值	标准差	平均值	标准差
pH	7.68	0.24	7.72	0.42	7.39	0.25	7.92	0.08
SS	683.80	629.00	315.20	328.00	75.40	38.40	550.00	297.40
COD	360.30	229.90	177.60	167.60	398.80	139.40	435.20	240.20
BOD_5	1.95	1.20	2.14	1.05	3.15	1.05	4.19	2.04
TN	5.28	3.90	2.91	2.02	4.10	1.65	8.74	5.37
TP	0.28	0.20	0.15	0.14	0.06	0.02	0.33	0.23
Cu	0.34	0.31	0.08	0.05	0.05	0.03	0.14	0.08
Zn	1.38	0.89	0.53	0.44	0.55	0.26	2.28	1.64
Pb	0.77	0.38	0.29	0.24	0.48	0.29	1.06	0.76
石油类	4.01	3.53	1.17	1.13	4.19	1.62	4.51	2.98

6.4 沿线设施污水

公路沿线设施包括服务区、停车区、收费站、管理所、养护工区等,这些设施每日的运营不可避免地会产生大量污水。沿线设施一般远离城市,污水无法就近排放进入市政污水管网,如果不经处理就地排放,将会对周围水体、土壤造成不良影响。在这些设施中,服务区污水产生量最大、污水来源也最为复杂。截至2016年年底,我国高速公路服务区的数量已经超过2 000对。

6.4.1 污水来源

沿线设施污水主要来源包括:

(1)管理人员及驾乘人员产生的冲厕污水;

(2)管理人员及宾客住宿产生的盥洗污水;

(3)餐饮经营活动产生的餐饮污水;

(4)机修及洗车服务产生的污水;

(5)加油站清洗污水等。

根据2014~2015年对全国239对服务区污水产生情况的调研,公共卫生间冲厕污水占服务区污水产生总量的40%~80%,其余为盥洗污水占10%~30%,餐饮污水占10%~30%,机修及洗车污水占5%~10%,加油站清洗污水占5%~20%。

不同服务区各类污水所占比例不同,这与服务区所处路段位置、服务区规模、提供服务的能力等都有关系。比如,特色餐饮经营火爆的服务区,其餐饮污水产生比例相对更大;服务功能欠缺的服务区,驾乘人员进入服务区主要是满足如厕需求,冲厕污水比例相对更大。

6.4.2 污水水质

6.4.2.1 污水性质

不同来源的污水性质差别很大,有的可生化性好,有的较难生化降解。

(1)冲厕污水的悬浮物、有机污染物浓度高,可生化性化好,氮和磷浓度高;

(2)盥洗污水的悬浮物、有机污染物浓度相对较低,水质较清洁、易处理;

(3)餐饮污水的有机污染物、动植物油含量高,可生化性较好;

(4)机修、洗车污水及加油站清洗污水所含污染物以泥沙颗粒物、石油类为主,较难生化降解。

沿线设施污水典型水质情况见表6-13。

沿线设施典型污水的污染物浓度(单位:mg/L)　　表6-13

类别	SS	COD	BOD$_5$	石油类	动植物油	氨氮	总磷
冲厕污水	350~450	400~1 000	300~550	—	—	40~150	5~20
盥洗污水	80~120	60~120	40~80	—	—	—	—
餐饮污水	200~300	500~900	300~500	—	150~400	6~50	—
加油站清洗污水	50~150	200~500	20~100	60~120	—	—	—
洗车污水	45~865	48~320	—	3.5~79.6	—	—	—

6.4.2.2 综合水质特征

沿线设施排放的污水是各类污水通过污水管道统一收集后的综合污水,以冲厕污水、盥洗污水、餐饮污水为主,所以其性质与普通的生活污水类似,主要污染指标包括SS、BOD$_5$、COD$_{cr}$、氨氮、磷、动植物油以及石油类等。部分典型服务区的综合污水水质情况见表6-14。

典型高速公路服务区污水水质(单位:mg/L)　　表6-14

地点	pH	SS	COD$_{cr}$	BOD$_5$	氨氮	总磷
陕西西宝高速武功服务区	7.03~7.87	123~198	239~397	134~174	46.5~109.3	1.9~5.8
吉林营松高速靖宇服务区	7.32~7.57	156~273	428~618	82~187	48.2~82.6	3.4~6.9
河南郑卢高速少林服务区	7.39~8.12	217~426	216~532	121~218	52.4~225.3	5.1~15.3
安徽沪蓉高速罗集服务区	7.08~7.22	220~369	352~640	138~256	34.2~53.7	4.8~15.7
云南新河高速河口收费站	6.58~7.12	220~369	245~271	78~101	—	—

沿线设施污水水质与普通生活污水类似,但又具有其自身特点,突出表现在如下两个方面:

其一,水质比普通生活污水更差。因冲厕污水所占比例最大,经常超过50%,具有有机污染物浓度高、氮磷含量高的特点,污染负荷高;另外,因含有加油站清洗废水、机修废水等,导致油分含量高,污水成分更为复杂。

其二,污水水质有一定波动性,尤其是服务区。车辆的驶入具有很大的随机性,驾乘人员在公厕、餐厅、客房等不同功能区活动时产生污水的水质差异很大,因此服务区污水具有一定的波动性,每时、每天、每月都可能有变化。吉林省某服务区污水水质日间时段变化情况见图6-24。

6 公路对水环境的影响

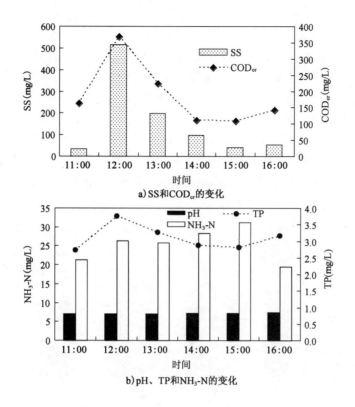

图6-24 吉林省某服务区水质日变化情况

6.4.3 污水水量

6.4.3.1 污水水量测算

驾乘人员、管理人员在公厕、餐厅、加油站、客房等不同功能区活动时产生的污水水量差异很大。依据《建筑给水排水设计规范》(GB 50015—2003),不同功能区人均用水量数据参见表6-15。由此产生的污水水量与用水量基本相当。

不同功能区人均用水量　　　　　　　　　　　　　　　　表6-15

功能区名称	单 位	用 水 量 (L)
公厕	每人次	3~6
餐厅	每顾客每次	20~25
客房	员工:每人每日	80~100
	旅客:每床位每日	250~400
洗车	轿车:每车次	40~60
	大客车:每车次	80~120

6.4.3.2 污水量因时而异

由于车辆来往具有很大的随机性,服务区污水水量具有较大的波动性,而且不同服务区之间差异非常大(Wang 等,2012)。服务区污水量在一天中的不同时段会产生较大的波动,交通高峰时段产生的污水量明显高于其他时段,污水量变化主要取决于驶入服务区的车辆数量。

服务区污水产生量也会受到季节影响。一般而言夏季污水量较大,冬季则较小。以京沈高速徐官屯服务区为例,夏季每日的产污量在 600 t/d 左右,冬季一般为 200 t/d 左右,相差近 3 倍。天气、节假日及其他特殊状况等因素会导致污水量具有更大的波动性。遇到重大的节假日,如五一和十一出游的人很多,车流量可能超过平日的 5～10 倍,污水的产生量也超出平日 5～6 倍。雨雪及一些恶劣天气导致高速公路的车流量减少,也会相应地减少服务区污水产生量。

6.4.3.3 污水量因地而异

2014～2015 年,对东北、西北、中部、南部地区有代表性的 7 个省份的 239 对服务区污水产生情况进行了调研。除 2 对服务区采用管道将公路两侧污水进行连通外,其余服务区都是在两侧分别收集污水,所以按单侧服务区统计污水产生量。不同区域服务区因车流量、气候等情况不同,其污水量有很大差别(图 6-25)。

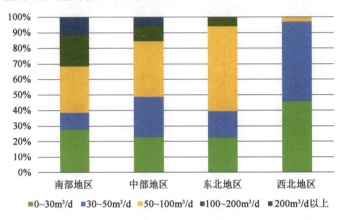

图 6-25　不同区域服务区(单侧)污水量

从全国范围来看,约 60% 服务区的污水量(单侧)为 30～100 m^3/d,南部及中部地区服务区污水量普遍大于北部地区服务区。随着服务区节水型卫生器具的普及应用,未来污水量可能会有所下降。

综上所述,我国不同区域服务区的污水量差异很大,同一地区服务区的污水量不同季节、不同时段污水量也有变化。

6.5　融雪剂

为了保障公路畅通,撒布融雪剂是公路冬季除雪的常用措施,而融雪剂的大量和长期使用可能会对沿线水环境造成一定影响。为此,先后在京珠高速公路粤境北段、湖南耒宜段以及吉林省部分高速公路开展了融雪剂对公路沿线水环境的影响研究。

6.5.1　京珠高速公路

2008 年春节前后,我国南方大部分地区遭受历史罕见的冰雪灾害。为尽快恢复交通运输,公路管理部门采用融雪剂除冰雪,京珠高速公路粤境北段、湖南耒宜段累计使用融雪剂(盐)1 500t 以上。

2008 年 3 月 10 日～3 月 15 日,在京珠高速公路粤境北段和湖南耒宜段开展了融雪剂污染的调查采样。从水质监测结果来看(图 6-26、图 6-27),pH 值在 7～8 之间,基本正常。粤境北段个别采样点的氯离子和钠离子最大值分别达到45.18mg/L和37.76mg/L,湖南耒宜段个别采样点的硫酸根最大值达到86.12mg/L,远大于路旁水体的浓度,可见融雪剂造成了水中盐分浓度的增加。但是由于雨水冲刷和水体的稀释作用,盐分浓度都满足生活饮用水地表水源地标准要求,其他指标也都符合标准,因此,融雪剂对路域水体水质基本没有产生不良影响。

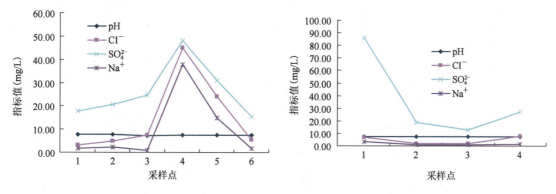

图6-26 京珠高速公路粤境北段水质监测结果　　图6-27 京珠高速公路湖南耒宜段水质监测结果

6.5.2 吉林省部分高速公路

吉林地处我国东北,年降雪量大,在高速公路上撒布的融雪剂也比较多。作者选取吉延、长春绕城、长吉等高速公路开展了融雪剂的调查采样工作。

撒布融雪剂路段雪样的分析结果表明,所有雪样全盐量均远高于《农田灌溉水质标准》(GB 5084—2005)限值1 000mg/L,其中长春绕城高速南段高达56 550mg/L,Cl^-高达19 330mg/L。雪样中盐离子含量较高的区域包括路面、硬路肩、边沟和中分带,均为融雪剂撒布的主要区域或清除路面积雪后的堆积区域(图6-28~图6-30)。

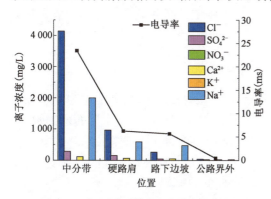
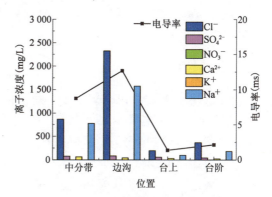

图6-28 吉延高速公路路侧不同区域雪样的　　图6-29 长吉高速公路不同区域雪样的
　　　　盐离子含量和电导率　　　　　　　　　　　　盐离子含量和电导率

从撒布融雪剂路段路侧水体水质监测结果来看(图6-31、图6-32),所有水样的pH值维持在7~8之间,基本正常。部分采样点的氯离子和钠离子浓度值偏大,如吉延高速公路分别达到173.80mg/L和63.21mg/L。个别采样点的硫酸根略微偏大,如长营高速达到77.99mg/L,但都符合生活饮用水地表水源地的标准要求,其他指标也没有超标。可见,融雪剂虽然造成了雪样中盐分浓度增大,但是盐分随着径流冲刷进入路域河流或其他水体,经稀释其浓度大大降低,对水体水质影响不大。

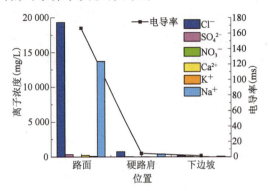

图 6-30 长春绕城高速不同区域雪样的盐离子含量和电导率

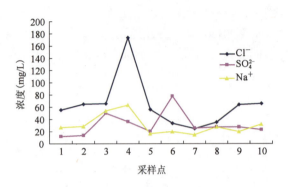

图 6-31 吉林部分高速公路沿线水体中的离子浓度

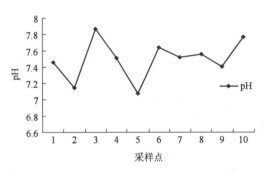

图 6-32 吉林部分高速公路沿线水体 pH 值

从调查的吉林省几条高速公路来看,融雪剂对水体的影响与通车时间关联不大,其影响程度更多的是取决于融雪剂撒布量以及收纳水体的稀释能力,融雪剂对水体尚未发现累积效应。根据国外的研究(Jackson RB 等,2008),融雪剂的长期使用,会导致地表水中盐含量升高,道路两旁水体中氯含量与融雪剂施用量呈显著正相关性。而融雪剂的过度使用将直接破坏土壤的层次性,使土壤结构变差(刘恒权,2010),同时土壤溶液中过高的可溶性钠也会对植物生长产生不良的影响(Green SM 等,2008)。因此,针对融雪剂对公路路域生态环境可能造成的潜在和累积影响,今后还需进行深入系统的研究,尽量避免融雪剂对周围水环境造成不良影响。

6.6 小结

对于公路穿越湿地,以往研究多从路基排水和稳定性角度来考虑,将湿地作为软基处理(刘红军,2007;娄国充等,2009),虽然公路建设在一定程度上对湿地的水文水质造成影响(谢先明等,2008),但其对湿地水循环的阻隔效应并未引起足够的重视(王焱等,2008)。通过试验研究和数值模拟,定量分析了公路对湿地的阻隔效应,评价了公路湿地水系连通性现状,明确了公路线位与水流方向夹角、路基填筑形式等影响水系连通性的关键因素,为水系连通性保护技术的研发应用奠定了基础(李冬雪等,2015;王建军等,2016)。

公路工程施工废水和施工期的生活污水会对沿线水环境产生影响(杨斌等,2008;史志翔,2012)。本章系统研究分析了公路桥梁、隧道以及搅拌站等施工废水以及施工营地生活污水的污染特征,为公路施工期污水治理提供了基础数据。

公路运营期对水环境影响主要源于路面径流、沿线附属设施废水以及融雪剂等。国内外围绕公路路面径流,在污染物的来源、降雨冲刷特性等方面取得了丰硕的研究成果(Wu 等,1998;陈莹,2004;毛彦景,2010;赵剑强等,2001)。本章在路面径流的影响因子研究等方面丰富了当前的研究结论。由于服务区污水主要由驶入服务区的驾乘人员产生,从水质上看,来源复杂,以冲厕污水为主,水质比普通生活污水更差、波动更大;从水量上看,车辆驶入的随机性导致污水产生量也有很大的波动,我国不同地区服务区的污水量有很大差异。融雪剂的使用对水环境的影响日益得到国内外学者的关注(Fay等,2013),现场实测结果与当前研究结论基本一致,融雪剂会对水环境造成一定的影响,其影响程度取决于融雪剂用量以及收纳水体的稀释能力。

本章参考文献

[1] Fay L, Shi X, Huang J. Strategies to Mitigate the Impacts of Chloride Roadway Deicers on the Natural Environment, A Synthesis of Highway Practice[M]. Washington, D. C. National Academy of Sciences, 2013.

[2] Green S M, Machin R, Cresser M S. Effect of long-term changes in soil chemistry induced by road salt applications on N-transformations in roadside soils[J]. Environmental Pollution, 2008, 152: 20-31.

[3] Jackson R B, Jobbágy E G. From icy roads to salty streams[J]. Proceedings of the National Academy of Sciences of the United States of America, 2005, 102: 14487-14488.

[4] Pringle C M. Hydrologic connectivity and the management of biological reserves: a global perspective[J]. Ecological Applications, 2001, 11(4): 981-998.

[5] Wang X J, Kong Y P, Chen J D, et al. Present status about wastewater treatment at highway affiliated facilities of China[C]//Advanced Materials Research. Trans Tech Publications, 2012, 356: 2673-2677.

[6] Wu J S, Allan C J, Saunders W L, et al. Characterization and Pollutant Loading Estimation for Highway Runoff [J]. Journal of Environmental Engineering, 1998, 124(7):584-592.

[7] 陈敏建,王浩.中国分区域生态需水研究[J].中国水利,2007,(9):31-37.

[8] 陈莹.高速公路路面径流污染特性的探讨[J].上海船舶运输科学研究所学报,2004,27(1):41-45.

[9] 李冬雪,郑纯宇,闫秋波,等.湿地公路两侧浅层水连通性保护技术[J].公路,2015(10):233-236.

[10] 李贺,石峻青,沈刚,等.高速公路雨水径流重金属污染特性研究[J].环境科学,2009,30(6):1621-1625.

[11] 李华,陈玉成,杨志敏,等.高速公路路面径流污染负荷初期效应的数学解析[J].公路交通科技,2011,28(10):141-145.

[12] 李华,陈玉成,杨志敏,等.高速公路路面径流污染影响因素的初步分析[J].公路交通科技,2011,28(5):146-152.

[13] 李晓珂,王红旗,李长江.公路建设对湿地水系连通性的影响及保护措施[J].北京师范大学学报(自然科学版),2015,51(6):620-625.

[14] 李晓珂,王红旗,王新军,等.公路建设对湿地水系连通性的影响评价及影响因素研究——以延边地区为例[J].交通建设与管理,2014(11):105-110.

[15] 娄国充,岳祖润,刘尧军.青藏铁路冻土沼泽化斜坡湿地路基稳定性研究[J].土木工程学报,2009(6):97-101.

[16] 陆健健,何文珊,童春富,等.湿地生态学[M].北京:高等教育出版社,2006.

[17] 刘恒权.公路用融雪剂检测、评价和应用技术.交通标准化,2010,(8):107-112..

[18] 毛彦景.重庆地区高速公路路面径流污染特征研究[D].重庆:西南大学,2010.

[19] 史志翔.宝汉高速公路施工水环境保护研究[D].西安:长安大学,2012.

[20] 王建军,张兵,王博.生态敏感路段湿地路基修筑关键技术应用[J].公路,2016(6):52-55.

[21] 王焱,刘国东,寨依,等.郎川公路附近湿地地下水文数值模拟[J].人民长江,2008,39(2):17-19.

[22] 谢先明,周建伟,周爱国,等.工程建设对地下水水质影响的模拟与分析——以沿海某公路工程为例

[J]. 地质科技情报,2008,27(3):88-92.

[23] 杨斌,蒋红梅,吴东国,等.公路隧道施工废水处理工艺探讨[J].公路交通技术,2008(6):162-164.

[24] 张欣,王红旗,李华.公路建设对生态环境水系连通性的影响[J].环境科学与技术,2013,36(12):406-411.

[25] 赵剑强,刘珊,邱立萍,等.高速公路路面径流水质特性及排污规律[J].中国环境科学,2001,21(5):445-448.

[26] 赵剑强,邱艳华.公路路面径流水污染与控制技术探讨[J].长安大学学报:建筑与环境科学版,2004,21(3):50-53.

7 绿色公路概述

7.1 绿色发展理念的提出

20世纪后半叶以来,工业化、城市化等快速发展,但与此同时,也带来了环境污染、气候变暖、能源危机、交通拥堵等诸多问题,人们不得不反思以往的发展方式,转而寻找一种更长久的生存发展之道。

1987年,世界环境与发展委员会发表的《我们共同的未来》报告中首次提出了"可持续发展"一词,并将其定义为"既满足当代人的需求又不危及后代人满足其需求的发展"。1992年,《环境与发展宣言》和《全球21世纪议程》确立了可持续发展的理念,并将其作为人类社会发展的共同战略。我国在1994年通过了《中国21世纪议程》,开始把可持续发展作为各项建设和发展的重要战略指导原则。

1996年,世界银行出版的《可持续城市交通:政策变革的关键》一书中,首次提出了"可持续城市交通"的概念,并阐述了三方面的基本内容:经济与财务的可持续性、环境与生态的可持续性、社会的可持续性。其中,环境和生态的可持续是可持续性的前提和根本。基于这种观点,以环境保护作为目标的"绿色交通"应运而生。

为了解决交通堵塞、交通污染问题,实现城市的可持续发展,建设部等单位于2000年发起了"绿色交通"行动。"绿色交通"行动旨在满足城市区域人们大幅度增长的出行需求的同时,将交通堵塞和空气污染降到最低。

2004年,全国公路勘察设计工作会议指出:"我们一定要汲取过去的经验教训,树立'绿色交通'的理念,通过科技进步和创新,多设计生态路和环保路,减少交通公害,为人民创造秀美清新的生活环境,使更多的人享受现代科技和文明带来的实惠与便利。"

2010年1月,全国交通运输工作会议强调:要围绕建设畅通高效、安全绿色交通运输体系的目标,转变发展方式,深化机制体制改革。2010年5月,交通发展论坛指出:加快推进节能减排,减少温室气体排放,是实现经济方式转变的重要环节。2011年9月,在亚太经济合作组织第七届运输部长级会议上强调:中国在"十二五"期间,将重点健全有利于绿色交通发展的政策法规和标准。

党的十八大明确提出了2020年全面建成小康社会的目标和"五位一体"总体布局,要求把生态文明建设放在突出地位,融入经济建设、政治建设、文化建设、社会建设各方面和全过程,努力建设美丽中国,实现中华民族永续发展。

2012年11月,交通运输部提出:要努力建成安全、高效、畅通、便捷、绿色的现代综合运输体系。2014年,全国交通运输工作会指出:发展绿色交通核心是以资源环境承载力为基础,以节约资源、提高能效、控制排放、保护环境为目标,加快推进绿色循环低碳交通基础设施建设、节能环保运输装备应用、集约高效运输组织体系建设,推动交通运输转入集约内涵式的发展轨道。

2015年3月24日,中央政治局会议审议通过《关于加快推进生态文明建设的意见》,要求"加快推动生产方式绿色化""实现生活方式绿色化"。

2015年10月29日,十八届五中全会明确,把"绿色发展"作为五大发展理念之一。坚持绿色发展是在中国发起一次生态革命,注重解决人与自然的和谐问题。五中全会从促进人与自然和谐共生、加快建设主体功能区、推动低碳循环发展、全面节约和高效利用资源、加大环境治理力度、筑牢生态安全屏障六个方面作出了一系列周密的部署,为绿色发展指明了努力方向。

2016年,全国交通工作会议指出:坚持绿色发展,探索交通运输可持续发展的新模式;要通过技术进步推动绿色发展,推进绿色循环交通基础设施建设;要打造绿色交通,把生态文明建设融入交通运输发展的各方面和全过程,大力推进结构性、技术性和管理性节能减排,加大新技术新能源应用。

2016年7月,交通运输部印发了《关于实施绿色公路建设的指导意见》,明确了绿色公路的发展思路和建设目标,提出了统筹资源利用,实现集约节约;加强生态保护,注重自然和谐;着眼周期成本,强化建养并重等五大任务,决定开展"零弃方、少借方"、改扩建工程绿色升级、绿色服务区建设、拓展公路旅游功能等五个专项行动,推动公路建设发展转型升级。

7.2 绿色公路基本内涵

7.2.1 绿色是什么

绿色为地球所特有。地球是唯一有绿色的星球,其表面被绿色覆盖,具有无限活力、蓬勃朝气。太阳系大家族中,其他八个行星都死气沉沉,不是没有足够的氧气,就是压力太大,水汽很少,生命无法出现。

绿色是生命的起源。绿色来自地球上最早的原始生命,是生命的最初形式。原始生命出现在35亿年前,经过不断演化和发展,绿色植物出现了,CO_2浓度增大后,植物得以良好地生长,逐步形成了蕨类和高大茂密的森林。

绿色是生物圈形成的基础。绿色植物每一片叶子都是一个复杂的工厂,通过光合作用不断地进行生产,即利用太阳光能把从环境中吸收的CO_2、H_2O和多种矿物质加工成有机物质。这些有机物质给动物提供了食物,为整个动物界的发生和发展奠定了雄厚的物质基础,创造了生物圈。地球作为人类的共同家园,绿色是草木茂盛、绿水青山和鸟语花香的集中表现。

20世纪60年代,"绿色运动"在西方兴起和开展,"绿色"思想开始在全世界范围内被人们接受。在我国,"绿色"思想首先在食品行业得到应用。1990年,我国开始认证"绿色食品"。现在,"绿色食品"已为大众所熟悉,"绿色建筑""绿色消费"等正在逐步被大众所接受。

绿色是生命和希望的象征。绿色思想的核心是保护环境,实现可持续发展。"绿色"思想的基本内涵包括"无害、无污染、低资源消耗、可回收利用、可降解处理……"。

7.2.2 绿色公路

关于绿色公路的概念有许多说法和理解。有人认为绿色公路即环保公路,或生态公路;有人认为绿色公路代表公路向节能或节约型发展方向;也有人套用国外城市公路或城际高速公路建设理念,将绿色的林荫大道、包含自行车道的或环保的或资源节约的公路(城市道路)认为是"绿色公路"(李祝龙和王艳华,2013)。

到底什么是绿色公路?作者认为绿色公路的内涵需要从绿色思想的形成进行追溯。

陈济丁在全国公路科技青年论坛论上发表了《试论绿色公路交通》的文章,对绿色公路交通进行探讨,提出绿色公路应具备"便捷安全、资源节约、能源节约、环境友好、舒适美观"的特点(陈济丁,2005)。

作者认为,"绿色公路"与"资源节约型环境友好型公路"基本等同,但是提法更简洁。广义上讲,能源也是资源,环境也包括视觉环境。因此,绿色公路可以用图7-1诠释。

绿色公路可以定义为:以资源环境承载力为基础,以节约能源、节约资源、保护环境、舒适美观为目标,把绿色思维贯穿于公路交通运输发展的全过程、全方位,以低消耗、低排放、低污染、高效能、高效率、高效益为特征的公路交通。

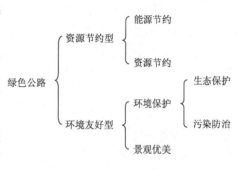

图7-1 绿色公路的内涵

其基本内涵如下:

(1)能源节约,即"低碳",以技术可行、经济合理为前提,将新材料、新设备、新工艺的应用和技术与管理创新涵盖于公路建设与运营的全寿命周期,实现能源消耗和碳排放的显著降低。

(2)资源节约,即"循环",以环境承载能力为前提,综合运用经济、法律、行政、科技和教育等多种手段,实现水、土地、原材料等资源消耗强度的显著降低,提高资源再生利用与循环利用水平。

(3)环境友好,即狭义的"绿色",以尊重自然、保护自然为前提,注重保护生态系统的完整性和敏感目标,注重综合运用各种工程措施、生态恢复措施及管理措施等,避免破坏生态和污染环境,实现最低程度的破坏和最大限度的恢复。

(4)景观优美,即"美观",保护、展现优美景观,避绕、遮蔽不良景观。顺应自然,将公路线形、公路构造物、公路视觉景观与周围环境有机融合,并充分挖掘和利用地域人文资源,使传统公路向旅游公路,甚至公路旅游转变。

7.3 绿色公路实现途径

要建设绿色公路,规划、设计、施工、运营全过程都应贯彻绿色发展理念,任何一个环节出现生态破坏、环境污染或资源能源浪费都不是绿色公路。要建设绿色公路,不仅需要践行绿色发展理念,而且需要技术创新,广泛采用新技术、新材料、新工艺,也需要管理创新,及时出台新政策、新法规、新标准。要建设绿色公路,不仅需要政府引导、政策引领,更需要企业主导、自觉行动,还需要社会参与、共同努力。

为此,需要多管齐下,特别是要做好以下5个方面的工作:

(1)管理创新,政策引领。例如,完善加快绿色公路发展的财税、金融、土地、贸易、保险、投资、价格等激励政策,加强政策引领。又如,创新体制机制,建立以市场配置资源为主的管理体制,充分发挥市场配置资源的作用,鼓励交通运输企业参与自愿减排、自愿循环,减少资源浪费、能源浪费。再如,建立健全绿色公路技术、产品的标准、计量、检测、认证制度,及时发布绿色公路技术、产品目录。研究制定绿色交通发展指标体系、监测统计、考核评价和激励约束制度,加强监督管理力度。研究出台将监督检查、考核评价结果与补助资金、评优评先挂钩的办法。对工作成效突出的地区和单位给予表彰和奖励,对绿色交通工作推进缓慢的地区和单位及时进行督导。建立健全交通运输及施工装备市场准入与退出机制。培育绿色交通的设计、咨询等服务机构,加快培育绿色交通技术服务市场,等等。

(2)统筹规划,合理布局。研究提出绿色交通发展战略,按照绿色发展要求,统筹完善综合交通运输规划,"宜水则水、宜陆则陆、宜空则空",优化交通运输结构,促进公路与铁路、水路、民航和城市交通等不同交通方式之间的高效组织和顺畅衔接,提高现有网络的运输效率,减少土地占用、资源消耗,降低能耗、减少排放。在公路发展规划的编制和决策过程中,全面开展规划环境影响评价,对拟议的规划可能造成的不良环境影响,进行科学的预测、分析与评价,提出对规划布局、规模等的调整建议和环境影响减缓措施,预防因规划实施所造成的不良环境影响。

(3)因地制宜,创作设计。综合考虑地形地貌、地质条件、社会经济、自然环境、地域文化、旅游资源等各种要素,因地制宜、灵活设计,合理运用技术指标,最大限度地发挥公路的综合效益,实现安全高效、节约资源、保护环境、舒适美观等目标,达到公路与自然的和谐统一。

(4)自觉行动,规范管理。在公路工程施工和运营阶段,严格执行环境保护"三同时"、节能减排等法律法规要求,自觉开展"绿色行动",加大"绿色"投入,规范工程施工、养护等行为,实现资源节约环境友好。

(5)科技创新,成果推广。加强交通运输能源节约与新能源利用、资源节约与循环利用、生态环境保护与恢复补偿、交通污染防治、交通景观保护利用等领域的技术创新与产品研发。持续推进交通运输标准化工作,加强节能减排、资源节约、环境保护、循环利用等方面的标准制修订,提高交通运输绿色发展水平。通过绿色公路示范工程、科技示范工程等,加强科研成果推广应用,推动公路行业绿色循环低碳发展。

7.4 绿色公路建设技术

绿色公路涉及节约能源、节约资源、保护环境和美化景观四大领域,其建设技术也可相应地分为四大类。

一是节能减排技术。主要包括:

(1)清新能源应用技术,如利用服务区空地或建筑屋顶进行光伏发电(图7-2)、采用地源热泵制冷采暖、沥青拌和站油改气(图7-3)、风光互补照明,等等。

(2)能源高效利用技术,如智慧供电、LED替代高压钠灯、隧道通风照明智能控制、建筑采用保温结构、采用高能效机械装备,等等。

(3)低碳施工管理技术,如施工便道的合理布局、土石方的合理调运等,能够减少工程运输数量和距离,降低能耗;路线纵坡的降低,可以大大减少车辆爬坡燃油消耗,降低汽车运行能耗。

(4)低碳运行管理技术,如不停车收费系统可使通过收费站前后300m范围内的单车油耗减少50%;又如,采用智能交通管理系统,利用传感器采集车型、车速、轴载、气象等信号,通过信号处理,实时提示经济时速和交通状况,可缓解交通拥堵,提高运行效率,降低车辆能耗,减少碳排放。

图 7-2　新疆沙漠公路服务区光伏发电站
（陈济丁　拍摄）

图 7-3　吉林鹤大高速公路沥青拌和站利用
天然气作燃料（陈济丁　拍摄）

二是资源节约技术。主要包括:

(1)节地技术,如路线顺坡就势尽量降低路基高度(图 7-4)、尽量利用旧路资源、桥隧替代路基,等等。

(2)耐久性桥梁和耐久性路面建设技术,如路面厚度从 18cm 提高到 25cm,公路使用寿命可从 15 年提高到 20 年,减少大中修,避免资源浪费。

(3)材料循环利用与资源再生技术,如废轮胎加工成橡胶粉,添加到沥青混合料中铺设路面,实现废轮胎资源化,既可节约沥青,节约工程成本,还能降低交通噪声;又如,在低等级混凝土中添加粉煤灰,可替代部分水泥,降低水泥用量,降低造价,并增强混凝土强度;再如,沥青路面采用热再生或冷再生技术,可大幅降低路面大中修所需的沥青和砂石用量,避免沥青混凝土的废弃和环境污染。

三是环境保护技术。分为如下两大类:

(1)生态保护技术,即避免公路建设和运营对路域生态环境造成破坏,或对路域生态环境进行修复的技术,包括自然植被保护与恢复技术、野生动物保护技术(如动物通道建设技术)和水土保持技术等。

(2)污染防治技术,即避免公路建设和运营对周边环境造成污染的技术,包括水环境保护技术(如路面径流收集处置技术、危险化学品泄漏应急处置技术)、大气环境保护技术[如粉尘防治技术(图 7-5)、烟气控制技术]、噪声防治技术(如声屏障建造技术)等。

四是景观营造技术。主要包括:

(1)公路景观评价技术,对公路视线范围内的自然、人文景观质量进行评估,以便为公路景观规划设计、保护利用等提供依据。

(2)公路景观规划设计技术,把路内、路外景观作为一个整体进行系统规划设计,以实现从路上看景为主、兼顾从路外看路,以路内景观为主、兼顾路外景观的目标。

(3)公路景观保护技术,如路线避绕、点景树的保护(图 7-6)等。

图 7-4　美国 I-90 号公路路基顺坡就势
（陈济丁　拍摄）

图 7-5　施工工地定期洒水抑制扬尘
（蔡万鹏　拍摄）

图 7-6　南非 4 号公路旁保留的树木成为点景树（陈济丁　拍摄）

7.5　小结

绿色是生命和希望的象征。绿色思想的核心是保护环境，实现可持续发展。绿色公路是以资源环境承载力为基础，以节约能源、节约资源、保护环境、舒适美观为目标，把绿色思维贯穿于公路交通运输发展的全过程、全方位，以低消耗、低排放、低污染、高效能、高效率、高效益为特征的公路交通。建设绿色公路，既要理念创新，也要技术创新，还要管理创新。绿色公路建设技术，包括节能减排、资源节约、环境保护和景观营造四大类。

本章参考文献

[1] The World Bank. Sustainable transport. Priorities for policies reform[M]. Washington D. C,1993.
[2] 陈济丁.公路环境与可持续发展学科的发展现状与趋势[J].交通标准化,2014,42(3):43-47.
[3] 陈济丁.试论绿色公路交通[C]//全国公路科技青年论坛,2005.

[4] 李祝龙,王艳华.绿色公路的建设要点[J].科技创新与应用,2013(36):207-208.
[5] 刘杰,徐洪磊,傅毅明.绿色公路内涵解析与评价指标体系[J].科技成果管理与研究,2013(4).
[6] 马中南,高建刚.绿色公路的研究体系探讨[J].公路交通科技,2006,2006(9):147-150.
[7] 欧阳斌,李忠奎.绿色公路发展的战略思考[J].交通建设与管理,2014(11):128-132.
[8] 秦晓春,沈毅.关于推进公路交通行业生态文明建设的思考[J].交通标准化,2014,42(3):3-6.
[9] 世界环境与发展委员会.我们共同的未来[M].长春:吉林人民出版社,1997.

中篇
技术篇

8 公路建设土地资源保护

公路建设需要占用大量的土地资源,也会影响扰动区土地质量,因此,加强土地资源保护非常重要。公路建设土地资源保护工作主要包括:永久用地的节约集约利用、临时用地的节约集约利用与复垦、扰动区表土资源保护以及水土保持等。

8.1 永久用地节约集约利用

为了保护土地资源,交通运输部门在节约集约用地方面进行积极探索与实践,积累了大量的宝贵经验。这些经验贯穿于立项、设计以及工程实施等各个阶段。

8.1.1 立项阶段

选择合理的建设标准和规模、科学选用技术标准和选择路线走向可以在满足公路功能要求的前提下,减少土地资源占用,实现土地资源高效利用。将土地占用作为路线方案选择的重要指标,尽量减少占用耕地,避让基本农田和经济作物区。

(1)确定建设标准

合理确定项目建设标准是公路节约永久用地最重要和最直接的途径。

例如,湖北省神宜公路项目在立项之初,沿线地方党委、政府多次向中央、湖北省汇报,强烈要求修建高速公路,但这势必会对神农架自然保护区的自然环境造成难以恢复的破坏。公路建设决策者经过充分论证、科学分析,尊重自然、实事求是,最终将原规划的高速公路调整为二级公路。这一科学决策,不仅使工程概算由原来的 20 多亿元减少到 3.84 亿元,符合该区域的发展实际,而且大大节约了土地资源,新征用地从 275.33 hm^2 减少为 41.33 hm^2。人民日报为此专门刊发了《呵护神农架保护区,生态旅游高速公路改为二级公路》的文章。

又如,浙江省龙丽(龙游至丽水段)、丽龙(丽水至龙泉段)高速公路所在的走廊带为浙西南山区河谷地带,山势陡峻,沟谷纵横,建筑空间十分狭小。如先建一级公路,未来要解决快速通行问题,势必需要在这一狭窄空间再建设一条高速公路,那时将没有合适的布线空间,不仅要投入大量的资金,而且只能占用宝贵而有限的土地资源。经过多方论证,交通部门决定将一级公路改为高速公路。该方案与先建一级公路、以后再建高速公路的方案相比,不仅节约土地 0.18 万 hm^2,而且节省了大量投资。

(2)选择公路路线

公路路线走廊带的选择和对耕地资源的合理避绕,是减少占用耕地的重要方法。

例如,浙江省衢州到安徽黄山高速公路开化横枝至安徽桃林段约 40km 长的范围内,选择 3 个方案进行比选论证,最终推荐采用占用土地较少的方案,减少用地 10hm^2。

再如,江西省彭湖高速公路积极推行基于土地资源节约的选线技术,尽量将路线布设在丘陵地带,避免高速公路穿越成片的耕地和基本农田,减少对基本农田的扰动。但由于路线南侧受到桃红岭梅花鹿自然保护区的限制,线路又不能完全进山,只能以尽可能靠近山脚线、贴近桃红岭梅花鹿自然保护区为原则来减少公路建设对基本农田的占用和切割(孙斌,2010),具体见图8-1。

图8-1　彭湖高速公路方案比选,绕避基本农田核心区

8.1.2　设计阶段

推行灵活设计,采用降低路基高度、减小互通规模、以桥隧代替路基或综合利用老路等措施来减少公路永久占地。

(1)合理控制路基高度

为了节约土地资源,河南省于2005年出台地方标准《高速公路设计技术要求》(DB 41/T 419—2005),2014年又将其更新为《高速公路设计指南》(DB 41/T 419—2014),其中规定将土路基平均填土高度控制在2.8m以内作为设计审查的强制性内容。河北省青银高速公路经过三次路基设计变更,将路基填土高度从3.61m降低到2.6m,减少永久占地76.8hm^2,减少取土占地586.8hm^2,总投资降低4.4亿元。

江西省提出了滨湖地区基于土地资源节约的路基高度优化方法。根据滨湖平原微丘区的地理环境条件和社会环境特点,路基高度主要受地表径流洪水位高度、地下水位高度、涵洞通道高程、主线上跨分离立交高度等限制性因素制约。结合以上因素,进行土地资源、工程质量和经济效益三方面综合效益测算,优化后路基高程控制在3~5m。彭湖高速公路通过优化设计,减少公路永久占地约4hm^2,其中水田2.33hm^2、林地1.67hm^2,见图8-2和图8-3(陶双成,2010)。

(2)桥隧代替路基

据统计,2005年和2006年由国家审批的高速公路项目桥隧长度占总路线长度的比例平均达到47%,节约了大量的土地资源,见图8-4。部分省份尝试采用低桥形式跨越耕地,以最大限度地保护耕地。例如,浙江省杭徽高速公路余杭区段沿线均为优良耕地,为保护沿线宝贵的耕地资源,设计者采用在现有省道路基上架设12.5km的高架桥代替新线方案,虽然增加工程投资约1.2亿元,但减少土地占用约100hm^2。

8 公路建设土地资源保护

图 8-2 按洪水位高程控制建设的船山大桥

图 8-3 低路基公路（陶双成 拍摄）

图 8-4 公路以桥代路跨越耕地（陶双成 拍摄）

(3) 合理控制路基宽度

优化改扩建路基宽度。在云南、陕西、福建、山西和河南等省，有很多用 28m 路基布设六车道（简称"四改六"）的改扩建项目成功案例。实施"四改六"后，在不增加占地、每公里造价增加很小的情况下（每公里约增加 40 万元），大幅度提高了公路通行能力。"四改六"相对于正常的六车道路基宽度的 34.5m 变窄了 6.5m，假设路基高 3m，每公里可减少土方 2 万多平方米，占地减少约 10 亩。如果取土坑按深 2m 计算，每公里减少 2 万 m³ 土方还可减少临时占地 1hm²。

缩小路基征地范围。河南省灵活选择公路征地界宽度，将规范中的 2m 调整为 1m，同时减少护坡道宽度，以减少占地。同时，还要求新建高速公路的互通立交区设置必要的机耕通道，使得立交区内的土地仍能作为耕地利用。

利用挡墙收缩边坡，控制公路占地范围，见图 8-5。南京绕城公路扩建工程，为了减少征地和拆迁，房屋密集处以直立式钢筋混凝土挡墙替代边坡。全线共有 5km 路段以挡墙取代了边坡，以边坡 1:1.5 计，采用挡墙方案能少占土地约 4.67hm²，此外还节约取土用地近 0.67hm²（裴文文，2007）。

灵活应用技术标准，合理选择路基宽度。如江西彭湖高速公路，中央分隔带宽度、路缘带宽度均选用《公路工程技术标准》(JTG B01—2014)推荐的最小值，在保证公路通行安全的前提下最大限度地节约公路永久占地数量，每公里减少永久占地 0.15hm^2，全线减少永久占地 7.73hm^2。

图 8-5　利用阶梯式空心砖和挡墙收缩公路边坡（陈学平　拍摄）

(4) 互通立交设计优化

在确保主交通流流向顺捷的前提下，根据场址区的实际情况，将占地多少作为互通立交方案比选的重要指标。根据实地条件，尽量选用占地规模小的互通形式。

例如，彭湖高速公路全线 4 处互通均优化为单喇叭互通立交形式。其中湖口枢纽互通通过比选优化，将子叶形互通改为占地规模更小的单喇叭互通立交形式，优化后放缓边坡至 1:4～1:6，内侧不设波形护栏，设板式轮廓标，优化生态排水沟布设，保障匝道可视范围，在确保匝道交通安全的同时节约用地 12.32hm^2，见图 8-6。

图 8-6　江西湖口枢纽互通立交采用单喇叭形式（陶双成　拍摄）

(5) 充分利用老路资源

公路改扩建工程充分、综合利用老路资源，能有效节约工程占地。湖北省神宜公路为了充分利用老路资源，创造性地采用半路半桥（图 8-7）、悬挑帮衬、桥隧相连等设计手法，共新增 11

座半幅桥、6处悬挑板、20座全幅桥和5座隧道,全线老路利用率达83%。对于不得不废弃的老路,也采取多种方式予以综合利用:①对余宽较多的路段(计5.22km,占35.8%)增设紧急停车带,全线共设置了57处停车带和8处观景台,以满足驾乘人员的停车和赏景需要,见图8-8;②对余宽较小的线外老路,改建为路侧净区和绿化带(计1.32km,占9%);③对于裁弯取直、路线改移的线外老路,部分转为乡镇、厂区、风景区道路(7.37km,占50.5%),部分转为新居民点和公路管理站利用(0.69km,占4.7%)。这些措施的综合运用使神宜路的旧路利用率达到了100%,不仅节约了土地资源,同时也为过往游人提供了方便、安全的赏景场所。

图8-7 神宜旅游公路的半路半桥(陈学平 拍摄)

图8-8 充分利用老路资源,提高公路安全和舒适性(陈学平 拍摄)

(6)减少附属设施占地

合理设置附属设施,管理中心和服务区的布设要经济实用,因地制宜。例如,浙江省的服务区面积一般都在规定的面积之内,并且尽量利用坡地、滩地。收费站采用一站多点式,一站带2~3个点,甚至是4~5个点,点上只设简单的收费设施,而生活设施等集中在站上,1个收费点比收费站可节省0.3hm^{2}以上土地。

江西省统筹区域服务区资源,在保障服务能力的前提下尽量减少路网内服务设施重复设置,合并区域内路网监控和养护中心资源,提出站所一体化建设等新方法,节约附属设施用地。

如彭湖高速统筹石钟山服务区资源,全线只设置1处服务区,减少占用耕地 $4.67hm^2$;将监控中心合并至九江至景德镇高速公路信息中心,养护由九景路养护中心负责,减少占地 $2.67hm^2$。彭泽管理所选择在彭泽收费站附近,在管理所内集中设置收费人员休整区,大大压缩现场收费站建设规模,收费站占地由 $0.33hm^2$ 降低至 $0.13hm^2$,见图8-9。

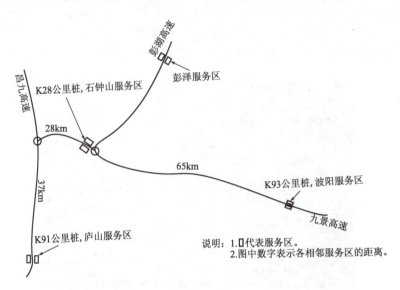

图 8-9　彭湖高速公路及周边路网服务区布设示意(彭湖项目办提供)

江苏、广东等省,通过优化服务区布局,减少土地占用。如,京沪高速公路龙奔服务区,把主楼架设在高速公路上方(图8-10);又如,云梧高速公路葵洞服务区(图8-11),未照搬服务区在公路两侧对称布设的传统做法,而是布设在公路一侧,主楼、加油站等建筑面积减少近一半,既节约了宝贵的土地资源,还解决了节假日潮汐车流引起的一侧停车场闲置、对侧停车场不足的难题。

图 8-10　设在主线上的京沪高速公路龙奔服务区
（陈济丁 拍摄）

图 8-11　单侧布设的云梧高速公路葵洞服务区
（陈济丁 拍摄）

服务设施占地尽量选用山地,坚持少占或不占耕地。如江西省彭湖路管理所和服务区占用的 $8.73hm^2$ 土地全部为荒山地类,避免了对沿线耕地资源的占用,见图8-12和图8-13。

8 公路建设土地资源保护

a)建设前

b)建设后

图 8-12　江西彭湖管理所建设前、后环境对比(陶双成 拍摄)

a)建设前

b)建设后

图 8-13　江西彭泽服务区建设前、后环境对比(陶双成 拍摄)

8.2　临时用地节约集约利用与复垦

以江西彭湖高速公路等建设实践为例,阐述公路临时用地节约集约利用的形式和方法、临时场地复垦与绿化的方式和技术要点。

8.2.1　优化施工便道

(1)以地方道路作为横向施工便道

对现有地方道路进行补修和加强后,使其承担横向施工便道的材料运输功能。如,彭湖高速充分利用基本平行的 S301 线作为主线贯通前主要的材料运输通道,沿线 7 条乡镇连接线公路作为重要的横向施工便道,见图 8-14。这样做需要注意两个问题:一是要对纳入横向施工便道的地方道路进行补偿和桥梁加固;二是施工结束后要对损坏的地方道路进行维修。

(2)用地界内构建纵向临时施工便道

在路基填筑初期,采用路基坡脚外侧至征地红线距离内范围作为临时施工便道(图 8-15)。通过精细化组织管理,上述两项措施共减少施工便道临时用地约 24hm^2。

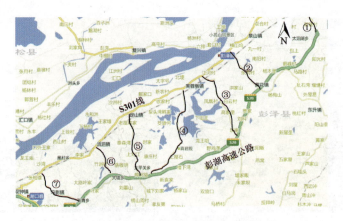

图 8-14　利用既有公路(1 横 7 纵)作为横向施工便道

图 8-15　彭湖高速公路,用地界内构建纵向施工便道(陶双成 拍摄)

8.2.2　利用主线路基

在工程建设中要尽量通过施工组织设计的优化,利用主线路基作为施工临时用地。如:彭湖高速全线梁场、预制场和拌和站临时占地 11.34 hm^2,其中 60% 以上设置在主线路基上,约为 6.81 hm^2,大大减少了对路外生态环境的扰动,见图 8-16 和图 8-17。主要做法如下:

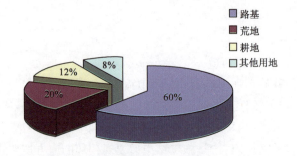

图 8-16　临时用地占地情况占比图

(1)完成桥头路段路基填筑或边坡开挖后,将主线路基硬化并做防排水处理,作为桥梁预制场和梁场。

（2）离桥梁位置较近且施工便道易于到达的路基路段优先施工，待路基工程施工完成后，将其作为储梁场，减少线外梁场占地。

a) 桥梁存放场

b) 桥梁预制场

图 8-17　主线路基用作桥梁预制和存放场（陶双成　拍摄）

8.2.3　租用已有场地

利用公路附近工厂厂区、养殖场、居民用房等，作为施工营地、料场等临时用地，不但可以减少公路临时用地的占用数量，还可以降低临时用地的租用和后期的复垦费用，并能为当地居民提供一定数额的租金收入。经租用、平整、硬化后的场地，还有利于土地的开发利用。原本较差的房屋经过施工单位装修和加固处理，还能改善出租户的居住条件。彭湖高速全线8个施工单位的施工营地全部租用民房，利用宅基地、废料场、养猪场和砖厂等，共计 $0.91hm^2$，见图 8-18。

8.2.4　控制取弃土

（1）综合利用取弃土

结合工程沿线其他项目的建设需要，综合利用取弃土方，可避免设置取弃土场，减少临时占地。例如，江苏徐宿高速公路睢宁段长 58.6km，需土方 500 万 m^3，正常取土约需占用农田 $420hm^2$。徐州市高速公路建设指挥部通过调查，结合睢宁县水利工程规划，在徐洪河与废黄河之间设计了"带状取土，形成河道"的取土方案。既满足了公路建设的土方需求，又形成了一条长 38km、宽 50~75m、平均深 4.5m 的睢北河。公路减少取土场占地 420 多公顷，水利节约挖河经费 1.5 亿元，增加区域可排灌农田 $1.25hm^2$，"一举多得"。

（2）利用废渣、地产材料作为筑路材料

利用工业废料、建筑废渣等填筑路基，可减少取土用地。如京福高速公路徐州东段长 43.5km，50% 以上路段经过矿区，项目建设中用煤矸石 58.1 万 t 筑路，为煤矸石厂增加收入 600 万元，减少占地 $20hm^2$，公路节约取土用地 $51.33hm^2$。

在沙漠地区建设公路，利用风积沙代替公路填土，用水泥稳定风积沙做基层，因地制宜，可以取得明显的效益。例如，河北承德交通局在修建围场至多伦、御道口至克什克腾旗的公路工程时，用风积沙填筑路基 51.6km，用水泥稳定碎石风积沙做基层 53km，两项路基工程填筑利用风积沙 89 万 m^3，节约工程造价 600 万元，大大减少了工程临时占地。

a1)建设前　　　　　　　　　　　　　　　　a2)建设后

a)拌和站临时租用猪场用地施工前、后状况对比图

b1)建设前　　　　　　　　　　　　　　　　b2)建设后

b)拌和站临时租用宅基地施工前、后状况对比图

图 8-18　公路临时用地租用线外用地情况(陶双成 拍摄)

8.2.5　取土(料)场复垦与绿化

取土(料)场的土地复垦方式主要包括农业复垦、渔业复垦、植被恢复等,适用条件及技术要点归纳如下:

(1)农业复垦

对于可恢复为耕地的临时用地,施工后期应进行农业复垦,参见图 8-19。

拟进行复耕利用的取土(料)场,需先进行场地平整。有一定坡度的取土、采料迹地,可按梯田方式分块处理。场地整平后,利用预先剥离的表土对整个场地进行覆土,覆土厚度以 50~60cm 为宜。对于养分流失比较严重的表土,可以施用农家肥或化肥等对土壤进行改良。

(2)渔业复垦

渔业复垦是平原区取土坑常用的一种复垦方式。对于面积较大的取土坑,后期拟进行渔业复垦时,应采用分块取土,避免整体连片取土,以利于后期复垦。每个取土坑分块大小以 0.3~0.7hm^2 为宜,相邻两个块之间保留宽度不小于 5m 的土墙。取土深度 2.5~3m 为宜,最大不超过 4m。分别进行底部渣土清理整平,修整坡面,边坡以 1∶1.5 为宜,一侧边坡坡率取 1∶2,以利于养殖维护,见图 8-20、图 8-21。

图 8-19　广梧高速公路取土场平整后复耕效果良好（陶双成　拍摄）

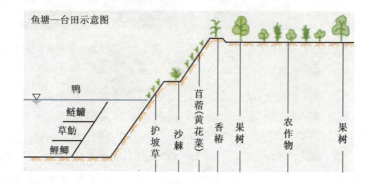

图 8-20　取土场还塘复垦示意

（3）植被恢复

植被恢复是常用的一种土地复垦方式，通常分为坡面恢复和坑底恢复两部分。坡面植被恢复参见植被恢复相关章节。坑底恢复要根据取土、采料迹地地形情况分块进行整平，分块间有落差或坡度的，在上方区块边缘设置挡土坎（高度不小于10cm），以便于覆土。整地后，对整个场地分块进行全面覆土，覆土厚度以30～40cm为宜，取土迹地地表为土质时可取下限，为石质时取上限。宜采用乔、灌、草结合的方式进行绿化，乔灌木采用穴植，草种可撒播或喷播。植物种的选择应遵循以下原则：对土质要求不高，对气候适应性强，耐瘠薄，生存能力强；具有发达的根系，固土效果好，生长快，落叶期短，对地表的覆盖能力强；价格低，当地较常见，无须养护或便于养护；草种宜选用豆科植物，以改良土壤。取土（料）场植被恢复效果良好，见图 8-22。

图 8-21　溧广高速公路取土场还塘复垦
效果良好（陶双成　拍摄）

8.2.6 弃土(渣)场复垦与绿化

弃土(渣)场的土地复垦方式包括农业复垦、植被恢复等,适用条件及技术要点归纳如下:

(1) 农业复垦

弃土一般选择沟道、凹地进行永久处置,有条件的地方,施工后期应进行农业复垦,见图8-23。

图8-22　彭湖高速公路取料场植被恢复效果良好(陶双成　拍摄)

图8-23　弃土场农业复垦效果良好(陶双成　拍摄)

在对渣体和墙体稳定性分析的基础上,设计合理的挡土墙或拦渣坝,并严格按照设计施工。弃土(渣)场压实度应达到75%以上,满足复耕利用的压实要求。对于粒径分异较大的弃渣,在弃方过程中可采用分层压实的方式进行施工,压实度宜控制在80%以上。堆渣边坡高度小于10m的,可不进行分级,高度大于10m的,每8m设边坡平台,边坡平台高度2~4m。

进行场地整平,清除凸出的高台,填补低洼部分,使场地地表平坦,并向上游方向设置1%~2%的倒坡。在顶面或大平台表面铺10cm的黏土层并压实,然后回覆40~60cm的有肥力表土。平台前缘设置挡水埂,高20cm,顶宽30cm。顶面及大平台复耕利用,边坡及边坡平台进行植被恢复。

(2) 植被恢复

植被恢复是公路弃土(渣)场常用的一种土地复垦方式。拦挡及排水、堆渣要求、整地等内容,与农业复垦相关要求一致,植物种植及养护技术要点与取土(料)场类似,见图8-24。

图8-24　弃土场植被恢复效果良好(陶双成　拍摄)

8.2.7 其他临时用地恢复

其他临时用地如施工便道、施工驻地、预制厂和拌和站等场地的恢复,也是土地资源保护的重要内容。

施工便道的利用或恢复方式主要有以下三种,见图8-25。

(1) 原有道路,施工结束后经过整修,移交地方继续使用。

(2) 新建的硬化施工便道,施工结束后根据沿线居民需求,移交居民使用或者破除硬化层后恢复绿化。

a) 便道移交当地居民使用

b) 便道硬化后留做当地居民使用

c) 便道铺设碎石后利用

d) 便道绿化恢复

图 8-25　广梧高速公路施工便道恢复和利用效果良好（陶双成　拍摄）

（3）未硬化的施工便道，施工结束后根据沿线居民需求，碎石硬化后移交居民使用或者将压实的土壤层进行翻松处理后恢复绿化。

工程结束后对施工驻地的构筑物进行拆除、清理、场地绿化和恢复，参见图 8-26。

a) 施工驻地改建为隧道配电房

b) 施工驻地拆除后移交当地

图 8-26　广梧高速公路施工驻地恢复和利用情况（陶双成　拍摄）

参照弃土场恢复要求进行生态恢复;对于硬化很好的拌和站,移交给地方居民加以利用,但对于占用耕地、林地等土地的,应恢复至扰动前的土地利用状况,参见图8-27。

图8-27　广梧高速公路拌和站场地恢复绿化效果良好(陶双成　拍摄)

8.3　表土资源保护

表土是土地资源肥力的核心部分,对于公路生态恢复是很好的"环保良药",因此表土资源的筛查、收集、存放和综合利用是公路土地资源保护的重要内容。

8.3.1　清表厚度确定

8.3.1.1　确定方法

公路建设项目不同路段的清表厚度,最好在路基施工人员和机械设备进场前确定。可以通过项目沿线地区的卫星图片解译分析,并结合现场核查的方法加以确定。

(1)路线卫星图遥感解译

获取公路路线范围的卫遥感影像(含波段0.76～0.90 μm和近红外反射区波谱),使用遥感解译软件进行解译,识别出公路路线经过区域的林地、草地、水田、旱田、建设用地等土地利用类型,见图8-28。

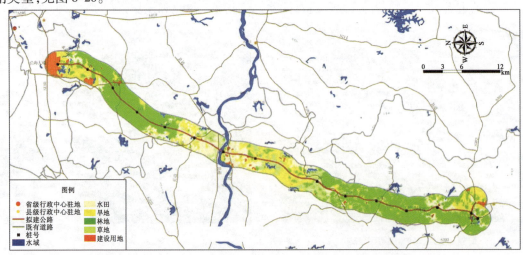

图8-28　海南中线高速沿线土地利用类型遥感解译图(关磊　提供)

(2)现场调查

对遥感解译图上公路沿线土地利用类型和数量进行统计和分析,并在不同土地利用类型斑块的图上布设多个采样点,确保每种土地利用类型至少5个采样点。按照图上采样点的位置,每个点进行表土厚度的现场调查。现场挖掘土壤剖面测量表土大致厚度,分析表土的质量,包括腐殖质含量、杂质含量等情况,并采集0~10cm、10~20cm、20~30cm厚度的土壤样品进行实验室土壤养分分析。

(3)清表厚度设计及施工

根据所采集的不同厚度下表土的常规养分分析结果,并综合考虑现场测量的表土层厚度、表土质量等情况,提出公路不同土地利用类型施工清表的最佳厚度。对工程清表量、表土利用量进行专门设计,以规范文件形式下发,要求施工单位进场后按规范要求实施。

8.3.1.2 案例

以彭湖高速公路为例,通过遥感图解译,首先识别出公路沿线穿越的主要土地利用类型。根据解译结果,选择公路两侧棉田、稻田、荒地等用地类型的代表型样地,采用S形布点,设置剖面采样点。采用管形手动土壤采样器进行现场取样,取土深度分别为2cm、10cm、20cm和30cm,并调查碎石等杂质情况,见图8-29。每个深度取土样1kg装袋,采样完成后将钻眼填平。取样点分布情况见表8-1。

图8-29 彭湖高速公路沿线土壤样品采集(陶双成 拍摄)

取样点分布情况表 表8-1

序号	土地类型	公路桩号	采样点(个)	样地情况
1	稻田	K12+850	5	已收割、有水
2	荒地	K24+100	5	荒草地、未扰动
3	棉田	K36+850	5	已收割、未平整

(1)养分测定

土壤养分测定项目包括全氮(%)、全磷(%)、全钾(%)、有机质(%)、碱解氮(mg/kg)、速效钾(mg/kg)、速效磷(mg/kg)和pH值等。

(2)结果分析

图8-30是公路沿线典型荒地表层(≤30cm)土壤养分纵向分布情况。从图中可以看出,荒地土样养分存在明显的纵向分布规律,有效钾含量213.41~251.63mg/kg,随取土深度增加有减小的趋势,深度大于20cm以后减小趋势放缓;碱解氮和有效磷含量分别为108.3~167.43mg/kg和35.0~108.7mg/kg,随着取土深度的增加而增加,但在地表20cm范围内总体变化不大;全氮含量0.04%~0.19%,在地表20cm范围内呈先减后增,深度大于20cm以后,全氮含量迅速下降;全磷和全钾的含量随取土深度变化不太明显。

图8-31是公路沿线典型棉地表层(≤30cm)土壤养分纵向分布情况。由图可以看出,棉

地土样养分存在一定的纵向分布规律,有效钾含量 193.23～217.01mg/kg,随取土深度增加含量变化较小;碱解氮含量 88.6～147.7mg/kg,随取土深度的增加先减后增,拐点为 20cm 左右;全氮含量 0.05%～0.18%,随深度增加而增加。

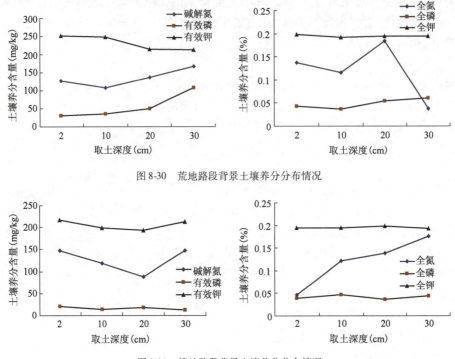

图 8-30　荒地路段背景土壤养分分布情况

图 8-31　棉地路段背景土壤养分分布情况

图 8-32 是公路沿线典型稻田表层(≤30cm)土壤养分纵向分布情况。由图可以看出,稻田土样养分也存在明显的纵向分布,有效钾含量 188.06～202.78mg/kg,随取土深度增加而逐渐降低;碱解氮含量 59.1～128.0mg/kg,随取土深度增加先增后减,拐点在 20cm 左右;全氮含量 0.0771%～0.1991%,随深度增加而降低;全磷和全钾的含量随取土深度变化不明显。

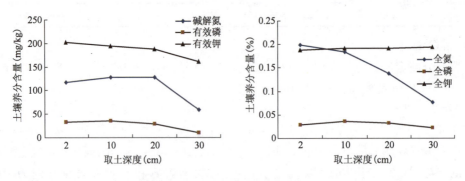

图 8-32　稻田路段背景土壤养分分布情况

图 8-33 是公路沿线稻田、棉地和荒地有机质随取土深度变化的关系图。由图可以看出,棉地土壤有机质随着取土深度的增加先减后增,拐点在 20cm 左右,这与棉花主根发达、根系较深有关;稻田中土壤有机质随着取土深度的增加先增后减,拐点在 20cm 左右;荒地土壤中

有机质随着取土深度的增加先减后增,拐点在10cm左右,这可能与荒地植被少、根系深有关。

(3)清表厚度确定

通过对沿线荒地、棉地和稻田表层土壤营养成分纵向分布情况分析,结合《公路路基施工技术规范》(JTG F10—2006)路基工程施工清表的基本要求,在满足工程填筑要求的前提下,兼顾施工机械操作的便利,确定荒地路段、棉地路段和稻田路段土壤清表厚度分别为20cm、30cm和30cm。

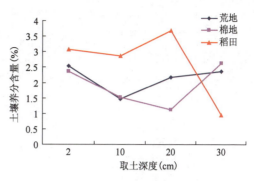

图8-33 不同土地类型土壤有机质含量随取土深度变化情况

8.3.2 表土收集

表土资源收集的范围为公路填挖方的边界,即填方坡脚或挖方坡顶范围以内。按照前期调查分析确定的公路清表厚度,对不同土地类型的表土进行收集。表土收集要重点关注高质量的农田耕作土和林下腐殖土。有的土地类型如荒漠,表土质量过于贫瘠可不进行表土收集。

对于旱田、水田、经济作物地等农业用地,可按设计厚度采用机械剥离的方法收集表土。对于自然林地、人工林等,在伐除清表范围内所有林木后,采用机械铲除的方法收集表土,重点收集林下的腐殖土和枯枝落叶层,见图8-34。

a)林地路段

b)耕地路段

图8-34 耕地段和林地段的表土收集(陶双成 拍摄)

8.3.3 表土存放

工程施工过程中,要设置集中堆放场,以收集表土资源集中堆放(图8-35)。表土存放要点如下:

(1)做好施工组织设计,尽量缩短表土在堆放场的存放时间,使其能够尽早用于土地复垦和(或)生态恢复。

(2)堆放场作为临时用地,不能占用耕地资源,特别是基本农田。

(3)堆放场距离公路主线不宜太远,应便于装卸和运输。

(4)堆放场地应安全可靠,不会遭受洪水等自然灾害影响。

(5)堆放场的设置形式可根据地形、环境条件因地制宜,但必须做好水土流失防治工作。一般可按四边形设置,表土按上窄下宽的形式拍实堆放,周围布置编织土袋作围堰,围堰预留出入口,宽为3.5~4m,方便车辆进入;做好临时截水、排水,防止径流冲刷。

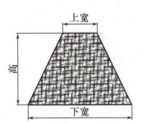
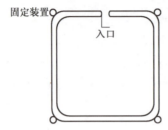
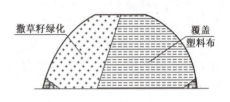

图 8-35 表土堆放场示意图

图 8-36 表土收集后集中存放(陶双成 拍摄)

(6)对表土堆放场修出"馒头"形土包,并对表层进行拍实处理,防止雨水渗流对内部土壤养分造成淋溶、损失。可撒播草籽,并覆盖无纺布进行临时生态恢复。长期堆放的表土应种植一些绿肥植物,以提高表土中的营养成分和促进土壤团粒结构的形式,见图8-36。

8.3.4 表土利用

复垦用的表土应进行预处理。将表土中未腐烂的、较大的、影响施工的树枝、树干进行去除,对含水率较高的表土中结块的部分需进行碾压破碎,防止结块土壤直接装运。

收集的表土资源,可用于取土场、弃土场等临时用地的复垦(陶双成,2015),也可用于公路绿化(王侗,2012),见图 8-37。

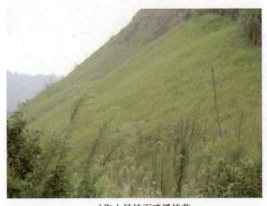

a)取土场坡面喷播植草

b)取土场平地植树

图 8-37

c)弃土场坡面绿化　　　　　　　　　　　d)弃土场平地复垦

图 8-37　表土用于取弃土场植被恢复(陶双成 拍摄)

8.4　公路水土保持

为减少因公路工程施工引起的水土流失,应综合考虑主体工程中兼有水土保持功能的工程措施、植物措施与新增水土保持措施的互补关系,建立结构合理、功能齐全、效果显著的水土保持措施体系(陈宗伟,2006)。按照《开发建设项目水土保持技术规范》(GB 50433—2008),生产建设项目水土保持措施包括拦渣工程、斜坡防护工程、土地整治工程、土地整治工程、防洪排导工程、降水蓄渗工程、临时防护工程、植被建设工程、防风固沙工程八大类。根据公路水土保持的特点,将公路水土保持措施分为工程措施、植物措施和临时措施三大类。

8.4.1　工程措施

公路水土保持的工程措施是指为保持水土,合理利用路域水土资源,防治水土流失危害而修筑的各种建筑物(江玉林等,2008)。工程措施是应用最为广泛的水土保持措施,也是部分植物措施和临时措施应用的基础。公路水土保持工程措施,需综合当地的气候环境、工程地质和材料等因素,因地制宜,在保障公路稳定安全的前提下,以最小的投入,达到最佳的效果。

基于功能,可将公路水土保持工程措施分为截排水措施和坡面防护措施两类。常见的截排水措施有截水沟、边沟、排水沟、急流槽、拦水带、导流坝等,常见的坡面防护措施有拱形骨架、方格网、框格锚杆、六棱砖防护、人字形骨架、砾石覆盖、草方格固沙等,以控制、减少侵蚀,确保路基和坡面稳定,参见图 8-38～图 8-49。

8.4.2　植物措施

公路水土保持植物措施是指利用植物进行公路土壤侵蚀控制的途径与手段(江玉林等,2008)。植物主要通过拦截雨滴、调节土壤性状、根系固土和降低风速、防止风害等起到水土保持的作用,具有经济实用、后期效果显著、生态效益明显等特点。常见的公路水土保持植物措施有:撒播草籽、栽植乔灌木、客土喷播、草皮铺植、园林式绿化等,见图 8-50～图 8-55。

图 8-38　路基排水沟（刘涛　拍摄）

图 8-39　路堑截水沟（刘涛　拍摄）

图 8-40　盖板排水边沟（易泽　拍摄）

图 8-41　路基边坡急流槽（刘涛　拍摄）

图 8-42　路面拦水带（刘涛　拍摄）

图 8-43　路侧人字形导流坝（蔡万鹏　拍摄）

8 公路建设土地资源保护

图 8-44　拱形骨架护坡(李伟 拍摄)

图 8-45　方格网护坡(邬春龙 拍摄)

图 8-46　框格锚杆护坡(易泽 拍摄)

图 8-47　人字形骨架护坡(易泽 拍摄)

图 8-48　路基砾石压盖护坡(刘涛 拍摄)

图 8-49　沙区路侧草方格固沙(刘涛 拍摄)

图8-50 撒播草籽护坡(李伟 拍摄)

图8-51 移栽灌木护坡(李伟 拍摄)

图8-52 栽植乔灌木绿化(易泽 拍摄)

图8-53 园林式绿化(易泽 拍摄)

图8-54 草皮铺植护坡(胡林 拍摄)

图8-55 客土喷播植草护坡(李伟 拍摄)

8.4.3 临时措施

公路水土保持临时措施是在施工过程中,在公路边坡、临时堆料(土、石、渣)场地及表土堆放场等地,为防止边坡、松散堆积体等发生水土流失危害而布设的临时拦挡措施,应在施工完毕后拆除。临时措施需结合实际情况,就地取材,遵循经济合理、施工便捷、实用有效的原则,因地制宜,确定合适的防护形式。常见的公路水土保持临时措施有:临时排水沟、临时截水沟、临时沉砂池、装土编织袋拦挡、防尘网苫盖、限行环保桩、彩钢板拦挡等,见图8-56～图8-61。

图8-56 临时沉砂池(易泽 拍摄)

图8-57 表土临时防护(易泽 拍摄)

图8-58 防尘网苫盖(李伟 拍摄)

图8-59 取土场临时排水沟(刘涛 拍摄)

图8-60 便道限行环保桩(蔡万鹏 拍摄)

图8-61 施工场地临时拦挡(刘涛 拍摄)

本章参考文献

[1] 中华人民共和国地方标准.DB 41/T 419—2014 高速公路设计指南[S].郑州,2005.
[2] 崔纲,刘涛.新疆高速公路建设项目水土保持措施研究[J].交通运输研究,2016,2(2):34-38.
[3] 果子沟高寒复杂地质区域高速公路建设成套技术[M].北京:人民交通出版社股份有限公司,2016.
[4] 江玉林,张洪江.公路水土保持[M].北京:科学出版社,2008.
[5] 交通部科学研究院.公路建设节约集约用地的经验、问题与对策[R].北京:交通部科学研究院,2008.
[6] 交通运输部综合规划司.公路建设用地若干关键问题研究[R].北京:交通运输部综合规划司,2007.
[7] 刘涛,李劲松,霍长顺,等.鹤大高速公路水土保持措施研究[J].北京水务,2016,(4):59-62.
[8] 裴文文,崔慧珊.公路建设节约用地方法初探[J].交通标准化,2007,(4):46-48.
[9] 孙斌,陶双成.彭湖高速的土地节约实践[J].交通建设与管理,2009,(9):64-65.
[10] 孙斌,陶双成.彭湖高速公路土地资源节约与保护对策研究[J].交通建设与管理,2010,(10):135-137.
[11] 陶双成,孔亚平,王倜.利用表土进行堆形地貌营造的临时用地恢复方法研究[J].公路,2015,(12):246-249.
[12] 陶双成,孙斌,刘勇,等.滨湖平微区高速公路建设土地资源节约对策分析[J].中外公路,2010,30(3):347-349.
[13] 王倜,陶双成,孔亚平.表土在彭湖高速公路低缓边坡生态恢复中的应用[J].生态学杂志,2012,31(1):172-179.
[14] 中国水土保持学会水土保持规划设计专业委员会.生产建设项目水土保持设计指南[M].北京:中国水利水电出版社,2011.

9 公路路域植被保护与恢复

植物是陆地生态系统的主体,对维护区域生态系统稳定具有决定性作用。公路建设不可避免会对路域自然植被造成一定的破坏,使扰动区域留下裸露地表。因此,路域植被保护与恢复是公路生态环境保护的重要任务。一方面,在公路建设过程中要加强植被保护,最大限度地保护植物资源;另一方面,还要最大限度地恢复受扰动区域的植被。

9.1 路域植被保护

9.1.1 我国重点保护的野生植物

1987年,国家环境保护局和中国科学院植物研究所编著《中国珍稀濒危保护植物名录》(第一册),引入IUCN红色名录中濒危、稀有和渐危三个等级概念对388种植物进行评估,作为《中国植物红皮书》的基础名录。

1999年,国务院批准《国家重点保护野生植物名录(第一批)》(简称《名录》),保护等级分为一级和二级两种。共列保护植物13类(指种以上分类等级)419种,其中一级保护的4类67种,二级保护的9类352种。包含蓝藻1种,真菌3种,蕨类植物14种,裸子植物40种,被子植物361种。此外,桫椤科、蚌壳蕨科、水韭属、水蕨属、苏铁属、黄杉属、红豆杉属、榧属、隐棒花属、兰科、黄连属、牡丹组等12类的所有种(约1 300余种)全部列入《名录》。据此,受国家重点保护的野生植物一共有1 700余种。

《名录》选列物种有四条标准:一是数量极少、分布范围极窄的濒危种;二是具有重要经济、科研、文化价值的濒危种和稀有种;三是重要作物的野生种群和有遗传价值的近缘种;四是有重要经经济价值,因过度开发利用,资源急剧减少的种。

2013年,为贯彻落实国务院批准发布的《中国生物多样性保护战略与行动计划(2011—2030年)》,加强生物多样性保护,环境保护部和中国科学院联合编制了《中国生物多样性红色名录—高等植物卷》并发布实施。名录对苔藓、蕨类、裸子和被子植物四大类,合计34 450种植物进行了评估,基本涵盖了中国本土所有的野生高等植物,评估等级分为更加详细的9个等级。

9.1.2 植被保护优先顺序及关键部位

公路施工对自然植被的影响具有破坏面积大、影响范围广、持续时间长等特点,开展植被保护非常必要。

9.1.2.1 植被保护优先顺序

不同植被类型在生态系统中的功能和作用是不一样的,由于公路工程施工的需要,保护全部原有植被是不现实的,因为公路工程必须占用土地,将一定区域的土地转变为建设用地,势必要清理植被,而且施工作业也必须有一定的工作面。因此,合理划分公路红线范围内不同植被资源保护的优先顺序,明确哪些是要尽力保护下来的,哪些是施工可以清理的,具有十分重要的意义。

根据生态价值及景观价值的高低,可以把公路施工范围内的植物资源分为五级:

Ⅰ级:古树名木,上述名录内的保护植物。

Ⅱ级:树体高大、冠形优美的点景树、孤植树以及林相优美的乔木林。

Ⅲ级:茂密的乔灌木林。

Ⅳ级:稀疏杂木林。

Ⅴ级:一般草地、荒草地。

优先保护顺序由高到低,Ⅰ～Ⅲ级植物资源对于植被生态效益的发挥,以及公路景观效果的展现等方面都具有重要作用,在施工过程中要重点加以保护。在进场之初就要对本标段的这些植物资源进行全面调查,制订保护计划。Ⅳ级、Ⅴ级植物生态价值及景观价值相对较低,施工中作业时可以占用。

古树是指树龄超过100年的树木。名木是指具有历史意义、文化科学意义或其他社会影响而闻名的树木,名木不受年龄限制。古树名木作为一种特殊的植物资源,是经过长期严酷磨练、生存竞争而保存下来的"老寿星",是先辈们留给我们的宝贵财富,是大地自然历史中的活文物,是历史悠久、人文荟萃的象征,堪称"绿色古董"。

在路线勘察设计过程中,要对沿线是否分布有古树名木进行调查,发现有古树名木要考虑调整线路进行绕避,最好能通过线路优化,既把古树名木纳入公路视线范围,又不对古树名木的正常生长造成影响。施工过程中要避免对古树名木造成破坏。如云南思小高速公路通过线路微调保留古树,使之成为很好的公路景观(图9-1)。

图9-1　思小高速公路路线微调保护古树

珍稀濒危植物,指在经济、科研、文化和教育等方面具有特殊重要价值,而其分布有一定局限性,种群数量又很少的植物。公路勘察设计过程中,要根据我国发布的国家重点保护植物名录,对沿线植物资源状况进行调查,如果有珍稀濒危植物集中分布,要在线路设计中进行绕避,防止对珍稀濒危植物及其生存环境造成扰动和破坏。公路清表前,应对清表区域内的植物资源进行调查和统计,发现珍稀濒危植物要进行标记并予以保护,不能就地保护的珍稀濒危植物要制定移栽规划,把需要保护的珍稀濒危植物移植到相应区域,并做好养护管理,确保成活。

9.1.2.2 植被保护关键部位

由于行车过程中驾乘人员对不同区域景观关注程度不同,从公路景观效果来看,不同位置的植物其景观价值是不一样的。某些区域的原生植被对于提升公路整体景观形象、实现公路与自然环境的融合具有至关重要的作用。这些区域包括:

(1)隧道口附近位置

隧道口周围的景观是否与周围自然环境相和谐,在一定程度上反映了公路建设的水平,若能保留隧道口附近(包括洞口上部、双洞隧道中间分隔带以及洞口两侧)的原生植被,将使隧道工程很好地融入周围自然环境。我国隧道建设中已有许多很好的保护洞口周围自然植被的例子,如零开挖进洞、自然进洞等,其景观效果远胜于人工绿化效果(图9-2)。

图9-2 思小高速公路隧道口原生植被保护良好

(2)桥头位置

桥头位置是行车关注的焦点,保护好桥头原生植被,特别是高大树木、茂密竹丛等,一方面很容易形成视觉亮点,另一方面也能对桥梁起到衬托作用,使桥梁工程融入周围自然环境,同时还具有记忆和指示功能,给行车者留下深刻印象(图9-3)。

图9-3 桥头位置保留原有树木,景观效果突出(美国)

(3) 弯道外侧

行驶过程中,驾乘人员往往会留意弯道外侧的景色,保护弯道外侧的自然植被既有良好的景观效果,又能对公路线形起到指示作用(图9-4、图9-5)。

图9-4　弯道外侧的树木,既有景观效果又有指示作用
(环长白山旅游路)

图9-5　思小高速公路,弯道外侧原有植被得到保护

(4) 路堑边坡坡顶位置

路堑边坡坡顶位置也是行车的视线焦点,最大限度地保护原生植被不仅有利于提高公路景观效果,同时能够淡化公路主体工程与自然环境的明显界线,淡化人工痕迹,实现公路工程与自然环境的和谐(图9-6)。

图9-6　坡顶位置植物资源保护效果(云南思小路)

(5) 立交区、服务区及停车区

立交区是高速公路的重要节点,行车速度较低,服务区和停车区是驾乘人员停留、休憩的地方。在这些区域保护原生植被,尤其是保留大树、茂密林木及竹丛等,很容易形成具有浓郁地域特色的景观亮点,"画龙点睛",起到标志和指示作用,给公路使用者留下难以磨灭的印象(图9-7、图9-8)。

因此,对上述部位在施工过程中一定要特别细心,千方百计保护好这些区域的植物资源,千万不可因图一时之便随意砍伐而留下难以弥补的损失。

9 公路路域植被保护与恢复

图9-7 立交区保留的树木效果(加拿大)

图9-8 立交区榕树的保全(广东渝湛高速)

9.1.3 不同施工阶段的植被保护措施

9.1.3.1 勘察设计阶段

公路勘察设计阶段，可通过对公路路线走向、路基横纵断面、临时占地选址等进行优化调整，从而达到占地类型的优选和占地面积的节约，从大尺度上对公路沿线的植物资源进行总体保护，大面积减少对植物的破坏。例如在环长白山旅游公路设计过程中，对公路廊道进行了选线优化，避绕了重要的自然保护区和风景名胜区，避免占用大面积原始森林；同时对路线的线形和走势进行了优化设计，随山就势，低填浅挖，减少了山体开挖和路基填筑破坏，减少了对周围森林的破坏面积；进行旧路利用，路线充分利用了原有林道，减少了占地面积；临时占地优化选址，施工营地、拌和站、料场等优先考虑占用低价值的土地类型和废弃居民点，减少了林地的占用。上述措施保护了长白山区大片的森林。

9.1.3.2 施工阶段

路基清表是公路工程施工的第一道工序，主要包括砍伐乔灌木、挖树根和清表土等内容。传统的路基清表，施工单位进场后一次性全部清除征地范围内的植被和表土。这种方式清表范围远大于路基施工需要占用的范围，使植被和表土被过多地破坏。例如：清表范围包括路侧护坡道、隔离栅等区域，而这些区域在公路施工中可能不需要清除植被；又如，清表范围包括路侧截水沟、排水沟区域，而有些地方截水沟和排水沟可能无须设置。因此，这种清表方式对沿线生态环境特别是乔灌木造成了不必要的破坏。

为了最大限度地保护生态环境，研究提出了"环保绿线"的概念和二次清表施工技术。

(1) "环保绿线"

在公路施工过程中开展植被保护，面临的首要问题是哪些区域该保护，该怎样保护。为此，提出"环保绿线"的概念，划定公路施工需要保护植被的区域，使得保护对象更加明确，保护策略更有针对性。所谓环保绿线(图9-9)，指路基边界，即挖方的坡顶或填方的坡脚。环保绿线到公路征地界范围内的区域，是植物资源保护的重点区域。

为了让所有施工人员都熟悉环保绿线，可以采取打桩拉线等方式设置警示标志，在不影响施工操作的前提下尽量避免扰动环保绿线以外的区域，禁止土石方和施工材料在植被重点保护区域内堆放和填埋。环保绿线附近的植被,尤其是高大树木,应采取物理防护方法对树木进行保护,包括围栏防护、挡土墙防护、树干遮挡、树干支撑、排水灌溉等措施,防止人为和机械损伤(图9-10)。

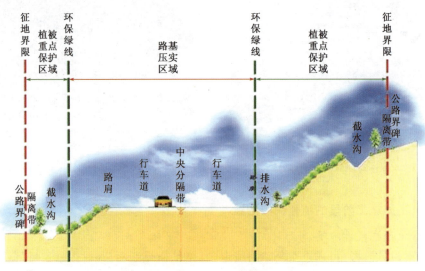

图9-9　环保绿线示意图

图9-10　环长白山旅游公路,树木物理防护措施

(2)二次清表施工技术

路基清表工作分两次进行,可以最大限度地保护路域植被资源。

①第一次清表。

第一次清表,范围是左右两条环保绿线范围以内的区域,目的是保证施工车辆、机械和人员能够进入。对环保绿线以外的所有原生植被,包括乔木、灌木、草本植物以及林业部门采伐树木后留下的树桩,实行强制性保护,不得随意破坏这一区域内的一草一木。

②第二次清表。

第二次清表,指环保绿线至征地界线之间范围内的清表,应以最大限度地保护植被和不影响施工操作为原则,选择性地进行清表。第二次清表时,根据开挖后地质情况、地形特点、周边环境等确定分台高度、边坡坡率、排水形式,然后再根据施工需要确定清表范围和具体办法。第二次清表在保证路基稳定和不影响施工操作的前提下,对环保绿线以外的原生植被尽可能予以保留,清理这一区域的植被应得到建设单位、监理单位等的许可。

图 9-11～图 9-13 分别为填方路基、挖方路基和半填半挖路基的二次清表示意图。

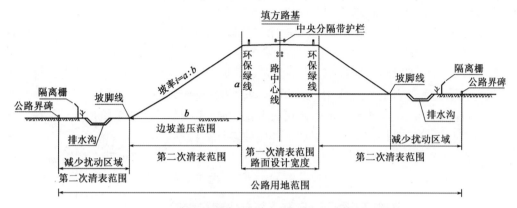

图 9-11 填方路基二次清表示意图

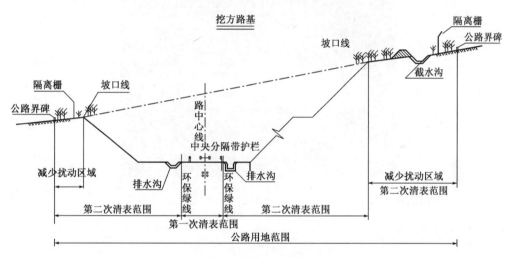

图 9-12 挖方路基二次清表示意图

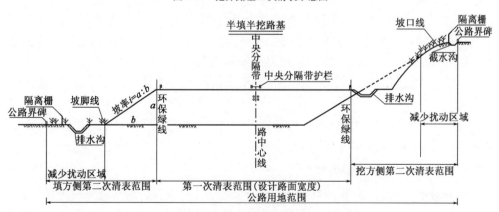

图 9-13 半填半挖方路基二次清表示意图

二次清表施工能够克服传统的一次清表法的缺陷,最大限度地减少清表对植被和表土资源的破坏,带来良好的环境效益。二次清表过程中需要把握以下要点:

①挖方路段,尽量保留原始坡面形式,灵活施工,不追求整齐划一,不轻易对边坡进行扰动,可根据实地情况会同设计单位予以调整和灵活掌握;排水尽量采用自然散排方式;尽量把排水沟、截水沟隐蔽在原生植被之中。

②填方路段,环保绿线(即坡脚)以外的原生植被(包括树桩)一律予以保留。路基填筑过程中,对压埋较深(30cm 以上)的灌丛、草皮,要先挖出就地移栽到新完成的填方坡面,以加速坡面的植被恢复;压埋较浅(30cm 以下)的灌丛,可不予移栽,靠其自身恢复生长。对于大乔木,若压埋较深(30cm 以上),应采用砖、石砌筑树池等措施予以保护。

③软基路段,严格按需要换填的范围进行开挖,换填范围以外的原生植被予以保留。开挖后换填要及时,换填后尽快维护和恢复坡脚外侧被破坏的植被。

④对保留下来的原生植被要加强保护,如挂牌警示(图 9-14),避免其在后续施工中遭到破坏。压埋的灌丛、草本以及伐根要抓紧清除废弃物,促进其萌发和生长。

图 9-14 环长白山旅游公路,树木挂牌保护

9.2 公路路域植被恢复

公路路域植被恢复的核心是因地制宜、适地适树(草)。因地制宜,从大尺度上说,应根据当地自然环境、气候特征进行植被恢复规划设计;从小尺度上说,要根据公路路域不同位置,如上下边坡、取弃土场、中央分隔带等部位的土壤环境特征、养护管理条件等,进行植被恢复工程及植被群落的详细设计。适地适树(草)也是因地制宜的一种表现形式,植物选择应考虑待恢复场地的立地条件,包括地形、坡度、土壤土质、水分条件及周围群落植被类型等,进行植物的选择与搭配。

结合典型工程案例,对我国路域植被恢复区划、植物种类选择与搭配、自然恢复技术以及植被种植技术等进行阐述。

9.2.1 公路路域植被恢复区划

主要以行政区为单元,采用 ISOTATA 模糊聚类分析法,进行公路路域植被恢复分区。

首先根据区划目的,参考《全国生态环境建设规划》《全国生态环境建设规划林业专题》

《全国水土保持生态环境建设规划》《全国生态环境建设规划农业专题》《中国林业区划》《中国森林立地分类》和《中国森林立地类型》，以及有关生态区划、自然区划等方面的相关成果，确定区划体系、区划原则、区划依据。然后用1/450万的全国行政图作底图，在全国范围内进行公路路域植被恢复分区，区域界原则上与行政区界相重合，基本上与其行政区界保持一致，但个别区域的边界以分水岭等自然区界为界。最后通过聚类分析把所获得的样本数据分成若干个类别，使得其类别内部样本的差异尽可能的小，类别间样本的差异尽量的大。聚类分析的基本思想是在样本之间定义距离，在变量之间定义相似系数，距离或相似系数代表样本或变量之间的相似程度。按相似程度的大小，将样本（或变量）逐一归类，关系密切的样本聚集到一个小的分类单位，然后逐步扩大，使得关系疏远的聚合到一个大的分类单位，直到所有的样本（或）变量都聚集完毕，形成一个表示亲疏关系的谱系图，依次按照某些要求对样本（或变量）进行分类。

本区划按地理位置把我国公路路域植被恢复区域划分为：西北风沙地区、东北地区、青藏高原地区、黄土高原地区、华北地区、西南地区、华中地区、华东地区及华南地区9大区域，见表9-1。

全国路域植被恢复区划　　　　　　　　　　　　　表9-1

区域名称	范围
黄土高原地区	太行山以西、日月山～贺兰山以东、秦岭以北、阴山以南的广大地区。地理位置介于东经102°16′34″～114°5′19″，北纬34°6′34″～41°18′35″
西北风沙地区	西起阿拉山口，东至东北西部，南到昆仑山脚下，北与蒙古国接壤，横跨我国西北、华北北部和东北西部的广大地区。地理位置介于东经73°31′1″～123°30′56″，北纬35°19′2″～50°52′53″
东北地区	东至朝鲜国界和兴凯湖，西至额尔古纳河，南抵辽东湾，北至黑龙江干流。地理位置介于东经118°25′7″～135°31′25″，北纬38°58′47″～53°20′16″
华北地区	西起太行山与黄土高原的连接处，东到渤海与黄海之滨，南起淮河，北至内蒙古高原的南部边界。地理位置介于东经109°51′39″～122°28′13″，北纬32°25′13″～43°23′28″
华中地区	北起苏北灌溉总渠，南至宁波市，东濒东海，西至江汉平原的枝江市，是沿长江中下游河道分布的一个狭长地带。地理位置介于东经110°57′17″～121°46′12″，北纬27°31′12″～34°29′55″
华东地区	浙江省舟山群岛以南到广西壮族自治区北仑河口的沿海地区和领海范围内的陆地、岛屿。地理位置介于东经98°26′23″～122°12′2″，北纬18°8′15″～30°30′53″
华南地区	东起广东省的红海湾，西止北仑河，北倚南岭山地。地理位置介于东经108°6′35″～115°13′16″，北纬20°14′30″～23°55′40″
青藏高原地区	东起横断山脉及川西高山峡谷，西抵克什米尔国界，南以喜马拉雅山与印度、不丹、锡金、尼泊尔为界，北以昆仑山及祁连山北麓与新疆维吾尔自治区、甘肃省接壤。地理位置介于东经78°49′55″～99°4′3″，北纬26°46′51″～35°17′35″
西南地区	西至中缅边界，东达贵州省雷公山，北至四川省秦岭，南抵云南省南盘江及贵州省南界，包括青藏高原东南部、四川盆地、秦巴山地及云贵高原大部。地理位置介于东经98°36′6″～109°34′44″，北纬23°55′41″～29°45′39″

9.2.2 植物种类选择与配置

我国地域广阔,生态环境条件差异很大,自然植被呈现明显的地带性分布,公路路域的植被恢复必须选择适宜当地自然环境的植物种类。同时,公路施工扰动后形成的裸露区域立地条件较差,植物生长难度大,路域植被恢复中对植物种类的选择与配置要求较高。因此,公路路域的植被恢复,首先要选择适合于当地生长的植物种类;其次,要确定植被恢复的目标群落,按照目标群落做好多种植物的配置,并在目标群落设计时注意植物种间竞争的关系;同时,还要兼顾绿化植物对汽车尾气的吸收作用,以缓解公路运输对大气的污染影响。

9.2.2.1 公路绿化的适生植物选择

公路施工过程中,需要尽快恢复植被,以防止土壤侵蚀。草本植物出苗早、生长速度快,能够快速实现裸露区域的植被覆盖。因此,公路绿化实践中往往要播种一些草本植物。但由于草本植物生命周期短,恢复的植被退化速度也快。为了避免"一年绿、二年黄、三年死光光"现象的发生,科学合理地选择公路绿化的适生植物至关重要。

公路绿化植物选择,应在充分调查当地植物种类、性状、种源丰富度等基础上,优先选择抗性强、根系发达、防护性能好的种类。所选择的植物可以是当地野生植物种类,亦可以是当地的培育品种。在确保引种安全与成功的前提下,还可引进外地植物试种。

基于在全国公路边坡植被恢复工程的研究和实践,表9-2列出了各区域已经成功应用的一些代表性的护坡植物种类。当然,我国自然植物资源非常丰富,可供选择的植物种类还有很多,不同区域及路域不同部位,环境条件因地而异,植物选择时一定要具体情况具体分析。

中国各地区已成功应用的护坡绿化植物种类 表9-2

区域	建群种	伴生种	先锋种	备注
黄土高原地区	木本:柠条、柽柳、唐古特白刺、紫穗槐、沙棘、枸杞、刺槐、胡枝子。草本:赖草、冰草、骆驼蓬、沙打旺、芨芨草、碱茅	榆树、苦豆子、黄芪、沙地柏、紫花苜蓿、扁穗冰草、红豆草、无芒雀麦	多年生黑麦草、高羊茅、草木樨、燕麦	典型案例:青海马平高速、平西高速、西湟路、陕西铜黄高速等。沙棘、枸杞、榆树、沙地柏需育苗移植;赖草采取根茎繁殖;其他灌木种子及小冠花种子需温水浸种;建植时可采用木本建群种、木本伴生种、草本伴生种以及草本先锋种相结合。原则上不以单一草本植物建群
西北风沙干旱区	木本:沙冬青、柠条、毛条、柽柳、唐古特白刺、紫穗槐、火炬树。草本:赖草、骆驼蓬、沙打旺、芨芨草、碱茅	苦豆子、梭梭、牛心朴子、沙蒿、沙米、沙拐枣、细枝岩黄耆、沙生冰草	无芒雀麦、白茎盐生草	典型案例:宁夏银武高速、石中高速等。灌木种子温水浸种,灌草结合方式建群
东北地区	木本:紫穗槐、蒙古栎、胡枝子、杠柳。草本:高羊茅、紫羊茅	长白落叶松、兴安落叶松、沙棘、羊草	多年生黑麦草	典型案例:吉林鹤大高速、松原高速等。灌木种子温水浸种;乔木栽植或坡地直接播种

续上表

区域	建 群 种	伴生种	先锋种	备 注
华北地区	木本:紫穗槐、柠条、胡枝子、荆条、刺槐、火炬树、盐肤木、沙地柏。 草本:野牛草、高羊茅、麦冬	华山松、栓皮栎、杜梨、元宝枫、杞柳、紫花苜蓿、红豆草、无芒雀麦、小冠花	多年生黑麦草	典型案例:北京京石高速、京承高速。 灌木种子温水浸种;火炬树、沙地柏栽植;野牛草匍匐茎繁殖;麦冬分株繁殖;乔木栽植
华中地区	木本:马棘、紫穗槐、刺槐、胡枝子、马尾松。 草本:狗牙根、弯叶画眉草、麦冬、沟叶结缕草	小叶女贞、枫香、华山松、盐肤木、乌桕、黄连木、漆树	多年生黑麦草、鸡眼草、高羊茅、百脉根	典型案例:湖北沪蓉西高速、神宜路、襄十高速。 灌木种子温水浸种;乔木栽植或播种;沟叶结缕草草皮铺植
华东地区	木本:紫穗槐、柠条、胡枝子、刺槐。 草本:野牛草、紫花苜蓿	荆条、盐肤木、沙地柏	白三叶、多年生黑麦草	典型案例:江苏宁杭高速。 灌木种子温水浸种;野牛草采用草皮扩繁或播种
华南地区	木本:桤木、山毛豆、猪屎豆、新银合欢、台湾相思、大叶相思、马占相思、木豆、马棘、刺槐、盐肤木、乌桕、黄连木、马尾松。 草本:狗牙根、弯叶画眉草、百喜草、芒、芭茅、大翼豆	马鹿花、虾子花、凤凰木、铁刀木、围涎刺、火棘、金合欢、刺桐、百脉根	白三叶、多年生黑麦草、高羊茅	典型案例:广东渝湛高速、广梧高速、湖南邵怀高速、江西泰赣高速。 灌木种子温水浸种,草种一般播种,芭茅采用移植方式
青藏高原地区	草本:中华羊茅、垂穗披碱草、芨芨草、老芒麦	冷地早熟禾、垂穗鹅观草、洽草、梭罗草	—	典型案例:青藏公路、青海共玉高速。 直接播种或移植草皮
西南地区	木本:桤木、马桑、新银合欢、台湾相思、木豆、马棘、刺槐、盐肤木、波叶山蚂蟥、苦刺花、坡柳、栎树、乌桕、黄连木、漆树、马尾松、云南松。 草本:云南狼尾草、非洲狗尾草、戟叶酸模、弯叶画眉草、狗牙根、云南知风草、白三叶、东非狼尾草、大翼豆、棕叶芦	决明、冬樱花、金丝桃、围涎刺、栓皮栎、火棘、刺桐、五色梅、西南桦、冻绿、臭椿、枫杨、黑荆树、苦楝、柘树、高羊茅、百脉根、紫羊茅、红三叶、波斯菊	山毛豆、猪屎豆、多年生黑麦草、鸡眼草、鸭茅、毛苕子	典型案例:云南安楚、楚大、大保、元磨等高速公路。 灌木种子温水浸种,乔木播种或栽植

9.2.2.2 目标群落确定及植物配置
(1)目标群落确定原则

公路绿化确定目标群落,应遵从以下原则:

适地适树(草)、宜树则树、宜草则草。目标植被群落类型应与当地的自然植被类型相一致,植物的生态习性应与种植地区的生态条件相适应,不宜强行种植不适应当地环境气候条件的植被类型。如在青藏高原高寒草原区,只能进行草本群落的构建,而在南方则可以建立灌木乃至乔木群落,宜以灌木为主体,将低矮乔木、灌木、竹类、花草相搭配。同时,植被群落构建还应与公路不同部位环境特点相适应,如中分带往往土层较薄,受汽车尾气污染影响大,在路面吸热作用下夏天地表温度较高,应选用抗尾气污染、耐高温的灌木种类;公路边坡坡面往往坡度大,以生土为主,甚至以石质为主,则要求植物抗逆性强、根系发达。

绿化植物群落满足建植区域的功能要求。公路坡面植物应根系发达、固土能力强;作为生物围栏的植物应分枝多、带枝刺,空间阻隔能力强;作为行道树,应树形高大饱满、抗病虫、少维护,观赏效果佳;立交区植物应景观表现力强;中央隔离带植物宜以常绿灌木为主,耐修剪,以满足防眩的功能需要,等等。

绿化的生态功能最大化。在不影响公路行车安全的前提下,要求路域恢复的植被群落具有覆盖度高、整体长势好、固碳作用强、水源涵养及水土保持功能强、物种组成丰富、与周围环境自然群落差异小,使植被群落的生态功能实现最大化。

选用植物不污染环境,并不会对当地的农业、林业、畜牧业生产造成损害。所选植物应当避免成为当地园林、农业植物病虫的中间寄主,不会危害当地生态环境及生物多样性,等等。

(2) 绿化植物配置要点

在植物配置上,要兼顾乔、灌、草、花,实现先锋种与建群种的有机结合,草本植物组合实现豆科与禾本科相结合,从而实现群落整体性能最优,达到近期效果与长远效果的统一。就边坡而言,通过适宜的植物组合设计,促进目标植物群落(尤其是目标灌木)的建成,是护坡植被建植的基本要求。

下面,以公路坡面植被配置为例阐述植物配置要点。

①建群种与伴生种合理配置

植物种类不同,其生长习性也不同,导致在不同植物组合中的竞争优势不同。当两种植物竞争优势差距过大时,就会导致一种植物被另外一种植物排挤掉,而从混播群落中消亡。配置两种以上的建群种,需注意使种类之间竞争优势达到一种平衡,从而使建群种与伴生种共同存活,逐步生长成为群落中的主要物种。

了解不同植物种类的生长习性是进行植被群落结构设计的基础。在工程实践中,针对性地开展一些引种、品种比较试验是一种行之有效的方法。在湖北沪蓉西高速公路开展了数十种绿化植物的单播试验,从初期竞争力、抗逆性、生长势等方面评价了植物的初期生长习性(陈学平,2006)。其中:初期竞争力评价采用建植初期(当年春季)盖度、地上生物量、地下生物量、高度、主根长 5 个指标;抗逆性评价采用逆境下地上生物量增长率、地下生物量的增长率、夏季与冬季植株高度的增长率、植株越夏保存率、越冬保存率 6 个指标;生长势评价采用分时期的种群盖度、高度、种群密度、冠幅 4 个指标。将分目标评价结果汇总,进行总评价,所得评价结果见表9-3。

沪蓉西高速公路绿化植物适宜性评价 表9-3

植　　物	竞争能力	适应能力	生　长　势	总　评　分	排　　序	等　　级
马棘	6.5	8.3	10.0	8.3	1	优
木豆	10.0	6.9	4.3	7.1	2	优
苦刺	1.1	10.0	10.0	7.0	3	良
波叶山蚂蟥	3.0	6.2	9.4	6.2	4	良
狗牙根	5.4	6.8	5.9	6.0	5	良

续上表

植物	竞争能力	适应能力	生长势	总评分	排序	等级
苦楝	4.9	6.5	6.6	6.0	6	良
刺槐	2.7	5.4	9.7	5.9	7	良
截叶胡枝子	1.6	7.8	8.1	5.8	8	良
荆条	2.9	6.7	7.3	5.6	9	良
百喜草	4.8	5.3	6.4	5.5	10	良
猪屎豆	6.0	5.8	4.3	5.4	11	良
高羊茅	5.1	4.7	5.7	5.2	12	中
弯叶画眉草	7.1	4.5	3.3	5.0	13	中
柘树	1.8	9.3	3.6	4.9	14	中
盐肤木	1.7	5.8	6.4	4.7	15	中
坡柳	3.1	5.7	4.8	4.6	16	中
决明	2.0	7.9	3.5	4.5	17	中
山毛豆	6.1	3.3	3.5	4.3	18	中
冻绿	0.6	7.3	4.5	4.1	19	中
臭椿	2.4	4.5	4.5	3.8	20	中
百脉根	4.2	4.0	2.7	3.6	21	较差
枫杨	1.5	4.8	3.7	3.3	22	较差
鸡眼草	4.2	2.5	2.4	3.0	23	较差
乌桕	0.4	4.4	3.2	2.7	24	较差
假俭草	0.5	3.3	4.1	2.6	25	较差
白三叶	4.0	2.9	0.1	2.3	26	较差
马尾松	1.0	0.9	0.0	0.6	27	差

绿化植物群落设计中,选择生长习性差异小的种类搭配,易于形成比较均衡发展的混播群落。以沪蓉西高速公路为例,选择荆条、苦刺和波叶山蚂蟥三个等级为"良"的种类进行混播建群,辅助添加一些草本植物,并观测其建植后三年间的群落表现。在第三年,苦刺和荆条分别占比为53%与39%,其余8%为波叶山蚂蟥。波叶山蚂蟥冬季地上部分枯死,次年春季萌发,但大多成活于群落的边缘。总体上看,苦刺+荆条群落是建群种与伴生种均衡发展的植被组合模式,在所有草灌群落中生物量积累最大,达到5 681g/m²,优于其他混播模式。

类似的组合,还有苦刺与截叶胡枝子混播组合,二者竞争较稳定。建植后第二年,以截叶胡枝子略占优势。到第三年,苦刺逐渐成为群落中的优势种,与截叶胡枝子的分盖度分别为67.4%与35.9%。

可见,利用生长习性相类似的植物种类进行混播,植物种间协调性好,更利于建立种群较为稳定、植物多样性较为丰富的植物群落。

②合理设计先锋种与建群种的比例关系

在公路路域植被恢复实践中,既要早期迅速建成植被,达到覆盖裸露地表、防止水土流失的目的,又要远期建成灌木群落,实现植被长期稳定的目标。为此,在草灌群落设计中,常常需要引入一些速生而短命的植物种类,与目标草灌群落共同组合建群,利用这些速生种类充当先锋植物,实现快速建成植被,并为目标植物的建成创造有利的环境条件,起到保护建群种的作用。

利用先锋植物保护建群种与两者之间相互竞争其实是一对矛盾,植被建植时应严格控制草本植物的种子数量,合理的草灌种子比例对于灌木植被的建成至关重要。不同施工工艺、不同施工季节、不同种子类型,种子用量不一。但草本植物种子量控制在 5 000 粒/m^2 以下,才有可能建成灌木植被。当草本植物播种量较低时,植被建植前期边坡易造成冲刷,甚至导致植被建植失败,故需加强覆盖保护,稻草、秸秆等均是理想的覆盖材料。

在日本,公路边坡植被的目标植物以长期性的灌木为主,采用客土喷播工艺施工时草本设计量非常低。根据山寺喜成教授的建议,灌草设计比达到 5∶1,对于灌木建成比较理想(山寺喜成,1986)。

根据以往的工程实践,灌木与草本的比例在 1∶9(即灌草比为 0.11)以下时,由于强烈的草灌竞争作用,灌木极难建植成功。当灌草比例增大时,灌木竞争力逐渐提高,但当灌草比为 5 时,由于草本植物出苗极稀疏,植被前期表现非常不理想,难以满足快速绿化的需要。

在云南安楚高速公路开展了灌草比试验,具体设计如表 9-4 所示。在灌草比 0.11~5 之间,共设计了 6 种灌草比梯度,梯度设计方法为以灌草比为 0.11 和 5 的反正切函数值(角度)为基准的插值。

云南省安楚高速公路绿化灌草比设计 表 9-4

灌草比	灌木(粒)	理论设计密度(粒/m^2)			
		2 000	4 000	6 000	8 000
0.11	100	200	400	600	800
0.38	275	551	1 102	1 652	2 203
0.71	414	829	1 657	2 486	3 315
1.18	542	1 083	2 166	3 249	4 332
2.07	674	1 349	2 697	4 046	5 395
5.00	833	1 667	3 333	5 000	6 667

以边坡快速灌木化为目标,对不同灌草比群落质量进行综合评价,以灌木盖度、灌草比、灌木密度、灌木高度(cm)等相对优势度的灌木化指标,计算不同小区的植被综合质量,植被建成 2 年后的表现见表 9-5。

不同灌草比对灌木化的影响 表 9-5

群落指标	灌草播种比例					
	0.11	0.38	0.71	1.18	2.07	5
总盖度	100	100	100	100	100	100
灌木株数(株/120m^2)	203	270	227	105	515	792

续上表

群落指标		灌草播种比例					
		0.11	0.38	0.71	1.18	2.07	5
灌木高度(cm)		110.6	104.2	95.2	116.7	125.1	104.4
灌木分盖度(%)	胡枝子	—	—	—	0.6	0.5	—
	苦刺	0.7	3.2	—	—	0.7	6.5
	马棘	13.1	24.0	14.5	12.1	12.0	22.6
	山蚂蟥	0.0	9.0	6.3	—	—	—
	坡柳	5.4	16.7	21.7	4.5	12.0	49.3
灌木盖度(%)		26.0	35.7	26.1	17.1	25.2	54.2
灌木相对优势度(%)		59.1	64.4	56.7	55.1	67.7	79.7

由表中可见,当灌草比达到5时,灌木在两年内就可占据优势,而灌草比在0.11~2.07时,两年内灌木分盖度为17.1%~35.7%。进一步分析灌草比、狗牙根设计密度、灌木设计密度、灌木保存密度、灌木盖度与植被群落总体优势度之间的关系,作者发现,植被质量(边坡植被的灌木化)与灌草比呈正相关,但相关程度较低,相关系数为0.25,而群落中主要草本植物狗牙根的设计密度与灌木相对优势度间存在着较大的负相关(-0.66)。因此,在保证前期效果的前提下,应最大限度地降低草本的播量,以削弱其对灌木的竞争。通过试验,可以看出在岩质边坡客土喷播中采用狗牙根时,密度达到400粒/m^2即可,最多不超过700粒/m^2,灌草比达到0.8即可保证群落中灌木的竞争力。可见,草本植物的添加量与灌草比在不同程度上影响边坡灌木化结果,应作为调控边坡灌木群落建成的主要手段(陈学平,2006)。

湖北省神宜公路的植被建植试验同样说明了合理利用先锋种的重要作用。其中两个组合,即高羊茅+紫羊茅+木豆+刺槐组合以及高羊茅+紫羊茅+山毛豆+美丽胡枝子+苦刺组合,分别利用南亚热带地区的木豆、山毛豆作为先锋灌木,利用高羊茅与紫羊茅等冷季型草坪草作为先锋草种,以适应当地生长环境的刺槐、苦刺作为群落建群种,取得了良好成效(陈学平,2009)。喜温灌木木豆、山毛豆在夏季生长迅速,可快速完成地面覆盖,但在冬季时这些植物受寒而冻死。目标植物刺槐与苦刺在前期速生草本与灌木的保护下,第二年逐渐成为群落优势物种,3年后对组合中群落整体覆盖度与生物量的贡献在90%以上,最终成为稳定的建群种。

在广东省渝湛高速公路,利用木豆、山毛豆、猪屎豆等作为先锋种,设计了木豆+山毛豆+坡柳+狗牙根+多花木兰、猪屎豆+山毛豆+多花木兰+柱花草等草灌结合植物组合,两种配比在生长初期效果都很好,2~4个月达到最大覆盖度。但由于木豆、山毛豆及猪屎豆强烈的生长竞争,抑制了目标灌木的建成,而由于这些先锋种的持续效果较差,导致植被覆盖度降低,坡面出现秃斑。由此可见,先锋种的添加量若不加以严格控制,有可能会对目标灌木群落的建成产生不良影响。

9.2.2.3 目标群落的种间竞争调控

各地的研究与工程实践表明,公路边坡植被重建过程中由于种间初期竞争激烈,植物混播后极易发展为较为单一的种群类型。下面结合在各地开展的一些边坡植被恢复工程实践,分析总结目标群落设计的种间(草灌)竞争调控技术。

(1)斑块化种植

空间分隔技术是利用坡面空间间隔使木本植物之间、草本植物之间以及木本植物与草本植物之间间隔种植,相互避开生态位竞争从而实现边坡灌木化的建植方式(陈学平,2007)。适用于具有不同生长习性的木本植物种类,能够为不同生长速度的植物种类提供侵入群落的机会。在云南楚大高速公路,1998年采用单一物种斑块化种植方法,分别开展了黑荆树黄槐决明、波叶山蚂蟥、马棘组合、苦刺等种植试验,成功建成了黑荆树、黄槐决明、波叶山蚂蟥、苦刺等群落,且整体群落结构稳定自然,苦刺群落在建植8年后稳定维持在覆盖率100%,植被建植效果见图9-15、图9-16。

图9-15 云南省楚大高速公路,边坡建植的坡柳与云南狼尾草群落(陈学平 拍摄)

图9-16 云南省楚大高速公路,边坡建植的苦刺群落(陈学平 拍摄)

在湖北省沪蓉西高速公路,在坡面采用斑块化种植方法,成功建植了直接采用普通喷播无法建成的盐肤木、构树等群落,效果见图9-17、图9-18。

图9-17 湖北省沪蓉西高速边坡建成的盐肤木群落(陈学平 拍摄)

图9-18 湖北省沪蓉西高速边坡建成的构树群落(陈学平 拍摄)

从实践情况看,乔木种植种群间隔不宜过大,以免造成植物种的相互渗透与融合困难,从而对群落整体景观造成影响。具体间距可结合设计行车速度,以车辆正常行驶时各斑块间没有明显的空间分隔感为宜。各种种群的建立以人工播种或栽植方式为佳,可以结合坡面地形,分级建立与公路景观美学相适应的种群,如靠近路基的下部边坡采用低矮灌木,而在上部边坡采用更加高大的乔灌木,在同一级边坡上,可竖向布置各种植物斑块。

(2)错时建植

时间分隔技术是将木本植物与草本植物在不同时间种植,从而避免种间竞争以保证木本植物成功建植的方法,主要有先木本后草本或先草本后木本两种形式,适用于中慢生灌木以及各种乡土木本植物的乔灌木目标群落。如在湖北省沪蓉西高速公路,利用先锋灌木死亡后播种了适生型的荆条群落,实现了灌木植被群落的建成;而在云南省元磨高速公路,采用在坡面上先点播木本植物思茅松,后期再喷播草本的方式成功建立了目标群落,效果见图9-19。再如在青海省平西高速公路,通过先在坡面上条播柠条种子,再在全坡面喷播草籽,成功建成了覆盖度较高的柠条群落,效果见图9-20。

图9-19 云南省元磨高速,错时种植建成的思茅松群落
（陈学平 拍摄）

图9-20 青海省平西高速建成的柠条群落（陈学平 拍摄）

(3)管养调控

在植被建植过程中,也可采取刈割等方式控制草本植物的生长,促进灌木群落的建成。在湖北省沪蓉西高速公路,针对砾岩边坡客土喷播后大量生长的一年生杂草灰灰菜,采取刈割方式控制杂草,最终实现了边坡从草本植被向灌木植被的过渡,成功建植了马棘、刺槐等灌木群落,效果见图9-21。

肥水控制也是调控植物组合中不同植物竞争优势的重要手段。速生草种或灌木多喜水肥充足的条件,在植被建植前期,适当控制水肥供应,可以有效避免速生草种的竞争,有利于一些持久性能优良的建群种形成。例如在南方多个地方尝试过点播、普通喷播或客土喷播等方式建立马尾松群落,在水肥条件充足的客土边坡,或水分条件较好的路堤边坡,往往难以建成;而在边坡立地条件较差、缺乏肥沃土壤、水分条件也较恶劣地段却能取得成功。图9-22为江西泰(和)—井(冈山)高速公路建立的马尾松群落。

图9-21 沪蓉西高速建成的刺槐与马棘群落
（陈学平 拍摄）

图9-22 江西省泰井高速边坡建成的马尾松群落
（陈学平 拍摄）

9.2.3 公路边坡植被恢复

公路互通立交区、服务区等地植被恢复，与园林绿化相似，在此不再赘述。而边坡立地条件差，是公路植被恢复最难的区域。

一条公路长数十公里，甚至几百公里，沿线环境千差万别。例如云南省楚大高速公路全长179km，沿线海拔1400~2400m，有的地方属中亚热带、北亚热带气候，有的则属于南温带或中温带气候。公路沿线区域有的为农田、山地，有的则是森林或草地。因此在植被恢复时要考虑地域特点，植物选择必须因地制宜，使之适应当地气候、土壤条件，并与周围环境协调一致。

边坡立地条件对植被恢复的成败及效果具有决定性作用，公路边坡一般是刚刚开挖或填筑的新的人工坡面，往往是未风化贫瘠的生土，甚至是坚硬的岩石，植物生长条件差。要使公路边坡自然恢复植被，需要经过长时间的风化成土及植被演替过程，不利于公路边坡的稳定和快速防护。因此，必须采取一定的辅助措施，为植物提供生长所需要的边坡立地条件，才能在短期内实现边坡绿化，发挥植被防护功能，有效防止坡面水土流失，保障边坡的稳定与安全。

9.2.3.1 公路边坡分类

影响边坡植被恢复的立地条件主要包括坡面性质（土质、石质）、坡度、坡向、坡长等，不同的边坡类型需采取不一样的恢复方式。如对于较缓的土质边坡采取直接播种、栽植等措施就可实现坡面恢复；而对于石质边坡来说，由于缺乏植物生长的土壤条件，要实现恢复首先必须进行客土，特别对于高陡边坡除了客土，还必须采取其他辅助措施，使客土附着于坡面，植物才能生长。因此，有必要对边坡进行分类，以便针对不同边坡类型选择科学的植被恢复技术（陈济丁，2000）。

1）按位置分

按照边坡所处位置，可以分为路堑边坡、路堤边坡。

(1)路堑边坡，即挖方边坡。由于公路边坡刚刚开挖出来，未经过"成土"过程，质地致密，几乎不含有机质，肥力极差；土质复杂，变化大；坡度因地而异，一般为1:1或1:1.5，也有部分边坡陡于1:0.75或缓于1:2，水分往往难以保持。因此，路堑边坡是公路植被建植的难点所在，而路堑景观的好坏对驾乘人员的影响又大，与公路运营环境关系密切，因此它也是公路路域植被种植的重点部位。

(2)路堤边坡,即填方边坡。相对而言,土壤一般较为松散,土或土夹石为主,坡度一般为1:1.5或1:1.75,较为平缓。但边坡表面往往存在施工废渣,如沥青、水泥等。除城镇附近外,一般对景观要求较低。

2)按坡向(方位)分

坡向与光照、水分等密切相关,从而影响植物的生长。按坡向将边坡分为阳坡和阴坡。

(1)阳坡。坡向朝南或西,经常处于阳光的照射之下,存在昼夜温差大、蒸发量大等不利因素。一般适合喜光、耐旱植物生长。

(2)阴坡。坡向朝北或东,适合耐荫植物生长。

以云南省昆曲高速公路为例,公路为东西走向,边坡以朝南坡(阳坡)和朝北坡(阴坡)为主。

3)按土质分

山区公路深挖高填多,土质变化大。有的以土为主,有的完全是岩石,还有的则土石相间;有的很坚硬,有的较松散。

(1)土质边坡。指以土为主,石质含量低,一般不需特殊处理即可种植植物。

但也有土壤理化性质较为特殊,需经过特殊处理植物才能正常生长,如硬实土、膨胀土、强酸性土和强碱性土等。对于硬实土壤,由于过于致密,缺乏孔隙,影响植物根系的生长和发育;对于膨胀土、强酸性土和强碱性土等,则由于其特殊化学性质或元素的作用,不利于植物的生长、发育。

(2)土夹石边坡。土壤中含有大量石块,土石相间,即所谓多砾质土壤。

(3)石质边坡。基本以岩石为主。根据岩石的性质、风化程度和破碎情况等,又可为坚硬岩石、风化岩等。

对于岩石坚硬、完整也难以风化的边坡,本身非常稳定,可以不必绿化,裸露岩石有时还能成为一景。若要绿化,则需采取喷播客土或钻孔填充客土等方式,方能满足植物生长的需要。

对于风化砂岩、风化泥岩等边坡,风化后易形成细小的土壤颗粒,有生长植物的可能性,可以采取工程防护与植被防护相结合的措施,既保证边坡的稳定,又实现植被恢复。

9.2.3.2 边坡植被恢复技术分类

因为公路边坡类型多样、千差万别,而供植物繁殖生长的立地条件又较为恶劣,因此全国各地研究开发的边坡植被恢复技术种类非常多。分类方法也很多,下面做一简要介绍。

1)按使用机械与否划分

可分为人工种植(包括人工播种、苗木栽植与枝条扦插等)与机械播种(包括普通喷播、客土喷播等)两大类。

2)按植物繁殖方式划分

可分为种子繁殖(又叫有性繁殖,即播种)与营养繁殖(又叫无性繁殖,即利用植物营养器官的再生能力来繁殖新个体)两大类。营养繁殖方法包括扦插繁殖(利用植物营养器官的一部分,如根、茎、叶等进行繁殖)、苗木栽植(整株苗木的移栽)、草皮扩繁(草皮铺设或分栽)等。

3)按有无载体划分

可分为种子直播绿化和有载体绿化两大类。根据载体的不同,有载体绿化可分为三维网固土绿化、植生带绿化、生态袋绿化、植物纤维毯绿化、土工格室固土绿化、罩面网藤本攀缘绿化等。

4）按有无工程辅助措施划分

可分为植被防护绿化和综合防护绿化两大类。综合防护绿化是工程与植被相结合的绿化方式，是在工程防护的基础上进行绿化，如框架梁骨架绿化、空心砖护坡绿化、阶梯式护面墙绿化等。

5）按有无客土划分

可分为客土喷播（全面客土，包括客土泥浆湿喷、厚层基材喷播）、普通喷播（无客土）和局部客土绿化（如钻孔客土绿化技术）等。

表9-6列出了常见的边坡植被恢复技术及其适用范围。

公路边坡常用的植被恢复技术及其适用范围　　　　　　　　　　表9-6

技术名称	适用范围	应用案例
普通喷播绿化	适用于土质或土夹石边坡，对坡比要求不严，但不宜大于1:1	云南省昆曲高速等
客土喷播绿化	适用于土壤成分少、土质条件差、风化岩或破碎硬岩等边坡，坡比不宜大于1:0.5	广东省惠河高速、湖北省襄十高速等
植生袋绿化	适用于陡峭的石质边坡或框架梁骨架内部，要求坡面整体稳定	江苏省宁杭高速等
钻孔客土绿化	适用于各类石质、恶劣土质等坡面，要求坡面整体稳定	湖北省沪蓉西高速等
框架梁防护绿化	适用于风化严重的岩质边坡和坡面稳定的深挖高填的土质边坡，每级坡高不超过10m	湖北省沪蓉西高速、江西省泰井高速等
攀缘绿化	适用于挖方路段，稳定性好而无须采用其他防护措施的弱风化岩质边坡，对边坡坡度无要求，最大可达90°	湖北省沪蓉西高速、湖北省神宜路等
阶梯式防护绿化	适用于陡峭的、植被恢复困难的、但景观要求高的挖方路段	湖北省神宜路等
植物纤维毯绿化	适用于土质、土夹石坡面，坡比不宜大于1:1	河北省京石高速等
铺草皮	适用于需要迅速防护绿化的土质边坡，也常用于高寒高海拔地区，要求坡面整体稳定	青海省共玉高速等
土工格室固土绿化	适用于风化岩边坡，对坡面平整度要求严格，坡度不宜超过1:0.75	云南省安楚高速等
三维网绿化	适用于土质、土夹石边坡，坡比不宜大于1:1	青海省共玉高速等
植生带绿化	适用于坡度较缓、土壤条件较好的土质或土夹石边坡。坡比不宜大于1:1.5，坡高不宜超过10m	云南省昆曲高速等
人工撒播	适用于土质松软、坡度较缓的路堤边坡，坡比不宜大于1:1.5	青海省马平高速等

续上表

技术名称	适用范围	应用案例
穴播/条播	适用于坚硬土质或风化岩的挖方边坡,对坡度要求不严	陕西省铜黄高速、青海省平西高速等
苗木栽植	适用于坡度较缓、土层较厚的土质或土夹石边坡,坡比不宜大于1:1.5	贵州省遵义赤水河谷旅游公路、江西省泰井高速等
枝条扦插	适用于坡度较缓、土层较厚的土质或土夹石边坡,坡比不宜大于1:1.5	吉林省环长白山旅游公路、青海省马平高速等

在工程实践中,为了解决一些恶劣环境条件下的植被恢复难题,常常将多种植被恢复技术结合在一起综合应用,如客土喷播与栽植技术相结合、纤维毯防护与枝条扦插相结合等。

9.2.3.3 常用边坡植被恢复技术

选择边坡植被恢复技术,必须因地制宜,具体情况具体分析。施工工艺选择的关键因素是边坡立地条件,植物材料选择的关键因素是气候条件。施工工艺和植物材料的选择是相互影响的,需要综合考虑。

为了达到与自然环境相协调之目的,需要在充分调研的基础上,按照全寿命周期的理念进行设计与施工。可参照以下流程选择边坡植被恢复技术,如图9-23所示。

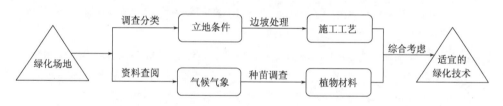

图9-23 边坡植被恢复技术选择流程

从20世纪90年代初开始,交通运输部科学研究院在全国各地,南至海南岛、北至黑龙江、东至吉林、西至新疆,开展了大量的公路边坡植被恢复研究与实践,下面重点对公路边坡植被恢复工程较为常用的技术进行简要介绍。

1)普通喷播绿化

普通喷播,也称湿法喷播,是将配制好的种子、肥料、覆盖料、土壤稳定剂等与水充分混合后,用高压喷枪均匀地喷射到土壤表面的一种绿化技术。喷播后的混合物在土壤表面形成一层膜状结构,能较好地防止冲刷,植物种子能在较短时间内萌发长成植株迅速覆盖地面。普通喷播设备为液压喷播机,主要由动力装置、容罐、搅拌装置、水泵和喷枪等组成,移动形式分为车载式和拖车式两种。

交通运输部科学研究院于1995年从瑞士引进该技术,经过消化吸收,现已成为公路绿化最广泛应用的技术之一。

(1)主要特点

普通喷播技术具有如下特点:

①施工效率高:每台设备每天可喷播上万平方米,可满足大面积绿化工程需要。

②适用范围广:由于添加了覆盖料、土壤稳定剂和专用肥料等材料,可适用于土质较贫瘠

的边坡,对坡面平整度无严格要求,还可实行高、陡边坡的施工作业。

③防止冲刷:覆盖料和土壤稳定剂的共同作用,能有效防止雨水冲刷,避免种子流失。因此,防护和绿化效果均较佳。

④植被均匀整齐:植物出苗整齐,植被均匀性好。

但该技术也有一定的局限性,难以建立以乔、灌、草相结合的植物群落。即使喷播时加入较多的木本植物种子,效果往往并不理想。这主要是因为该技术是一种快速绿化技术,种子配比中往往需要较高比例的先锋种类,由于种间竞争作用,草本植物占优势,导致木本植物群落难以形成。

(2)适用范围

普通喷播一般适用于土质、土夹石的边坡,对坡度要求不严,但不宜大于1:1。植物材料一般以草本植物、草花植物种子为主,可加入一些发芽快的乔灌木种子。

在南方温暖地区一年四季均可进行喷播施工,为了避免受降雨侵蚀影响,最好能在暴雨季节到来之前完成施工并能形成植被。在北方冷凉地区从春季到秋季均可进行喷播施工,但秋季施工不能太晚,要为植物提供较为充足的生长时间,增强边坡植被的抗寒越冬能力。

(3)施工工艺

普通喷播施工工艺流程如下:

①边坡处理。要想建立良好的植被,对边坡进行适当的前期处理是十分必要的。当土壤硬度太大时,应对坡面进行松土或覆盖表土,改善植物生长环境。在坡度较陡、土壤面光滑的情况下,开挖水平沟或进行挖穴处理非常必要。

②材料准备。喷播材料包括:植物种子、覆盖料、保水剂、黏结剂、肥料、土壤稳定剂和水。植物种子视植物种类不同需进行适当处理,硬壳种子(如坡柳)需进行破皮处理;覆盖料通常采用麦秆和(或)废纸加工而成;肥料通常采用复合肥和有机肥混合,以确保植物生长的养分所需。

③喷播操作。

a.加料:先加入1/3左右的水,然后开始搅拌,在继续加水的同时,依次加入覆盖料、肥料、种子和土壤稳定剂等。搅拌15min左右,保证各种材料混合均匀。

b.喷播:根据现场情况,直接用喷枪操作(图9-24)或采用皮管喷播。喷播时喷枪与坡面要保持一定的角度,使混合料均匀喷布到土壤表面。喷播时应遵循一定的顺序,如先从左到右喷一遍,再从右到左重复喷洒,以保证凹凸不平的边坡每个角落都能喷洒到。

c.喷播质量的控制:严格控制每车的喷播面积;充分搅拌,保证各种材料混合均匀;随时观察喷播的密度和厚度,及时调整喷播速度。

④养护管理。

a.覆盖:喷播后需及时覆盖草帘子、无纺布或遮阳网,若小气候(如风大干燥)、立地条件差(如以石质为主)或施工季节不佳更应及时覆盖。覆盖对于加速植物的出苗,提高植物的早期生长速度,效果明显。这主要是因为,覆盖一方面能够减少雨水的直接冲刷,从而减少种子和材料的流失,另一方面它又能增温保墒,从而提高植物的发芽率,加快幼苗的生长速度。

b.浇水与施肥。绿化边坡应根据天气情况定期进行浇水,保证土壤湿润,以利于植物的生长。追肥也是十分必要和非常有效的管养措施。实践表明,植物一般生长三个月以后即开始出现缺肥症状,此时追肥不仅有利于植物正常生长,还有利于植物延长绿色期;另外,第二年植物返青后适当追肥,能够保证形成比较稳定和良好的绿化植被。

云南省昆曲高速公路采用普通喷播技术实施了全线绿化,施工场景以及绿化效果,见图9-24与图9-25。

图9-24　普通喷播绿化操作场景(陈济丁　拍摄)　　　图9-25　普通喷播绿化施工3个月后,形成像地毯一样的植被(陈济丁　拍摄)

2)客土喷播绿化

客土喷播是指使用专用机械设备(即客土喷播机),将配制的客土、植物种子和各种添加料均匀混在一起,通过喷播操作,把混合材料喷附于立地条件较差的边坡表面使之形成稳定的营养土层,以达到绿化边坡、恢复植被的目的。客土喷播技术是一种融工程学、土壤学、植物学、生态学理论于一体的植被防护技术。客土喷播分为湿喷与干喷两种方式,后者又叫厚层基材喷射技术。

交通运输部科学研究院于1999年从日本引进该技术,经过研究开发,已成为我国坡面防护及植被恢复的一种常用技术,在全国各地推广应用。

(1)主要特点

客土喷播主要特点如下:

①植物纤维、植物种子、营养剂、黏结剂、土壤稳定剂与当地优质土壤混合而成的客土,能够创造出良好的植物生长基,有利于植被的生长、繁殖和演替,从而实现坡面植被的长期稳定。

②客土为乔、灌木生长提供了必要的基础,能够逐步建成草、灌、乔相结合的植物群落,实现路域植被与自然植被协调统一。灌木群落,根系比草本发达得多,固土护坡效果好,有利于减少边坡维护费用,提高交通安全。

③通过喷播客土,使得原本不具备植物生长条件的石质坡面也可以实现绿化。

但该技术施工速度较慢,一个面积200m²的岩石边坡,若喷播厚度10cm,一台喷播机约需一天才能完成。若大面积施工,需要较多的设备和人力。

(2)适用范围

客土喷播适用于风化岩、破碎硬岩或土质条件差的边坡。不同立地条件的坡面,应设计不一样的厚度客土喷播,一般为3~10cm,立地条件越差所需的客土层越厚。坡度超过1∶0.5时不宜采取客土喷播技术,因为坡度太陡客土难以附着坡面,容易出现脱落现象。若要建立以灌木为主的植物群落,种子配比要注意减少草本植物种子用量,防止其影响木本植物种子的发芽和生长。

北方最好在春季或初夏施工,为木本植物生长和木质化提供比较长的时间,增强木本植物的抗寒能力,确保顺利越冬。对于施工季节较晚的情况或冬季比较寒冷的区域,要对植物群落做好冬季覆盖防寒。

(3)施工工艺

客土喷播施工工艺流程包括:

①边坡清理。

平整坡面,清理坡面碎石、松散层等,以利于客土喷播施工,同时增加坡面绿化效果。对于光滑坡面,应通过开凿水平沟等措施进行加糙处理,以免客土下滑。

②锚杆施工。

按纵横间距2m确定主锚杆钻孔位置,同时在相邻的主锚杆之间中点设置次要锚杆。主锚杆与次锚杆的间距、规格及深度的一般要求见表9-7、表9-8。

主锚杆规格及其间距　　　　　　　　　　　　　　　　　　表9-7

序 号	坡 比	锚杆直径（mm）	布置间距(m)		风化岩强度与锚杆深度(m)		
			纵向	横向	强	中	弱
1	1:1.25	16	2.0	2.0	0.5	0.4	0.3
2	1:1.00	16	2.0	2.0	0.6	0.4	0.3
3	1:0.75	16	2.0	2.0	0.6	0.5	0.4

次锚杆规格及间距　　　　　　　　　　　　　　　　　　表9-8

序 号	坡 比	锚杆直径（mm）	布置间距(m)		风化岩强度与锚杆深度(m)		
			纵向	横向	强	中	弱
1	1:1.25	10	1.0	1.0	0.3	0.3	0.2
2	1:1.00	10	1.0	1.0	0.4	0.3	0.3
3	1:0.75	10	1.0	1.0	0.4	0.4	0.3

确定锚杆位置后,钻孔、插入锚杆、用水泥混凝土固定。

③挂网施工。

采用菱形结构的镀锌低碳钢丝,钢丝直径2.6mm,对角线长5cm,分宽2m、2.8m、3m三种规格,长10～15m。

放卷:自上而下。

连接:相临两卷钢丝网要有10cm重叠,并用铁丝或尼龙连接。

固定:至少每隔1m间距须用锚杆或锚钉与坡面固定。

④材料准备。

为确保客土喷播成功,客土成分配制是关键。客土必须保证植物营养生长的需要,同时还能形成良好的结构,以便保水、保肥、通气。基本成分如下:

a.腐殖质:应为富含腐殖质的表土,最好是草炭土。丰富的腐殖质使土壤质地松软,通气性好;干燥时土面不易开裂,潮湿时不坚密成团,灌水后不板结;腐殖质本身能吸收大量的水分,可使客土保持较长时间的湿润状态,不易干燥。

b. 保水剂及黏结剂。

客土的下垫层为岩石,保水剂的应用十分重要。保水剂是一种高分子树脂,能够吸收数百倍于自身重量的水分,掺入保水剂的客土形成能缓慢释放水分的"蓄水池",当干旱时,保水剂释放的水分能在较长时间里供给植物所需。黏结剂是一种类似于胶体的物质,能有效地防止客土、种子被冲刷,并加强纤维的"筋胳"作用,使客土材料呈紧密结构。

c. 纤维材料。

纤维材料能使客土中的各种成分连接在一起,有效地防止喷播时的滑落、避免侵蚀、维持喷播层的稳定。纤维材料植被建成后,能自然腐烂分解为植物需要的养分。

d. 酸碱度改良剂。

客土的酸碱度必须适合植物的生长。经天然开采或人工发酵的泥炭土,其 pH 值有时难以达到要求,可掺入石灰等进行改良。

e. 肥料。

复合肥料与有机肥相结合,以增加客土肥效。由于客土含有大量的有机质、腐殖酸等,故 pH 值往往呈酸性,可选用碱性缓释性复合肥料如钙镁磷肥,避免使用过磷酸钙等酸性肥料。

f. 植物种子。

应选用饱满健康、无病虫害的植物种子。对于种皮较厚的木本植物种子应进行种子预处理,以保证种子发芽率。

⑤材料搅拌。

各种材料按照设计要求准备好后,加入喷播机中搅拌 15～20min。

⑥喷播操作。

喷播时喷枪口要垂直于坡面,一般枪口距离坡面 1～1.5m,以保证材料有足够的压力紧紧附着在地面。操作手要在喷播过程中上下或左右反复移动喷播枪口,保证喷播物厚度均匀地覆盖坡面。一次喷射形成的客土层厚度不应超过 3cm,如果设计厚度超过 3cm,要分次喷播以达到设计厚度,每喷播一次后要适当晾干才能喷下一次,以防喷播客土塌滑。

⑦养护管理:同普通喷播。

云南大保高速公路岩石边坡客土喷播防护绿化,施工前照片及绿化效果,见图 9-26、图 9-27。

图 9-26 客土喷播绿化施工前的裸露岩石边坡
(陈学平 拍摄)

图 9-27 客土喷播绿化施工 2 个月后形成的坡面植被
(陈学平 拍摄)

3）生态袋绿化

生态袋是由聚丙烯（PP）或者聚酯纤维（PET）为原材料制成的双面熨烫针刺无纺布加工而成的袋子，是一种具有高强抗紫外线、抗冻融、耐酸碱，高分子合成聚合物材料。工程实践中又将利用普通塑料网制作而成的称为植生袋，此外，还可应用普通土工布袋及其他材料，各种袋子强度与理化性能不同，主要体现在强度、降解所需时间的差异，可以根据工程类别要求选择不同材质。各种袋子均有较大的空间可装入土壤，有的还可加工成带种子夹层的形式，其内预配的种子可在温度、水分、土壤条件适宜时发芽，并穿透袋子长出。

（1）主要特点

一是生态袋质量轻，强度高，抗紫外线性能好，耐用性长，透水性与透气性俱佳；二是生态袋制作简单、施工方便、应用范围广。

（2）适用范围

多用于陡峭的石质边坡或框架梁骨架内部，目的是防止土层滑落，保持植物生长基的稳定。适用于乔、灌、草各类植物种子，也可用于移植乔木、灌木的幼苗。

（3）施工工艺

①边坡清理。

清除坡面浮石、危石与建筑垃圾等，以增加坡面稳定性，不必削坡整平。

②生态袋装客土。

客土可按沙壤土70%、有机质30%的比例配制。肥料和添加剂的用量应根据坡面土质和选用植物种类的具体情况进行调整。若用种子播种，应在夹层中加入混配好的植物种子。

③码放并固定。

把生态袋沿坡面错位码放，有植物种子的夹层朝外，并用锚杆固定，防止垮塌。若是苗木移栽，可将生态袋表层刺破，将幼苗栽入，然后埋土踏实。

码放方式主要有两种：一是联扣式码放，在坡顶敷设阻水塑料膜，在坡面预先铺设固定牵引钢筋，再码放生态袋，采用钢筋钩爪将生态袋间的联扣与牵引钢筋联结固定，作为生态袋稳定的主骨架，袋间通过联扣（带尖锥的棘爪）层层固定，配合在坡面敷设塑料排水管，形成层层叠叠的垂直绿化结构，见图9-28；二是斜倚式码放，利用强持久性的土工网将生态袋逐层包裹，使生态袋主要靠自身重力作用稳定，并通过与坡面的固定网相联结起到牵引固定作用。

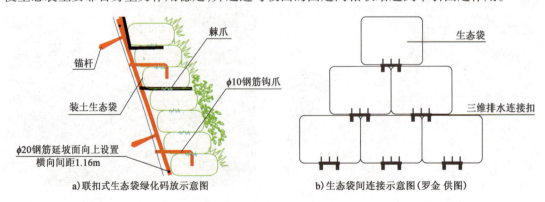

图9-28 生态袋防护绿化示意图

④养护管理。

及时覆盖无纺布或秸秆等,起到保墒作用,并勤浇水保持土壤湿润,以满足植物生长对水分的需求。植物生长到 3~5cm 时,即可去掉覆盖物,开始正常的养护管理。

植生袋施工作业情况与效果见图9-29。

a)施工场景

b)绿化效果

图9-29 联扣式生态袋防护绿化施工场景及其绿化效果(陈学平 拍摄)

4)阶梯式砌块防护绿化

对于一些重点景观路段的陡峭边坡,若采取圬工防护对景观影响较大,可以采用阶梯式砌块防护替代挡土墙,砌块内填充土壤进行绿化,实现坡面防护与植被恢复的统一。湖北神宜公路采用阶梯式砌块绿化技术,取得了良好效果(章征春,2008)。

与传统空心砖绿化不同,该技术由多层空心砖码放而成,每层一排或一排以上的空心砖,上下层的空心砖相互错位由下至上向圬工墙面收缩形成阶梯式结构,每一下层空心砖预留植物生长缝。空心砖填土一侧向上,空心砖与坡面之间空隙也填入土壤并夯实,见图9-30、图9-31。

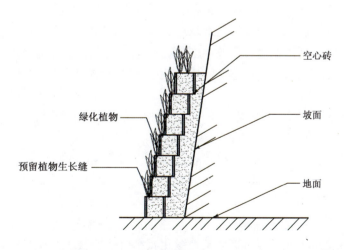

图9-30 阶梯式空心砖护面墙绿化示意图(陈学平 作)

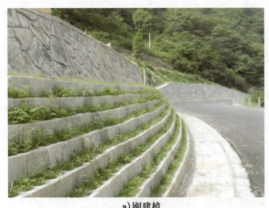　　　　　　　

　　　　　a) 刚建植　　　　　　　　　　　　　　　b) 建植后一年

图 9-31　阶梯式空心砖护面墙绿化效果（陈学平　拍摄）

5) 植物纤维毯绿化

植物纤维毯是一种利用椰丝、秸秆等天然植物纤维材料，并根据需要混入植物种子、肥料、土壤等材料，工厂化生产，一次性压制成毯，形成特定厚度的由双层绳网裹夹的毯卷（陈学平，2015）。常用于坡率较缓（1∶1 以下）的土质边坡，在植被建成前对于坡面水土流失防治有着突出的作用。

工艺流程为：坡面整理→播种→铺设植物纤维毯→毯子固定→养护管理。

工艺流程可根据需要进行调整，如河北京石高速公路绿化工程，综合运用了先覆盖纤维毯再播种、先播种再覆盖纤维毯以及将种子加工到纤维毯中直接铺置等多种技术方案。

针对未成形边坡，为避免水土流失，在开展路基填筑施工的同时，逐层覆盖植物纤维毯，待路基填筑、排水设施施工结束后，再在植物纤维毯表面撒播种子。施工步骤为：完成上层路基填筑施工—设置临时急流槽并覆膜—设置路基临时挡水埝—平整坡面—铺展植物纤维毯—纤维毯卷与挡水埝覆膜，重复上述步骤，完成全部路基填筑施工—纤维毯反卷扣搭挡水埝并覆膜—永久排水设施施工—纤维毯表面撒播种子—覆薄土—浇水养护。

对已成形边坡，设置永久急流槽、挡水埝后，直接覆盖植物纤维毯。

为了防止路面径流对毯下边坡造成冲刷、掏空毯下土壤，应在路基边沿增设土埝，土埝高30cm，顶宽30cm，坡度1∶1.5，在土埝内侧碾压施工，减少水的渗透，同时防止土体下滑掩盖坡面，也可起到引导水流作用，见图9-32。

每间隔20m布设坡面急流槽，急流槽两端土埝处挡水汇聚于槽内，并集中排出路基，防止路面径流、施工养生水等对坡面造成的污染与冲刷。

对已成形边坡，设置永久急流槽、挡水埝后，直接覆盖植物纤维毯。

在京石高速公路，将植物纤维毯与紫穗槐栽植及播种草籽（高羊茅＋紫花苜蓿）相结合，取得了良好成效，见图9-33。

6) 框架梁防护绿化

框架梁防护绿化是边坡工程防护与植被绿化相结合的一种综合防护措施。应用范围广，适用于风化岩、土夹石或土质等各类边坡防护。框架梁主要有锚杆框架梁与锚索框架梁两种形式,混凝土的框架梁既保证了边坡的稳定,又为植物生长提供了良好的工程基础。绿化植被营建以灌木植被为目标,可以最大限度地遮挡框架结构、削弱人工痕迹,实现边坡的自然化。

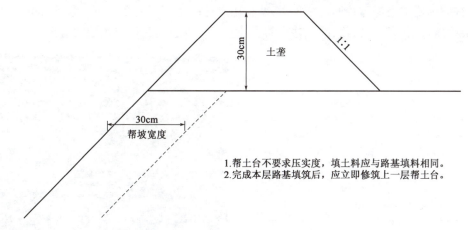

图 9-32 土垄设置横断面图(刘毅 供图)

a)绿化前的裸露坡面

b)植物纤维毯绿化效果

图 9-33 植物纤维毯防护绿化前后对比(陈学平 拍摄)

工艺流程为:边坡清理→测量放线→挖沟植模浇铸框架(或安装预制件)→(填充客土)→绿化施工→养护管理。

在沪蓉西高速公路宜长段,采用狗牙根+白三叶+截叶胡枝子+马棘+马桑+马尾松+糯米条+大叶醉鱼草+桤木+刺槐+高羊茅+紫羊茅+白三叶+截叶胡枝子+马棘+马桑+波叶山蚂蟥+马尾松+糯米+桤木+刺槐等植物组合,取得良好成效,见图9-34。

9.2.3.4 自然植被群落诱导技术

植被群落诱导技术最早由日本提出,是一种通过人工辅助实现植物群落定向恢复到与周边自然环境相协调的植物群落,可以建立生物多样性丰富的自然植被群落,并有效抵御外来植物入侵。强调尊重自然,维护自然生态系统的生物多样性及生态安全。按照自然生态系统的演替进程,从实施手段上强调本地植物的应用,充分发挥人工辅助措施的作用,加速与自然一致的植被群落建成(中野裕司,2009)。

为了达到诱导目标,应加强自然群落的调查研究、野生植物资源筛选与苗圃繁殖和群落诱导技术应用,并加强诱导管理。自然群落诱导是一个较长期的过程。

首先,必须详细调查立地条件,包括环境气候、微地形、地质、基岩状况、土层厚度、水分条件等,调查周围植被类型与主要植物种类,罗列出潜在的可利用的乡土植物名录清单。由于园林苗圃很少培育当地野生植物,因此往往需要建立专门的公路路域绿化植物苗圃。

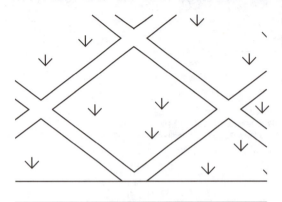
a) 框架梁防护绿化结构

b) 工程实施后形成的植被及其景观效果

图9-34　框架梁防护绿化示意图及效果(陈学平　拍摄)

其次,要模拟自然植被群落,设计目标群落,草本、灌木、乔木合理配置。应避免营造物种单一、密度过大的纯林,尽可能营造物种多样、密度适宜的混交植物群落。可采取本土植物栽植、表土种子库利用等方式。

栽植方式由于直接采用周围自然群落中的物种,易于建成与周围环境高度协调的群落类型,但人为配置的群落往往难以达到自然状态下的竞争稳定平衡状态,有演变为个别物种占绝对优势的群落类型的趋势。需加强群落的竞争调节,以使人工群落的结构、组成与周围自然群落达到高度相似。

利用表土种子库是诱导形成当地自然植被群落的有效形式。表土不仅有机质含量高,而且表层土壤(包括凋落物)中有生命的种子构成了土壤种子库,是植被天然更新的物质基础。如在江西彭湖高速公路,采取覆盖中层厚度的表土($7\sim8\mathrm{cm}$)后进行普通喷播的方法(图9-35),所建

图9-35　江西彭湖高速公路利用表土诱导自然植被群落形成(红线上侧为利用表土后形成的植被,下侧为对照)(陶双成　拍摄)

立植被的物种数要明显高于常规方法建植植被的物种数,对于提高群落的乡土性与多样性起到了重要作用。再如环长白山旅游公路,对于坡度小于1∶1.5的低缓边坡,直接使用表土覆盖进行植被恢复,建成了良好的自然植被(图9-36)。

保持稀疏的植被对自然群落诱导成功是非常重要的,交工验收时不必过分追求高覆盖率。

植被诱导管理应以实时监测结果为基础,当目标物种成活较差时,需及时补植,以达到建植目标;当有可能形成单一植物种群时,需刈割疏林,抑制其生长优势,并促使周边植物的侵入。

初期绿化目标达成后,尽量不要对其进行人为干预,任其自然演替。但应进行定期监测,确认其是否向预定的最终绿化目标演替,并及时进行调整。

需要注意的是,完全依靠表土中的种子建成自然植被所需要的时间一般较长,从而面临着较大的水土流失风险,所以最好能够适当添加一些外源种子,以提高早期植被的建成效果。如江西彭湖高速公路,大量利用表土并适当添加外源种子,进行路堑边坡直接覆土、客土喷播等绿化,取得了较好的恢复效果,形成了较好的自然植被群落,见图9-37。

a) 路侧回填表土

b) 第2年植被自然恢复效果

图9-36　环长白山旅游公路,利用表土诱导自然植被恢复(王偘 拍摄)

a) 远景

b) 近景

图9-37　彭湖高速公路,路堑边坡利用表土实施喷播绿化后的绿化效果(陶双成 拍摄)

总之，植被诱导技术强调的是和谐，公路路域植被恢复的理想状态和终极目标是建立与自然植被和谐、一致的植物群落，保护自然生态系统的生物多样性，达到公路建设与自然环境的和谐统一。

本章参考文献

[1] Forman R T, Sperling D, Bissonette J A, et al. Road ecology: science and solutions[M]. Inland Press, 2002.

[2] 陈爱侠, 冀德学, 邓顺熙. 公路建设中生态环境保护的设计原则与要求[J]. 西安公路交通大学学报, 1999, 19(增刊): 15-25.

[3] 陈济丁, 陈学平, 孔亚平. 神宜路资源节约环境保护技术研究与示范. 公路建设与管理[J], 2008, (11): 52-56.

[4] 陈济丁, 祝于华, 曹顺利, 等. 喷播技术在中国公路植被恢复中的应用[C]// 亚太可持续发展交通与环境技术大会. 2000.

[5] 陈学平, 江玉林, 张洪江, 等. 基于植被持续性的护坡植物筛选研究与应用方式探讨[J]. 公路交通科技, 2007, 24(10): 150-154.

[6] 陈学平, 江玉林. 公路边坡灌木化植被建植技术研究[J]. 公路, 2007, (8): 206-209.

[7] 陈学平, 李宏钧, 简丽, 等. 植物纤维毯防护不同施工工艺对公路坡面植被建成影响研究与实践[J]. 公路, 2016(3): 211-215.

[8] 陈学平, 张洪江, 张翔, 等. 沪蓉西高速公路宜昌至长阳段护坡混播用植物筛选[J]. 中国水土保持科学, 2011(1): 61-67.

[9] 邓穗芬. 高速公路环境保护对策[J]. 广西交通科技, 2003, (6): 97-99.

[10] 董小林. 公路建设项目全程环境管理体系研究[J]. 中国公路学报, 2008, 21(1): 100-105.

[11] 国家环保总局, 中国科学院植物研究所. 中国珍稀濒危保护植物名录(第一册)[M]. 北京:科学出版社, 1987.

[12] 国家林业局、农业部. 中国国家重点保护野生植物名录(第一批)[EB/OL]. 1999年8月4日国家林业局、农业部令4号.

[13] 韩继国, 陆旭东, 时成林. 长白山公路建设生态景观保护和恢复模式分析[J]. 交通建设与管理, 2009, (9): 153-156.

[14] 江玉林, 张洪江. 公路水土保持[M]. 北京:科学出版社, 2008.

[15] 李长江, 王佩, 王新军, 等. 鹤大高速公路资源环境保护管理及成效[J]. 交通建设与管理 2014, (11): 7-12.

[16] 李中员, 郭贤明. 思小公路珍稀保护植物迁地保护[J]. 林业调查规划, 2006, (增刊): 4-6.

[17] 陆旭东, 陈济丁. 我国公路环保关联性设计的理念与实践[J]. 交通建设和管理, 2010, 5: 125-130.

[18] 陆旭东. 环长白山旅游公路景观资源保护研究[J]. 公路, 2015, (8): 243-249.

[19] 彭立, 张浩平, 范庆春. 公路建设设计阶段节约用地技术探讨[J]. 交通建设和管理, 2009, (9): 54-59.

[20] 山寺喜成, 安保昭, 罗晶, 等. 恢复自然环境绿化工程概论——坡面绿化基础与模式设计[M]. 北京:中国科学技术出版社, 1997.

[21] 孙中党, 赵勇, 吴明作. 公路建设项目对生态环境影响及保护对策[J]. 公路交通科技, 2004, 21(3): 128-131.

[22] 王佩, 崔巍武, 张广庆, 等. 路基分步清表施工技术在鹤大高速公路建设中的应用[J]. 吉林交通科技, 2015, (4): 34-38.

[23] 王佩, 陆旭东, 张传武. 环长白山旅游公路建设中的植物保护技术[J]. 交通建设与管理, 2010(1): 80-83.

[24] 颜世芳,王涛,窦森.高速公路取土场表土剥离工程技术要点[J].吉林农业,2010,249(11):238.
[25] 张艳杰,师利明.试论公路建设中的环境问题和环境保护[J].西北农林科技大学学报:自然科学版,2004,32(11):133-136.
[26] 章征春,陈学平.一种新型的圬工挡墙护面绿化技术-阶梯式空心砖绿化[J].交通标准化,2008(7):33-37.
[27] 赵世元,陈济丁,孔亚平,等.环长白山旅游公路改扩建对景观格局的影响[J].公路交通科技,2010,27(12):152-158.
[28] 中华人民共和国环境保护部,中国科学院.关于发布《中国生物多样性红色名录—高等植物卷》的公告[EB/OL].公告2013年第54号.
[29] 中华人民共和国环境保护部.关于印发《中国生物多样性保护战略与行动计划》(2011—2030年)的通知[EB/OL].环发[2010]106号.
[30] 周连兄,赵方莹,祝小明.北京山区公路建设生态环境保护及水土流失防治对策[J].中国水土保持,2007,(6):46-47.

10　公路路域野生动物保护

公路建设和运营会对野生动物造成栖息地损失或质量下降、交通致死、迁徙阻隔等诸多影响,甚至危及野生动物种群生存。国际社会对此广泛关注,开展了大量的研究与实践。

1955年,美国建成了首个公路野生动物通道,即佛罗里达州的黑熊通道;1974年,欧洲建成了首个公路野生动物通道,即荷兰的獾通道(Clevenger & Huijser,2011)。自20世纪90年代开始,美国蒙大拿州立大学西部交通研究所的Tony Clevenger博士在加拿大Banff国家公园内Trans-Canada Highway的44个野生动物通道(包括4个上跨式通道)做了持续的跟踪监测,发表了大量的科研论文,成为全球公路野生动物生态学研究的典范(Forman等,2003)。

目前,国际上共有10多种技术来缓解公路对野生动物造成的各种负面影响,包括:野生动物栅栏、上跨式或下穿式动物通道、警示牌、限制车速、反光镜、公路照明(highway lighting)、警示哨(unltrasonic warning whistles)、调整栖息地(habitat alteration)、将动物从公路上驱离(hazing animals from the road)、公众教育(public awareness programs)。研究表明,前两种措施的组合是最有效的(Forman等,2003),见图10-1。

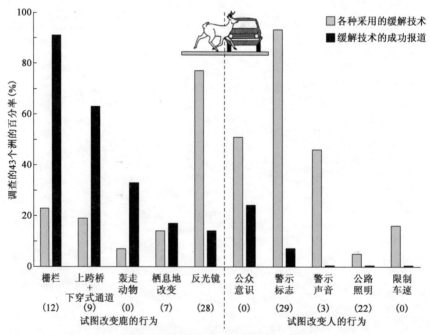

图10-1　美国降低鹿—车相撞的缓解技术

注:数据基于1992年自然资源局在43个州的调查结果。括号中的数字是应用该项缓解技术的州的数量。(图片来源于Forman等,2003)。

我国公路野生动物保护工作起步晚,但发展较快。主要措施包括:公路路线尽量避绕野生动物集中活动区、提高桥隧比减少公路建设对野生动物栖息地的干扰、设置动物通道等。在一些生态比较敏感的地区,如青藏公路、云南省思小高速公路、吉林省鹤大高速公路等设置了一定规模的野生动物通道,并开展了野生动物通道监测研究。

10.1 野生动物保护对策

公路路域野生动物保护可以分为避免、缓解和补偿三大类策略,见表10-1。

表10-1 野生动物保护的三大策略(Forman 等,2003)

避免:防止或避免生态影响。 (1)不建公路。 (2)路线避绕。 (3)公路下穿。 (4)禁止机动车行驶。 (5)改道
缓解:生态影响最小化。 (1)设置上跨或下穿通道以方便动物穿越。 (2)公路下沉和/或设置土堆以降低公路的干扰/噪声影响。 (3)最大限度地降低公路表面、轮胎、机动车和空气动力的噪声。 (4)对路面径流进行处理以避免污染物进入路域栖息地。 (5)使用新型发动机和清洁能源以降低大气污染和温室气体排放。 (6)减少车流量,尤其是在不封闭的普通公路上
补偿:在当地采取数量相当的生态补偿措施以平衡不可避免或难以缓解的交通影响。 (1)以下原则适用于栖息地损失、栖息地退化、栖息地隔绝: ①新区域面积大于受影响区域的要优于面积大小相同的; ②补偿区域距离影响区域较近的(不能位于公路影响范围或未来公路可能影响到的区域)优于远离影响区域的; ③生态类型相同的要优于生态类型不同的; ④生态环境质量更好的优于生态环境质量同等的。 (2)为鸟类建立一个比受交通噪声影响区域更大的保护区。 (3)扩大附近的自然植被区域的面积。 (4)把附近的小溪和湿地恢复到自然状态。 (5)建立适当的廊道和踏脚石以帮助野生动物移动。 (6)改善稀有物种的栖息地和生物多样性高的特殊区域的条件

10.2 公路网规划阶段

只有在公路网规划阶段考虑野生动物的保护,才能从源头上防止和减轻公路网形成后对野生动物造成的各种负面影响,起到事半功倍的效果。总结国际上已有的研究成果,公路网模式、公路网密度和交通量是规划阶段需要考虑的主要方面。

10.2.1 合理的公路网模式

与野生动物和谐的公路网络模式应具备以下特征(Forman,2006):
(1)在自然环境良好的地区,保留大面积的没有公路的区域;
(2)将主要交通量集中到几条主干道上;

(3)在穿越自然环境良好区域的公路上尽可能多地设置桥梁、隧道和涵洞等,以保障水系的连通性、预留野生动物穿越迁徙的通道。

公路密度相同的情况下,不同路网模式带来的生态效应完全不同(图10-2),模式 d 的生态效应最好(Forman,1995)。如果目标动物对公路的回避性较差,则网格状的公路网络模式优于平行状的公路网络模式,因为前者有更多的核心生境,动物遇到公路的机会较低;而当目标动物对公路的回避性较高时,情况则相反,因为在公路密度相同的情况下,平行的公路网络形成的斑块数目较少,隔离程度较低,生境连通性高(Jaeger,2000)。

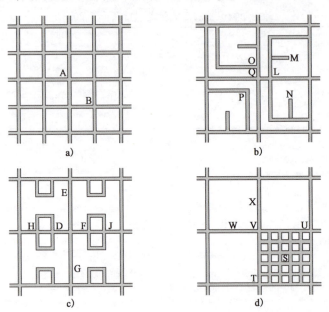

图 10-2　四种不同公路网络模式,虽然密度相同,但生态效应显著不同(Forman 等,2003)

目前国内外有关调整公路网模式实现野生动物保护的案例研究还很少,路网模式理论还不成熟,有待于在实践中进一步完善。国家高速公路网规划环境影响评价报告书将规划高速公路网与珍稀濒危物种(大熊猫、藏羚羊等)分布图相互叠加,从规划层面尽量绕避敏感物种分布区域,实在绕避不开的就考虑各种缓解措施,如动物通道等,是从路网的角度考虑野生动物保护的有益尝试。

10.2.2　控制敏感区域的路网密度

公路网中被环绕的斑块面积或直径,即栅格的大小与公路密度呈负相关关系(Forman,1995)。随着公路网密度的增加,栅格会缩小,野生动物栖息地也随之减少、退化和破碎化。公路通常会导致野生动物种群数量减少、增加种群灭绝的风险,然而,大多数物种种群在公路网密度较低时还是能够继续存在的,因此大地景观中维持野生动物种群稳定的公路网密度极限值是一个至关重要的指标(Andrews,1990)。

一个典型的案例是美国黄石国家公园,被誉为"世界上最著名的野生动物庇护所",境内栖息的野生动物种类繁多。为了保护包括野生动物在内的自然生态系统,尽管来自世界各地的游客数量每年都在增加,但园区公路并没有因为交通量的增长而无节制地发展。自1999年全部公路路面铺筑完成以后,除了一段改线之外,不再新建公路,公路网密度始终控制在一定范围内。公路等级普遍较低,均为双车道,无高速公路分布。这样做的目的很明显,就是要将因公路建设对环境的影响降低到最低程度(刘子剑,2006)。

据研究,食肉动物种群,可能只有在公路网密度低于 $0.6km/km^2$ 的区域中才能生存(Forman,等,1997;Forman & Alexander,1998)。研究发现,湿地物种多样性可以通过30或40年前公路网密度来精确计算,而不是现在的路网密度。据此推论,公路影响的时滞效应为30~40年。然而,目前针对路网密度的研究十分有限,还无法预测路网密度的临界值。

10.3 公路设计阶段

设计阶段可采用的动物保护措施包括:路线避绕、动物通道类型的选择、动物通道设置、隔离栅、交通工程(标志牌、减速带等)、栖息地营造等方面。其中,设置野生动物通道和隔离栅是目前国际上较为公认的有效措施。

10.3.1 动物通道设置原则

综合国外相关文献,动物通道设置应遵循如下原则(王云等,2007):

(1)经济性:最有效的缓解措施是达到保护效果的前提下花费最小的方案。

(2)前瞻性:桥梁、涵洞、隧道是最经济有效的动物通道,在设计阶段应根据野生动物调查结果,充分考虑累积和时滞效应,把动物通道与桥涵、隧道设置有机结合。同时,还要考虑物种适应环境变化、栖息地条件以及公路附近人类行为等影响动物通道效果的因素。

(3)系统性:野生动物横穿结构和栅栏(动物逃脱、诱导装置)等缓解措施的综合应用比采取单一的动物横穿结构更加有效。基于区域景观格局,创造有效的连接景观斑块的廊道是保护动物的最佳选择。

(4)因地制宜:动物通道的选址、类型、大小等,必须充分考虑目标物种的个体大小、生活习性等,做到因种、因地而异。

10.3.2 动物通道选址

国外主要采取目标动物跟踪法、动物致死率调研法和动物生境评价法等方式来选择动物通道的适宜位置。前两种方法耗时长、投资大,需要大量现场工作。而我国公路建设时间紧、任务重,往往无法在公路建设前期完成,因而多选择第三种方法,即基于栖息地评价的位置选择法。

考虑区域关键野生动物物种对生境特征需求,提出从公路沿线地形、植被、资源和人为干扰4个主要生境因子来评价沿线动物的生境质量,将公路全线划分为不适宜路段、边缘路段、一般路段、适宜路段4种等级,将等级区间为"适宜路段"处判定为动物通行热区,即野生动物通道的推荐位置(图10-3)。主要步骤如下:

步骤1:通过收集资料、咨询专家、走访当地群众了解公路沿线的动物种类、分布、出现频率,查阅这些动物的保护级别,筛选关键物种。

步骤2:调查了解关键物种的生活习性与生境特征,将与其活动相关的地形、植被、资源和人为干扰4个主要生境因子作为一级指标。在一级指标下建立10个二级指标,包括:地形条件、地形起伏度、坡度、海拔、植被类型、植被盖度、水源距离、隐蔽类型、干扰距离、区域属性等;根据目标物种生境条件的优劣程度,按照10分制、等步长,将二级指标划分成优、良、中、差四个生境质量等级,并分别赋予分值为:10、7.5、5、2.5。

步骤3:将10个二级指标生境质量等级的分值累加,得到该路段适宜程度的分值,在100~76之间为适宜路段,75~51之间为一般路段,50~26之间为边缘路段,25~0之间为不适宜路段。

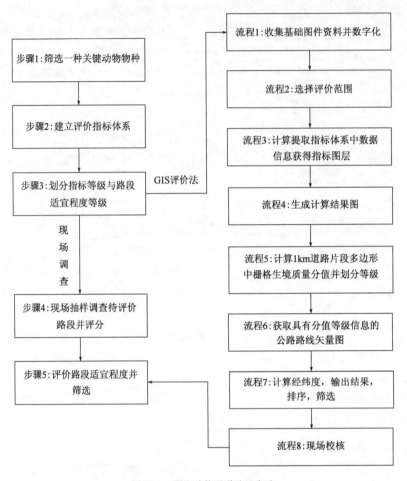

图10-3 野生动物通道选址方法

步骤4:将公路沿线划分为每段1km进行现场抽样调查,将抽样点中桩线两侧视域所见范围作为评价单元,在每个评价单元中按照步骤2所述对关键物种的各二级指标进行测定、评价,并赋予分值,再计算总分值,然后对路段内的所有评价单元总分值进行平均,获得各抽样点生境质量平均分值。

采用遥感与GIS手段代替所述的步骤4,以获得各路段的生境质量的平均分值。主要流程如下:

流程1:收集资料图件,包括:水系分布、村庄居民点、地形图、公路路线图、植被分布与覆盖图、土地利用图,将以上图件利用GIS软件进行数值化。

流程2:选择公路两侧2km的区域作为动物通行热区评价范围。

流程3:在GIS软件平台上进行25m×25m网格的二级指标数据的计算与提取,获得各指标图层。

流程4:对流程3中的提取结果,根据评价指标体系中的对应分值利用GIS软件的reclassify 功能进行赋值,raster calculator 功能计算每个 25m×25m 网格的各生境因子赋值之和,生成计算结果图。

流程 5:利用 GIS 中的 divide 功能将公路沿线按 1km 间距划分为若干个路段,然后利用 buffer 功能定义路侧各 2km 区域,形成 1km 片段的若干个多边形,再利用 Zonal Geometry 功能将流程 4 中的计算结果图,按照 1km 公路片段多边形中所包含 25m×25m 栅格数据值进行计算,获得 1km 公路片段多边形中所有栅格的生境质量分值的平均值,再按照步骤 3 分成 4 个等级。

流程 6:将流程 5 中野生动物适宜生境质量分值的 4 个等级结果的栅格数据和公路数据,转化成地理坐标系下 WGS84 坐标投影的矢量数据,并对每 1km 公路段落中的值,通过 Analysis Tools 下的 Overlay 中 Spatial Join 功能,将野生动物适宜生境数据,添加到 1km 间隔的公路矢量数据中,获得一个具有分值等级信息的公路路线矢量图。

流程 7:使用流程 6 获得的公路路线矢量图的属性表的 Calculate Geometry 功能,计算出每段中心点的经纬度,并将属性表输出成 TXT 格式文件,使用 Excel 打开该文件并通过筛选排序,选择 4 个等级中的适宜等级,获得其 GPS 点,这些点位即为适宜野生动物通行的热区。

流程 8:现场校核流程 7 中筛选出的适宜野生动物通行的热区,即结合 1:2 000 公路路线设计图、地形图、植被分布图沿路线进行野外调研校核,在路线设计图上标明植被类型段落、水系溪流、地形地貌、土地利用与人为干扰情况,对这些通行热区与环境条件符合情况进行校核筛选,获得最终适宜野生动物通行的热区。

步骤 5:对各公路路段进行判定,确定这些路段的适宜程度,其中适宜路段为该动物物种的通行热区路段,即拟设野生动物通道的推荐位置。

10.3.3 动物通道设计

动物通道设计应包括以下内容:

(1)合理的通道类型及构造。通道的类型有上跨式(图 10-4)和下穿式(图 10-5)及复合式通道(图 10-6)三大类。不同类型通道的组成材料也不同,一般为金属材料或预制混凝土材料。

图 10-4 上跨式通道(王云 拍摄)

图 10-5 下穿式通道(王云 拍摄)

(2)公路两侧适宜的栖息地。只有公路两侧具备适宜的栖息地,且两侧栖息地间距未超越动物移动距离的极限,动物通道才能起到连接这些破碎栖息地的廊道作用。

(3)通道出入口的栅栏。通道出入口的栅栏对于引导动物到达通道入口、防止动物跑到公路路面威胁交通安全等有着重要作用。栅栏配合通道使用是最有效的动物通过结构,而缺少了栅栏的独立动物通道效果往往不理想。栅栏的高度设计要考虑目标物种爬越的可能性;栅栏的下部埋深要防止动物挖掘;栅栏的材料要有一定的韧性与坚固程度(对于大型动物推荐使用金属链条,小型动物推荐使用塑料等材料);要注意栅栏附近地形和植被的高度,因为可能有动物会借助其翻越栅栏;每隔一段距离设计适当开口,包括侧门和斜坡等动物逃脱装置(图10-7)以保证误闯入公路界内的动物能够逃生;栅栏的长度要超过保护物种穿越栖息地的自然边界。

图10-6 复合式通道
(涵洞内经常积水,潮湿环境为两栖类穿越提供了条件;涵洞中架设的铁网为中小型兽类穿越提供了便利)
(王云 拍摄)

图10-7 动物逃脱装置,误入公路的动物可以依托平台跳到栅栏外(王云 拍摄)

(4)诱导措施。目的是吸引周围动物容易接近和穿行。通道出入口处设计动物喜欢的植被和起伏地形(满足动物隐蔽自身的需要),或其他特征(根据保护物种特殊需要,如设计动物喜欢的气味、撒布动物粪便等),会吸引动物靠近通道入口以方便其通过。通道入口保持良好的透视效果也很重要,较好的通透视距使得某些大型哺乳动物有安全感,敢于通过。

(5)通道内部结构。包括内部地面铺装、光线条件、噪声、湿度条件营造等。通道表层要铺设土层,且尽量种植与周边一致的植被物种,模拟周边自然环境。还要根据目标物种生活习性(如迁徙规律等)进行有针对性的设计。如,两栖爬行类动物喜欢潮湿环境,因而通道内部要保持一定湿度才能满足它们的需求。

(6)配套交通工程设施。主要有限速措施、警示标志、禁止鸣笛标志、声屏障等。这些交通工程配套设施,有利于减少人类及交通对野生动物产生的干扰,从而保证通道被野生动物充分利用。

(7)持续的维护和监测系统装置。持续的维护和监测是指为了保证通道使用寿命与效率,要经常清理通道内部以保证畅通和设施完整,防止人为或其他自然因素的破坏(如泥石流对通道的淤埋等)。通道内部设置监测系统,可以定量评估通道使用效率,对于科研和动物爱好者来说都很有意义。

（8）其他配套措施。从管理入手，如教育周围群众不在通道周围进行人为活动，提高公众的动物保护意识；在法律上对捕杀动物、破坏动物通道的行为进行惩罚，等等。

10.4　公路施工阶段

公路施工期对野生动物及其栖息地影响较为强烈，影响范围也比较广。工程施工会干扰沿线野生动物的正常活动，有可能对某些珍稀濒危动物产生一定的伤害，因此必须加强施工期的野生动物保护工作。

第一，要做好公路沿线野生动物的调查。施工单位要对作业区范围内可能存在的野生动物的种类和数量做到心中有数。第二，合理布置施工场地。施工单位应将施工营地尽量设置在野生动物出没比较少的地段，尽量远离野生动物栖息地。第三，做好施工人员的宣传教育。让作业人员了解施工区主要的野生动物，非法捕猎要承担的法律责任，掌握在施工过程中如何保护野生动物，同时掌握如何减少与野生动物的冲突，避免不必要的伤害等。通过宣传教育使施工人员建立起保护野生动物的意识。第四，合理安排作业时间。要尽量减少爆破作业，减少对野生动物的惊扰；施工时间应避开晨昏、晚上以及野生动物活动、繁殖和觅食的高峰时间段；禁止在晨昏和晚上进行爆破性作业。第五，制定施工期野生动物保护制度。施工单位、业主和监理单位应制定行之有效的野生动物保护管理制度，规范参建人员的行为，如禁止施工人员猎杀野生动物、在动物出没区禁止鸣笛等。通过建立责任制，将责任落实到每一个施工单位和每一个班组，使野生动物保护措施能够落实。

如青藏铁路在建设过程中，为了避免施工影响藏羚羊迁徙，在索南达杰自然保护站工作人员和志愿者的建议下，位于藏羚羊迁徙廊道的施工单位明确要求，"在藏羚羊迁徙期间，青藏公路 K2984～K2998 段，早 6:30～7:30 和傍晚 7:30～8:30 两个时段工程车停止运行；DK1068～DK1080 段路基，在上述时段停止施工。其余时间，运行车辆不得在上述路段停靠或鸣喇叭。当遇到藏羚羊通过公路时，要立即停车为藏羚羊让路，不得惊吓藏羚羊"。

10.5　公路运营阶段

运营阶段，应针对运营过程中发现的动物穿越频繁、致死率高等路段采取必要的补救措施。通过加强交通管制、设置警示标志等措施，缓解公路运营对野生动物的不利影响。

10.5.1　交通管制

交通管制措施主要包括交通量控制、车速控制、特殊时期关闭公路等。

交通量的大小与野生动物的致死率息息相关，因此限制敏感区域的交通量十分必要。研究发现，长白山保护区公路上车流量达到每小时 40 辆可能是引起动物交通致死的临界点，而超过这个临界点后动物的致死率与交通量的相关性不明显，其原因是车流量过大时，产生的噪声、振动等因素将使多数动物回避公路（朴正吉等，2012）。因此，公路交通量越大，形成的野生动物影响域也就越大，野生动物的避让行为越明显，从而导致适宜的生境面积减小，若生境面积小于动物生存所需的最小要求，种群就有可能濒临灭绝。

交通量还与野生动物穿越公路关系密切。基于国内外现有研究结果，当交通量＜1 000辆/天时，多数物种可以穿越；交通量为 1 000～4 000 辆/天时，部分物种可穿越，更多敏感物种会回避;而当交通量达到4 000~10 000辆/天时,阻隔效应会非常强烈,噪声和交通流会阻隔多数物种,公路致死数量会很大;如果交通量>10 000辆/天,多数物种都不能穿越。以上可为在野生动物分布密集区限制交通量提供参考(毛文碧等,2009)。

加强交通管制对野生动物保护具有较大作用。例如,在印度洋的圣诞岛,每年几百万只红螃蟹从陆地向海边迁徙以繁殖后代,迁徙路线必须通过公路(Forman等,2003)。管理部门在迁徙季节采用三项措施来降低其公路交通致死率。首先,用门和警告标志来暂时关闭红螃蟹穿越最频繁的路段;其次,采用便携式的、蓝色的塑料栅栏来引导特殊路段螃蟹的移动(有时,需要维护人员拿着扫帚来清除螃蟹);第三,沿着公路建设混凝土水槽,引导螃蟹到达已有的动物通道,使其安全地通过公路。

10.5.2 设置警示标志

警示标志是最为经济实用的一项措施,很多国家在动物经常出没路段设置了不同规格、样式的标志牌(图10-8、图10-9)。

图10-8 环长白山旅游公路,野生动物警示牌
(王云 拍摄)

图10-9 日本山区公路路侧的野生动物警示标志
(王云 拍摄)

10.6 野生动物通道效果监测

10.6.1 监测方法

动物通道监测研究主要集中在北美、欧洲,澳大利亚和亚洲也有少量的研究。由于全球下穿式通道数量远远多于上跨式通道,故监测主要针对下穿式通道展开。有的研究者也对一些并非专门为动物通行设置的下穿式涵洞、跨线桥、高架桥等设施进行了监测。目前应用较多的动物通道监测方法主要有红外相机监控法、沙床法和雪踪法。

10.6.1.1 红外相机法

数字照相机或摄像机搭载红外感应器,可拍摄动物靠近、进入、运动和远离动物通道的场面。这些被动的感应器可以探测到移动的发热体,但只能探测到一定大小的物体。这些相机可以设置在桥涵外部的树上(图10-10)或立柱上,甚至直接置于涵洞壁上。新一代的相机是防水的,可以全天候工作,可以记录几乎是无限张的照片。录像模式可以记录穿越的行为(如动物愿意穿越的程度、穿越的速度),一些抓拍模式可以捕捉到动物快速移动瞬间的图片,可获得穿越行为的某些信息(图10-11)。

该法优点是:物种鉴别精确;人工成本低;全天候和雨季都可工作;容易进行个体识别;是永久性的记录;照片可以引起公众的兴趣。

缺点是:不能探测到所有物种,对于大中型动物最有效;面临着被偷盗的风险;早期费用大。

图10-10 红外相机安置在树干上(王云 拍摄)

图10-11 环长白山旅游公路,红外相机记录到黄鼬穿越公路涵洞

10.6.1.2 沙床法

一般由沙子和黏土混合而成,呈带状(一般宽度2m)布设在涵洞出入口或内部,如图10-12所示。沙床要保持光滑,一般3~4天调查一次,记录物种种类、行动方向、个体数量等指标。

图10-12 在公路路域布设沙盘,监测野生动物穿越公路情况(王云 拍摄)

沙床法的优点是:可探测到很多不同大小的动物;可以与红外相机相互补充,尤其当相机不工作或者被偷时;前期费用很小;当动物通道隐蔽在路面之下时,动物痕迹一般不会受天气的影响而消失。

缺点是:不能在有水流的位置设置,除非结构物内有自然河岸或人工河道来排水;物种鉴别上有时有误差;脚印可能重叠,增加识别难度;很难确定单个动物是否完全通过,是否还有返回个体等。

10.6.1.3 雪踪法

雪踪法对于冬季活动的物种效果较好(图10-13、图10-14)。

图10-12　隧道上方成为动物穿越高速公路的通道
（王云　拍摄）

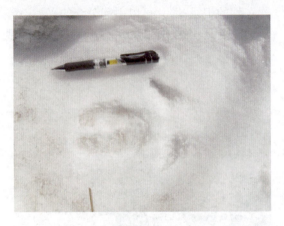

图10-13　雪地里发现的野猪足迹（朴正吉　拍摄）

优点：对于一些物种来说效果很好；可以重复使用；花费很小。

缺点：在连续下雪的地方受限；在每场雪后的调查期较短；很难制订详细的调查计划；在降雪较少时要搜集大量数据、工作量较大（需要在相对短时间内完成大量样线的调查）；除非痕迹很清晰，否则物种识别较难；痕迹不容易被保存和日后仔细辨认。

10.6.2　监测案例

10.6.2.1　吉林环长白山旅游公路

长白山保护区是世界人与生物圈保护地之一，分布着鸟类约200种、兽类50多种，包括东北虎、金钱豹、青羊、黑熊、梅花鹿、麝、紫貂和猞猁等珍稀濒危野生动物，是中国生物多样性丰富区域之一。环长白山旅游公路主要沿着原有的长白山自然保护区林道布线，于2007年开始扩建，2009年10月通车运行。全长84.132km，大约21km（K10~K31）与保护区边缘重合，约6km（K31~K37）穿越了长白山自然保护区实验区。二级公路标准，设计行车速度60km/h，路基宽度10m，共有大中桥9座、小桥16座、涵洞190个。

从2009年11月~2013年12月，每年冬季雪后2天查看公路涵洞、桥梁，记录利用通道的大中型兽类以及大型鸟类的种类、痕迹数量。动物痕迹识别参考《长白山兽类》和《远东地区动物足迹指南》。

监测结果表明，有10种大中型动物利用桥梁和涵洞穿越公路，包括国家一级保护动物一种：紫貂；国家二级保护动物两种：花尾榛鸡和青鼬。

可能影响动物通道利用的因子，参见表10-2。方差检验显示，路域栖息地类型对通道利用频次有显著影响，K10~K37路段和K37~K75路段通道利用频次显著高于K0~K10和K75~K84（$P<0.05$）（$P<0.05$）（图10-15），说明路侧栖息地为原始红松阔叶林、白桦次生林等自然植被好的路段，其通道利用频次优于已受人为扰动、自然植被相对较差的参地等路段。

可能影响动物通道利用的因子　　　　　　　　　　　　　　　　　　　表 10-2

路　段	K0～K10	K10～K31	K31～K37	K37～K75	K75～K84
栖息地类型	参地，白桦次生林	白桦次生林，红松阔叶林	红松阔叶林	白桦次生林	参地，白桦次生林
人为干扰	大	中	小	较大	大

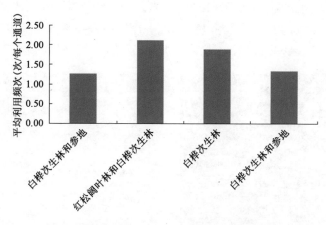

图 10-15　栖息地植被类型与动物通道平均利用频次的关系

人为干扰对通道利用频次有显著影响（$P<0.05$），干扰强度"小"和"中"的通道利用频次，显著高于干扰强度"大"的通道（图 10-16）。干扰强度"小"和"中"的路段通道利用频次差别不大。因此，应加强野生动物通道周围栖息地的管理，限制人为干扰活动，以保障野生动物通道发挥其应有的作用。

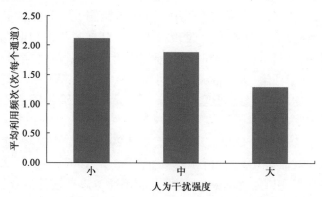

图 10-16　人为干扰强度与动物通道平均利用频次的关系

通道大小与通道利用频次呈显著正相关性（$r=0.325,P<0.01$），这与国外研究结论一致。但通道规模越大，工程费用就越高，必须在通道规模与环境效益之间寻求平衡点，这可能是未来工程学家和生态学家关注的重点（Forman 等，2003）。

10.6.2.2　吉林—延吉高速公路

吉林至延吉高速公路，2008 年 9 月建成通车，全封闭、四车道，位于长白山区域，沿线生态环境敏感。作者对穿越哈尔巴岭的下庆沟隧道进行了野生动物监测。隧道上方植被类型为蒙古栎杂木次生林。

2011年9月到2013年12月,采用红外相机监测法监测。在此期间,共监测到11种大中型动物利用隧道上方穿越高速公路,说明隧道上方已经发挥出动物通道的作用。其中,国家一级保护动物一种,即紫貂;国家二级保护动物两种,即青鼬和花尾榛鸡和某种鸮(可能是长尾林鸮);列入《国家保护的有益的或者有重要经济、科学研究价值的野生动物名录》的有:西伯利亚狍(图10-17)、野猪、东北兔、狗獾(图10-18)、黄鼬、伶鼬和松鼠。相对丰富度 RAI 排序为:西伯利亚狍39.55%,野猪17.16%,东北兔15.67%,花尾榛鸡7.46%,青鼬5.97%,狗獾5.22%,黄鼬2.34%,伶鼬2.34%,某种鸮2.34%,松鼠1.49%,紫貂0.75%(Wang 等,2017)。

图10-17　在隧道上方栖息地活动的西伯利亚狍

图10-18　在隧道上方栖息地活动的狗獾

10.6.2.3　青藏铁路和青藏公路

青藏铁路共设置了33处动物通道。采用自动录像监测、动态监测、定点观察的方法对藏羚羊穿越动物通道的情况进行监测,结果发现:2004年,建成通道的初期,由于对新环境陌生,大多数藏羚羊群体需要经过1~2天的时间在通道附近聚集、徘徊才尝试通过;2005年,藏羚羊已经比较熟悉并适应了通道,大多数通过时间都在半天之内,有些在到达通道数分钟内就通过了通道,回迁与上迁比较,通过时间更为短暂,说明所设立的动物通道已被藏羚羊等野生动物有效利用(吴晓民等,2006)。

2004年6月21日至7月2日和8月8日至8月29日的监测表明:绝大多数藏羚羊只是从可可西里通道下穿越,而对其他通道利用率很低(Xia 等,2007)。分析2004年至2007年的观测数据可知:可可西里通道使用率最高;藏羚羊利用通道进行迁徙的数量逐年增多,上迁时全部使用通道,回迁时通道的使用效率提升明显,2007年达到100%;藏羚羊在穿越铁路前徘徊和停留的时间也逐渐缩短;铁路正式运营未引起通道使用率下降,说明可可西里通道使用率高,藏羚羊等野生动物已逐步适应利用通道进行迁徙(李耀增等,2008)。

2007~2008年,采用红外相机对青藏铁路小桥监测发现:藏羚羊、藏野驴、藏原羚等在利用青藏铁路动物通道的同时,已经开始尝试利用铁路小桥穿越青藏铁路(张洪峰等,2009)。

研究认为藏羚羊已经完全适应了青藏铁路,但在大规模迁徙期仍然徘徊在青藏公路附近,尤其交通流大的时候,甚至沿着公路觅食、忽视车辆的穿梭(Yang & Xia,2008)。

10.6.2.4 云南思小高速公路

思小高速公路有18km的路段穿越了西双版纳国家级自然保护区勐养片区的实验区。高速公路关坪至三岔河(野象谷)段是亚洲象活动频繁的区域。为减少公路对环境和野生动物的影响,思小高速公路设计建设了18个野生动物通道,包括桥梁通道16个,隧道通道2个。

潘文婧采用痕迹追踪、村寨访问和定期监测方法,从2005年9月~2006年9月,监测了亚洲象对通道的利用情况。结果显示,通道利用率为44%,亚洲象更喜欢公路修建之前的既有路线,当人工通道与这些路线重合时,它们就利用通道,当不重合之时,它们会直接走上高速公路。因此,亚洲象直接从路面穿越高速公路对于疾驶的车辆是极大的安全隐患(Pan等,2009)。

10.6.2.5 泛加拿大公路 Trans-Canada Highway

加拿大 Trans-Canada Highway 穿越 Banff 国家公园路段,曾经导致大量的野生动物死亡,为此,政府决定修建专门的野生动物通道来缓解公路交通对野生动物的影响。到2013年年底,该路上设置了38座下穿式通道、6座上跨式通道(图10-19)。

图10-19 Trans Canada Highway 加拿大 Banff 国家公园段的上跨式动物通道(陶双成 拍摄)

Clevenger采用红外相机监控法和沙床法,自1997~2009年对其中的23座野生动物通道(21座下穿式通道和2座上跨式通道)开展了长期监测。监测到大型兽类穿越通道共198 811次,鹿是穿越最多的物种,占到62%,大型猫科动物不到8%。棕熊、狼、驼鹿、鹿和马鹿偏好大型、开阔、良好视野的通道,然而美洲狮、黑熊偏好小型通道(Clevenger,2011)。

10.6.2.6 美国93号公路

美国蒙大拿州93号公路穿越Flathead印第安保护区,为了保护野生动物,改扩建时设置了41个野生动物通道(40个下穿式,1个上跨式),设置了长约24km的隔离栅栏,动物通道投资超过900万美元。

蒙大拿州立大学西部交通研究所在改扩建之前,就对该路开展了野生动物穿越公路的监测,方法是:沿着公路随机选择100m长的路段,在公路两侧设置5对沙床,一共设置了62个沙床;6~10月,一周两次检查沙床。基于3个区域的38个沙床的数据显示,2003~2005年鹿穿越次数在1 500~2 000之间,黑熊穿越次数在50~160之间。

公路动物通道建成后,采用沙床和红外相机监测(图10-20、图10-21)。其中,2010年数据见表10-3,可见白尾鹿利用比例最大,达到56%。

图10-20 美国93号公路穿越Flathead印第安保护区路段设置的动物通道,近处为下穿式,远处为上跨式(王云 拍摄)

图10-21 美国93号公路上跨式通道上的红外相机(王云 拍摄)

美国93号公路2010年利用动物通道的动物种类和频次　　　　表10-3

动物名称	穿越频率(次)	比 例 (%)
白尾鹿	6 712	56
黑尾鹿	1 174	10
鹿	561	5
狗	1 130	9
猫	785	6
其他	1 660	14

本章参考文献

[1] AndrewsA. Fragmentation of Habitat by Roads and Utility Corridors: A Review[J]. Australian Zoologist. 1990,26:130-141.

[2] Clevenger AP. 15 Years of Banff research: what we've learned and why it's important to transportation managers beyond the park boundary[C]. ICOET 2011 Proceedings:433-447.

[3] Clevenger, A. P., Huijser, M. P. (2011): Wildlife crossing structure handbook: Design and Evaluation in North America[R]. Report submitted to the Federal Highway Administration, US. Department of Transportation.

[4] Forman RTT, Alexander LE. 1998. Road and their major ecological effects[J]. Annual Review of Ecology and Systematics 29:207-231.

[5] Forman RTT, Sperling D, Bissonette JA. et al. Road ecology: Science and Solutions[M]. Washington:Island Press ,2003.

[6] Forman R T T. Good and bad places for roads: effects of varying road and natural pattern on Habitat Loss, Degradation, and Fragmentation[C]. In: Irwin C L, Garrett P and McDermott K P ed. North Carolina: Center for Transportation and the Environment[A]. North Carolina State University. 2006. 164-174.

[7] Forman R T T. land mosaics: The Ecology of Landscapes and Regions[M]. New York and Cam Bridge. Eng-

land: Cambridge University Press. 1995.
[8] Forman R. T. T. , Alexander L. E. . Ecological effects of roads: Toward Three summary indices and an overview for North America. In Habitat Fragmentation & Infrastructure, edited by K. Canters,40-54. Delft, Netherlands: Ministry of Transport[M]. Public Works and Water Management,1997.
[9] Jaeger J A G. Landscape division, splitting index, and effective mesh size: new measures of landscape fragmentation[J]. Landscape Ecology. 2000,15: 115-130.
[10] Pan WJ,Lin L,Luo AD,et al. 2009. Corridor use by Asian elephants [J]. Integrative Zoology,4:220-231.
[11] Wang Y, Guan L, Piao ZJ,et al. Monitoring wildlife crossing structures along highways in Changbai Mountain, China[J]. Transportation Research D,2017, 50 : 119-128.
[12] Xia L,Yang QS,Li ZC,et al. The effect of the Qinghai-Tibet railway on the migration of Tibetan antelope Pantholops hodgsonii in Hoh-xil National Nature Reserve, China[J]. Oryx. 2007. 41(3):352-357.
[13] Yang QS, Xia L. Tibetan wildlife is getting used to the railway[J]. Nature. 2008, 452:810-811.
[14] 李耀增,周铁军,姜海波. 青藏铁路格拉段野生动物通道利用效果[J]. 中国铁道科学. 2008.29(4): 127-131.
[15] 刘子剑. 黄石公园景区道路设计理念的研究[R]. 黄石公园景区道路考察报告,2006, 1-16.
[16] 毛文碧,段昌群,李海峰,等. 公路路域生态学[M].北京:人民交通出版社, 2009.
[17] 朴正吉,金永焕,李善龙,等. 长白山自然保护区兽类道路交通致死的初步分析[J]. 兽类学报. 2012,32(2):124-129.
[18] 王云,李海峰,崔鹏,等. 卧龙自然保护区公路动物通道设置研究[J]. 公路. 2007,1:99-104.
[19] 吴晓民,王伟. 青藏铁路建设之野生动物保护[M].北京:科学出版社,2006.
[20] 张洪峰,封托,姬明周,等. 青藏铁路小桥被藏羚羊等高原野生动物利用的监测研究[J]. 生物学通报. 2009. 44(10):8-10.

11 公路沿线水环境保护

为了避免公路建设工程影响水系和湿地,可采取路线避绕、桥梁替代路基、增设涵洞或者采取透水路基等方式,以保证地表水和地下水的连通性。为了防止公路施工期施工废水,运营期路面径流、沿线附属设施污水以及融雪剂、危险化学品等污染公路沿线水环境,需要采取切实可行的保护措施。下面,对公路沿线水环境保护技术做一介绍。

11.1 施工废水污染防治

公路桥梁、隧道及路基路面施工过程中,都会产生施工废水和生活污水。下面,主要对桥梁、搅拌站和施工营地的废水处置逐一介绍。

11.1.1 桥梁施工

桥梁施工主要通过合理选择桩基围堰、泥浆处理和循环利用、加强施工管理三方面来防治废水污染。

不同环境条件选用不同的桩基围堰,可控制工程造价并降低桥梁施工中的水污染。筑岛围堰多用于流量较小的河流或季节性河流的桥梁施工(图11-1),能有效防范施工机械漏油对河流水环境的影响,但筑岛围堰会对河床产生压缩,拆除围堰时会使水体中 SS 浓度增加。钢围堰主要用于大江、大河等深水中的桩基施工,对河流水环境影响较小,但需控制好施工机械跑、冒、滴、漏等问题(图11-2)。

图 11-1 公路桥梁筑岛围堰施工(陶双成 拍摄)

图 11-2 施工中的钢围堰(叶小盛 拍摄)

桥梁钻孔桩施工中,为降低泥浆废水对水环境的影响,应设置泥浆循环系统:
(1)将整个施工场地沿桥梁纵向分为几个区域,每个区域独立设立一套泥浆循环系统。
(2)泥浆池设在施工工作面以外。

(3)每个泥浆池系统包括一个泥浆池和两个沉淀池,沉淀池交替使用,以方便沉渣的清理和管理。导流槽呈树状分布,连通各分区内的泥浆池系统与每个孔位。

(4)施工时对其他分支进行临时封堵,保证对施工中的孔位集中供浆,同时有利于其他孔位护筒埋设等准备工作的开展,并在施工面四周挖设排水沟,防止地表水流入泥浆池及导流槽。

为满足施工所需的泥浆量的要求,循环池的容积:$V > 1.5nV_0$。其中,n 为每天计划完成的桩数,V_0 为每根钻孔灌、注桩的成孔容积。沉淀池的容积为 $20m^3$;导流槽的有效回流面积为泥浆泵出水管断面面积的 3~4 倍。

调查表明,经过泥浆循环工艺处理,桩基施工中新鲜水需求量明显减少,泥浆废水排放量大大减少,钻渣运出率提高,桥梁桩基施工过程中基本没有泥浆水外泄进入河流中,施工对沿线水环境影响很小。

此外,做好施工机械、施工原材料的维护管理,也是减少桥梁施工石油类和 COD 污染的重要措施。

11.1.2 搅拌站

针对搅拌站施工废水常规处理工艺过于简单、废水排放难以达标的问题,研究提出了一种将沉淀和过滤相结合的施工废水处理方法,工艺流程见图 11-3。

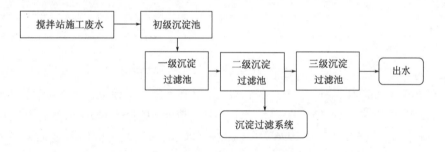

图 11-3 搅拌站施工废水处理工艺

该工艺包括一个初级沉淀池、一套三级废水沉淀过滤系统,其中废水沉淀过滤系统由 3 个沉淀过滤池串联而成。沉淀过滤池是在普通的自然沉淀池的基础上,在出水口位置增加了一个碎石填料过滤层,它不但能对施工废水起到过滤作用,而且也能够有效延长沉淀池内废水的停留时间,增加 SS 等污染物的自然沉淀效果。单个沉淀—过滤池的结构,如图 11-4 所示。

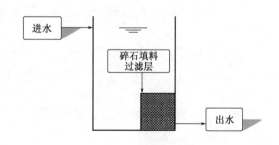

图 11-4 沉淀-过滤池的内部结构示意图

广东广梧高速公路搅拌站(图 11-5),采用上述工艺收集处理施工废水取得较好效果。从监测结果来看,该工艺对 SS 和 COD 污染物去除效果比较明显,但对 pH 值的降低效果一般(表 11-1)。

 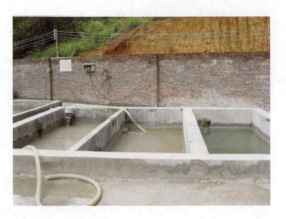

图 11-5　搅拌站施工废水沉淀-过滤处理

搅拌站施工废水污染物浓度变化情况（单位：mg/L）　　　　表 11-1

处理单元 监测指标	初级沉淀池	一级沉淀过滤池	二级沉淀过滤池	三级沉淀过滤池
pH 值*	12.2	11.8	11.3	10.2
SS	256.8	187.4	103.8	58.6
氨氮	0.5	0.2	0.1	0.1
COD	114.8	96.5	65.3	24.8

注：* pH 值为无量纲指标。

从表中可以看到，施工废水 pH 值有所降低，从 12.2 下降到 10.2，仍超标；SS 浓度从 256.8mg/L 降至 58.6mg/L，去除率达到 77.1%；氨氮有一定去除效果；COD 浓度从 114.8mg/L 降至 24.8mg/L，处理率达到 78.3%。可见，处理后，废水中的 SS、COD 和氨氮基本能够达到《污水综合排放标准》（GB 8978—1996）一级标准要求，但 pH 值仍然超标，还需采取中和处理等措施，确保达标排放。

11.1.3　施工营地

受建设类型和建设规模的影响，施工营地生活污水的排放特点不尽相同，污水处理方式也因地而异。

对于小规模工棚型的施工营地生活污水，北方多采用集中旱厕进行处理，南方多采用格栅与化粪池组合的工艺进行处理，旱厕和化粪池沉积物作为农肥，可实现废物资源化利用。

对于大型施工营地产生的生活污水，可采用如图 11-6 所示的工艺流程进行处理，主要包括以下步骤：

(1) 除渣，在格栅井中安装筛网或利用砂滤方法分离污水中的不溶性污染物，如杂物和泥沙，隔栅井需定期清理。

(2) 隔油，设置隔油池去除餐饮污水和冲洗车辆污水中的油脂。隔油池采用自然上浮法分离去除废水中的浮油污染物，隔油池需要定期清理。隔油池污水的停留时间应该控制在 1.5~2h，水平流速应控制在 2~5mm/s。

(3)分解,分解有机物(主要是粪便和油脂)主要采用厌氧反消化微生物处理技术。利用厌氧微生物的新陈代谢活动和相关团粒结构的自然沉降过程,使有机物在三级厌氧消化池中逐渐去除。

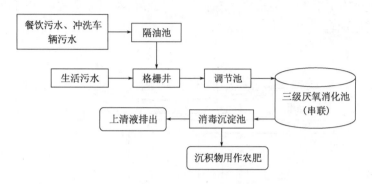

图 11-6 大型施工营地生活污水处理工艺流程

(4)消毒,在消毒沉淀池内投入漂白粉、石灰等消毒物质杀灭污水中的致病微生物。

调查结果表明,杂质、油脂、有机物、病菌等污染物,通过三级厌氧反消化微生物处理技术处理后,能取得较好的效果。上清液可以排放到附近的沟渠、农田或草地中,熟化(有机物降解/分解为无机物的过程)的沉积物可以用作农肥。

11.2 路(桥)面径流处置

路(桥)面径流中固体悬浮物和 COD 有时超标,若直接排入水体会对敏感水体水质产生一定的影响。此外,当公路距水源保护地、生活饮用水源和水产养殖水体较近,或者跨越敏感水体的时候,一旦危险品运输车辆发生事故会带来较大的环境风险。为此,近年来我国开展了许多路(桥)面径流收集处置试验研究,在一些跨敏感水体桥梁建设了桥面径流收集处理系统。下面,从路基段、桥梁段和基于危险品运输事故防控三方面,阐述路(桥)面径流处理技术。

11.2.1 路基段

生态边沟,即植草沟渠(grassed channels),是一般路段较为常用的路面径流处理技术,在输送地表径流的沟、渠中密植草皮,以防止土壤侵蚀并提高固体悬浮物的沉降效率,达到净化路面径流的效果。

生态边沟一般采取"浅碟式植草边沟+地下暗沟"的形式。暗沟可以是砾石层、穿孔管,或是浆砌片石或钢混结构的矩形暗沟。图 11-7 是一种较为典型的生态边沟形式,在暗沟的盖板上铺设一层砾石,砾石上用土壤拍茸成浅碟形状,并种植适宜的植被进行防护。

为研究生态边沟对路面径流的净化效果,于 2010 年 7 月 28 日,在吉林省江密峰至延吉段高速公路,对路面径流的截留净化效果进行了现场测试。分三次(间隔 15min 取一次)对初始路面径流及流过不同长度生态边沟后的路面径流进行取样,测定其污染物含量。

从图 11-8 可以看出,SS 的浓度随流经生态边沟距离的增加逐渐降低,当生态边沟长度达到 120m 时可以去除 50% 以上的 SS,三次采样 SS 的去除率分别为 79.4%、78.2%、78.9%。

前两次取样,COD 浓度随着距离的增加呈下降趋势,COD 去除率分别为 46.9% 和 30.8%。但第三次取样时,COD 浓度出现波动,可能是因为采样时赶上暴雨,水沟内流量较大,影响了截留效果。由此可见,生态水沟对路面径流污染物有一定的截留和净化效果,去除率与生态水沟的长度和径流流速有关。若单独采用生态水沟,路面径流难以完全去除 SS 和 COD,对敏感路段还应与其他措施配合使用。

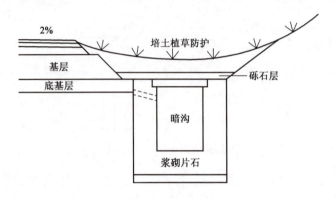

图 11-7 生态边沟结构示意图

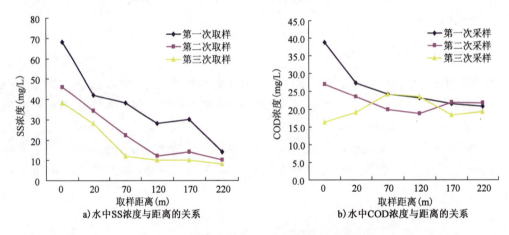

图 11-8 生态边沟内,水中污染物浓度与距离的关系

11.2.2 桥梁段

11.2.2.1 桥面径流收集处理

为了去除桥面径流中的 SS、石油类、COD、BOD_5 及重金属,研究提出了多功能串联径流净化池的桥面径流收集处理技术,工艺流程如图 11-9 所示。

图 11-9 桥面径流处理技术流程

依托广州绕城高速(九江至小塘段)跨敏感水体(北江和南沙涌)路段,在两座桥梁的两端共4处,开展了桥面径流收集处置试验示范。示范工程由储存调节系统和处理系统串联构成(李华等,2010),如图11-10所示。

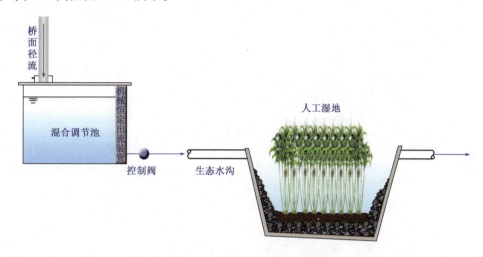

图11-10 桥面径流收集处理工程示意图

桥面汇集的径流通过进水管进入储存调节池内,进行混合、沉淀。根据径流量的大小和水位,通过出水管缓缓流入生态水沟内,进一步净化水质。径流由生态水沟流入人工湿地的进水溢流堰处,通过溢流堰溢流至人工湿地内,湿地内设置砾石坝,延长水流时间,同时栽种多种水生植物吸附降解径流中的污染物(图11-11)。最后通过出水溢流堰缓缓溢出,再经生态水沟排放至当地排水系统或沟渠。另外,当危险化学品进入储存调节池时,可关闭储存调节系统出水管的控制阀,防止危险化学品进入水体。

图11-11 广州绕城高速公路,桥面径流人工湿地处理池(李华 拍摄)

采样分析结果表明(表11-2),SS、COD、BOD、TP、NH_3-N和石油类6项指标的去除率分别为90.5%、81.4%、74.0%、66.6%、75.7%和79.8%,处理效果优良,标准偏差低于5%,工程稳定可靠,说明对于高速公路桥面径流,调节池与人工湿地组合系统是一种较好的处理方法(衷平等,2007)。

桥面径流处理效果(mg/L) 表11-2

项目名称	采样点	pH	SS	COD	BOD	TP	NH₃-N	石油类
北江南岸	进水	6.64	616	207	59	0.10	33.79	0.33
	出水	6.97	58	34	15	0.036	7.52	0.08
	去除率(%)		90.6	83.4	74.6	64.7	77.7	76.3
北江北岸	进水	7.38	535	267	36	0.11	24.10	1.54
	出水	7.28	47	48	10	0.036	6.34	0.25
	去除率(%)		91.1	81.8	72.2	68.9	73.6	83.3
南沙涌北岸	出水	7.28	370	236	47	0.085	20.22	1.79
	出水	7.34	26	46	11	0.028	5.28	0.44
	去除率(%)		92.7	80.4	76.6	67.1	73.8	75.4
南沙涌南岸	进水	6.75	286	160	22	0.13	18.52	1.17
	出水	7.07	35	32	6	0.048	4.18	0.18
	去除率(%)		87.6	80.0	72.7	65.4	77.4	84.0
平均去除率(%)			90.5	81.4	74.0	66.5	75.6	79.8
标准偏差(%)			2.1	1.5	2.0	1.9	2.2	4.5

11.2.2.2 危险化学品泄漏监控及应急处理

应急池、人工湿地收集处理系统，能够对敏感水体路段危险品泄漏应急起到一定作用，但如果没有设置必要的自动化监控设备和应急控制处理系统，其应急功能要依靠人工现场操作阀门开关才能实现，往往无法真正满足危险品泄漏的应急需求。为此，研究提出了跨越敏感水体桥梁危险化学品泄漏监控及应急处理系统。

该系统能够确保跨越敏感水体桥梁段发生危险化学品泄漏事故后，监控中心在第一时间发现事故，并立即启动应急自动控制系统，将泄漏的危险品完全收纳至应急储存池内，消除污染隐患，与此同时兼顾日常桥面径流的净化处理，减少公路运营对敏感水体水质的影响。

该系统包括五大部分：应急监控操作系统平台、危险品车辆事故监控预警系统、气象监测预警系统、桥面径流管道收集系统、危险品泄漏应急储存和雨水径流收集处理系统。

（1）应急监控操作系统平台

应急监控操作系统平台，是在监控中心设置的、与监控计算机相连接的、多键应急按钮操作系统和应急指挥电话的组合，是危险品运输事故监控识别、日常桥面径流收集处理系统操作管理等远程操作指令发布的平台。监控人员根据监控计算机显示、系统自动控制和人工判断，按照系统操作要求及时开启或关闭应急操作系统中的相应按钮，或者利用应急电话进行事故核实等应急操作（图11-12、图11-13）。

（2）危险品车辆事故监控预警系统

危险品车辆事故监控预警系统，主要由大桥监控摄像系统（事故识别）、桥梁固定报警电话系统、敏感水体保护标志牌3部分组成。

桥梁监控摄像头，通常设置在大桥的两端，但当桥梁长度大于1km或有明显的弯道导致桥梁两端摄像头无法覆盖整座跨敏感水域桥梁时,应根据实际情况增设监控摄像头。监控摄像头实时向监控中心计算机传输视频信号。

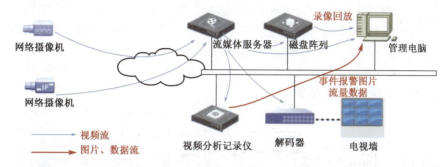

图11-12 应急监控数据流程图

图11-13 利用现有道路运输监控中心构建的应急监控操作平台

桥梁应急报警电话,通常每300~500m设置一个,当发生恶性交通事故或危险品泄漏事件时,现场人员能够在第一时间向监控中心工作人员报警。

敏感水体保护标志牌,应在跨敏感水体的大桥桥头位置布设,清楚标明"敏感水体保护路段""报警电话××"等相关信息,能够提醒驾驶人在该路段小心驾驶,如果有事故发生时能够使用报警电话主动向监控中心报警。

(3)气象监测预警系统

气象监测预警系统,主要由能见度监测仪、雨量计和气象参数监测仪等设备组成。通过对大桥路段能见度和降雨情况的实时监测,预判恶劣气象条件下交通事故的发生概率,及时提醒监控中心操作人员加强对该路段交通状况的实时观察,进而减少危险品泄漏事故发生后的识别时间,提高危险品泄漏事故应急能力,见图11-14。

(4)管道收集系统

桥面径流管道收集系统,主要由桥面径流收集孔、径流收集管组成。

图11-14 江西昌奉高速,桥梁段气象监测预警系统
(陶双成 拍摄)

桥面径流收集孔设置距离根据公路桥梁排水相关规范确定,收集孔处需要设置滤网,防止杂物进入收集管道。径流收集管一般选用PVC等材质的排水管组装完成,管径的确定依据相关桥梁排水规范计算获得。从桥面径流收集孔接出的径流收集管需要集中接入应急调节池池壁一侧,用管箍等固定设备将收集管牢牢固定在池壁上,防止因水头效应造成收集管震荡不稳。

(5) 危险化学品应急储存及桥面径流处理系统

危险化学品应急储存及桥面径流处理系统,主要有应急调节池、径流处理系统、应急储存系统、自动化控制系统组成,具体见图11-15。

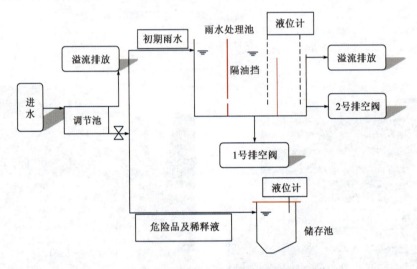

图11-15 危险化学品应急储存及桥面径流处理系统

应急调节池,上端设有溢流排放口,池底设有两个排水通路,分别由应急电控蝶阀和径流电控蝶阀控制。

径流处理系统,由1号径流电控蝶阀、径流处理池和处理池液位监控系统构成。径流处理池内设置隔油挡板等设施,并设置能够实现远程控制功能的排空阀。同时设置液位监测系统,协同进行远程控制。

应急储存系统,由2号应急电控蝶阀、应急储存池和应急池液位监控系统构成。应急储存池做防渗处理,设置液位监测系统,协同进行远程控制。

自动化控制系统,由现场电控处理器、径流电控蝶阀、应急电控蝶阀、处理池液位监控系统、应急池液位监控系统、供电系统、监控计算机和应急操作系统构成。

该系统已经在江西昌奉高速公路、吉林鹤大高速公路等跨敏感水体路段桥梁中得到应用,运行正常,对敏感水体安全保护和水环境污染防治发挥了积极作用。

11.3 公路沿线设施污水处理

11.3.1 我国公路沿线设施污水处理现状

服务区是公路沿线设施中人流最大、功能最复杂的区域,因其污水量大、水质差,污水处理问题最引人关注。2013~2014年,采用一般性调查和重点调研相结合的方式,分析研究了我国高速公路沿线设施污水处理现状。在全国范围分东北、西北、中部、南部地区,选择有代表性的省份开展一般性调查,东北地区选取辽宁省、吉林省,西北地区选取宁夏回族自治区、甘肃省,中部地区选取河南省、安徽省,南部地区选取广东省。这7个省份2014年年底高速公路通车里程为2.69万km,约占全国高速公路通车里程的24%。7个省份共收集到235对服务区污水处理的有效资料,约占全国服务区数量的20%。重点调研选择其中的42对代表性服务区,现场取样测定了污水进、出水质,观测设备运转情况。

11.3.1.1 污水处置途径及排放要求

距离城镇比较近的服务区,可以将污水直接汇入周边城镇污水管网,由城镇污水处理厂集中处理;部分污水产生量很小的服务区,因气候严寒等原因污水处理达标排放难度很大,通过污水收集池收集储存污水,然后再由清运车辆将污水转送至污水处理厂(场)处理,这些服务区不需要建设独立的污水处理系统。调研发现,这类情况很少,仅占全部服务区的10%左右。

绝大部分服务区远离城镇,需要建设独立的污水处理系统。污水处理后,主要有达标排放和回用两种途径。

根据受纳水体功能的不同,达标排放需要满足不同的排放标准:通过路侧边沟汇入自然水体(Ⅲ类及以下水体)的,执行《污水综合排放标准》(GB 8978—1996),这种情况最为常见;汇入农田沟渠作为农作物灌溉用水的,执行《农田灌溉水质标准》(GB 5084—2005)。有些省(自治区、直辖市),如北京、江苏、福建等,制定了更为严格的地方排放标准,除对BOD、COD、SS等指标要求更加严格外,对总氮和总磷也提出了限制性要求。

污水处理后作为杂用水在服务区内回用的,执行《城市污水再生利用 城市杂用水水质》(GB/T 18920—2002)。2016年,交通运输部颁布了行业标准《公路服务区污水再生利用 第1部分:水质》(JT/T 645.1—2016),可以参照执行。临近水源保护区等敏感水体的服务区,污水不得外排,必须回用;有些服务区用水量很大或取水困难,存在中水回用的需求,也建设了污水处理回用系统。调研发现,我国服务区建设中水回用系统还很少,不到10%。

11.3.1.2 污水处理系统配置及其工艺

调研发现,需要自行建设污水处理系统的服务区都按建设项目环境保护要求配置了污水处理系统。但是,有7.2%的服务区污水处理系统因老化而基本报废,这主要集中在运营10年以上的服务区。

从污水处理系统的结构来看,有地埋式一体化装置(图11-16)和分体式钢筋混凝土构筑物两种形式,且以地埋式一体化装置为主,约占82.3%。2005年前建设的小型污水处理系统,

a)某服务区污水处理地埋式一体化装置实景图(简丽 拍摄)

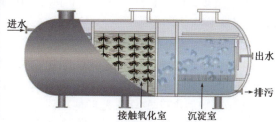
b)地埋式一体化装置内部结构示意图

图11-16 地埋式一体化污水处理装置

都采用分体式钢筋混凝土构筑物形式。2005年后,逐渐有环保厂家将各处理单元集中到一个钢罐体中,即"地埋式一体化装置"。实际上,这只是这类污水处理装置的统称,每个处理装置,往往其处理工艺和运行参数不尽相同。这类装置不需要建设地上设备间及地下构筑物,通过PLC控制可实现自动运行,所以目前在公路沿线设施污水处理中广泛应用。

从处理系统采用的污水处理工艺来看,地埋式一体化装置采用的技术工艺分为:水解酸化—接触氧化、厌氧—好氧(A/O)、厌氧—缺氧—好氧(A^2/O)三种(图11-17)。其中,水解酸化—接触氧化工艺约占85%;A/O工艺约占10%;A^2/O工艺因运行相对复杂,应用比例低于5%。

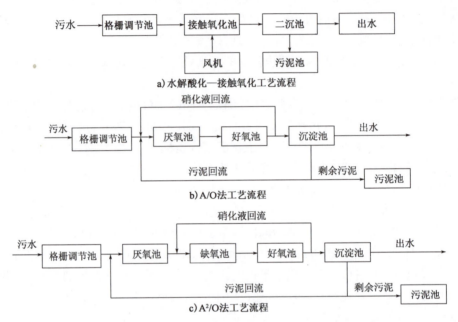

图11-17 地埋式一体化装置采用的污水处理工艺流程

有17.7%的服务区污水处理系统,采用分体式钢筋混凝土构筑物形式。采用的污水处理工艺,也以水解酸化—接触氧化、A/O两种工艺为主,占60%以上;其他工艺包括:土壤渗滤、人工湿地、序批式活性污泥法(SBR)、生物转盘、曝气生物滤池、膜生物反应器工艺(MBR)等。

11.3.1.3 污水处理系统存在的典型问题

调研发现,部分服务区污水处理系统存在着不能达标排放的问题,这既有管理不善的原因,也有技术本身的原因。

(1)技术工艺不适用

服务区污水处理系统属于小型、分散型污水处理系统,可采用的污水处理工艺有很多种,但每种工艺都有一定的适用范围。调研发现,东北、西北部分严寒地区的一些服务区,采用水解酸化—接触氧化或A/O工艺的地埋式一体化装置,污水处理效果很差。这是因为:参与污水处理生化反应的微生物,在水温低于10℃时活性很差,达不到有效去除污染物的效果,导致出水不达标。某些省份出台了地方污水排放标准,对总氮、总磷等有严格的限制性要求,而有些服务区依然采用了水解酸化—接触氧化或A/O工艺,由于服务区污水中氮、磷含量较高,而这两种工艺脱氮除磷效果非常有限,造成出水中氮磷普遍超标。

有的污水处理系统过于复杂,采用了大量的机电设备,且均安装于地下。这不仅耗电量大,而且管理养护工作量大、要求高,一旦机电设备发生故障,检修与更换非常不便。从运行管养的角度来说,这样的工艺不适合公路沿线设施低维护管养的要求。

(2)设备选型及安装不当

服务区污水处理系统的主要机电设备包括水泵、鼓风机、曝气机、自动格栅、加药泵、电气控制柜等,这些机电设备的正常运转是污水处理系统正常运行的先决条件。调研发现,污水处理系统机械设备故障,水泵、电气控制柜、风机的故障发生率分别占60%、20%、15%左右,其余5%主要是管道阀门锈蚀等(图11-18)。

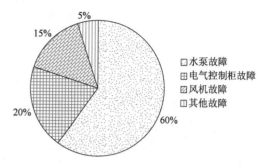

图11-18 污水处理系统设备故障类型及其占比

安装在调节池后的提升泵最易发生故障,主要是因为提升泵前的格栅栅隙过大,不能有效拦截住坚硬、粗大的固体杂物,导致水泵叶轮在运转时卷入杂物,造成频繁堵塞。这不仅使叶轮磨损严重、效率降低,严重时会造成水泵叶轮卡机,最终导致水泵电机烧毁等后果。

电气控制柜故障主要是因为柜体锈蚀,造成防护功能降低,导致电气元器件的损坏。控制柜中安装的PLC控制系统,具备短路、过流、过压、过热、过载等多种保护功能,有些还具备通过采集液位等信号控制水泵、风机启停的功能。电气控制柜通常都是就近安装在地埋式一体化装置附近,露天安装。由于污水处理系统周边湿度较大,加之日晒雨淋,电气控制柜柜体易发生腐蚀,从而导致电气元器件受潮损坏。而PLC控制系统的维修需要一定的专业水平,往往普通电工难以解决,从而可能导致污水处理设施长时间无法运转。

风机故障大多是因为鼓风机安装在地下,风机室进水导致电机被水淹短路造成的。风机安装在地埋式一体化装置中分隔出的风机室中,风机室上部设有人孔通向地面。安装施工时,有些人孔盖板高出地面很少,甚至与地面齐平,下雨时很容易造成风机室进水。此外,有些一体化装置锈蚀严重,也会导致污水或地下水渗入风机室。

(3)运行能耗大

调研发现,采用地埋式一体化装置的污水处理系统,其水泵、风机等运行消耗电量为0.7～1.5度电/吨水,有的甚至超过3度电/吨水。通常,我国农村、城镇小区等地类似的小型生活污水处理系统,采用接触氧化工艺的,电耗一般低于0.5度电/吨水。之所以服务区地埋式一体化装置运行电耗远高于前者,主要有如下两方面的原因:

(1)服务区污水处理系统的实际处理水量大多远低于设计处理能力,"大马拉小车"的现象普遍存在。污水提升泵出水阀门通常需要部分关闭以减少出水量,才能适应运行工况,水泵运行通常不在其高效段内,导致水泵电耗增大;鼓风机的曝气能力远大于实际污水处理量的需求,存在过度曝气的问题,同样导致电耗增大。

(2)服务区污水处理系统大多由电工代管,没有专业人员负责运行,设备的维修保养很不到位,往往导致电气设备老化严重,造成电耗增加。比如,污水提升泵经常被杂物堵塞,清理不及时会导致叶轮磨损严重,效率降低。

11.3.2 污水处理的技术需求及工艺适用性分析

11.3.2.1 技术需求

在我国中部及南部地区的服务区,目前广泛应用的地埋式一体化装置在正常运转状态下,去除有机污染物的效果不存在问题,可以满足《污水综合排放标准》(GB 8978—1996)要求。但是如上所述,在调研中也发现,从全国范围来看,服务区污水处理系统还存在着运行能耗高、设备故障率高、寒冷地区污水处理达标困难、污水处理回用技术缺乏等突出问题。针对这些问题,公路沿线设施在污水处理方面有如下技术需求:

(1) 低能耗、低管养的污水处理技术

有的服务区污水处理系统,去除污染物的效果不存在问题,但因能耗高、维护困难,不适合公路沿线设施低维护、低管养的要求,经常处于不运转的状态,造成系统闲置而污染依旧。因此,需要结合服务区的运营管养特点,开发运行费用低、流程简单、维护管理要求低的污水处理技术。

(2) 适应低温条件的污水处理技术

我国地域宽广、幅员辽阔,不同气候类型的区域,公路服务区污水处理系统进水温度存在显著差异。在东北等寒冷地区,冬季污水处理系统的进水温度通常在10℃以下,在污水处理系统中长时间停留,水温会更低。而地埋式一体化装置通常采用好氧生化处理,发挥重要净化作用的是嗜中温微生物,低温会抑制其生长,从而影响处理效果。因此,需要研究开发适应低温条件的污水处理技术,以解决北方寒冷地区服务区污水处理达标排放的问题。

(3) 污水处理回用技术

2015年4月,国务院印发了《水污染防治行动计划》(被称为"水十条"),其中第七条"促进再生水利用"明确要求:"推进高速公路服务区污水处理和利用"。服务区污水从处理后达标排放转向严格处理后加以利用,将是今后的发展方向。但是,目前我国服务区建设污水处理回用系统的还很少,已建成的系统也鲜有长期稳定运转的,所以亟需开发服务区污水处理回用技术。

11.3.2.2 污水处理工艺的适用性分析

服务区污水处理工艺的选择,不仅要适应服务区污水排放的特点,其建设投资、占地面积、管理水平、区域适用性等,还要充分满足公路沿线设施建设养护的需求。为此,从技术性能、工程造价、运行费用、操作管理便利性等方面,综合分析了常用污水处理工艺的特点及其在服务区应用的适用性,详见表11-3。

11.3.3 曝气生物滤池技术

11.3.3.1 工艺简介

曝气生物滤池(Biological Aerated Filter),是在普通生物滤池的基础上,引入给水滤池过滤机理而形成的污水生物处理新工艺,结构如图11-19所示。以滤池中装填的粒状填料(如陶粒、焦炭、石英砂、活性炭等)为载体,在滤池内部进行曝气,使滤料表面生长大量生物膜;当污水流经时,滤料可截留颗粒物,滤料上附着生物膜中的活性微生物可分解有机物。特别是滤料上固定的大量微生物,可形成具有结构层次的生态系统,极大地提高微生物的降解效率。滤池综合了过滤、吸附、生物代谢等多种功能。反应器内好氧、缺氧区域的存在,还可实现脱氮除磷的功能。通过对滤料的冲洗、再生,可实现滤池的周期性运行。

公路沿线设施常用污水处理技术

表 11-3

工艺	厌氧-好氧(A/O)	序批式活性污泥(SBR)	水解酸化-接触氧化	土壤渗滤	人工湿地	曝气生物滤池	膜生物反应器(MBR)
进水要求	无严格要求	无严格要求	对于悬浮物含量有一定要求	对于悬浮物、有机物含量均有要求	对于悬浮物、有机物含量均有要求	对于悬浮物含量有要求	对于悬浮物含量有严格要求
操作维护	涉及硝化液回流，机械设备增加，操作维护要求一般	时序运行，自动控制要求高，操作维护较复杂	存在填料更换问题，操作维护要求一般	不涉及机械设备的运转，操作维护要求简单	不涉及机械设备的运转，仅涉及湿地植物的季节性收割，操作维护要求简单	存在填料更换问题，操作维护要求一般	存在膜定期清洗及维护问题，操作维护要求复杂
工程造价	较低	较高	适中	低	适中	较高	高
运行费用	较高	较高	较高	低	低	较高	高
工程占地	占地较大	占地较小	占地较小	占地较大	占地大，但湿地植物的种植可结合景观效果综合考虑	占地小，适合室内上设置	占地最小，通常需建设设备内设置
污泥处理	污泥产生量较大	污泥产生量较大	污泥产生量较少	无污泥排放问题	无污泥排放问题	污泥产生量较少	污泥产生量较少
出水水质	出水水质一般。有机物，NH$_3$-N 及总氮、P 的去除效果较差	出水水质一般。有机物的去除效果较好，NH$_3$-N 去除效果一般，总氮及 P 的去除效果较差	出水水质一般。有机物及 NH$_3$-N 的去除效果好，总氮、P 的去除效果较差	出水水质一般。有机物、NH$_3$-N 一般的去除效果一般，总氮及 P 去除效果较差	出水水质较好。有机物，NH$_3$-N，总氮及 P 的去除效果较好	出水水质非常好。有机物及 NH$_3$-N 的去除效果好，总氮、P 的去除效果一般	出水水质非常好，可以达到中水回用标准要求
气候适应性	气候条件对处理工艺有影响	气候条件对处理工艺有影响	气候条件对处理工艺有影响	气候条件对处理工艺影响很大	气候条件对处理工艺影响很大	室内设置时，气候条件对处理工艺影响较小	通常室内设置，气候条件对处理工艺影响较小
服务区污水处理适用性的分析	可以采用，尤其适合排放标准要求有严格中对脱氮的情况；也可作为中水回用的前处理工艺	不适用，脱氮除磷能力差，不易满足达标排放要求；自动控制要求高，维护管理工作量大	可以采用，可以满足排放标准要求；也可作为中水回用的前处理工艺	谨慎采用，可用于对出水水质要求较低的服务区	可以采用，但应注意对水质悬浮物、有机物的控制；寒冷地区不适用；占地大，需保证足够地空间	可以采用，可以满足排放标准要求；也可作为中水回用的前处理工艺	可以采用，在中水处理回用上最具优势，是出水水质最有保障的工艺。但应注意维护管理要求高，运营费用高

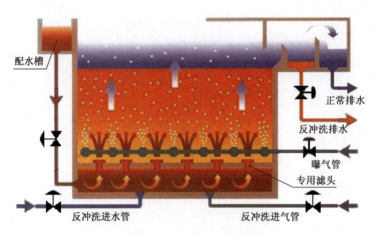

图 11-19 曝气生物滤池示意图

11.3.3.2 工艺优化

因生物载体、池型结构、反冲洗方式等不同,目前常用的曝气生物滤池有 BIOCARBONE、BIOSTYR、BIOFOR、BIOSMEDI 等工艺。但这些工艺普遍存在以下缺点:加入生物填料导致建设费用增高;一般需要反冲洗,可调控性差;载体选择不当,容易发生短流、堵塞;对磷的处理效果较差,对总磷指标要求较高的地区,应配套建设出水的深度除磷设施。在季冻区,因冬季低温而导致污水处理达标困难。

为此,从生物载体、专属微生物、池型结构和保温增温等方面开展了研究,对曝气生物滤池工艺进行了优化。

(1)低温微生物

温度对微生物代谢活性至关重要,每种微生物都有最低、最适和最高生长温度。根据微生物的最适生长温度,可将微生物分成三类:低温微生物、中温微生物和嗜热微生物。各种微生物的生长温度如表 11-4 所示。

各类微生物生长的温度范围　　　　　表 11-4

类　别	生长温度(℃)		
	最　低	最　适	最　高
低温微生物	$-5 \sim 0$	$15 \sim 20$	$25 \sim 30$
中温微生物	10	$25 \sim 37$	$45 \sim 50$
嗜热微生物	30	$50 \sim 60$	$70 \sim 80$

污水处理中常见微生物随着水温的降低,微生物的增值速度减慢,优势菌属的种类也逐渐减少。在自然条件下,污水中的低温微生物在季节交替过程中虽然逐渐增加,但由于其生长、代谢速率较慢的生理特征,及各种生态因子的抑制作用导致冷适应微生物数量上升缓慢,不能及时地补充流失的生物量,从而无法达到常温下的污水处理效果。筛选分离高活性的、具有嗜油功能的低温微生物用于冬季污水处理,可从根本上解决服务区低温污水处理效果差问题。

(2)功能载体

普通曝气生物滤池采用的载体主要包括:多孔陶粒、无烟煤、石英砂、膨胀页岩、塑料模块等。这些载体一方面由于密度较大,导致载体间的空隙易被老化的生物膜和被截留的其他悬浮物堵塞,另一方面多为无机成分,导致其与微生物的亲和程度不高。

固定化微生物技术是通过化学或物理手段,将微生物固定在载体上使其高度密集并保持其生物功能,在适宜的条件下增殖并满足应用所需的一种新的生物技术。这种技术具有微生物密度高、反应迅速、微生物流失少、产物易分离、反应过程易控制等优点。因此,采用固定化微生物技术,将耐冷菌高度富集在特定载体系统中,有望提高寒区冬季污水处理效果。

聚氨酯载体因具有较好的亲水性、孔结构、微生物亲和性以及耐生物降解性,密度接近水,可在水中悬浮等特点,而且载体孔径可控,比表面积大,是性能优良的微生物固定化滤料。通过改变原料组成、配方比例、合成条件等方法,可以改变填料表面的介电特性和官能团结构,制备不同的硬度、比表面积、孔径分布、开孔率、密度、耐化学性和机械强度良好的聚氨酯泡沫载体,从而实现填料的表面改性,强化其吸附效能,进而提高整个曝气生物滤池的处理能力。

(3)池型结构

为方便统一加工、运输,实现现场快速简易施工,研究开发形成曝气生物滤池成套标准化设备或现场组装模块,包含厌氧/兼氧滤池、曝气生物滤池及出水沉淀池,同时配备曝气、提升、水位控制及污泥处置等配套设备。曝气生物滤池具备完备的承托层、载体拦网、支架、布水系统、布气系统、排泥系统、出水系统等结构单元,并根据需要设计相应的设备保温或增温设施。

(4)保温增温措施

我国东北、西北等严寒地区,冬季气候寒冷,冰冻期一般长达3～6个月,最低气温通常在−30℃以下,平均水温一般不超过10℃。表11-5为我国部分寒区城市气温和水温变化。

我国部分寒区城市气温和水温变化　　　　表11-5

城市	地理位置	气温(℃)			排水温度(℃)
	纬度(北纬)	最低月平均	极端最低	年平均	冬季平均
沈阳	41°61′	−12.7	−30.5	—	7～9
吉林	43°47′	−17.8	−40.2	4.5	6～8
哈尔滨	45°65′	−20.0	−38.1	4.3	5～7
大庆	45°47′	−25.5	−37.4	3.5	5～7
包头	40°49′	−17.0	−30.4	6.6	6～8
乌鲁木齐	43°45′	−16.9	−41.5	6.9	7～9

上述地区虽然冬季气温较低,但是由于冬季采暖室内温度一般在20℃以上,排水温度可达5～9℃,基本与耐低温微生物生存条件一致。但是公路沿线设施污水处理系统一般设在户外,由于冬季污水量较小,导致停留时间长,温度散失较大。因此,为保障低温微生物正常降解所需的温度条件,应该对排放污水进行保温,并将处理系统置于室内。这些措施可减少室内排放污水进入处理系统过程中的温度散失,再辅以一定的增温措施,可以保证冬季污水处理效果。

11.3.3.3　应用案例

在吉林省营松高速公路靖宇服务区,建设以改良曝气生物滤池为核心工艺的污水处理示范工程,采用全过程保温措施,设计处理规模60 m³/d。

(1)处理设施

设计进、出水水质见表11-6,出水水质采用《污水综合排放标准》(GB 8978—1996)的一级标准。处理系统采用"调节沉淀池—曝气生物滤池"的工艺流程,设备间采用地上框架结构,系统设置了预热池,各单元基本情况见表11-7。

设计进出水水质(单位:mg/L)　　　　　表11-6

项 目	pH	COD	BOD	SS	NH_3-N
进水水质	6~9	400	150	150	40
出水水质	6~9	60	20	20	10

主要处理单元一览表　　　　　表11-7

名 称	尺寸(m)	结构形式	数量(座)
调节池	4×2×2.4	地下钢混	1
设备房	7.6×7.4	砖混	1
集水井	1.0×1.0×2.3	钢混	3
阀门井	1.0×1.0×2.3	钢混	3
排泥池	1.0×1.0×2.3	钢混	1
曝气生物滤池一体化设备	5.4×2.0×2.2	钢制,设备房内安装	1

(2)处理效果

通过3年的连续监测,该系统对主要污染物去除效果很好,其中COD去除率稳定在85%~98%,NH_3-N去除率稳定在72%~98%,TP去除率在86%~97%(图11-20)。在-18℃低温和高污染负荷进水(COD=791mg/L,NH_3-N=152mg/L,TP=10mg/L)时,系统处理效果稳定,除TN和TP达到城镇污水处理厂一级B标准外,其余指标均达到一级A标准。

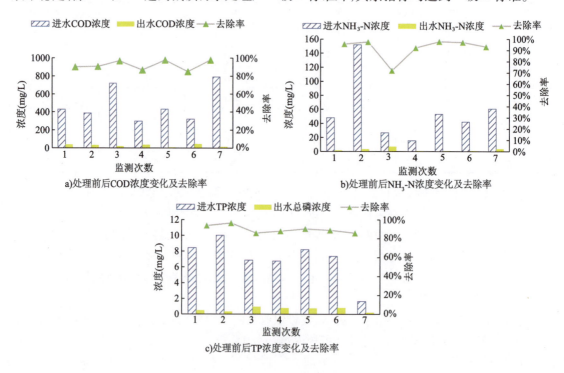

图11-20　改良曝气生物滤池运行效果

11.3.4 生化与生态组合处理技术

11.3.4.1 生态处理技术

(1) 工艺简介

污水生态处理技术是指运用生态学原理、采用工程学手段,对污水进行治理的方法,也就是通过一定的控制手段把污水逐渐散布到土地上,利用"土壤—植物—微生物"复合系统对污水中可降解的污染物进行净化的技术工艺。污水生态工程技术包括氧化塘、地表漫流、土壤渗滤、人工湿地等类型,在生活污水处理中最有代表性、最具实用价值的是人工湿地工艺。

人工湿地是指人工筑成水池或沟槽,底面铺设防渗层,填充一定深度的土壤等基质,种植水生植物,污水在基质的孔隙或表面流动时,利用基质、微生物和水生植物之间一系列物理、化学和生物的协同作用净化污水的系统,见图 11-21。

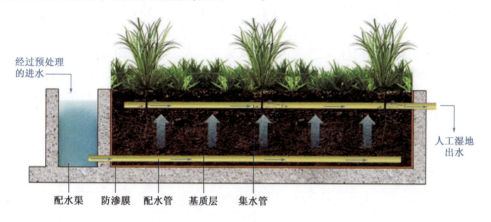

图 11-21 人工湿地工艺示意图

20 世纪 70 年代的湿地污水处理系统大都利用原有的天然湿地,以泥泽的形式出现;80 年代的人工湿地处理系统,基质多为砾石;80 年代末和 90 年代初,在美国和英国相继召开了人工湿地研讨会,提出了人工湿地的有关机理和设计规范,标志着人工湿地处理系统作为一种独具特色的污水处理技术进入环境科学技术领域。此后,人工湿地常用于处理雨水径流以及各类城镇生活污水。我国环境保护部颁布了《人工湿地污水处理工程技术规范》(HJ 2005—2010),用以指导该项技术的具体应用。

(2) 工艺特点

①投资省、能耗低、维护简便

人工湿地不采用大量人工构筑物和机电设备,无须曝气、投加药剂和回流污泥,也没有剩余污泥产生,可大大节省投资和运行费用。在维护方面,人工湿地基本上没有机电设备,日常维护只需定期清理渠道及收割植物,一般人员即可承担。

②抗冲击负荷能力强

人工湿地体积较大,污水在其中的停留时间长,同时填充的基质具有一定的吸附能力,因此,可有效缓冲水力和污染负荷的冲击,出水水质稳定。

③脱氮除磷效果好,出水水质较好

人工湿地是低投入、高效率的脱氮除磷工艺,不需要污水常规生化处理后的化学除磷环节,处理后的水可直接排入湖泊、水库或河流中。

④具有一定景观效果

人工湿地污水处理设施可与周围景观需求相结合,部分湿生植物(如美人蕉、鸢尾等)本身即具有良好的景观效果。

人工湿地虽然占地面积较大,但服务区具备提供开敞空间的条件。通常服务区要求绿化面积大于30%,采用人工湿地工艺的污水处理系统可与绿地建设统筹考虑,替代部分绿地。

(3)单一人工湿地处理存在的问题

调研发现,已建的几处采用"调节池—沉淀池—人工湿地"工艺流程的服务区污水处理系统,运行情况并不理想,主要存在以下问题:

①湿地堵塞

垂直潜流人工湿地在初期运行的数月至一年中,能正常运转,实现污水达标排放;但随后进水量逐渐减少,直至丧失进水功能,原因是湿地发生了严重堵塞。除湿地填料选配不当外,预处理工艺过于简化,是导致问题发生的最主要原因。人工湿地前的预处理工艺,由于采用的是简单沉淀,湿地进水中有机物太高,达不到规范要求,导致短期运行后即发生了堵塞。

服务区排放污水的 BOD 通常在 150~300mg/L,COD 通常在 300~600mg/L,SS 通常在 150~350mg/L,需要经过较严格的预处理才能达到《人工湿地污水处理工程技术规范》(HJ 2005—2010)中对湿地进水水质的要求(表11-8)。

人工湿地系统进水水质要求(单位:mg/L)　　表11-8

人工湿地类型	BOD_5	COD_{cr}	SS	NH_3-N	T-P
表面流人工湿地	≤50	≤125	≤100	≤10	≤3
水平潜流人工湿地	≤80	≤200	≤60	≤25	≤5
垂直潜流人工湿地	≤80	≤200	≤80	≤25	≤5

因此,今后的服务区污水处理系统若应用人工湿地工艺,必须重视强化预处理工艺,大幅降低悬浮物、有机物污染指标,保证进水水质满足湿地要求。

②出水水质不佳

调研还发现,部分服务区的人工湿地,水力停留时间小于1d,出水水质达不到排放标准要求。究其原因,主要是设计参数选取不当、湿地面积设计过小。为此,今后设计人工湿地,应参考《人工湿地污水处理工程技术规范》(HJ 2005—2010)中设计参数(表11-9),经工程验证后再优化。

人工湿地的主要设计参数　　表11-9

人工湿地类型	BOD_5 负荷[$kg/(hm^2 \cdot d)$]	水力负荷[$m^3/(m^2 \cdot d)$]	水力停留时间(d)
表面流人工湿地	15~50	<0.1	4~8
水平潜流人工湿地	80~120	<0.5	1~3
垂直潜流人工湿地	80~120	建议值,北方:0.2~0.5;南方:0.4~0.8	1~3

11.3.4.2　组合处理技术

目前,服务区污水处理主要采用以接触氧化、A/O 为核心工艺的地埋式一体化装置,其运行能耗的70%以上来源于鼓风机曝气,且脱氮除磷的效果有限。而人工湿地等生态污水处理技术,是一种简便有效的污水生态处理技术,具有投资少、能耗和运行费用低、运行管理简单、景观效果好等突出优点,但对进水水质有严格要求、单一技术处理效率较低。为了降低运行能耗、提高处理效果,可以将接触氧化、A/O等生化处理与人工湿地串联组合,形成优势互补的组合工艺。生化处理仅作为人工湿地的预处理,可以降低其污染负荷,并节约运行能耗;通过生化预处理,极大地降低人工湿地的进水污染物负荷,人工湿地因有机物负荷高而发生堵塞的问题可以得到有效解决。

11.3.4.3 应用案例

案例一:改良曝气生物滤池—人工湿地组合技术

在广东省广佛肇高速公路鼎湖山服务区采用"改良曝气生物滤池—人工湿地"的组合技术进行了应用示范,设计处理规模$120m^3/d$。

(1)处理设施

设计进、出水水质见表11-10,出水标准采用《城市污水再生利用 城市杂用水水质》(GB/T 18920—2002)和《城镇污水处理厂污染物排放标准》(GB 18918—2002)的一级B标准,以满足服务区景观绿化、冲厕等资源化利用的需要。采用"改良曝气生物滤池+人工湿地"为核心的工艺(图11-22);设备间采用地上框架结构,各单元基本情况见表11-11。

设计进出水水质(单位:mg/L)　　　　　　　　　　　　　　　　　表11-10

项　目	pH	COD	BOD	石油类	SS	NH_3-N
进水水质	6-9	450	200	10	220	80
出水水质	6-9	60	20	3	20	8

图11-22　工艺流程

主要处理单元一览表　　　　　　　　　　　　　　　　　表11-11

名　称	建筑尺寸(m)	数量(座)	备注
设备房	10.00×8.20×4.50	1	砖混
集水池	5.00×3.00×2.00	1	钢混
调节池	容积40t	1	玻璃钢
格栅井	1.00×1.00×1.20	1	钢混
曝气生物滤池一体化设备	6.00×2.40×2.40	1	不锈钢
人工湿地	20.00×3.00×1.30	1	—

(2)处理效果

该系统于2017年初建成(图11-23),3月现场取样监测结果表明,出水水质(表11-12)完全满足设计要求。

a) 改良曝气生物滤池

b) 人工湿地

图 11-23　鼎湖山服务区污水处理系统（刘学欣 拍摄）

鼎湖山服务区污水处理效果（单位：mg/L）　　　表 11-12

点位	pH	COD_{cr}	BOD_5	SS	NH_3-N	T-P	T-N
原水	6.7	730	336	859	61.91	2.58	66.38
生物滤池出水	7.9	55	18	16	7.36	0.97	13.26
人工湿地出水	7.8	35	8	9	3.89	0.42	8.92

案例二：接触氧化—人工湿地组合技术

在贵州省遵义赤水河谷旅游公路九龙屯驿站，建设了采用接触氧化结合人工湿地的污水处理系统，设计处理水量 20m³/d。

（1）处理系统

设计进、出水水质见表 11-13，出水标准采用《城镇污水处理厂污染物排放标准》（GB 18918—2002）中一级标准的 A 标准，工艺流程见图 11-24。处理系统在设计中充分利用了地形高差，驿站污水自流进入污水处理系统，在系统内各单元依次流动时全部为自流，直至最终自流出水排放。各单元基本情况见表 11-14。

设计进出水水质（单位：mg/L）　　　表 11-13

项　目	COD_{cr}	BOD_5	SS	NH_3-N	T-P
进水	450	200	300	100	5
出水	50	20	20	10	0.5

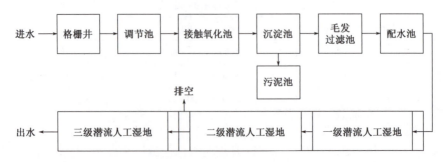

图 11-24　工艺流程图

主要处理单元一览表　　　　　　　　　　　表 11-14

序 号	名　　称	尺寸(m)	数量(座)	备　　注
1	格栅井	2.00×2.00×2.00	1	安装 10mm 粗格栅、4mm 细格栅各 1 套
2	调节池	2.00×2.00×3.50	1	—
3	接触氧化池	2.50×2.00×3.50	1	设 1 台潜水曝气机
4	沉淀池	1.50×1.50×3.50	1	设 1 台污泥泵
5	过滤池	0.75×0.75×2.00	1	设 1 套毛发过滤器
6	配水池	0.75×0.75×2.00	1	
7	潜流人工湿地	5.00×3.50×1.60	3	种植美人蕉、菖蒲、风车草
8	放空溢流渠	0.80×3.50×1.60	1	

该处理系统与普通人工湿地污水处理系统相比，在三个方面进行了改进：一是在人工湿地前增加了接触氧化处理工艺，可有效降低人工湿地的进水有机物负荷，同时接触氧化池中的潜水曝气机根据进水情况间歇曝气，有效控制运行能耗；二是在人工湿地进水前增加毛发过滤器，可有效拦截无法沉淀的漂浮型物质，从而减少湿地堵塞的发生；三是人工湿地分 3 座串联，每座之间均设有自由液面的配水渠道，可有效复氧，从而提高湿地的处理效率。

(2)处理效果

该系统于 2016 年 4 月建成，5 月完成工艺调试，一年多来处理效果稳定。人工湿地种植的美人蕉、菖蒲、风车草等湿生植物，在实现污水净化的同时营造出自然的景观效果，使污水处理系统与周围的环境融为一体(图 11-25)。2016 年 6 月至 10 月，对污水处理设施运行情况进行了 5 次跟踪监测，处理效果(表 11-15)优于设计目标。

图 11-25　遵义赤水河谷旅游公路九龙屯驿站污水处理系统(简丽 拍摄)

污水处理效果(单位：mg/L)　　　　　　表 11-15

点　　位	COD_{cr}	SS	$NH_3\text{-}N$	T-P
原水	243～376	89～178	38～56	5.3～7.5
接触氧化出水	87～95	—	13～19	3.9～5.8
人工湿地出水	38～45	4～7	1～5	0.05～0.19

综上所述，将生化处理与人工湿地串联，能有效满足公路服务区污水处理需求，在环保要

求越来越严的新形势下,将有着十分广泛的推广应用前景。

11.3.5 污水处理回用技术

污水处理回用体现了优水优用、低水低用的原则,可实现水资源的高效利用、节约利用、循环利用,对于我国这样一个缺水的国家,具有重要意义。

服务区污水经处理后,可以作为杂用水,回用于冲厕、绿化、洗车及道路清扫等用途。相比于污水处理达标排放,处理回用要求更加严格:一是要满足卫生要求,主要指标有大肠菌群数、细菌总数、余氯量、BOD_5等;二是要满足感观要求,即无不快的感觉,衡量指标主要有浊度、色度、臭味等。

为此,污水处理回用技术的选择,主要有两种组合形式:一是在常规二级生化处理工艺后增加深度处理,进一步去除有机物、悬浮物、细菌等;二是将二级生化处理与深度处理工艺集成,在同一个高效反应单元完成,最有代表性的就是 MBR 技术。

11.3.5.1 生化处理结合深度处理

在常规二级生化处理工艺的基础上增加深度处理,是最早应用、也最为成熟的污水处理回用技术。深度处理技术包括加药混凝、介质过滤(含生物过滤)、氧化技术、膜处理及它们的组合等。

(1)混凝沉淀

利用混凝剂使水中的悬浮颗粒物和胶体物质凝聚形成絮体,然后通过沉淀或气浮的方法去除絮体。加药混凝的突出优点是经济、简便、适用范围广,对浊度、磷及色度等感官指标,均有较好的去除效果。

(2)介质过滤

介质过滤可分为两类,一类是去除悬浮物的技术,如多介质过滤;另一类是将深度生化处理与过滤结合在一起的技术,如生物滤池。

多介质过滤是利用一定粒径的石英砂、陶粒或纤维滤料等无机介质,过滤截留悬浮物、胶体物质的技术,常用于对去除悬浮物、浊度要求高的深度处理工艺。

生物滤池是以砂、焦炭、矿渣或人工滤衬等作为填料层,然后将污水喷洒在上面,并供给充分氧气和营养,在填料表面生成一层凝胶状生物膜(细菌类、原生动物、藻类、菌类等),当污水沿填料层流动时,污水中的可溶性、胶性和悬浮性物质吸附在生物膜上被微生物氧化分解。它综合了过滤、吸附和生物代谢等多种污水处理工艺,滤料内部固定大量微生物,形成具有结构层次的生态系统,极大提高了微生物的降解效率;集生物氧化和截留悬浮固体于一体,节省了后续沉淀池,与通常的二级生化处理技术相比,容积负荷高、抗冲击负荷能力强、处理效果好,对碳源污染物和氮源污染物都有良好的去除作用、占地面积小,处理流程简单。

(3)氧化技术

氧化技术是指利用臭氧等强氧化剂对水中色度、嗅味及有毒有害有机物进行氧化去除的技术,根据来水水质状况和出水水质要求还可以采用臭氧—过氧化氢、紫外—过氧化氢等高级氧化技术。目前,臭氧氧化技术在自来水给水处理中已经普遍应用,在污水处理回用中也用于脱色、除臭等。

臭氧氧化对污水的色度、嗅味去除效果显著,出水色度一般小于 10 度;可综合改善水质,并强化病原微生物的去除,在污水深度处理方面很有潜力。但是目前国外品牌的臭氧制备设备价格较高,而国产小型臭氧发生器在技术稳定性上与国外设备相比还有差距,影响了臭氧氧化技术在我国的推广应用。

11.3.5.2 MBR

(1)工艺简介

MBR 即膜生物反应器工艺是 20 世纪 90 年代发展起来的污水处理新技术,是生物处理与膜分离技术相结合的一种高效污水处理工艺。其结构见图 11-26,典型工艺流程见图 11-27。

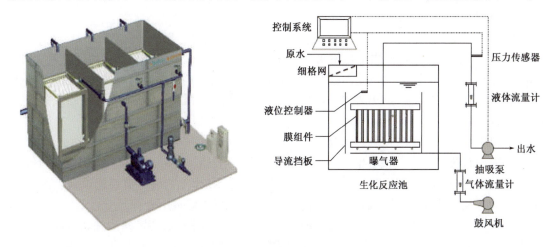

图 11-26 MBR 结构示意图

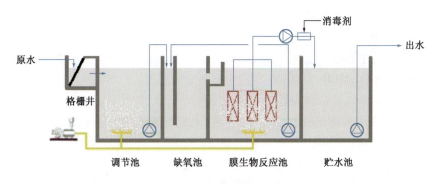

图 11-27 MBR 典型工艺流程

MBR 通过膜组件的高效分离作用使泥水彻底分离,水力停留时间(HRT)和污泥停留时间(SRT)相互独立,生物反应器内的污泥浓度得到提高,SRT 的延长促使污泥中出现增殖缓慢的特殊菌(如硝化菌等),使生物反应器功能得到扩大,同时减少了剩余污泥的产量,从而基本解决了传统污水生物处理工艺存在的各类突出问题。由于膜的应用,也大大提高了出水的水质标准,更符合污水处理回用的要求。因此,MBR 工艺近年来在小型污水处理及回用方面应用越来越多,呈现出取代近年来占据主导地位的生物接触氧化工艺的趋势,尤其是在城市建筑中水回用中得到了较好的应用,但目前在服务区污水处理中还鲜有应用。

(2)工艺特点

MBR 工艺具有如下优点:

①出水水质好:膜的高效分离使出水悬浮物、有机污染物浓度和浊度很低,基本没有微生物与病毒。

②剩余污泥量少:系统中保持的较高污泥浓度降低了系统的污泥负荷,营养物质仅能维持微生物的生存,基本没有剩余污泥的排放;同时由于污泥龄长,利于硝化菌生长且不流失,对氨氮有很高的去除率。

③占地空间小:系统微生物浓度、容积负荷高,生物反应器的容积小,并省去二沉池;处理工艺流程简单,对于小型中水处理设施具有突出的优越性。

④易于实现自动控制,操作管理较方便。

MBR与其他中水处理回用工艺相比,最突出的优点就是出水水质好,只要正常运转,出水确保优于回用水水质要求,尤其是对感官性指标的改善更加显著,可以满足服务区洗车、冲厕用水对回用水水质的高要求;另外,MBR容积负荷高、占地面积小,对于用地紧张的服务区十分适合。

但是调研过程中,服务区管理人员对MBR工艺的认可度并不高,主要原因包括:

其一,建设投资高。其核心单元——膜生物反应器中的膜组件价格较高,仅膜组件的价格就相当于同等处理能力的地埋式一体化装置整体价格;MBR工艺通常需要建设地上的设备间,便于膜生物反应器的安装及膜组件的清洗等操作,所以土建费用较高。

其二,膜组件易污染。膜组件运行一段时间后,通量会下降,需要定期清洗。目前服务区管理人员不具备专业的膜清洗维护能力,需要委托专业厂家进行定期维护,维护成本较高。

其三,运行费用高。MBR反应器中污泥浓度非常高,要保持足够的传氧速率,必须加大曝气强度;为了加大膜通量、减轻膜污染,必须增大流速,冲刷膜表面。所以要求的鼓风曝气风量远大于传统生物处理工艺,电耗较大。

目前,MBR工艺在服务区应用的工程案例还非常少,缺乏应用实践。相信随着服务区污水处理回用需求的增加,MBR工艺将在实践中不断发展完善。

11.3.5.3 回用存在的认识误区

目前服务区建成污水处理回用系统的还非常少,已建成的也往往未能发挥应有的效益,主要存在以下两方面的认识误区。

(1)认为污水处理回用系统运行成本高,使用不经济

有些服务区虽然建设了污水处理回用设施,但是认为运行成本高、不经济,长期不使用。服务区除盥洗、餐饮用水有严格的水质要求必须采用生活用水外,其余冲厕、绿化、机修及洗车、加油站清洗等杂用水,均可采用经处理后达到回用标准的中水,这部分水量通常占服务区总用水量的60%以上。不可否认,污水处理回用系统的运行成本肯定要高于处理达标排放系统,但是如果综合考虑取水成本,污水处理回用在大部分服务区还是经济的。

首先,可节约水资源费。除极少数毗邻城镇的服务区,有条件采用市政管网供水外,大多数高速公路服务区用水取自地下水。以河南省为例,服务区取水的地下水水资源费为$0.6 \sim 1.0$元$/m^3$,若采用中水回用,不仅可以大大节约地下水用量,而且减少了这部分用水的取水费用。

其次,可节约取水电耗。调研的河南省65对服务区中,除2对采用市政自来水外,其余全部是通过自备井取水。由于地下水位逐年下降,这些服务区的地下取水水位大多在100~

200m之间;个别地区,如郑州北服务区地下取水水位降到了380m,连霍高速公路开封服务区在地下450m才能取到水。按照通常深井泵的工作效率,若从地下200m井深取水,提取1m³水至地面水箱的电耗约1kW·h;电费按0.7元/(kW·h)计,则取水电费就达到0.7元/m³。而达标排放的污水再经深度处理后回用,增加的运行费用约为0.6~1.0元/m³。由此可见,对于自备井取水,尤其是取水较深的服务区,污水处理回用在经济上是合理的;对于使用市政自来水的服务区,水费更是高达1.8元/m³以上,污水处理回用也是经济的。

(2)配套中水供水系统不完善,中水回用用途单一,回用率低

部分服务区污水处理后达到了回用水水质要求,但却仅仅是作为绿化浇灌用水使用,而未作为冲厕、洗车用水等多用途、全面回用,这是由于供水系统不完善造成的。中水产水受服务区污水排放量和处理设施运行能力的制约,在时间上与杂用水用量并不匹配,虽然中水池可以进行一定的缓冲,但是其供水仍存在着不稳定性。对于冲厕等必须保障供水的用水点,服务区通常采用供水条件更有保证的自来水。然而,绿化浇灌的用水量非常有限,且季节性变化大,中水单纯作为绿化浇灌水使用,回用率一般不足20%;冲厕用水量全年与服务区排水量的变化规律一致,并且在各类用水量中所占比例最高,有些服务区的冲厕用水量甚至占到60%以上,因此服务区中水回用于冲厕,其水资源节约效益才更加显著。

实际上,通过采取一定措施,完全可以保证中水供水系统的稳定性。比如,在中水池中设自来水或深井水补水管路,当中水池低液位时自动补水,再通过变频供水设备将中水送至冲厕等各用水点。但是,目前在服务区中水回用供水系统中,还鲜见采用这样的技术措施。

11.3.5.4 应用案例

在河南省郑卢高速公路少林服务区,建设了采用生化处理结合深度处理的污水处理回用系统。少林服务区位于旅游黄金线路,占地面积为18.4hm²,集餐饮、住宿、购物、加油、汽修、车辆降温等综合性服务于一体,共有停车位322个,交通客流量大。南、北服务区各配套建设1处200m³/d的污水处理回用设施,设计处理量10m³/h,工艺相同。

(1)处理设施

设计进、出水水质见表11-16,出水标准采用《城市污水再生利用 城市杂用水水质》(GB/T 18920—2002)要求,回用于冲厕、绿化和洗车。采用"A/O+生物砂滤+多介质过滤+消毒"为核心的工艺(图11-28);处理单元池体采用地埋式钢筋混凝土结构,设备间采用地上框架结构,各单元基本情况见表11-17。

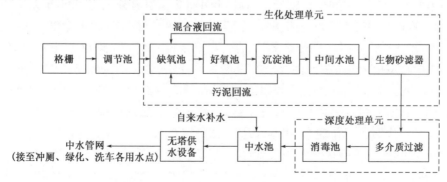

图11-28 工艺流程图

设计进出水水质(单位:mg/L)　　　　表 11-16

项目	COD$_{cr}$	BOD$_5$	SS	NH$_3$-N	浊度	T-P	pH	总大肠杆菌群
进水	450	200	300	100	—	5	6~9	—
出水	—	10	—	10	5	0.5	6~9	3 个/L

主要处理单元一览表　　　　表 11-17

序号	名称	尺寸(m)	数量(座)	备注
1	格栅渠	1.60×0.40×1.80	1	安装 4mm 细格栅
2	调节池	6.50×2.00×5.50	1	设 2 台潜污泵
3	缺氧池	6.50×2.00×5.50	1	设 1 台潜水推流器
4	好氧池	6.50×6.50×5.50	1	设 2 台回流泵,微孔管曝气
5	二沉池	4.00×4.00×5.50	1	设 2 台污泥回流泵
6	中间水池	2.25×2.00×5.50	1	设 2 台潜污泵
7	生物砂滤器	Φ0.8×3.0	1	在设备间安装
8	多介质过滤器	Φ0.8×2.0	1	在设备间安装
9	消毒池	1.50×1.00×5.50	1	臭氧消毒,出水补余氯
10	中水池	2.25×4.00×5.50	1	—
11	设备间	5.00×11.00×4.20	1	设消毒剂投加装置、鼓风机、中水供水设备

该系统与类似污水处理回用系统相比,在三个方面进行了改进:其一,生化处理单元在 A/O 工艺后增加了生物砂滤,进一步提高对有机物的去除,具有很好的脱氮效果;其二,采用臭氧消毒的方式,在消毒的同时可以实现对有机物的深度降解,具有很好的脱色效果;其三,在中水池增加了自来水补水管路,中水供水稳定可靠,全面用于冲厕、绿化、洗车。

(2)处理效果

该系统于 2014 年年初建成,3 月初开始进行工艺调试,4 月份委托环保监测合格后正式移交服务区管理,处理效果稳定。2015 年 9~10 月,对污水处理设施运行情况进行了 6 次跟踪监测,主要污染物处理效果见图 11-29。

从图中可以看到,污水处理设施进水 COD、BOD、SS 及氨氮分别达到 500mg/L、140mg/L、400mg/L 及 100mg/L 左右,"A/O+生物砂滤"生化处理单元对 COD 的去除率在 88% 左右,出水 COD 基本稳定在 60mg/L 以下;对 BOD 的去除率接近 90%,出水 BOD 稳定在 20mg/L 以下;对 SS 的去除率在 95% 左右,出水 SS 在 20mg/L 以下;对氨氮的去除率在 93% 左右,出水氨氮在 8mg/L 以下,生化处理出水完全可以达到《污水综合排放标准》(GB 8978—1996)一级标准要求。生化处理出水再经"多介质过滤+消毒"深度处理后,进一步提高了出水水质,整个工艺对 COD 的去除率在 92% 左右,出水 COD 基本稳定在 45mg/L 以下;对 BOD 的去除率接近 95%,出水 BOD 稳定在 10mg/L 以下;对 SS 的去除率接近 99%,出水 SS 在 10mg/L 以下;对氨氮的去除率接近 95%,出水氨氮基本在 7mg/L 以下,出水完全满足《城市污水再生利用 城市杂用水》(GB/T 18920—2002)中最严格的水质要求。

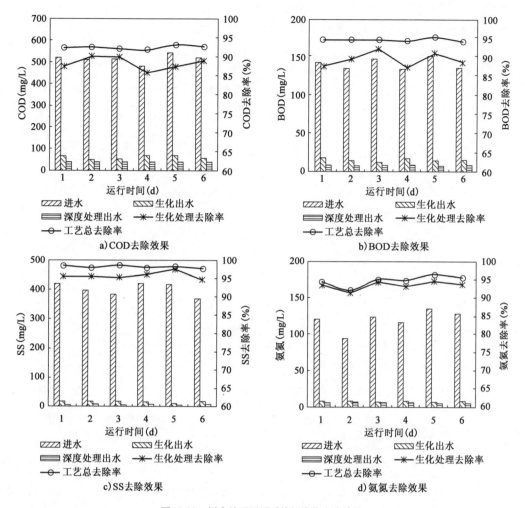

图 11-29 污水处理回用系统污染物去除效果

(3) 费用分析

污水处理回用设施(不含中水回用管网)总投资 180 万元,包含设施的土建、设备及安装工程费用。设施的运行费用包括电费、药剂费、人工费、设备维护费、污泥处置费等,从 2014 年 7~2015 年 6 月运行一年的时间,实际平均处理水量为 110 m^3/d,具体费用见表 11-18。

由表 11-18 可知,设施的年运行费用为 7.78 万元,实际吨水运行成本为 1.86 元,电费占全部运行成本的 50%。少林服务区的用水来自深井取水,取水深度 52m,建设污水处理回用设施前,南区年取水量为 4.84 万 t,年取水用电量约 1.95 万度;建成污水处理回用设施后,约 70% 的处理后水回用,年取水量节约 2.81 万吨,直接节约地下水水资源费 2.81 万元,取水用电 0.96 万元。

设施的年运行费用减去节约的取水费用,实际增加的年运行费用为 3.71 万元,折算吨水实际增加的运行成本为 0.92 元。而污水处理达标排放的吨水直接运行费用也在 1 元左右,所以处理后回用并未增加运行费用。另外需要指出的是,随着回用率的提高,或者地下取水深度的增加,中水回用的经济性会进一步显现。

运行费用一览表　　　　表11-18

序号	项目	单位	单价(元)	运行费用	
				合计(万元)	说明
1	电费	度	0.85	3.75	提升泵每天运行4h;潜水推流器24h运行,风机和污泥回流泵每天运行12h;污泥泵每天运行2h;过滤器、消毒装置每天运行4h。每天平均用电120.95度,每天平均电费为102.81元,年用电费用为3.75万元
2	药剂费			0.53	深度处理回用时投加氯化铁及消毒剂,年药剂费为0.53万元
3	人工费			1.20	由服务区经理兼职管理,另1个服务区临时人员日常巡视维护,增加的人工费1.2万元
4	设备维护费			1.40	在2年保修期内,无此项费用发生(依据签订的建设工程施工合同);后期主要是泵和风机的维修,污水泵及污泥泵按每年维修4次,需维修费用为0.8万元,风机按每年维修2次,需维修费用0.3万元,其他设备维护费为0.3万元。维护费用合计1.4万元
5	污泥处置费			0.60	格栅池杂物三天清理一次,由服务区人员自行清理,量少存放于服务区垃圾池,不产生费用;剩余污泥4个月由环卫车抽吸一次,每次0.2万元,年清理费用0.6万元
	合计			7.48	

注:目前设备尚在保修期内,未发生维护费用;考虑保修期满后,对维护费用进行了估算。

11.4 环境友好型融雪剂

为尽快清除道路冰雪,融雪材料以操作方式简便、使用价格低廉及除雪迅速等特点,被国内外公路养护部门广泛采用,成为解决公路冰雪灾害的重要手段之一(陈宗伟,2011)。随着融雪剂施用量的逐年递增,其对生态系统的环境危害日益凸现(刘涛等,2015)。针对传统融雪材料存在的融雪效率低、使用不规范、环境影响大等问题,从经济、环保和实用角度出发,研发了道路用(R系列)、桥梁用(B系列)和敏感区域用(SA系列)三类七种环境友好型融雪剂。

环境友好型融雪剂主体融雪材料的选择,主要以其浓度变化过程中的冰点变化规律为依据。采用冰点浊点结晶点测定器,分析氯化钠、无水氯化钙、六水氯化镁、硝酸钙、乙二醇和丙三醇等材料在不同浓度下的冰点变化,综合考虑使用区域、适用温度和经济成本等因素,确定不同产品的主体融雪材料,并通过测定不同配比时融雪化冰能力的变化,确定各产品主体融雪材料的成分配比及其使用温度范围。

添加剂的选择,依据碳钢腐蚀性和盐化作用强度等指标,筛选出金属缓蚀剂、混凝土缓蚀剂、植物保护剂和土壤水体改良剂等,以提高产品的环境保护性能,并通过正交实验优化确定添加剂配方及添加量。

道路用R系列融雪剂选用氯盐作为主料,添加对金属缓蚀、混凝土缓蚀、植物保护和土壤水体改良起促进作用的添加剂;桥梁用B系列融雪剂选用硝酸盐作为主料,添加对金属和混凝土有突出保护作用的添加剂;敏感区域用 SA 系列融雪剂选用有机物作为主料,添加对植物保护和土壤水体改良起促进作用的添加剂。

11.4.1 融雪化冰性能

融雪材料中易潮解的固态物质通过吸收空气中的水分,产生潮解现象,使冰雪表面形成少量的水,由于固液两相的化学势不等,两相不能共存,其中必然有一相要向另一相转变,若固相化学势大于液相化学势,则固相就要向液相转变即固体融化;反之亦然。融雪原理可以简单概括为,通过加入融雪剂,降低水的冰点(凝固点),使在冬季较低温度条件下,冰、雪以液态形式存在,达到融雪的目的。因此,环境友好型融雪剂的关键应用性能是融雪化冰能力。

委托北京市环境卫生监测站,按照北京市地方标准《融雪剂》(DB 11/T 161—2012)中规定的试验方法,测定了三类七种环境友好型融雪剂的相对融雪化冰能力指标(表 11-19)。可见,环境友好型融雪剂融雪化冰能力指标均显著优于标准设定值,具有较好的融雪化冰性能。

环境友好型融雪剂融雪化冰能力　　　　表 11-19

指标	R1	R2	R3	B1	B2	SA1	SA2
相对融雪化冰能力(%)	104	125	168	148	190	98.5	102

11.4.2 对金属及混凝土的影响

传统氯盐融雪剂对交通基础设施的影响,主要体现在对桥梁、护栏和汽车底盘等的金属锈蚀及对混凝土腐蚀等方面。以工业盐为对照,比较七种环境友好型融雪剂对 Q235 碳钢的腐蚀性,结果显示环境友好型融雪剂对金属碳钢的平均腐蚀率均低于 0.1mm/年,与 3.5% 工业盐相比较,其相对腐蚀率均低于 10%,对金属腐蚀性从低到高依次为 SA 系列 < B 系列 < R 系列 < 工业盐,见表 11-20。

七种环境友好型融雪剂对碳钢的腐蚀性　　　　表 11-20

产品类型	初始质量 M_1(g)	蚀后质量 M_2(g)	减蚀质量 ΔM	腐蚀速率 R(mm/年)	平均腐蚀速率 R (mm/年)	相对腐蚀率(%)*
工业盐	20.952	20.848	0.104	0.865	0.816	100.00
	21.075	20.978	0.097	0.801		
	21.086	20.992	0.094	0.783		
	21.050	21.043	0.007	0.055		
R1	21.243	21.238	0.005	0.043	0.048	5.83
	21.013	21.008	0.005	0.045		
	20.525	20.517	0.008	0.068		
R2	20.396	20.389	0.006	0.052	0.060	7.29
	21.054	21.047	0.007	0.059		
	21.066	21.056	0.009	0.077		
R3	21.330	21.321	0.008	0.068	0.071	8.68
	21.271	21.263	0.008	0.067		
	21.003	20.999	0.004	0.032		

续上表

产品类型	初始质量 M_1(g)	蚀后质量 M_2(g)	减蚀质量 ΔM	腐蚀速率 R(mm/年)	平均腐蚀速率 R（mm/年）	相对腐蚀率(%)*
B1	21.123	21.119	0.004	0.030	0.032	3.90
	20.887	20.883	0.004	0.034		
	20.485	20.482	0.003	0.027		
B2	20.347	20.345	0.003	0.022	0.032	3.93
	21.008	21.003	0.006	0.047		
	21.013	21.011	0.003	0.022		
SA1	21.198	21.196	0.002	0.016	0.016	2.00
	21.040	21.039	0.001	0.012		
	21.064	21.062	0.002	0.017		
SA2	21.177	21.175	0.002	0.016	0.015	1.83
	21.362	21.361	0.002	0.013		

注：*相对腐蚀率(%)是以3.5% NaCl 溶液的腐蚀速率为100%。

以氯离子相对扩散系数,作为评价融雪材料对混凝土腐蚀性的评价指标,测定7种环境友好型融雪剂对混凝土的腐蚀性(图11-30)。与工业盐相比,环境友好型融雪剂对混凝土的腐蚀性较小,对混凝土腐蚀性从低到高依次为 SA 系列 < B 系列 < R 系列 < 工业盐。

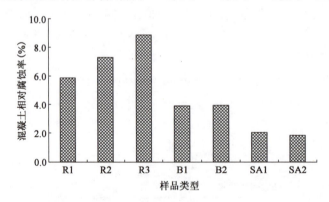

图11-30 环境友好型融雪剂对混凝土的相对腐蚀率比较

11.4.3 对水环境的影响

传统的融雪材料,会随着路面径流进入水体,影响水环境质量。采用淋溶实验研究融雪材料对水体环境的潜在影响。一般表层20cm土壤含盐量为0.2%~0.6%的称盐化土壤,含盐量0.6%~2%或以上的称为盐土。为此,对7种环境友好型融雪剂及工业盐,按每盆土壤干质量的0.1%、0.3%和0.5%三种浓度梯度加入融雪材料,进行盐胁迫处理。按土壤最大含水率的150%喷洒蒸馏水,淋溶24h后取渗漏的水样,测定水体pH值、全盐量、氯含量、氨氮、COD等指标,进行水质分析。

（1）对含盐量和酸碱度的影响

土壤淋溶液的含盐量和酸碱度测定结果见图11-31和图11-32。

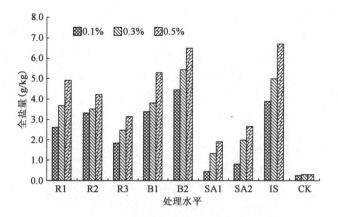

图 11-31 不同浓度融雪材料胁迫下的淋溶液含盐量
注：IS 为工业盐处理，CK 为对照。

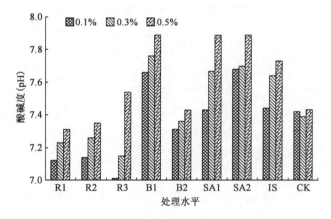

图 11-32 不同浓度融雪材料胁迫的淋溶水体酸碱度变化
注：IS 为工业盐处理，CK 为对照。

从图 11-32 可以看出，不同浓度融雪材料处理后，土壤淋溶液的含盐量较对照均具有显著增加。其中 B1 型、B2 型和工业盐处理的淋溶液含盐量相对较高，在三种不同浓度下分别达到 3.4~4.4g/kg、3.8~5.4g/kg、5.3~6.7g/kg，而对照仅为 0.25~0.28g/kg。不同类型融雪材料处理的淋溶液全盐量差异显著，全盐量的增加主要与融雪材料的主成分有关。

从图 11-32 可以看出，融雪材料处理后的土壤淋溶液的酸碱度变化维持在 7.0~7.9 范围内，对 pH 值的影响较小。B1 型、SA1 型、SA2 型和工业盐在处理浓度为 0.3% 以上时，水体的酸碱度有较显著的上升，但未超出《地表水环境质量标准》(GB 3838—2002) 规定的限值。淋溶液的酸碱度变化状况与其对应的土壤酸碱度有所差异，这可能与不同离子的迁移速率有关。

对于地表水，现有环境标准中没有含盐量指标，对于集中式生活饮用水地表水源地，规定的氯化物指标为 250mg/L。鉴于融雪剂土壤淋溶试验含盐量结果，高于集中式生活饮用水地表水源地规定的氯化物指标，为了避免使用融雪剂对地表水含盐量造成潜在影响，应加强含盐路面径流的收集处置，尽量避免在集中式生活饮用水地表水源地附近使用融雪剂。

(2)对氯含量的影响

不同浓度融雪材料胁迫处理后土壤淋溶液的 Cl⁻ 浓度见图 11-33。结果显示,SA 系列融雪材料与对照相比,Cl⁻ 浓度无显著差异,这主要是因为 SA 系列融雪材料主要以有机物丙三醇为主成分,对水体几乎没有 Cl⁻ 成分的输入。而 R 系列和 B 系列融雪材料的氯离子输入量与施用浓度有关,但在 0.5% 施用量下 Cl⁻ 浓度均低于 200mmol/L,均显著低于工业盐水平。

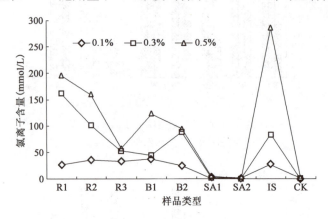

图 11-33　不同浓度融雪材料胁迫的淋溶水体 Cl⁻ 含量变化
注:IS 为工业盐处理,CK 为对照。

R 系列和 B 系列融雪材料为了降低其生产成本,虽主成分中使用了工业盐,但与传统氯盐型融雪材料相比,Cl⁻ 浓度具有显著的下降,尤其是在 0.5% 以上施用量下,其 Cl⁻ 浓度下降约 30%,显著降低了产品对水环境的影响。

(3)对氨氮的影响

不同融雪材料处理后土壤淋溶液内的氨氮含量变化情况见图 11-34。结果显示,R 系列和 SA 系列融雪材料中氨氮含量较低,即使在 0.5% 施用量下,也没有超过 60mg/L;特别是 SA 系列融雪材料,其氨氮含量与对照相近,显著低于工业盐。而 B1 型融雪材料,因其主成分为氯盐和硝酸盐混合物,在 0.5% 施用量下,淋溶过程其氨氮含量较对照有了显著的上升。

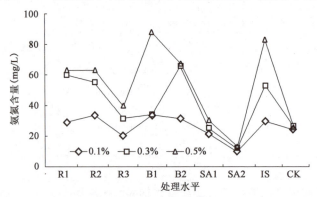

图 11-34　不同浓度融雪材料胁迫的淋溶水体氨氮含量变化
注:IS 为工业盐处理,CK 为水处理。

(4)对 COD 的影响

不同浓度融雪材料处理的土壤淋溶液的 COD 量见图 11-35。结果显示,R 型、B 型和工业盐处理与对照相比,淋溶液 COD 无显著差异。而以有机物丙三醇为主要成分的 SA 系列融雪材料,COD 有显著的提高,在 0.5% 施用量时,COD 超过 2000mg/L,表明丙三醇生物耗氧量大,如果不控制其使用量和使用范围,有可能会造成水环境质量变差。

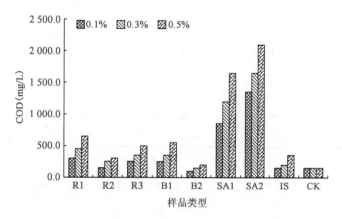

图 11-35 不同浓度融雪材料胁迫的淋溶水体 COD 含量变化

注:IS 为工业盐处理,CK 为对照。

11.4.4 对植物的影响

传统氯盐融雪剂会污染道路附近水体和土壤,抑制植物生长,从而影响路域生态环境。采用人工温室土培盆栽试验进行了研究,对比 0.1%、0.3% 和 0.5% 三个浓度胁迫下,黑麦草生物量、相对含水率、叶绿素含量和脯氨酸含量的差异,结果见表 11-21 ~ 表 11-23。

不同融雪剂在 0.1% 浓度下对黑麦草生长的显著性分析　　　　表 11-21

处理＼指标	生物量 (g)	相对含水率 (%)	叶绿素含量 (mg/gFW)	脯氨酸含量 (mg/g)
R1	2.60(0.04)d	96.5(0.10)c	3.35(0.04)f	31.30(0.10)c
R2	3.07(0.02)c	97.6(0.90)abc	3.60(0.03)d	29.30(0.08)d
R3	2.70(0.02)d	96.6(0.29)bc	3.52(0.02)e	28.00(0.10)f
B1	2.86(0.03)cd	97.8(0.59)ab	3.48(0.02)de	43.60(0.21)b
B2	2.78(0.02)cd	98.0(0.17)a	3.70(0.02)c	29.10(0.04)d
SA1	3.47(0.03)b	98.6(0.46)a	3.73(0.02)c	29.00(0.59)d
SA2	3.90(0.33)b	98.9(0.17)a	3.89(0.02)b	25.10(0.07)g
IS	1.55(0.03)e	94.2(0.23)d	3.10(0.03)h	48.30(0.59)a
CK	4.08(0.02)a	98.2(0.23)a	4.11(0.03)a	28.5(0.84)e

注:a、b、c 表示各水平 $p<0.05$ 多重比较,字母相同表示不显著,字母不同表示显著。

不同融雪剂在 0.3% 浓度下对黑麦草生长的显著性分析　　　　表 11-22

处理＼指标	生物量 (g)	相对含水率 (%)	叶绿素含量 (mg/gFW)	脯氨酸含量 (mg/g)
R1	2.26(0.02)e	95.7(0.06)b	3.21(0.02)g	37.00(0.27)d
R2	2.45(0.02)d	93.8(0.31)c	3.48(0.03)de	33.70(0.25)e

续上页

指标 处理	生物量 （g）	相对含水率 （%）	叶绿素含量 （mg/gFW）	脯氨酸含量 （mg/g）
R3	2.10(0.02)f	96.5(0.35)ab	3.44(0.01)e	34.00(0.11)e
B1	2.02(0.01)g	97.1(0.51)a	3.36(0.03)f	49.70(0.18)b
B2	2.45(0.02)d	93.8(0.36)c	3.51(0.01)d	38.40(0.31)d
SA1	3.24(0.01)c	96.6(0.21)ab	3.63(0.02)c	30.70(0.19)f
SA2	3.70(0.02)b	97.6(0.90)a	3.83(0.02)b	27.80(0.16)a
IS	1.40(0.03)h	92.6(0.50)c	3.07(0.03)h	57.00(0.16)a
CK	4.08(0.02)a	98.2(0.23)a	4.11(0.03)a	28.5(0.84)g

注：a,b,c 表示各水平 $p<0.05$ 多重比较，字母相同表示不显著，字母不同表示显著。

不同融雪剂在 0.5% 浓度下对黑麦草生长的显著性分析　　表 11-23

指标 处理	生物量 （g）	相对含水率 （%）	叶绿素含量 （mg/gFW）	脯氨酸含量 （mg/g）
R1	1.80(0.01)e	92.0(0.40)c	3.17(0.02)e	44.50(0.25)c
R2	2.16(0.02)d	93.6(1.01)abc	3.30(0.02)d	39.40(0.46)e
R3	1.67(0.02)ef	93.4(1.75)abc	3.27(0.01)d	39.70(1.04)e
B1	1.46(0.03)fg	96.1(0.72)a	3.18(0.02)e	58.50(1.04)b
B2	1.87(0.01)e	88.8(0.85)d	3.27(0.02)d	41.80(0.21)d
SA1	2.97(0.22)c	95.8(0.15)a	3.57(0.04)c	34.60(0.34)f
SA2	3.18(0.01)b	96.1(1.59)a	3.74(0.02)b	29.60(0.23)a
IS	1.30(0.02)d	86.2(0.64)d	3.01(0.01)f	69.30(0.54)a
CK	4.08(0.02)a	98.2(0.23)a	4.11(0.03)a	28.5(0.84)g

注：a,b,c 表示各水平 $p<0.05$ 多重比较，字母相同表示不显著，字母不同表示显著。

从表中可以看出，在三个浓度梯度中 SA2 型处理的黑麦草生长状况最好，受到的生长胁迫最小，而工业盐处理的黑麦草生长状况最差。随着融雪剂处理浓度的增加，融雪剂对黑麦草生长的抑制效应呈显著上升趋势。生物量和相对含水率均随浓度的升高呈下降趋势，脯氨酸含量均随浓度的增加呈上升趋势，而叶绿素的变化与 CK 差异显著。从浓度方面来看，浓度越低对植物生长的抑制作用越小。同一浓度不同融雪剂对黑麦草生长抑制作用差异较大，同一融雪剂在不同浓度对黑麦草生长的影响与融雪剂品种关系密切。整体来看，对植物生长情况的影响从小到大依次为：SA2 型 < SA1 型 < R2 型 < R3 型 < B2 型 < R1 型 < B1 型 < 工业盐。其中 SA2 型和 SA1 型融雪剂对植物生长的影响显著低于其他几种融雪剂，与 CK 差别不大。

结果表明，敏感区域用 SA 系列融雪剂对黑麦草基本无害，道路用 R 系列融雪剂和桥梁用 B 系列融雪剂相对工业盐对黑麦草影响较小。

11.4.5　环境友好型融雪剂技术指标

综合分析国内外融雪剂标准和规范，从物理指标、化学指标、动力学指标和环境指标 4 方面考虑,筛选了性状、水不溶物、气味、溶液色度、颜色、冰点、储存稳定性、pH 值、亚硝酸盐、重金属含量、固体溶解时间、相对融雪化冰能力、路面摩擦衰减率、碳钢腐蚀率、混凝土抗盐冻质量损失、植物种子相对受害率和皮肤刺激性 16 项内容,作为评价环境友好型融雪剂的技术指标(表 11-24)。

环境友好型融雪材料技术指标 表 11-24

序号		项目		性能要求	
				固体类	液体类
物理指标	1	性状		粒径大小 3~8mm 的固体颗粒占总质量的 90% 以上	无色或浅色的均一流体,不得分层
	2	水不溶物(%)		≤5	≤0.5
	3	气味		无令人不快气味	
	4	溶液色度、颜色		色度≤30 度,无色或浅色	
	5	冰点(℃)		Ⅰ型:-15℃<冰点≤-10℃ Ⅱ型:-25℃<冰点≤-15℃ Ⅲ型:冰点≤-25℃	
	6	储存稳定性		不结块	不分层,析出沉淀≤1%
化学指标	7	pH 值		6.5~9	
	8	亚硝酸盐氮,w(%)		≤0.001	
	9	重金属含量	汞*(Hg),w(%)	≤0.0001	
			镉*(Cd),w(%)	≤0.0001	
			铬*(Cr),w(%)	≤0.0001	
			铅*(Pb),w(%)	≤0.0001	
			砷*(As),w(%)	≤0.0001	
动力学指标	10	固体溶解时间(s)		≤720	
	11	相对融雪化冰能力		Ⅰ型:≥氯化钠融雪化冰能力的 90% Ⅱ型:≥二水氯化钙融雪化冰能力的 90% Ⅲ型:≥二水氯化钙融雪化冰能力的 100%	
	12	路面摩擦衰减率(%)		干基≤6,湿基≤16	
环境指标	13	碳钢腐蚀率(mm/年)		R:≤0.10,B:≤0.08,SA:≤0.05	
	14	混凝土抗盐冻质量损失(kg/m²)		R:≤0.05,B:≤0.01,SA:≤0.01	
	15	植物种子相对受害率(%)		R:≤40,B:≤50,SA:≤10	
	16	皮肤刺激性		无刺激性	

注:* 以固体融雪剂质量或液体融雪剂原液(未经稀释)质量计算百分含量。

本章参考文献

[1] 陈宗伟.氯盐型融雪剂的环境影响及其替代材料研发进展[J].生态科学,2011,30(5):556-561.
[2] 贾向群.高效冰雪融雪剂及应用[J].沈阳工业大学学报,1998,20(1):50-53.

[3] 简丽,姚嘉林,陈学平.高速公路服务区污水处理回用研究[J].公路,2016(5):199-203.
[4] 李华,刘勇,孔亚平,等.多功能桥面径流串联处理装置.中国,201020134798.6[P]2010-03-17.
[5] 刘涛,陈宗伟,王伟,等.不同融雪剂对黑麦草生长的影响[J].环境科学与技术,2015,38(6P):10-14.
[6] 刘学欣,孙鹏程,王德民,等.季冻区服务区污水处理技术分析研究[J].吉林交通科技,2015(4):43-45.
[7] 许英梅.一种低成本环保型融雪剂的制备与性能研究[J].辽宁化工,2007,36(1):10-15.
[8] 薛鹏丽,孙晓峰,宋云,等.高速公路服务区污水回用水质标准研究[J].公路交通科技,2013(4):119-122.
[9] 衷平,陈济丁,孔亚平,等.人工湿地处理桥面径流的试验研究[J].公路,2007(3):165-170.

12 公路水土保持监测

公路水土保持监测是保护水土资源和维护良好生态环境的重要举措,包括项目区水土流失监测、项目建设水土流失危害监测和水土流失防治监测(刘震,2004;李智广,2008),也是建设绿色公路的必然要求。为了提高公路水土保持监测的针对性、监测点布局的合理性、监测方法的适用性,交通运输部科学研究院对干旱半干旱地区、南方山区、温带草原区等不同区域多条公路进行了广泛的调查研究,建立了一套公路水土保持动态监测的指标体系,研发了相应的监测布局方法和实用监测技术。

12.1 监测指标体系

12.1.1 筛选原则

公路水土保持监测指标体系,既要体现公路建设与环境协调发展的指导思想,又要能够全面、科学、准确地反映公路建设项目水土流失动态变化情况、水土流失危害、水土保持措施实施情况以及防治效益发挥情况(郭索彦,2009;刘宪春,2007;曾红娟等,2007;唐学文等,2006)。为此,监测指标的筛选,统筹考虑了下列原则:

(1)能反映公路水土流失基本规律

公路工程不同于其他开发建设项目,其水土流失有着一些特殊的发生发展规律,如人为扰动性强、时段性明显、空间线状分布和内部差异性显著等(孔亚平等,2007)。因此,公路水土流失监测必须结合公路自身特点,在掌握公路水土流失发生发展规律的基础上,合理制定监测任务,明确监测内容,确定监测指标。

(2)具有代表性

公路工程项目水土流失影响因子众多,且彼此关系复杂。因此,监测指标的选取必须具有代表性,以点带面、概括、通用,重点突出,可通过对监测指标的观测,推算或扩展到其他类似工程区域。

(3)具有科学性、可操作性及完备性

科学性:指标体系科学合理,来源依据充分,概念清晰,目标明确,能充分反映开发建设项目水土流失监测的科学内涵和目的,指标间既要有内在联系,又要有外在区分。

可操作性:指标体系的各指标需根据当前水土流失监测手段与技术水平,从实践出发,选取易观测、易获取的指标,多采用直接、定量的指标,少采用或尽可能不采用间接、定性的指标,确保每个指标数据的准确性和实用性,突出实用原则。

完备性:公路工程项目水土保持监测是一项涉及多方面、多层次、多因子的系统性监测工作,其监测内容应涵盖工程建设过程中水土流失的动态变化(扰动地表面积、土石方量、水土流失量等)、水土流失危害、水土保持措施实施情况(水土保持措施类型、措施实施量)以及水土保持措施实施效果等,充分反映监测内容的完备性。

(4)空间性和时间性相统一

公路工程项目水土流失是一个动态发展的过程,其监测指标体系的构建应充分考虑时空分布特点,既要有反映项目某一时间节点的水土流失和水土保持状态的指标,又要有涵盖项目水土流失和水土保持动态演变趋势的指标。

12.1.2 筛选方法

采用层次分析结构模型构建公路建设项目水土保持监测指标体系,将指标体系分为总体指标和要素指标两个层次。总体指标从宏观上反映公路水土保持工作的开展情况,系统评价水土保持工作;要素指标是描述公路水土保持动态发展状态的基础指标。

监测指标采用三种方法来选取:

(1)理论分析法。综合考虑公路水土保持的特征和内涵,选取能表征公路水土保持重要特征的指标。①按照自然区域划分,从宏观层面上对公路水土流失监测的内容、对象和范围进行梳理,初步筛选指标,突出各个区域的特点。②根据公路建设各阶段的水土流失发生规律和发展特点,分别确定其水土流失监测指标。③将公路分为主体工程、施工便道、取弃土场、施工场地等工程单元,再按不同单元的水土流失防治目标设置监测的各项要素指标。

(2)频度统计法。对目前公路水土流失监测指标相关研究报告和论文中所列的指标进行频度统计,筛选出频度较高的指标。

(3)专家咨询法。在初步提出要素指标后,征询有关专家的意见,进行优化调整。

12.1.3 筛选结果

针对各阶段公路水土保持监测的内容,兼顾水土流失因子监测、水土流失状况监测和水土流失防治效果监测的基本要求,以直观性、实用性和科学性为出发点,参考水土保持常规研究方法和其他生产建设项目水土保持监测方法,研究建立了由5个总体指标和33个要素指标组成的指标体系,见表12-1,其具体监测内容见表12-2。

公路工程水土保持监测指标体系　　　　表12-1

指标类型	序号	指标名称	选择理由	获取方式	重点监测区	监测时期				监测频率
						开工前	施工准备期	施工期	试运营期(林草恢复)	
侵蚀影响因子	1	地貌形态类型与分区	很大程度上决定了侵蚀条件及工程土石方量	地面调查	全线		√			
	2	地理位置	需说明的基本情况	资料整理	全线	√				
	3	降水量(24h)	水力侵蚀的决定因素	地面观测点或国家气象站数据	全线		√	√	√	
	4	最大风速(24h)	风力侵蚀的决定因素	地面观测点或国家气象站数据	全线		√	√	√	
	5	路基填筑材料机械组成	土壤可蚀性的决定因素	地面调查实验室分析	全线		√	√		1次
	6	土壤重度	侵蚀量计算的决定因素	地面调查实验室分析	全线		√	√	√	1次/a

续上表

指标类型	序号	指标名称	选择理由	获取方式	重点监测区	监测时期				监测频率
						开工前	施工准备期	施工期	试运营期（林草恢复）	
侵蚀状况	7	土壤流失量	核心指标	地面观测 地面调查	全线		√	√	√	1次/m 或 1次/s
	8	水土流失面积	决定了监测范围	地面调查	全线		√	√	√	1次/m
	9	产流量	与侵蚀量密切相关	地面观测	全线			√		1次/m
	10	泥沙含量	与侵蚀量密切相关	取样分析	桥涵工程			√		1次/m
	11	弃土(渣)量	与拦渣率计算有关	地面调查 资料整理	全线			√		1次/10d 或 1次/m
	12	拦渣(土)量	与拦渣率计算有关	地面调查 资料整理	全线			√		1次/10d 或 1次/m
	13	降尘量	施工生产生活区侵蚀量的决定因素之一	地面观测	施工生产生活区			√		1次/m
	14	浮土厚度	施工便道侵蚀量的决定因素之一	地面调查	施工便道			√		1次/m
侵蚀危害	15	滑坡坍塌面积	滑坡、坍塌等对主体工程和取弃土场影响	地面调查	主体工程区或取弃土场			√		发生后调查
	16	水毁面积	洪水对主体工程影响	地面调查	主体工程区			√		发生后调查
	17	沙埋面积	风沙对主体工程影响	地面调查	主体工程区			√		发生后调查
	18	水保设施损失	可能出现侵蚀危害	地面调查	取弃土场			√	√	1次/m
水土保持措施	19	工程措施面积	与侵蚀量、水土保持效益密切相关	地面调查 资料整理	全线			√	√	1次/s
	20	植物措施面积	与侵蚀量、水土保持效益密切相关	地面调查 资料整理	全线			√	√	1次/s
	21	表土剥离回填	公路常见水保措施	地面调查 资料整理	全线			√		1次/s
	22	排水工程	公路常见水保措施	地面调查 资料整理	主体工程区及取弃土场			√		1次/s
	23	拦渣工程	公路常见水保措施	地面调查 资料整理	取弃土场			√		1次/s
	24	护坡工程	公路常见水保措施	地面调查 资料整理	主体工程区及取弃土场			√		1次/s
	25	固沙工程	公路常见水保措施	地面调查 资料整理	主体工程区			√		1次/s

续上表

指标类型	序号	指标名称	选择理由	获取方式	重点监测区	监测时期				监测频率
						开工前	施工准备期	施工期	试运营期（林草恢复）	
水土保持措施	26	绿化工程	公路常见水保措施	地面调查资料整理	全线			√	√	1次/s
	27	复耕工程	公路常见水保措施	地面调查资料整理	全线			√	√	1次/s
水土保持效益	28	扰动土地整治率	开发建设项目水土流失防治标准指标	地面调查资料整理	全线				√	1次/工期末
	29	水土流失总治理度	开发建设项目水土流失防治标准指标	地面调查资料整理	全线				√	1次/工期末
	30	土壤流失控制比	开发建设项目水土流失防治标准指标	地面观测资料整理	全线				√	1次/工期末
	31	拦渣率	开发建设项目水土流失防治标准指标	地面调查资料整理	全线				√	1次/工期末
	32	林草植被恢复率	开发建设项目水土流失防治标准指标	地面调查资料整理	全线				√	1次/工期末
	33	林草覆盖率	开发建设项目水土流失防治标准指标	地面调查资料整理	全线				√	1次/工期末

注：表中时间单位 d 为日，m 为月，s 为季度，a 为年。

公路工程各监测时期水土保持监测内容一览表　　　　　　　　表12-2

监测时期	监测内容
开工前	项目沿线经过行政区域、所属水土保持区划位置，所属区域土壤侵蚀类型与强度等
施工准备期	1. 根据水土流失防治分区确定沿线地貌类型； 2. 水土流失监测分区； 3. 影响水蚀过程的环境因子； 4. 影响风蚀过程的环境因子； 5. 影响路基填筑水土流失的土壤因子； 6. 影响水土流失观测的土壤因子； 7. 重点部位的水土流失量观测值，项目区水土流失总量估算； 8. 水土流失防治范围测定
施工期	1. 影响水蚀过程的环境因子； 2. 影响风蚀过程的环境因子； 3. 影响路基填筑水土流失的土壤因子； 4. 影响水土流失观测的土壤因子； 5. 重点部位的水土流失量观测值，项目区水土流失总量估算； 6. 水土流失防治范围测定； 7. 坡面径流量； 8. 坡面径流泥沙含量、桥涵施工区上下游水流泥沙含量； 9. 项目弃土、弃渣量； 10. 项目拦弃土、弃渣量； 11. 施工生产生活区降尘量； 12. 施工便道浮土厚度； 13. 路基、取土场受重力侵蚀发生滑坡、坍塌的影响面积； 14. 洪水对主体工程的影响面积； 15. 风沙对主体工程的影响面积； 16. 建设占压破坏水土保持设施面积；

续上表

监测时期	监测内容
施工期	17. 水土保持工程措施防治水土流失面积,包括排水工程、拦渣工程、护坡工程、固沙工程; 18. 水土保持植物措施防治水土流失面积,包括绿化措施、复耕措施; 19. 项目保护利用表土剥离、回填工程数量和质量; 20. 路基排水、临时排水工程的数量和质量; 21. 弃渣场拦渣工程的数量和质量; 22. 边坡防护的数量和质量; 23. 风沙区路侧固沙工程的数量和质量; 24. 主体工程绿化措施的数量和质量; 25. 临时占地复耕的数量和质量
试运行期 (林草恢复期)	1. 影响水蚀过程的环境因子; 2. 影响风蚀过程的环境因子; 3. 影响水土流失观测的土壤因子; 4. 重点部位的水土流失量观测值,项目区水土流失总量估算; 5. 水土流失防治范围测定; 6. 建设占压破坏水土保持设施面积; 7. 水土保持工程措施防治水土流失面积,包括拦渣工程、固沙工程; 8. 水土保持植物措施防治水土流失面积,包括绿化措施、复耕措施; 9. 主体工程绿化措施的数量和质量; 10. 临时占地复耕的数量和质量; 11. 项目建设区内扰动土地的整治面积占扰动土地总面积的百分比; 12. 项目建设区内水土流失治理达标面积占水土流失总面积的百分比; 13. 项目建设区内容许土壤流失量与治理后的平均土壤流失强度之比; 14. 项目区建设区内采取措施实际拦挡的弃土(石、渣)量与工程弃土(石、渣)总量的百分比; 15. 项目建设区内,绿化面积占可绿化(在目前经济、技术条件下适宜于恢复植被)面积的百分比; 16. 林草类植被面积占项目建设区面积的百分比

12.2 监测点布局

公路建设项目空间跨度大,气候气象、地形地貌、土壤类型等条件不一,往往跨多个水土流失类型区,加之施工工艺多样,人为干扰强烈,监测工作有一定的难度。目前公路水土保持关键问题之一是缺少理论和技术的有力支持,监测点布设往往是薄弱环节(孙厚才等,2010;杨果等,2013)。水土流失监测点的代表性直接影响水土保持监测成果的准确性,监测点布设应能够保证水土流失及其治理成效评价的可信度,但实际监测工作中,监测点布局有时比较主观、随机,忽略了监测点空间差异性和公路建设特点,存在着监测布点代表性不强、监测点数量不足等问题(侯琳等,2004;李凤鸣等,2015)。

通过研究和实践,提出用 ARCGIS 及聚类分析法来进行公路水土保持监测布局,利用地理信息系统(GIS)的空间分析功能,统筹兼顾公路项目建设时空分布特征,综合考虑各水土流失影响因子对监测点布局的影响,使水土保持监测点布局更具合理性、科学性和可操作性,以便为公路水土流失监测与管理提供科学依据。

12.2.1 布局原则

监测点布设应满足生产建设项目水土保持监测规范要求,并遵循以下原则:
(1)代表性原则。所布设的点位能够代表监测范围内水土流失的状况,并且不致造成过大的经济负担。

(2)全面性原则。所布设的点位应充分考虑区域特征、各水土流失因子并兼顾工程特点，不仅能反映建设项目水土流失的共性信息，还能获取不同工程项目水土流失的个性信息。

(3)可行性原则。布设要考虑交通条件，尽量选取在便于进出观测的地方，便于保存监测设施的地方，能够持续开展水土流失监测。

(4)连贯性原则。在设置监测点位的过程中，公路建设对原地貌的扰动状况频繁，应充分考虑施工因素，以免造成监测过程中设施破坏，出现监测数据不连贯的现象。

12.2.2 布局方法

12.2.2.1 基本思路

公路水土流失受侵蚀驱动力空间分布（如降雨、风速等因素）、下垫面侵蚀条件空间分布（如地形地貌、土地类型、土壤、植被等）及公路建设特征（如边坡结构等）综合影响，可将公路视为若干密集点的集合，公路每一个点在侵蚀驱动力、下垫面侵蚀条件、公路建设特征各空间层都有其属性特征，根据项目规模及下垫面情况，先较密集地设置备选监测点位（一般按1km或者5km均匀布设），可分别记为第 G_i 类，$i=1,2,3,\cdots,n$，形成研究对象分类集 $\{G_i\}$，第 G_i 类研究对象的属性特征可用一组指标集 $\{X_{ij}\}$ 表示（$j=1,2,\cdots,s$），对于各备选监测点位，每个点的属性特征要素可构成指标集 $\{X_{ij}\}$，由年降雨量、平均风速、土地利用类型、土壤类型、水土保持措施等组成。通过ARCGIS平台可将备选监测点位提取属性特征指标，然后构建各监测点原始矩阵，运用模糊聚类分析法进行分类（容跃等，2000；尹福祥等，2003），综合考虑监测点交通条件、便于保存监测设施等因素，从而甄选出最适宜水土保持监测点位，此方法基本思路见图12-1。

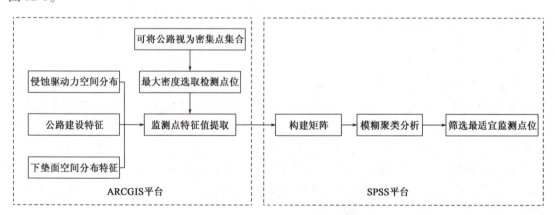

图 12-1 布局方法基本思路

12.2.2.2 方法优点

这种监测布局方法既考虑了多种影响因子空间分布特征对监测点布局的影响，又采用科学的分析方法（即：聚类分析方法）将多个备选监测点位进行合并分类，使得公路水土保持监测点布局更具合理性、科学性和可操作性。

(1)采用ARCGIS及聚类分析的方法，可将影响公路水土流失影响的驱动因子空间化、下垫面定性因子量化，可识别备选监测点的空间相似性与差异性，为客观、科学、细致划分分类结果提供支持，同时可根据实际情况甄选出具备出入现场条件的点位，为监测布局提供科学有效的依据。

（2）此方法一方面可控制监测点数量，另一方面又可达到工作要求的精度，监测点位布局科学、客观，大大降低监测成本。

（3）此方法有利于补充缺失数据。在水土保持监测工作中，由于工程施工干扰强烈，监测点布设困难，若拟定监测点在一个时段无法进入或者监测不连续，影响到监测总体参数估计，可选择同簇内相似点位替补缺失数据。

12.2.3　监测案例

12.2.3.1　依托项目概况

二广高速公路赛汗塔拉至白音察干段（以下简称"赛白高速"）位于内蒙古乌兰察布市和锡林郭勒盟境内，主线全长164.897km，南北走向，途径区域地貌主要以平原、丘陵为主，年平均降雨量为190~340mm，主要集中在6~9月，平均风速为4.8~5.5m/s，4、5月最大，常年主导风向为西北风，沿线土壤有棕钙土、栗钙土、栗褐土，路线所经区域属牧区及半农半牧区，主要为人工草地、自然草地、荒地等。

12.2.3.2　数据预处理

（1）公路路线空间化处理

依托工程为新建项目，首先对公路路线及桩号进行矢量化处理，即：收集该项目的逐桩坐标表及项目路线图等资料，在Microsoft Excel进行逐桩坐标表批量整理，并且明确坐标空间投影方式、所在区域的分度带（确定是3度带还是6度带）、中央经线和坐标点数据是否已包含带号等信息。采用ARCGIS 10.2平台，File-Add Data-Add XY Data，导入坐标后，定义坐标点位地理坐标系统（Geographic Coordinate Systems）以及投影坐标系统（Projected Coordinate Systems）；使得点位正确显示在ARCGIS平台，为获取路线文件，可采用逐桩坐标表生成的点文件转化线图层，即Data Management Tools-feature-XY to line，即可获得路线及桩号等空间信息。为便于后期调研勘察，统一转化为WGS-84投影。

（2）侵蚀驱动因子空间分布特征及提取

依托项目沿线以风力侵蚀为主，伴有水力侵蚀，侵蚀驱动因子主要为风力和降雨。气象数据选取平均风速、降雨量两个指标，数据来源为中国气象科学数据共享服务网（cdc. cma. gov. cn），边界数据来源为国家基础地理信息系统（http://nfgis. nsdi. gov. cn）。下载内蒙古22个站点33年月值数据集，包含月平均降雨量、平均风速、最大风速等；元数据中包括各气象站点台站信息，如区站编号、站名、经纬度、海拔高度等信息。将各气象站点降雨量、平均风速采用空间协同克里格插值、表面分析等进行空间分布化。各层特征值可通过ARCGIS空间分析工具spatia lanalyst tools→Extraction→Extract Values to Points进行批量提取，见图12-2。

（3）下垫面侵蚀条件空间分布特征及提取

①DEM

赛白高速位于内蒙古中部，途径区域地貌主要以平原、丘陵为主，路线起点赛汉塔拉至朱日和镇偏北段（K0+000~K42+000）地形平坦，海拔在900~1 200m之间，属高平原区。路线从K42+000往南，接阴山北麓，地势较高，海拔1 200m以上，山丘起伏较大，河谷侵蚀切割较明显，由变质岩和不同时期的花岗岩组成，属丘陵区，项目沿线地形地貌见图12-3。

②土地利用

根据公路施工图设计有关资料及公路用地表,项目沿线主要土地利用类型为:灌木林地、人工草地、天然草地、旱地、水浇地。

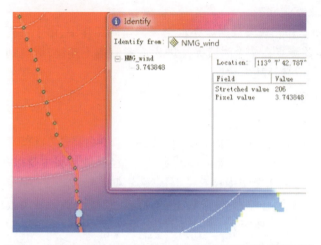

图12-2 公路拟定监测点位侵蚀驱动因子特征查询(以平均风速为例)

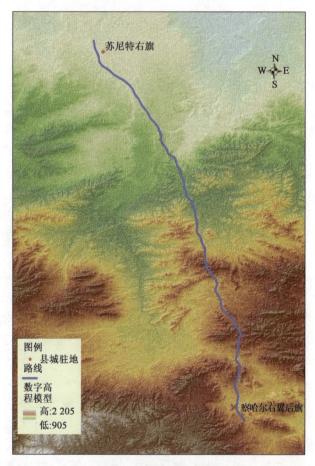

图12-3 公路沿线地形地貌

③土壤类型

根据中国土壤分布图,基于 ARCGIS 平台分类提取,得出项目沿线跨越土壤类型主要为淡栗钙土、栗钙土间或分布少量母质,见图 12-4。

图 12-4　公路沿线土壤类型分布

(4)公路建设特征

主要提取公路坡面结构信息,采用两阶段施工图、公路用地表等施工设计图纸资料进行提取,赛白高速沿线坡面结构有 5 种类型:无边坡、土质边坡、拱形骨架边坡、浆砌片石边坡、空心六棱砖护坡。

12.2.3.3　构建聚类分析矩阵

将公路视为若干密集点的集合，将赛白高速均匀地按每5km密度选取拟选点位，分别记为第 G_i 类，$i=1,2,3,\cdots,n$，形成研究对象分类集 $\{G_i\}$。第 G_i 类研究对象的影响因素均用一组指标集 $\{X_{ij}\}$ 表示 $(j=1,2,\cdots,s)$，对于监测点位，影响因素指标集 $\{X_{ij}\}$ 由年降雨量、平均风速、土地利用类型、土壤类型、坡面形式等组成。对于文字描述的特征量输入SPSS界面需建立标签数量化处理。在聚类分析之前，对原始数据进行标准化处理，消除不同量纲影响，见图12-5、图12-6。

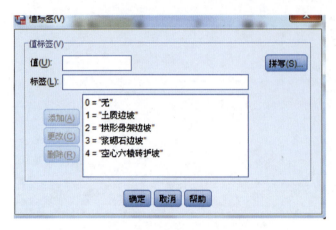

图12-5　定性特征值标签数量化（以坡面结构转化为例）

	序号	桩号	平均降雨	平均风速	最大风速	土壤类型	护坡结构	占地类型	地形地貌
1	1	K5	186.1	4.85	16.07	1	1	1	0
2	2	K10	188.9	4.89	16.10	0	1	2	0
3	3	K15	190.8	4.93	16.14	0	1	2	0
4	4	K20	192.3	4.96	16.18	0	2	2	0
5	5	K25	195.0	4.99	16.21	1	1	2	0
6	6	K30	196.7	5.03	16.23	1	1	2	0
7	7	K35	198.2	5.06	16.25	1	2	3	0
8	8	K40	198.8	5.08	16.26	1	2	3	0
9	9	K45	200.7	5.10	16.25	1	1	2	1
10	10	K50	203.8	5.09	16.19	1	2	3	1
11	11	K55	209.9	5.05	16.11	1	2	2	1
12	12	K60	216.6	5.00	15.98	1	2	2	1
13	13	K65	223.4	4.93	15.81	1	3	2	1
14	14	K70	232.9	4.87	15.63	1	2	2	1
15	15	K75	238.2	4.80	15.48	2	0	2	1

图12-6　构建拟选监测点位原始矩阵

12.2.3.4　聚类分析结果

监测点位特征值利用地理信息系统（GIS）的空间分析功能进行查询，综合考虑沿线气象、地形地貌、土壤特征、建设特点等多种因素，当距离阈值 $d=5$ 时，可划分为7类，综合考虑各点位交通条件、出入方便程度、便于保存监测设施等特征，将其优化为7类监测点、9个监测点位，详见图12-7及表12-3。

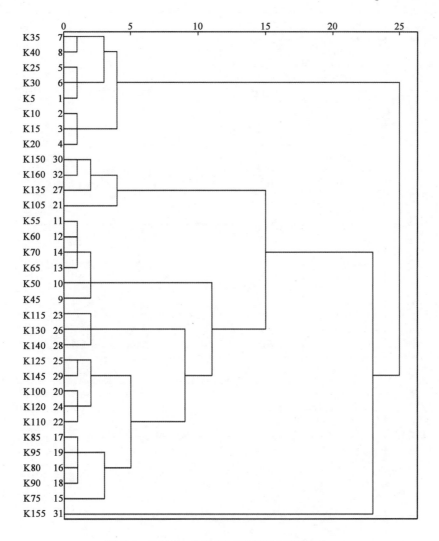

图 12-7 每隔 5km 监测点位特征聚类分析树状图

监测点位优化一览表   表 12-3

序号	类别	备选点位	优化点位	备注
1	一	K35	K35	临近取土场,便于工作开展
2		K40		
3		K25		
4		K30		
5		K5		
6		K10		
7		K15		
8		K20		

续上表

序号	类别	备选点位	优化点位	备 注
9	二	K150	K160	临近居住区,便于保存监测设备
10		K160		
11		K135		
12		K105		
13	三	K55	K60	跨河区域
14		K60		
15		K70		
16		K65	K45	临近居住区,便于保存监测设备
17		K50		
18		K45		
19	四	K115	K130	交通便利,易于进入施工区域
20		K130		
21		K140		
22	五	K125	K125	临近弃土场等分区,便于工作开展
23		K145		
24		K100	K100	交通便利,易于进入施工区域
25		K120		
26		K110		
27	六	K85	K85	交通便利,易于进入施工区域
28		K95		
29		K80		
30		K90		
31		K75		
32	七	K155	K155	临近居住区,便于保存监测设备

通过模糊聚类法,将赛白高速均匀分布的 32 个监测点位合并为 7 大类,最终甄选确定 9 个监测点位,水土保持监测点布局见图 12-8。通过模糊聚类确定监测点布局,考虑公路侵蚀空间的异同性,使得监测布局结果科学、合理、具有可操作性,并且可为补充监测数据提供便利,能保证监测数据的连贯性,实现监测数据空间化管理。

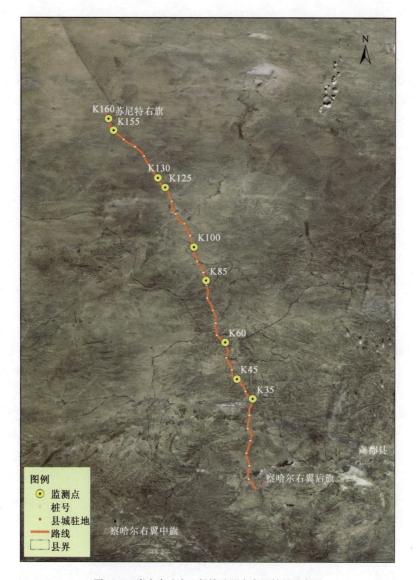

图 12-8 赛白高速水土保持监测点布局结果示意图

12.3 定量监测方法

水土流失定量监测是生产建设项目水土保持监测的核心内容,直接影响着水土保持监测的准确性和科学性。工作内容包括水土流失强度监测和扰动土地面积的动态监测。

12.3.1 水土流失强度监测

公路建设不同工程单元由于施工条件和施工工艺的差异,水土流失强度监测方法也不尽相同。为掌握其动态变化规律,估算区内水土流失特征,需对不同类型的侵蚀方式进行实际观测,还应建立相应的侵蚀观测设施,以便准确反映扰动侵蚀和评价新增水土流失量(李智广,2008)。生产建设项目水土保持监测过程中常见的水土流失强度观测方法有:简易水土流失观测场、简易坡面量测法、水蚀小区观测法等(张卫等,2003)。

不同的监测方法各有优缺点:简易水土流失观测场适用于公路项目分散的、不便于设置小区的土状堆积物的水土流失观测,具有布设简单、成本低、覆盖面大等优点,但存在着监测精度不高、径流无法计测、控制点易遭破坏、外业工作量过大等缺陷;简易坡面量测法也叫体积法,适用于暂不扰动的临时土质开挖面水土流失量的测定,具有操作简单、覆盖面大等优点,但监测对象有限,仅能监测沟蚀,不能监测面蚀,精度不高,只能对水土流失量进行简单估算;水蚀小区观测法适用于扰动面、弃土弃渣等形成的水土流失坡面的监测,最大特点是观测精度高,数据可靠,但存在布设困难、成本高等缺点,而且有时很难找到合适的坡面布设水蚀小区,也很容易受到施工干扰。

基于大量的公路水土保持监测实践,探索出了一系列的公路水土流失监测方法,包括组装式径流小区法、泥沙收集器法和无人机遥感监测法等,下面做一介绍。

12.3.1.1 组装式径流小区

水土保持径流小区是一种常用的研究方法,通过测定监测小区坡面径流、泥沙等数据,再根据各分区推算整个区域的水土流失量。小区观测适用于扰动坡面土体、弃土弃渣等形成的较稳定坡面。

常规径流小区大多采用混凝土或砖砌而成,工程建设成本高,无法循环使用。为解决上述问题,方便野外水土保持监测使用,发明了组装式径流小区监测系统。与传统圬工式径流小区相比,它降低了小区建设成本,缩短了施工周期,实现了资源重复利用,结构简单,便于携带和运输。

组装式水土保持径流小区监测系统,主要包含以下部分:系统主体部分(包括径流小区围埂、集流槽、导流管、集流箱),数据采集部分(包括雨量计、流量传感器、泥沙传感器),传输部分(数据采集管理器),附属部分(时间继电器和太阳能供电设备),具体组成见图12-9。

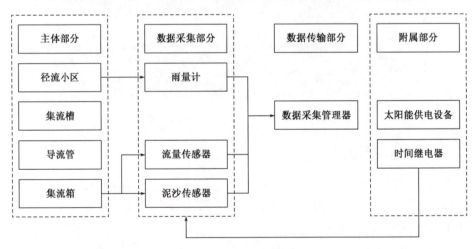

图12-9 组装式径流小区监测系统

系统主体部分,由若干可活动的围埂单元和连接件组成,围埂单元根据使用环境需要,可选择采用PVC、不锈钢或铝合金材料制成,集流槽设置在矩形径流小区围埂的一侧,通过导流管与集流箱连通。

数据采集部分,通过在集流箱安装的流量传感器、泥沙传感器以及在径流小区内设置雨量计,可完成对径流小区降雨量、坡面产流产沙数据集成采集。

附属部分,包含太阳能供电设备、时间继电器,可根据降雨触动开启记录,并且利用太阳能供电设备实现野外供电。

实际应用时,根据坡面面积及现场条件,组合拼装径流小区围埝,以及集流槽、集流箱,数据采集管理器、流量传感器、泥沙传感器、雨量计、太阳能供电设备、数据传输设备等部件。降雨发生后,数据采集管理器通过微处理器对雨量计、流量传感器和泥沙传感器数据进行采集、预处理和存储,然后经数据传输设备传输到数据处理 PC 终端,从而实现坡面产流量、土壤流失量等内容的人工或自动监测,见图 12-10。

图 12-10 组装式径流小区监测现场(刘涛 拍摄)

12.3.1.2 简易观测法(沉沙池法)

公路工程施工时,一些边坡采用框格防护或骨架工程防护措施,将裸露土面控制在一定范围内。为此,在护坡坡脚利用或修建简易沉沙池,可视为一处简易的水土流失观测场,通过定期收集并称量该范围内的径流泥沙,可以实现观测水土流失状况的目的。

简易沉沙池的体积由当地降雨条件决定,可根据小区监测时段(通常为全年最大雨量的3个月)投影面积的总降雨量大致确定;沉沙池形式宜采用便于清除沉积物的宽浅矩形,深度50cm 左右,沉沙池长度由坡面骨架几何形状确定(如拱形骨架),宽度根据场地情况确定。

通过在赛白高速、鹤大高速、昌奉高速等多个公路项目上应用,此方法简单易行,监测结果精度较高。但这种方法对降雨量稀少的干旱区不太适用,宜在降水量大于 200mm 的地区应用,具体设置见图 12-11。

a) 坡面布置　　　　　　　　　　b) 定期测定和清除池内泥沙

图 12-11 简易观测法(沉沙池法)监测现场(刘涛 拍摄)

12.3.1.3 无人机遥感监测

无人机遥感(Unmanned Aerial Vehicle Remote Sensing)是继传统航空、航天遥感平台之后

的第三代遥感平台。它可快速获取地理、资源、环境等空间遥感信息,完成遥感数据采集、处理和应用分析,现已从研究开发逐步发展到实际应用阶段,成为未来的主要航空遥感技术之一(雷添杰等,2011)。与传统卫星遥感相比,较好地弥补了其时效性差和机动性低的缺点,无人机可以根据监测工作的需求,由现场监测人员确定遥感的时间和范围,能快速完成遥感影像获取和监测信息的提取,及时反映工程水土流失和水土保持情况,满足定期常规监测和灾害性事件应急监测的需求,还可弥补传统监测手段的不足,有效提高项目监测的精度、效率及自动化程度。无人机可运用在水土保持监测的以下方面。

(1)直接应用:无人机低空拍摄的照片信息较为直观和全面。对于监测区域范围大、不易进入,通过调查难以获得确切结果的大型施工用地,开展无人机低空飞行,可通过低空拍摄照片直接观测工程的进展和水土流失防治情况。图12-12是利用无人机对鹤大高速公路进行施工期水土保持监测的照片,能快速、动态、直观地了解工程进展和水土流失防治情况。

a)泉阳互通原生植被保护情况监测　　　　　　b)公路两侧水土保持调查监测

图12-12　无人机在鹤大高速公路的监测应用

(2)数据提取:通过选取特定的监测范围进行无人机航线规划拍摄,拍摄照片数据以瓦片(tile)形式存储,采用瑞典专业无人机后期处理软件PIX4Dmapper、GIS软件Globalmapper15数据处理,生成DEM、DOM等丰富的数据成果,可利用软件测量工具和创建多边形功能,量测提取水土保持监测所需要的长度和面积数据(如施工便道长度、水土保持措施长度、扰动面积、植被恢复面积等),甚至是体积数据(取、弃土场挖、填土方)。这些数据可为综合评价工程的水土流失和水土保持情况,为工程水土保持监测季度报告表、监测总结报告提供数据基础。以新疆维吾尔自治区省道242岔口至种羊场公路为例,采用无人机低空遥感技术对弃渣场等重点区段进行监测,通过软件处理分析,对其中一处弃渣场的占地面积和体积进行了量测和提取,参见图12-13。

(3)综合应用:通过无人机定期进行航线规划飞行,可获得工程施工期各阶段的正射影像图,通过对比分析,可直观地反映各阶段水土保持变化情况;此外,通过安装不同的拍摄镜头(例如红外镜头),无人机拍摄可获取更加丰富的影像成果,如植被盖度、土地利用等信息,结合土壤侵蚀分类分级标准,可判别划分各单元的土壤侵蚀强度。此外,整合地面观测、卫星遥感影像可开发一系列应用于公路水土保持监测的软件、数据库和服务,为公路水土保持监测工作提供信息管理、数据分析,多方共享、信息反馈,满足水土保持监测及日常监督管理工作需要,为公路水土保持科学研究、预测预报、建设管理、示范推广及决策管理提供信息支撑,参见图 12-14、图 12-15。

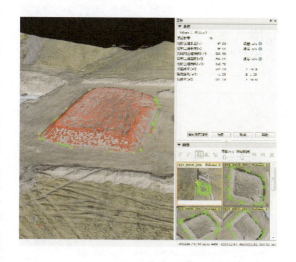

图 12-13　基于 pix4D mapper 软件计算弃渣场面积、堆放土方量

图 12-14　无人机监测区域 DEM、等高线图

在新疆、吉林、内蒙古等地公路水土保持监测工作中,都不同程度地应用了无人机。与传统监测技术相比,无人机水土保持监测具有野外工作量小,获取信息快速、宏观、动态等优点,但也存在着垂直精度不足、信息提取工作量大、前期人员培训投入大、天气依赖性强等缺点。总的来说,无人机的快速发展,弥补了传统卫星遥感数据的不足,为公路水土保持监测工作提供了先进的技术支撑,推动了公路水土保持监测技术的进步。

12.3.2　扰动面积动态调查

在水土保持监测中,公路永久占地一般比较固定。根据公路用地表获取项目建设区永久占

图 12-15　无人机监测区域数字正射影像图

地面积后,再经实地水土流失调查,结合施工监理月报的施工进度,便可确定永久占地扰动面积动态变化情况。

而公路工程的取弃土场、施工便道、施工生产生活区等临时占地,在施工图设计中虽然在临时用地表中估算了占地面积,但施工过程中由于征地问题、原设计土场土料不适合路基填筑而变更设计等原因,其位置和占地数量往往会发生很大变化,并且存在着边扰动边治理等情况。为此,需要对其面积进行动态监测。这里介绍三种常见的监测方法,即测距仪测距、GPS 边界测量和谷歌地球(Google earth)测量。

12.3.2.1 测距仪测量

以多功能激光测距仪 Trupulse360 为例,测距范围 1 000m,测距精度 300m 内为 0.3m, 300m 外为 1m。便于水土保持监测野外数据采集,数据可通过数据线、蓝牙输至 PC,结合 GPS、Google earth 进行数据处理,完成扰动面积采集。主要适用于临时占地距主线距离的测定,或者边界清晰的方形或规则图形临时场地(多为施工生产生活区)、占地面积较小的临时用地面积的测定。优点为测量快速,精度高,并能实现临时占地的空间化管理,见图 12-16。

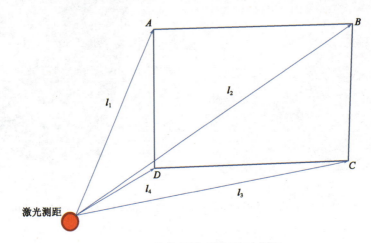

图 12-16 激光测距仪测量面积示意图

以阿喀高速公路为例,在 2012 年某一季度第 2 标段施工营地新增一处临时施工用地,该场地面积较大,形状较为规则,采用激光测距仪,结合罗盘和 GPS 对该施工用地进行数据采集。

具体操作步骤如下:

(1)在施工场地外开阔处,将测量者位置定为 O 点,采用 GPS 进行定位;

(2)采用激光测距仪依次测量 O 点到各拐点的距离,并采用 GPS 及罗盘测定 O 点到各拐点(如 A、B 点)连线与正北方位夹角;

(3)通过 GPS 确定各拐点的经纬度,并通过 GPS 或 ARCGIS 面积闭合功能实现施工场地面积测定,同时可导入 ARCGIS 进行空间化管理。

采集的数据见表 12-4,计算结果为 4.9hm² (图 12-17)。此方法大大节省了野外调查时间和工作量。

不规则场地拐点计算 表 12-4

激光测距仪位置	拐点名称	与 O 点距离(m)	与正北方位夹角(°)	间接得出 N	间接得出 E
O	A	$l_1=262.96$	15.37	39°56′44.31″	78°25′30.58″
39°56′35.97″N	B	$l_2=404.34$	40.15	39°56′46.89″	78°25′38.30″
	C	$l_3=337.85$	80.28	39°56′37.80″	78°25′41.29″
78°25′27.42″E	D	$l_4=145.79$	85.09	39°56′36.31″	78°25′33.44″

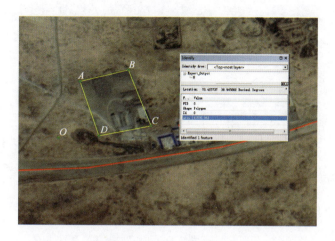

图 12-17　激光测距测量法测定面积(以 ARCGIS 平台为例)

12.3.2.2　手持 GPS 不规则面积采集

以 GPS 型号 GARMIN GPS map 62sc 为例,可接收北斗、GPS 和 GLONASS 三大卫星系统的信号,定位快、准,服务无盲区,支持北京 54、西安 80、CGCS2000 中国常用坐标格式快速转换,并且支持 shp、dxf、csv、kml、gpx、txt 等多种格式互相转换。在公路水土保持监测中应用 GPS,可提高工作效率,提高数据准确性。与 Google earth、地理信息系统软件(GIS)结合使用,可准确详细地绘制出相关专题图件。

利用 GPS 采集扰动面积,主要采用航迹测量、航线测量两种方法(黄劲松等,2004),可根据场地面积形状、大小等实际情况合理选用。航迹测量法,适合在测量形状不规则、面积适中、周围环境适宜的情况下采用。测量时,只需手持 GPS 接收机沿地块边界绕行一周,即可得到被测地块的面积和图形。航线测量法,适用于测量形状规则,面积较大,周围环境有可能不易进入等情况,只需定位各拐点坐标,采用航线进行测量,在起始拐点启动 GPS 面积求算功能到最后一个拐点,测量得出由这几个点为顶点所围成的一个多边形的面积。测量面积时,两种测量方法结合使用,可充分发挥 GPS 的功效。

其他的数据采集方法,空间数据的采集和属性数据的采集往往是分开的,而 GPS 测量面积的同时,因图形具有地理信息,能准确投影在 GIS 平台上,能在定位的同时采集详细的属性数据,监测扰动情况十分方便,并能提高数据的完整性和准确性。该方法也是记录公路工程临时占地面积最为准确的方法之一,特别是对于场地边界不规则的取弃土场,或者是线路较长的施工便道(记录施工便道长度,根据宽度估算面积),非常适用。

12.3.2.3　基于 Google earth pro 谷歌地球测量

近年来谷歌地球 Google earth 数据更新较快,部分地区数据更新可达到每年一次,因此采用该软件可以快速准确地测量出各类型临时占地的面积状况(莫平浩等,2008;陈建平等,2008)。适用于面积比较大且短时间稳定的临时场地,使用标尺工具中的测量功能,勾画出场地闭合边界测定其面积数据(详见图 12-18 ~ 图 12-21)。该方法简单易行,数据准确,并实时展示临时场地影像文件。但受数据更新速度的限制,对于较偏僻的区域可能会出现数据滞后问题。

a) 利用Google earth量取占地面积　　　　b) 施工现场实景照片

图 12-18　新疆某高速公路施工场地扰动面积监测（陈琳 拍摄）

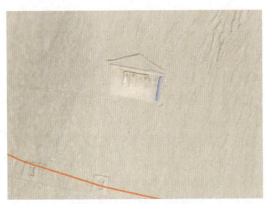 

a) 2011年8月施工场地扰动情况　　　　b) 2011年11月施工场地扰动情况

图 12-19　新疆某高速公路施工场地面积动态变化情况

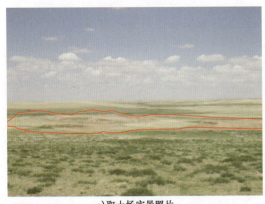 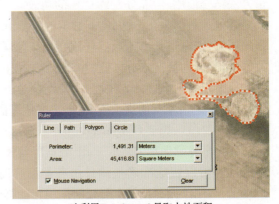

a) 取土场实景照片　　　　b) 利用Google earth量取占地面积

图 12-20　内蒙古某高速公路取土场扰动面积监测（邹春龙 拍摄）

a) 弃土场实景照片

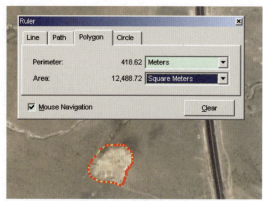
b) 利用Google earth量取占地面积

图 12-21 内蒙古某公路弃土场扰动面积监测（邹春龙 拍摄）

本章参考文献

[1] 陈建平,常庆瑞,陶文芳,等. 基于 Google Earth 的 GIS 专题制图技术研究与应用-以陕西省土壤分类信息系统开发为例[J]. 水土保持通报,2008,28(6):63-66.

[2] 丁琦. 开发建设项目水土流失监测点布设研究[D]. 西安：西北大学,2008.

[3] 郭索彦. 生产建设项目水土保持监测实务[M]. 北京：水利水电出版社,2014.

[4] 侯琳,彭鸿,陈晓荣,等. 分层抽样法在路基水土流失监测中的应用[J]. 水土保持通报,2004,24(3):36-39.

[5] 胡续礼,张旸,杨树江. 我国开发建设项目水土流失监测技术进展[J]. 中国水土保持科学,2007,5(3):122-126.

[6] 黄劲松,魏二虎,GPS 测量操作与数据处理[M]. 武汉：武汉大学出版社,2004.

[7] 孔亚平,罗立芳,张科利,等. 公路水土流失特征、影响因子及其研究方法评述[A]//海峡两岸环境与资源学术研讨会学术论文集[C]. 2007 年.

[8] 雷添杰,李长春,何孝莹. 无人机航空遥感系统在灾害应急救援中的应用[J]. 自然灾害学报,2011,20(1):178-183.

[9] 李凤鸣,李纯乾,丛子健. 线型工程水土保持监测中以"段"代"点"方法的应用及缺失数据的补充[J]. 中国水土保持,2015(10):66-68.

[10] 李智广. 开发建设项目水土保持监测[M]. 北京：中国水利水电出版社,2008.

[11] 刘震. 水土保持监测技术[M]. 北京：中国大地出版社,2004.

[12] 莫平浩,胡茂林,利用 Google Earth 制作卫星影像图[J]. 电力勘测设计,2008(2):30-31.

[13] 容跃,刘志斌,冯吉燕. 基于模糊聚类分析的地下水环境质量评价[J]. 辽宁工程技术大学学报,2006,25(增刊):309-311.

[14] 中华人民共和国行业标准. SL 277—2002 水土保持监测技术规程[M]. 北京：中国水利水电出版社,2002.

[15] 孙厚才,袁普金. 开发建设项目水土保持监测现状及发展方向[J]. 中国水土保持,2010,(1):36-38.

[16] 唐学文,孔德树,唐继斗,等. 浅谈开发建设项目水土保持监测指标与方法[J]. 水土保持通报. 2007(04).

[17] 尹福祥,李倦生. 模糊聚类分析在水环境污染区划中的应用[J]. 环境科学与技术. 2003.26(3):39-41.

[18] 曾红娟,李智广,杨胜天. 开发建设项目水土保持监测点布局[J]. 中国水土保学,2009,7(3):42-45.

[19] 张卫,李智广. 刍议线形开发建设项目水土流失野外巡查观测技术[J]. 水土保持通报. 2004(03).

13 公路噪声防治——声屏障

噪声属于感觉性公害,具有局部性、多发性和暂时性等特点,噪声污染同水污染、大气污染一起被列为世界三大公害之一。近年来,交通噪声对公路沿线居民的休息、学习和工作等方面的影响日益受到社会关注。研究表明,持续的噪声会使人们感到"烦恼""精力不易集中"(Guski R 等,1999),60dB 的突发噪声可以使70%的人惊醒(孙华云,2008),80dB 的噪声环境会造成人们的听力损失,85dB 环境条件下耳聋的发病率为10%(杨新兴,2011)。

治理公路交通噪声的措施主要有三类(图13-1):一是降低声源源强,例如改变路面结构,降低轮胎摩擦路面产生的噪声,改善发动机性能,降低发动机机械噪声;二是提高防护对象抵抗噪声的能力,例如调整临路第一排房屋的功能,变居住为商用,加强路侧建筑物布局规划,避免在临路较近的范围内建设声环境敏感建筑物;三是在声音传播途径上进行拦截、弱化噪声强度,如建设声屏障、给房屋加装隔声窗等。声屏障作为交通噪声污染防治措施之一,由于其易实施、效果好等特点,在公路建设中已被广泛使用。

图 13-1 公路交通噪声治理措施示意图(李奇峰绘制)

13.1 声屏障概述

公路声屏障是公路声源与路侧防护对象之间的不透声固体障碍物,作为干涉声波传播的阻挡物或部分阻挡物,可以阻挡声的传播而形成一个声影区,其降噪效果随声程差的增大而增加(王娟,2008)。声屏障对距公路200m范围内的受声点有非常好的降噪效果,有效声屏障一般能降低噪声 5~15dB,但很难超过25dB(杨满宏,1996)。

《中华人民共和国环境噪声污染防治法》第36条规定,"建设经过已有的噪声敏感建筑物集中区域的高速公路和城市高架、轻轨道路,有可能造成环境噪声污染的,应当设置声屏障或者采取其他有效的控制环境噪声污染的措施"。《声屏障声学设计和测量规范》(HJ/T 90—2004)对声屏障的声学设计和声学性能的测量方法进行了规定。

交通运输部科学研究院从1987年开始研究公路交通噪声污染规律和公路声屏障技术,并参与了大量的公路声屏障建设实践。1989年完成《公路建设对环境影响的研究》,提出了我国公路交通噪声扩散模式。1991年完成《贵黄公路声屏障技术研究》,获交通部科技进步二等奖,设计并建成我国第一座公路声屏障——贵黄公路声屏障,获建设部设计银质奖。1995年完成《公路建设项目环境影响评价规范》中"环境噪声影响评价"篇章的编制工作,于1996年发布施行。在贵黄公路、深汕高速公路、沪宁高速公路等地公路声屏障建设实践的基础上,2002年编制了《公路声屏障设计指南》。此外,还承担完成了广东渝湛生态公路"生态型声屏障设计与建造技术"等研究工作。

13.2 声屏障类型

公路声屏障按照不同的材质、功能、形式、结构等,有多种分类方式。

13.2.1 按材质分类

公路声屏障按材质可以分为土堤(挡墙)、木质、混凝土、金属板、透明板和复合结构六类(蒋红梅等,2007)。

土堤声屏障是利用地势特征,以自然土堤或堆砌土堤作为声屏障。土堤上可栽植草灌等植物,降噪效果好,但占地面积大,易受地形影响,适用于土源丰富路段,如图13-2所示。

木质声屏障一般在林区公路中应用,但由于林木资源珍贵,我国应用不多。

混凝土声屏障造价低,结构稳,形式多样,是国内外交通声屏障中较常用的一种(何晓云等,2015),如图13-3所示。

图13-2 广东渝湛高速,百桔村土堤声屏障(孔亚平 拍摄)　　图13-3 京沈高速公路辽宁段,混凝土声屏障(付金生 拍摄)

金属板声屏障是将金属板加工为各种形状的构件,再将构件组合为声屏障,具有美观、不易老化、不易变形等优点,但成本较高,如图13-4所示。

透明板声屏障利用透明板材(如卡普龙板)建造声屏障,具有质轻和透明不阻隔视线等优点。

复合结构声屏障具有复合式的吸声结构,如微穿孔板或穿孔板(金属或非金属板)加吸声材料(超细纤维、矿渣棉等),混凝土板加陶粒吸声板等,如图13-5所示。

图 13-4　内蒙古包树高速公路，金属板声屏障
（付金生　拍摄）

图 13-5　江西彭湖高速公路，透明板声屏障
（陶双成　拍摄）

13.2.2　按功能分类

公路声屏障按功能可以分为吸声式声屏障、隔声式声屏障以及兼有吸声和隔声功能的声屏障。公路平行双屏障必须设计为吸声式屏障，若资金允许，公路单屏障也最好设计为吸声式屏障，即使设计为隔声式屏障，也需做吸声处理。

吸声材料与吸声结构种类很多，按其材料结构可分为以下几类，如图 13-6 所示。

吸声式声屏障常用多孔吸声材料，从表到里都有大量的互相贯通的微孔，具有适当的透气性，如图 13-7 所示。当声波入射到多孔材料表面时，激发起微孔内的空气振动，空气与固体筋络间产生相对运动，由于空气的黏滞性在微孔内产生相应的黏滞阻力，使振动空气的动能不断转化为热能，从而使声能衰减。

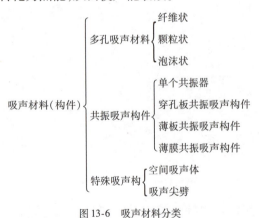
图 13-6　吸声材料分类

图 13-7　吉林长松高速公路,吸声式声屏障(付金生　拍摄)

多孔吸声材料的吸声性能，由流阻、孔隙率、结构因数、厚度、重度、背后条件的影响、面层（或涂刷层）的影响、温度与吸水和吸湿的影响等因素所决定。多孔吸声材料的基本类型见表 13-1。

多孔性吸声材料基本类型及其应用情况　　　　　　　　表 13-1

主要种类		常用材料举例	应 用 情 况	公路声屏障适用情况
纤维材料	有机纤维材料	动物纤维:毛毡	价格昂贵,使用较少	不适用
		植物纤维:麻绒、海草、椰子丝	防潮湿性能差,原料来源丰富,价格便宜	
	无机纤维材料	玻璃纤维:中粗棉、超细棉、玻璃棉毡	吸声性能好,质轻,重度小,保温隔热,耐高温,耐腐蚀,不燃烧,防腐,质轻,吸水率高,弹性差,应用广泛	超细玻璃纤维棉使用较多,作为复合吸声构件的填充物
		矿渣棉:散棉、矿棉毡	吸声性能好,不燃烧,防蛀,耐高温,耐腐蚀。材料松易因自重下沉,杂质多施工扎手,易折断而成粉末造成大气污染	不宜使用
	纤维材料制品	制品软质木纤维板、矿棉吸声板、岩棉吸声板、玻璃棉吸声板、木丝板、甘蔗板等	装配式施工,多用于室内吸声装饰工程	不适用
颗粒材料	砌块板材	矿渣吸声砖、膨胀珍珠岩吸声砖、陶粒吸声砖	多用于建筑截面较大的噪声控制工程	仅陶粒吸声砖(板)使用较多
		膨胀珍珠岩吸声装饰板	质轻、不燃、保温、隔热。强度偏低	不适用
泡沫材料	泡沫塑料	聚氨酯泡沫塑料、尿醛泡沫塑料、聚氯乙烯、聚苯乙烯、酚醛泡沫塑料	吸声性能不稳定,吸声系数使用前需实测,不防火,易老化	不适用
	其他	泡沫玻璃	强度高、防水、不燃、耐腐蚀。价格昂贵,使用较少	新型改进产品可使用
		加气混凝土	微孔不贯通吸收性能稍差,使用较少	多加工为定型砌块,再填入腐殖土栽种植物,建成绿化式声屏障

13.2.3 按结构分类

公路声屏障按结构分为单悬臂柱式、桁架式、连续墙式 3 类,如图 13-8 所示。
单悬臂柱式声屏障适用于风力荷载较低的路段,结构简单,占地面积小,较为常见。
桁架式声屏障结构较复杂,占地面积大,适用于有一定风力荷载要求的路段。
连续墙式声屏障多由混凝土挡墙建成,占地多,结构稳定。

13.2.4 按形式分类

公路声屏障按形式可分为 4 类,分别是直立式声屏障、倾斜式声屏障、半封闭式声屏障和全封闭式声屏障,如图 13-9 所示。

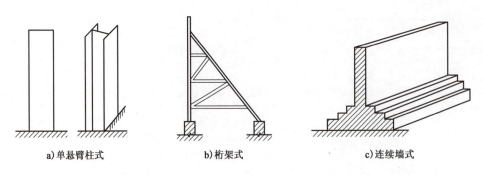

图 13-8　声屏障结构的不同形式（引自"Noise Barrier Design Handbook"，1976）

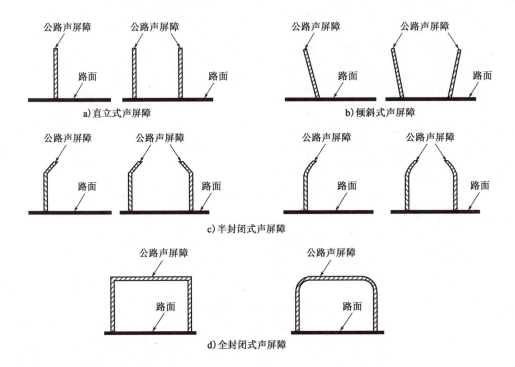

图 13-9　公路声屏障按形式分类（引自"Noise Barrier Design Handbook"，1976）

直立式声屏障结构简单，占地面积小。建设过程中，可以利用附近地形、公路防撞墩等增加高度，扩大声影区面积，如图 13-10 所示。

倾斜式声屏障占地面积较大，耗费材料也较多，目前应用不多。

半封闭式声屏障具有增加声屏障有效高度（提高降噪量）、线条优美及形式活泼等优点，但结构复杂，占地面积较大，多用于噪声超标较多的路段，如图 13-11 所示。

当公路两侧都有噪声防护对象，且都是高层建筑物时，选用全封闭式声屏障效果最佳。全封闭式声屏障结构最复杂，耗费材料也最多，多见于市政道路。

直立式声屏障、半封闭式声屏障降低噪声的效果是有限的，当保护目标距离公路较远，要达到预期的降噪目标值，就需要建造更高、更长的声屏障，声屏障的投资也会增大。研究表明（张静，2008），声屏障在公路上应用是有限制的，当降噪要求超过 15dB 时，仅靠声屏障要达到降噪要求十分困难。

图 13-10　辽宁彰阿高速公路,直立式声屏障
（付金生　拍摄）

图 13-11　宁宣高速公路,半封闭式声屏障
（付金生　拍摄）

13.3　设计原则

公路声屏障设计应贯彻"经济效益、社会效益与环境效益统一"的方针,遵循安全性、有效性、经济合理、因地制宜等原则。

(1)安全性原则

建设声屏障应满足工程安全的需要,不应成为公路新的安全隐患。例如,深汕高速公路长沙小学声屏障按照合理的设计荷载量进行基础与上部结构设计,对声屏障基础做了特殊处理,对上部结构也做了最大荷载承载力试验,自修建以来,经受住了多次 12 级台风考验。

(2)有效性原则

公路声屏障是噪声治理设施,它必须具备"应有"的降噪功能。若声屏障降噪功能小于"应有"的降噪功能,则不能满足噪声防护对象的需求,属"技术不可行"。深汕高速公路为了对路旁的新村、长沙、田洋三所学校进行噪声防护,根据其所在位置、噪声污染与背景噪声状况,设计降噪目标分别为 9.0dB、5.0dB、12.6dB,建成的三座声屏障都满足降噪要求,达到了预期的环保效果。

(3)经济合理原则

建设公路声屏障,目的是对被保护对象有可能受到的公路交通噪声污染予以防治,并不是降噪量越大越好。若片面追求过高的降噪功能,势必提高工程造价,造成"经济不合理"。声屏障的降噪功能,即设计降噪目标值,是根据需要确定的。除与污染现状有关,还决定于保护目标应达到的环境噪声标准值。若设计降噪目标合理,建成后的声屏障降噪量能达到设计值,那么声屏障的设计与建造就是成功的。

(4)因地制宜原则

建设声屏障还应考虑建设路段的实际情况,因地制宜,选择最佳降噪方案。1989～1991年,交通部科学技术信息研究所(现交通运输部科学研究院)与贵州省交通厅共同开展"贵黄公路声屏障技术研究"项目和"贵黄公路声屏障"设计工作,经过多方案论证,最终选择了以修建公路声屏障为主,以修筑低噪声路面及在声屏障前后绿化植树为辅的综合降噪方案。该方案实施后经过地方环保部门验收,声屏障降噪量为 10.5dB,关键受声点昼间噪声为 47.7dB,低于居民、文教区昼间环境噪声标准值 50dB。几年之后声屏障前后侧种植的草木长成,使声屏障成为一座郁郁葱葱的绿色屏障,与周围环境浑然一体(图 13-12)。

图 13-12　贵黄公路声屏障(孔亚平 拍摄)

13.4　设计流程

声屏障设计一般分为初步设计和施工图设计两个阶段,设计内容有声学设计、结构设计和景观设计等,设计流程如图 13-13 所示。

13.4.1　声学设计

(1)确定降噪目标

降噪目标即为声屏障设计净降噪量 $\Delta L_{净}$,计算公式如下:

$$\Delta L_{净} = \Delta L_{总} + \max(\Delta L_{地}, \Delta L_{障}) \tag{13-1}$$

式中：　　$\Delta L_{净}$——设计净降噪量(dB);

$\Delta L_{地}$——建声屏障前,声源与受声点之间地面吸收声衰减量(dB);

$\Delta L_{障}$——建声屏障前,声源与受声点之间已有障碍物引起的声衰减量(dB);

$\max(\Delta L_{地}, \Delta L_{障})$——表示 $\Delta L_{地}$ 与 $\Delta L_{障}$ 中的最大值。

$\Delta L_{总}$ 为设计总降噪量,指声屏障修建前后,受声点接收到的声级之差,即声屏障插入损失(IL),计算公式如下:

$$\Delta L_{总} = L_{前} - L_{后} \tag{13-2}$$

式中:$\Delta L_{总}$——设计总降噪量(dB);

$L_{前}$——建声屏障前受声点声级(dB);

$L_{后}$——建声屏障后受声点声级(dB)。

(2)设定声屏障位置

根据噪声防护对象与公路的相对位置,以及防护对象周围的地形地势,确定关键受声点(简称"受声点")。关键受声点是受公路交通噪声污染最严重或较为严重的受声点,可以是一个或一组受声点。

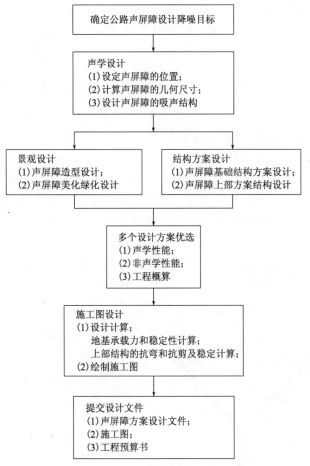

图 13-13 公路声屏障设计流程图

关键受声点与声屏障的几何尺寸有一定关系。当关键受声点为一组受声点时（图 13-14），离公路最近处的受声点决定声屏障的高度，离公路最远处的受声点决定声屏障的长度，其中左侧受声点决定声屏障向左侧延伸的长度，而右侧受声点决定声屏障向右侧延伸的长度。噪声防护对象是一个建筑物时，临近公路一侧受声点决定声屏障高度，建筑物两侧有受声点时，其离公路最远处左、右角受声点决定声屏障的左、右延伸长度。

根据噪声防护对象、关键受声点与公路的相对位置，以及防护对象周边的地形与建筑物分布等，设定声屏障位置。

(3) 计算声屏障的几何尺寸

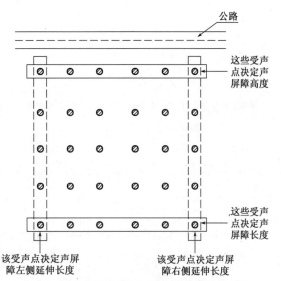

图 13-14 关键受声点与声屏障几何尺寸的关系
（引自 "*Noise Barrier Design Handbook*",1976）

对应所设定的声屏障位置,设定一组声屏障的长度与高度,形成多个声屏障设计方案。计算每个方案的 $\Delta L_{净}$ 值,保留可达到设计降噪目标的方案,参与设计方案的综合评价与比选。$\Delta L_{净}$ 计算公式如下:

$$\Delta L_{净} = \Delta L_{绕} - (\Delta L_{透} + \Delta L_{反}) \tag{13-3}$$

因此,欲计算每个方案的 $\Delta L_{净}$,需计算每个方案的 $\Delta L_{绕}$、$\Delta L_{透}$ 及 $\Delta L_{反}$ 值,计算方法参照《声屏障声学设计和测量规范》(HJ/T 90—2004)。

(4)吸声结构设计

建单屏障时,反射降噪量 $\Delta L_{反}=0$,为降低造价,声屏障可设计为隔声式声屏障。若该声屏障建在紧临公路路肩处,为降低轮胎噪声在声屏障与车体之间的反射而引起的 $\Delta L_{反}$,宜将声屏障面向公路一侧从地面起至距地面1m高的部分设计为吸收结构。

平行双屏障应设计为吸声式声屏障,声屏障面向公路一侧需设计为吸收结构。

声屏障的高度和长度能够满足降噪目标要求时,声屏障的顶端一般不做特殊处理。否则,可将其顶端设计为特殊形状的吸声结构,相比直立形声屏障,Y形分叉型顶部结构能提高声屏障降噪效果3.2dB(陈继浩,2009),如图13-15所示。

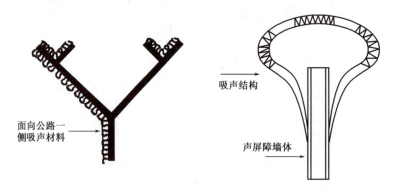

图13-15 声屏障顶端吸声结构(引自"*Noise Barrier Design Handbook*",1976)

13.4.2 结构设计

(1)上部结构设计

依据吸隔声材料、声屏障几何尺寸以及气象条件(如风荷载等)的要求,选择技术经济比较合理的上部结构方案。

一般声屏障高度较小,风荷载不大时可采用单悬臂柱的结构形式。而当声屏障较高且风荷载较大时,可采用桁架式结构。介于二者之间时可采用钢筋混凝土臂柱式结构。

(2)基础设计

依据声屏障上部结构形式及设置点的地质、气象条件,确定基础方案。可选择的基础形式主要有柱下独立式基础、墙下条形基础、小钢管桩基础、小型混凝土桩基础四种。

13.4.3 景观设计

发达国家在声屏障设计中,特别注重声屏障的景观设计(李文,2009)。如1994年FHWA

(美国联邦公路局)发布的《声屏障视觉设计指南》中,提出了声屏障视觉设计的一般原则,并提出了一些缓和视觉冲击的改善措施;2007年澳大利亚的《声屏障设计指南》中对于声屏障景观设计中的颜色、图案与周边环境的协调等提出了一般设计原则,提出以灰色作为适合澳大利亚的声屏障主要的色彩。

(1) 造型设计

在声屏障设置位置与几何尺寸已确定的前提下,从声屏障的形式和选用材质两方面进行声屏障造型设计,要求做到:

① 不造成压抑感

当声屏障设置位置紧临公路或防护建筑物,且所需有效高度较高时,宜设计为半封闭式,以减少一堵"高墙"给公路驾乘人员及防护对象带来的心理压抑感,也让沿线居民有较好的可接受性。

② 与周围自然环境和人文环境协调一致

建造声屏障的土地面积足够大时,可以考虑设计土堤式声屏障造型,在土堤上栽种花草及灌木丛,使其与公路沿线的自然景观融为一体,为公路沿线增添美景。

噪声防护对象地处经济、文化较发达地区时,声屏障造型应有新颖活泼的格调,赋予强烈的现代化气息,使其与周围景观协调,可设计为弯曲透明板式或复合式声屏障。一般地区,声屏障可设计为混凝土式声屏障,再做一些美化与绿化设计,使其具有美观、古朴、大方格调,与周围景观相协调。

建造低路堑式全封闭声屏障时,在声屏障的顶面,可以建花园或游乐园,既美化环境又提高土地利用率。

③ 声屏障的空间位置应与公路线形走向一致

将声屏障的空间位置设计成与公路线形走向一致,使公路声屏障宛如一条镶嵌在公路一侧的美丽"飘带",既为公路景观增景添色,同时又保持了公路及其人工构筑物的同视性,使公路驾乘人员感到线形通畅。

(2) 美化设计

① 端部美化设计

公路声屏障紧临公路时,宜在其有效长度的端部做一些美化设计,如图13-16所示。可设计一段渐高屏障,或设计小型花坛土丘等,使声屏障的端部不给人们视觉造成突兀感,使声屏障线条更加柔和,与周围景观相融。

② 顶部美化设计

公路声屏障顶部可设计为不同造型,如:平直形、阶梯形、波浪形、凹凸形等,不论采用哪种造型都应与声屏障自身格调相协调,与周围景观相融洽。

③ 墙面美化设计

公路声屏障的墙面可做图案与色彩美化设计,但要做到美观大方、振奋活跃,不仅要使驾驶人保持警觉和兴奋,而且也使乘客心旷神怡,得到美的享受。但需防止特别刺眼的色彩和图案造成视觉污染,破坏公路的通视性。

(3) 绿化设计

对公路声屏障及其附近予以绿化设计,已成为公路声屏障设计的发展趋势。绿化具有美化、净化(吸尘)环境,增加声屏障的吸声作用,同时对小环境起到气候微调作用,具有一举多得之功效。

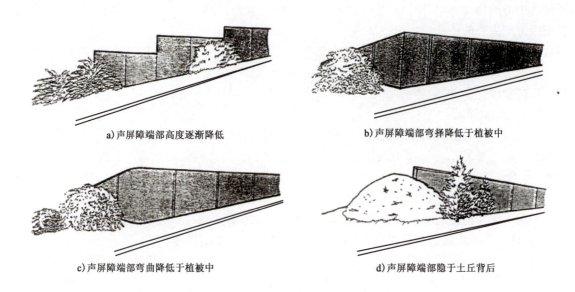

图 13-16　公路声屏障端部美化设计示例

(引自"*Highway Noise Barrier Selection Design and Construction Experiences*",1975)

①绿化设计形式

设计各式可栽种花草的混凝土构件,再将这些构件砌筑为声屏障,可使声屏障四季常青,成为绿色屏障,如图 13-17 所示。

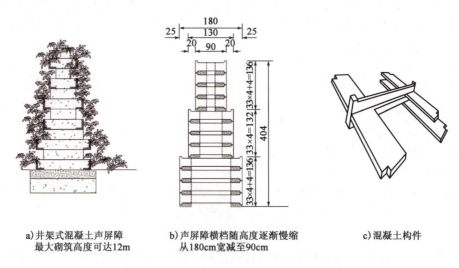

图 13-17　混凝土构件砌筑声屏障绿化设计示例(尺寸单位:cm)

(引自"*Highway Noise Barrier Selection Design and Construction Experiences*",1975)

在声屏障墙体上设计小型壁挂式花盆、坛,或在声屏障墙体前后栽种植物(包括花、草、树木等),具有装饰点缀的美化效果,如图 13-18 所示。

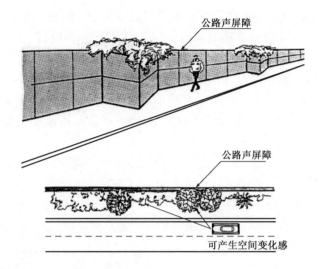

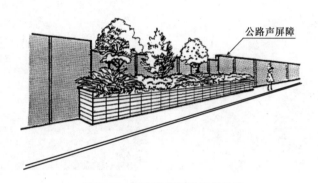

图 13-18　公路声屏障绿化设计示例

（引自"*Highway Noise Barrier Selection Design and Construction Experiences*",1975）

②绿化物种选择

公路声屏障绿化设计中选用的植物物种有：攀缘植物（如爬墙虎 *Paythenocissus tricaspidata*、凌霄 *Campsis grandiflora* 等）、草坪地被植物、花灌木及乔木树种等。物种选择要求做到：在当地气象条件下，适合生长的物种；耐旱和耐贫瘠的物种；常绿或绿期长、花期长的物种。

13.5　设计要点

13.5.1　声学设计要点

声学设计中应注意以下问题：

(1) 建声屏障前受声点的环境噪声值 $L_{前}$ 无法实测，应按照《环境影响评价技术导则声环境》（HJ 2.4—2009）进行预测，对于已开展环境影响评价的项目，也可以参考环境影响评价报告的预测结果。

(2) 建声屏障后受声点应达到的环境噪声标准值 $L_{后}$ 参照执行《声环境质量标准》（GB 3096—2008）。

(3) 公路声屏障降噪量与响度降低量关系研究结果显示，当降噪量为 10dB 时，声能降低

90%,响度降低50%,此时人们主观感觉到噪声明显变弱了。因此,当降噪设计目标值为4~5dB时,若增大2~3dB,声屏障的建造成本仍是可接受的,则宜将降噪设计目标值予以适当提高。

(4)确定关键受声点的具体方法为:若噪声防护对象是建筑物,关键受声点设定在距离第一排建筑物墙外1~2m处,或全打开的窗户前面0.5m处,离地面高度不小于1.2m;若噪声防护对象是特殊的生态保护区,受声点设定在受声点和附近的垂直地面的声波反射面(建筑物等)的距离,至少大于受声点与声屏障距离的2倍,离地面高度不小于1.2m,此时受声点处于半自由声场。

(5)声屏障建在公路路边时,既不能影响行车安全,也要避免声屏障受到车辆碰撞。特别是当声屏障建在公路弯道时,要保证行车视线的通畅,确保公路车辆行驶的安全性。声屏障建在公路桥上时,必须对公路桥的荷载进行计算,以免对桥梁造成安全隐患。

(6)将声屏障设置在地势高的地方,可提高声屏障的有效高度,如图13-19和图13-20所示。

图13-19　广东省京珠北高速公路利用路堑挡墙提高声屏障有效高度(付金生 拍摄)

图13-20　宁宣高速公路利用防撞墩提高声屏障有效高度(付金生 拍摄)

(7)利用周围建筑物与地形特征,将声屏障的端点设置在可以阻断公路交通噪声声波处,如图13-21所示;或将声屏障的平面布局设计为弯曲形,如图13-22所示,使受声点处声屏障张角等于声源张角,即$\beta=\theta$,声屏障遮蔽角百分率(η)为100%,使声屏障成为无限长声屏障,可以大大提高绕射降噪量$\Delta L_{绕}$。

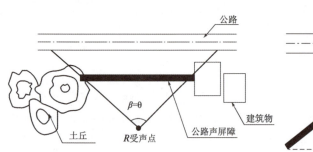

图13-21　声屏障端点设置在可阻断声波处示意图
(引自"Noise Barrier Design Handbook",1976)

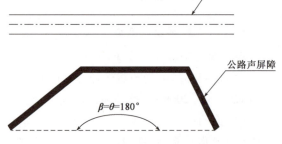

图13-22　弯曲形声屏障示意图
(引自"Noise Barrier Design Handbook",1976)

(8)当声屏障过高时,可以设计为弯曲式,如图 13-23 所示。弯曲声屏障等效高度大于实际高度,可避免由于声屏障过高而带来的稳定性差和景观不协调等弊病。

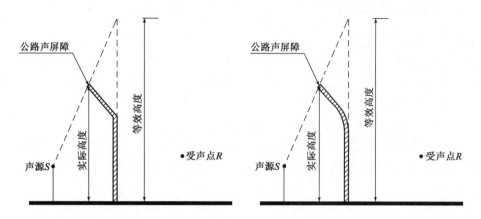

图 13-23　声屏障等效高度示意图
(引自"*Noise Barrier Design Handbook*",1976)

(9)各种材料在一定厚度下的投射损失值可通过查表或试验取得,如表 13-2 所示。

几种常见材料的透射损失值　　　　　　表 13-2

材　　料	厚度(cm)	透射损失值(dB)
密实混凝土板	10	40
轻骨料混凝土板	15	39
砖墙	10	33
玻璃钢板	0.32	20

(10)大量实践经验表明,公路声屏障的降噪极限量是 25dB。若 $\Delta L_{净}$ 大于 25dB,应考虑采取多种噪声控制方法。

13.5.2　结构设计要点

结构设计应注意以下问题:

(1)声屏障结构应做到技术先进、经济合理、安全适用、符合国情。

(2)声屏障结构应确保公路交通设施的安全,确保所经地区通信、水利及电力等设施安全,不能影响这些设施的功能。

(3)声屏障结构应确保路基安全,不与路基排水、防护等措施发生冲突。

(4)声屏障结构应具有耐久性、防火性和防腐性能,还需有相应的排水结构设计。

(5)当声屏障长度超 1 000m 时,应设计可通过行人的门,作为应急使用。一般情况下,此门紧闭,且不能漏声,开启后能自动关闭。

(6)声屏障设置在路肩时,需要进行防撞设计;设置在高路堤边坡上时,需要对基础做特殊处理,特别要注重地基承载力和稳定性计算,确保路基与声屏障的安全。

(7)声屏障必须设计为连续体,确保没有漏声处。

(8)声屏障结构必须做最大荷载承载力试验。公路声屏障的荷载主要来源于风,有 8 级以上热带风暴、强热带风暴或台风登陆地区的声屏障尤其需要重视此问题。

(9)声屏障必须通过桥梁时,其结构设计既要求桥体能够承载声屏障,又要求声屏障与桥体有可靠的连接,不产生共振。

13.5.3 景观设计要点

景观设计应注意以下问题:

(1)公路声屏障应有美观新颖的造型、简洁明快的线条,使其与周围的自然环境及人文环境达到最大限度的协调一致。

(2)声屏障景观设计应不破坏公路的通视性与导向性。

(3)在声屏障的造型设计和美化、绿化设计中,要因地制宜,最大限度地降低其建造成本。

(4)建在公路弯道的声屏障墙面美化设计,不宜色彩太刺眼及图案太新奇,以免影响行车安全。

(5)声屏障绿化应做好植被的养护管理工作,包括浇水、施肥、杀虫、剪枝整理及防冻、防融雪剂危害植被等。

13.6 设计案例

广东渝湛高速公路高桥至遂溪段,位于广东省湛江市境内,路线起点接广西境内已建成的合浦至山口高速公路,终点接广湛高速公路湛徐段,全长73km,2005年年底建成通车。

项目所在区域属于热带北缘季风气候,常年气温较高,年平均气温22.8℃。光照时间长,雨量充沛,雨季长,年均降雨量1 678mm。热带气旋或台风为本区主要的灾害性气候,每年有2~3次台风在本区登陆,瞬时风速可达45m/s。主导风向为偏东风,4~9月盛行东风、东南风,10月到翌年3月盛行西北风、东北风。沿线土质主要多为砂质壤土、粉质黏土、红壤、砖红壤,冲积水稻土,还有部分黄壤土、黑土等,工程地质条件比较好。隶属我国大陆地震活动较弱的华中地震区江汉地带内的秭归—渔洋关地震亚带,地震活动微弱,历史上无中强地震记载,地震烈度为Ⅵ度。

为了把渝湛高速公路建设成为一条生态环保路,研究设计了生态型公路声屏障。

13.6.1 降噪目标确定

13.6.1.1 确定噪声防护对象

广东渝湛高速公路高桥至遂溪段沿线共经过噪声敏感点22处。根据《广东渝湛公路环境影响报告书》中对沿线噪声敏感点的交通噪声预测结果,以及实际勘察计算结果,运营期有3处敏感点即泥墩塘、百桔村和外村塘超过国家相关标准,需要设立声屏障。三处噪声敏感点的概况见表13-3。

渝湛高速高桥至遂溪段声屏障路段概况　　　　表13-3

序号	1	2	3
环境噪声敏感点	泥墩塘村	百桔村	外村塘
桩号	K41+900~K42+400	K45+250~K45+550	K53+700~K54+100
昼夜比	3.34:1		

续上表

车型比	大车型(%)	11.6	11.6	11.7
	中车型(%)	46.7	46.7	40.7
	小车型(%)	41.6	41.6	47.6
关键受声点距路面中心线距离(m)		30.0	35.0	30.0
关键受声点路面高于受声点高度(m)		2.5~3.5	3.5~4.0	2.0~3.0
交通量 (辆/日)	2007 年	9 231	9 231	12 653
	2013 年	15 295	15 295	21 003
	2021 年	24 542	24 542	34 236

13.6.1.2 确定关键受声点

噪声防护对象是居民点,受声点设定在离建筑物墙外 1~2m 处,或全打开的窗户前面 0.5m 处,离地面高度不小于 1.2m。3 处修建声屏障路段关键受声点的基本情况如下:

(1)泥墩塘村

地处 K41+900~K42+400 路段右侧,关键受声点 R 距公路中心线的距离 30m,公路路面高于关键受声点 3m,左侧为农田,即无障碍开敞声场,如图 13-24 所示。

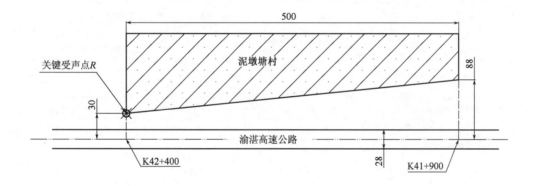

图 13-24　广东省渝湛高速公路,泥墩塘村平面位置示意图(尺寸单位:m)

(2)百桔村

地处 K45+250~K45+550 右侧,关键受声点 R 距公路中心线的距离 35m,公路路面高于关键受声点 4m,左侧为农田,即无障碍开敞声场,如图 13-25 所示。

(3)外村塘村

地处 K53+700~K54+100 右侧,关键受声点 R 距公路中心线的距离 30m,公路路面高于关键受声点 2.5m,左侧为农田,即无障碍开敞声场,如图 13-26 所示。

13.6.1.3 确定建声屏障前受声点的环境噪声值 $L_{前}$

建声屏障前受声点的环境噪声值 $L_{前}$,指渝湛高速公路通车后未建声屏障时关键受声点处的环境噪声值。该值在公路建成前无法实测,按照《公路建设项目环境影响评价规范》(JTG B03—2006)预测,结果见表 13-4。

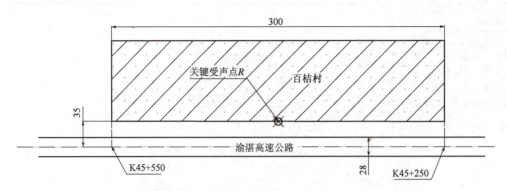

图13-25 广东省渝湛高速公路,百桔村平面位置示意图(尺寸单位:m)

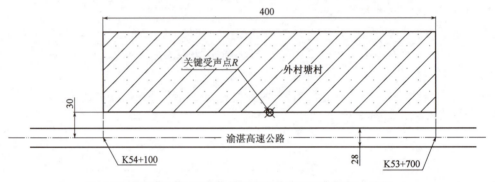

图13-26 广东省渝湛高速公路,外村塘村平面位置示意图(尺寸单位:m)

渝湛高速高桥至遂溪段声屏障路段噪声预测结果   表13-4

序号			1	2	3
环境噪声敏感点			泥墩塘村	百桔村	外村塘
桩号			K41+900～K42+400	K45+250～K45+550	K53+700～K54+100
噪声预测值(dB)	2007年	昼	68.5	67.6	70.7
		夜	60.3	59.8	62.4
	2013年	昼	70.7	69.8	72.9
		夜	62.4	61.9	64.6

13.6.1.4 确定建声屏障后受声点应达到的环境噪声标准值 $L_{后}$

建声屏障后受声点应达到的环境噪声标准值 $L_{后}$,为建声屏障后的环境噪声最高允许值。按照原国家环境保护总局相关文件规定,渝湛高速公路道路红线外50m内的区域噪声执行标准为:昼间70dB,夜间55dB。

13.6.1.5 计算声屏障降噪设计目标

按照13.4.1节声学设计中给出的计算方法,得到3处声屏障的降噪设计目标分别为:泥墩塘村9.4dB,百桔村8.9dB,外村塘村11.6dB。

13.6.2 声屏障位置设定

按照13.4.1节声学设计中关于声屏障位置的确定方法,得出三处声屏障的位置分别为:
(1)泥墩塘村:公路右侧护栏外1.5m(硬路肩外缘2.038m)处。

(2)百桔村:公路右侧护栏外1.5m(硬路肩外缘2.448m)处。

(3)外村塘村:公路右侧护栏外1.5m(硬路肩外缘2.035m)处。

13.6.3 声屏障几何尺寸计算

按照13.4.1节声学设计中关于声屏障长度和高度的计算方法,计算三个声屏障的高度和长度分别为:

(1)泥墩塘村:长600m,高度2.5m,考虑到形式美观,两头各加长5m作为视觉过渡段。

始点(A)桩号:K41+845;

终点(B)桩号:K42+455。

(2)百桔村:长400m,高度2.5m,考虑到形式美观,两头各加长5m作为视觉过渡段。

始点(A)桩号:K45+195;

终点(B)桩号:K45+605。

(3)外村塘村:长500m,高度3.3m,考虑到形式美观,两头各加长5m作为视觉过渡段。

始点(A)桩号:K53+645;

终点(B)桩号:K54+155。

13.6.4 声屏障的形式和吸声结构设计

从前面的分析可知,3处保护对象的另一侧均为开敞的自由声场,没有声音反射影响,为降低造价,声屏障可设计为隔声式声屏障。由于3处声屏障建在紧临公路路肩的位置,为降低轮胎噪声在声屏障与车体之间的反射而引起的反射噪声,将声屏障面向公路一侧从地面起至距地面1m高的部分设计为吸收结构。吸声处理方法有多种,此处采用在声屏障前后或者屏体种植绿色植物的方法,降低轮胎噪声。3处声屏障的形式和材料分别为:

(1)泥墩塘村和外村塘村

形式:直立式单屏障,占地少,节约土地资源,如图13-27所示。

图13-27 外村塘村声屏障(孔亚平 拍摄)

材料:混凝土预制块,前后种植植物。

(2)百桔村

形式:倾斜式单屏障,由于稳定性需要,底部占地面积较大。

材料:土工格栅和装有壤土及草种的网眼袋码放固定,中间填充壤土,利用土工格栅与土体的结合,产生一个加筋复合结构,具有很高的抗压和抗拉性能,如图13-28和图13-29所示。土堤表面恢复植被,具有绿化美化效果,能够起到很好地隔音吸声效果。

13.6.5 结构设计

按照13.4.2节结构设计中的方法,考虑到风荷载、最大抗震烈度等因素,确定3座声屏障结构。

(1)泥墩塘村和外村塘村

按照45m/s风速、7级地震烈度设计。

地上部分:钢筋混凝土框架中间砌筑混凝土砌块,上部压顶圈梁,内为0.15m厚的混凝土板。

基础部分:钢筋混凝土条形基。

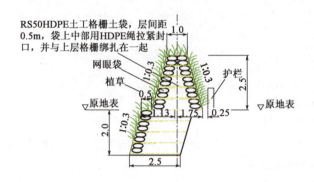

图13-28 百桔村土堤式声屏障剖面图(尺寸单位:m)

图13-29 建设中的百桔村土堤式声屏障(孔亚平 拍摄)

(2)百桔村

按照45m/s风速、7级地震烈度设计。

地上部分:土工格栅与土体结合而成的加筋复合结构。

基础部分:同地上部分。

13.6.6 绿化设计

13.6.6.1 绿化形式设计

由于泥墩塘村和外村塘村两处声屏障所在地段空间狭窄,考虑到和周围环境的协调等因素,采用声屏障前后种植植物的绿化形式。

百桔村采用土堤式生物声屏障,在土堤上种植植物。

13.6.6.2 植物物种选择

选择花叶垂榕、澎蜞菊、非洲菊、狗牙根、爬山虎五种植物。

13.6.7 声屏障效益分析

13.6.7.1 降噪效果

噪声监测结果显示：

(1) 3处生态型声屏障的昼间监测结果均低于70dB，夜间监测结果均低于55dB，符合相关标准要求；

(2) 3处声屏障的净减噪量分别为：泥墩塘村10.8dB，百桔村15.9dB，外村塘村18.5dB，完全达到了设计目标。

13.6.7.2 生态效益

(1) 泥墩塘村、外村塘村声屏障前后栽植了垂叶榕（*Ficus benjamina*），如图13-30所示。随着树木成长，枝干粗壮，枝叶茂密，遮挡在声屏障前方，达到绿色屏障的效果。另外，在声屏障靠近路面的一侧种植了乡土的草本植物，长势良好，植被覆盖度达到了90%以上。

(2) 百桔村土堤式声屏障，在土堤上种植植物，达到了生态隔声墙的效果。2006年6月份的观测数据显示，整个屏体植物生长情况比较好，地上生物量达到1.389kg/m^2。2006年8月，植被长势茂密，覆盖度几乎达到了100%，使声屏障成为一座郁郁葱葱的绿色屏障，与周围环境浑然一体，如图13-31所示。

图13-30　泥墩塘村声屏障前种植的垂叶榕
（孔亚平　拍摄）

图13-31　百桔村土堤式声屏障植被生长茂密
（孔亚平　拍摄）

13.6.7.3 社会效益

采用民意调查方式，调查对象包括声屏障附近的居民、路过此路段的驾驶人、施工单位人员及渝湛高速公路公司的工作人员。调查结果显示，渝湛高速公路声屏障的建设具有很好的社会效应。一方面，使得沿线居民能够在安静的环境中生活，体现了以人为本，减少了社会不安定因素。另一方面，声屏障采用循环经济的设计理念，节约了投资，避免了声屏障的二次污染，通过绿化、美化再造了景观，与沿线自然环境和谐统一，体现了绿色公路的特点。

本章参考文献

[1] FHWA-RD-76-58. Noise Barrier Design Handbook[M]. 1976.
[2] Guski R., Schuemer R., Felscher-Suhr U. The concept of noise annoyance: How international experts see it [J]. Journal of Sound and Vibration, 1999, 2(23), 513-527.
[3] Snow C H. Highway Noise Barrier Selection, Design, and Construction Experiences [J]. Federal Highway Administration, Implementation Package, 1975, 76(8).
[4] 陈继浩. 隔声屏障结构声学模拟、设计与性能优化应用研究[D]. 北京:中国建筑材料科学研究学院, 2009.
[5] 中华人民共和国行业标准. HJ/T 90—2004 声屏障声学设计和测量规范[S]. 北京:中国环境科学出版社.
[6] 何晓云. 高速公路声屏障降噪效果研究[J]. 化工中间体, 2015(3):3-4.
[7] 中华人民共和国国家标准. GB 3096—2008 声环境质量标准[S]. 北京:中国环境科学出版社, 2008.
[8] 中华人民共和国行业标准. HJ 2.4—2009 环境影响评价技术导则 声环境[S]. 北京:中国环境科学出版社, 2010.
[9] 蒋红梅, 张兰君. 国内外公路交通声屏障研究紧张[J]. 公路交通技术, 2007, 增刊:128-130.
[10] 中华人民共和国行业标准. JTG B03—2006 公路建设项目环境影响评价规范[S]. 北京:中国标准出版社, 2006.
[11] 李文. 高速铁路声屏障声学与景观设计研究[D]. 长沙:中南大学, 2009.
[12] 孙华云. 不同结构型式降噪声屏障的特性研究[D]. 大连:大连交通大学, 2008.
[13] 王娟. 声屏障声学及结构设计研究[D]. 沈阳:沈阳工业大学, 2008.
[14] 杨满宏. 声屏障对公路交通噪声衰减理论模型的研究[J]. 交通环保, 1996, 17(6):17-20.
[15] 杨新兴. 城市交通噪声及其危害[J]. 前沿科学, 2011, 5(18):21-27.
[16] 张静. 高速公路生态型声屏障设计与建造技术研究——以合淮阜高速公路为例[D]. 北京:北京林业大学, 2008.

14 旅游公路规划设计

2015年,我国人均GDP已经超过8000美元,随着收入的增长、带薪休假制度的落实、2.5天周末的推行,旅游消费需求将呈现爆发式增长。特别是随着经济和城市化的快速发展,人们在城市的生活与工作压力越来越大,工作之余都希望远离城市的喧嚣,来到空气新鲜环境幽静的地方,领略田园景色,欣赏山水风光,对于旅游、休闲的需求不断扩大,对于生活品质的要求不断提高,自驾游、房车游、骑行游、徒步游等逐步成为时尚。人民群众新的出行方式,对传统公路提出了挑战,不但要"走得了",也要"走得好""有的看"。为此,各级政府越来越重视旅游公路的规划建设。

旅游公路是旅游基础设施的重要组成部分,对提升旅游服务功能、优化旅游消费环境具有重要作用;旅游公路也是慢行交通的主要载体,是实现"健康、绿色旅游"的重要途径;旅游公路作为一种新型的旅游资源,能够"推动旅游产品多样化",并"培育新的消费热点";精致设计、注重自然和文化景观的旅游公路还能够起到"丰富旅游文化内涵、推进生态环保"[1]的作用。旅游公路还是沿线地区旅游产业带的雏形,以路为基础拓展周边旅游产业,是促进区域经济协调发展的良好方式。

14.1 旅游公路概述

14.1.1 旅游公路内涵

自20世纪90年代起,旅游公路在我国逐步引起交通、旅游等部门的关注,并陆续开展了一些建设实践。党的十八大以来,党中央、国务院高度重视旅游业的发展,把旅游作为改善民生、带动消费和拉动产业升级的重要动力。新常态下,旅游公路被赋予了更广泛的期待,许多地方希望通过规划建设旅游公路,起到引导产业流向、带动产业进步的作用。从广义上来说,旅游公路指具有交通运输和景观欣赏双重功能的公路;从狭义上讲,旅游公路指路旁或视域之内拥有视觉的、自然的、文化的、历史的和(或)娱乐价值的公路。

从结构组成来讲,旅游公路是一个由公路主体、慢行系统、服务设施、景观文化、解说系统等有机结合的系统。该系统以公路为骨架,将周边可实现功能、满足需求的空间均纳入系统内部,故旅游公路系统附着于没有清晰界限的廊道之上。由于公路旅游这种以人的交通行为为载体的旅游方式,包含着公共交通、自驾、骑行、徒步等多种方式,因此,一个完善的旅游公路系统需综合考虑上述旅游方式的需求,不仅要满足旅客生理、安全等基本需求,还要提供便捷舒适的旅游体验、景观感知(视觉景观与体验景观)、解说系统(指示、提示、解说设施)等贴近情

---

[1] 部分引自《国务院关于促进旅游业改革发展的若干意见》国发〔2014〕31号。

感、尊重自我实现的高标准人性化服务。

从功能作用来讲,旅游公路是一种以具有地域特色、高品质的公路为旅游目的地的旅游产品。旅游公路及其所经过的廊道,在视觉、历史、娱乐、文化、自然等方面具有特殊价值,具有代表性、唯一性、不可替代性和典型性等特征,具备打造成为"线形公园"和特色旅游产品的特质。对于旅游来说,是一种经济、直观、深刻的体验方式,也是对点状、面状旅游的补充和完善(余青等,2007)。

14.1.2 旅游公路功能属性

旅游公路应具备如下功能属性:

(1)交通属性

旅游公路应具有公路的基本功能,即目的地之间的通达性,能满足公共交通、自驾、骑行或徒步等旅游交通的需要。

(2)游憩属性

旅游公路及其廊道是一个带状景区,公路是带状景区内部的一条中心游线,应具备为游客提供游憩服务的重要功能。从游客的特点和需求出发,应具有慢行系统、停车休憩区、观景区、服务设施、解说系统等系列设施,打造丰富的视觉景观,可提供人性化的服务。

(3)生态属性

旅游公路所在的区域往往具有较高的生态价值,旅游公路廊道的生态价值应得到很好的保护与体现,以保证区域生态环境的完整性和可持续性,从而保护旅游公路及区域旅游业的可持续发展。

(4)产业属性

旅游公路自身及其廊道是一个"线形公园"、一种特色旅游产品。通过带状"景区"的塑造,能够在沿线形成旅游经济产业带,通过联络和辐射带动整个区域的经济发展。

14.1.3 旅游公路建设理念及原则

旅游公路应以打造"公路旅游产品"为目的,确保公路的安全防护设施、旅游服务设施、公路景观、生态环境等达到高标准。

旅游公路建设理念可以归纳为:从保护区域景观生态安全格局(俞孔坚,2005)的高度出发,从交通、景观、生态、视觉等多角度综合考虑公路廊道走向、线位布局,灵活运用公路设计标准,充分满足使用者交通需求、游憩需求和精神需求,建设安全、优美、绿色、舒适的交通旅游项目。

为保障旅游公路建设目标的实现,应组建包括路桥、景观、旅游、环境保护等多学科的设计团队,从公路工程、景观展现、旅游发展和环境保护等方面相互融合、相互借鉴、统筹考虑,突出旅游公路特色。旅游公路的主要设计原则包括:

(1)安全至上

公路建设最首要的目标是让公路设施更安全,最大限度地降低出行的安全风险,把出行者的伤亡风险降到最低。需采取多样化的安全设施,确保交通安全。

(2)灵活设计

在确保公路安全性和功能性的同时,灵活设计,最大限度地实现公路与景观环境的协调,充分保护生态环境、公路景观、人文历史遗迹等资源。例如,技术指标的灵活运用、不同路段建设方案的灵活选择、具体设计内容的灵活控制等。

(3) 服务旅游

作为"公路旅游产品",旅游公路应具备类似旅游景区的服务功能。从旅游者的角度出发,旅游公路应增设不同类型和规模的服务设施,以满足旅游者补充给养、休憩、观景等需求;还应适当增设慢行设施,满足旅游者对"慢行体验"的需求。

(4) 重视景观

沿线景观是决定旅游公路品质高低的重要因素。公路设计应在路线线位选择、线形选择、沿线设施等方面,突出对沿线景观的利用与保护,尽量避免人工痕迹,充分展现观赏价值。

(5) 生态优先

优良的生态环境是生态文明的根本要求,也是旅游公路价值的重要体现。应将环境保护和生态修复的手段融入公路建设中,切实保证公路建设运营对生态环境影响最小化。

14.1.4 我国旅游公路建设实践

我国从 21 世纪初开始逐步重视旅游公路的建设。先后建设了四川川主寺至九寨沟旅游公路、湖北神农架木鱼坪至兴山昭君桥旅游公路、吉林环长白山旅游公路等,确立了"安全、舒适、环保、和谐"的建设指导思想,提出了"灵活性设计"等公路设计新理念。

2003 年,交通部将四川川主寺至九寨沟口公路(简称川九路)列为四项"试点工程"之一,作为公路与自然环境相协调的示范工程。川九路提出了"灵活性设计""宽容性设计"和"创作设计"等设计理念,总结出了"不破坏就是最好的保护""在设计上最大限度地保护生态环境,在施工中最低程度地破坏和最大限度地恢复生态环境"等建设原则。川九路不仅为提高我国公路勘察设计水平发挥了重要作用,也是旅游公路建设的一次成功实践。

2006 年,湖北神农架至宜昌昭君桥旅游公路(简称神宜路)实施保护性改扩建。在建设实践中,神宜路将打造"两型交通"作为发展的"第一选择"、将"保护好生态环境"作为设计的"第一追求"、将"恢复好生态环境"作为施工的"第一原则"、将"科技创新促进生态环保"作为建设的"第一动力"、将实现"自然环境原生态"作为验收的"第一关口"。神宜路打造了"路在林中展、溪在路边流、车在景中行、人在画中游"的生态新景观,达到了"路景相融、自然神宜"的建设目标,为打造资源节约型、环境友好型交通进行了有益的探索。

2007 年,吉林环长白山旅游公路二道白河至漫江段(简称环长路)开工建设。环长路坚持"以人为本、注重和谐、节约资源、保护环境、服务社会"的宗旨,转变建设方式,提升设计理念,在美丽的长白山脚下,建设成了一条"原味、原貌、原生态"的森林旅游公路。

2015 年,贵州遵义赤水河谷旅游公路开工建设。该路统筹规划,整合开发了沿线旅游资源,串联起赤水大瀑布、四洞沟、燕子岩、竹海、侏罗纪公园、佛光岩等景区;快慢结合,构建了独立的慢行系统,满足游客自驾游、骑行游和徒步游等多元化需求;以人为本,全线布设 7 处驿站、8 处服务站、13 处慢行驿站(含观景台)、13 处休憩点,满足住宿、餐饮、露营、观景、自行车租赁、低空旅游、房车旅游等多种旅游体验,有效提升了公路品质。该路被称为"醉红之路",成为我国旅游公路建设的新标杆。

此外,在我国其他省(自治区、直辖市)也开展了大量的旅游公路建设实践,推动了旅游公路的迅猛发展。如山东省威海市滨海旅游景观公路、河北省张北草原天路、江西省环鄱阳湖旅游公路、海南省石梅湾至大花角旅游公路,等等。

14.2 旅游公路规划

我国许多地方研究编制了旅游公路发展规划,如《海南国际旅游岛旅游公路发展规划》《阿坝藏族羌族自治州旅游公路规划》《新疆喀纳斯景区旅游公路规划》《黄山市旅游公路网发展规划》等。近期还将启动国家旅游公路发展规划研究,将为今后旅游公路建设明确目标和任务。

开展旅游公路规划,需要处理好与其他相关区域规划的关系。

例如,旅游公路规划需参照区域旅游规划中明确的旅游功能区划分、重点旅游资源等,将其作为规划的基础数据和重要依据,并将促进区域旅游规划目标的实现作为规划目标之一。

又如,旅游公路规划需遵循综合交通规划、公路网规划等规划。旅游公路应与其他交通形式,如铁路、航空、航运等不产生冲突和矛盾,并合理衔接。旅游公路规划还应与土地利用规划、城市规划以及生态规划等相统一,不产生背离、冲突或矛盾。

14.2.1 规划思路与流程

旅游公路规划是根据旅游公路特点,将景观规划与公路规划进行有机整合,通过不同类型廊道叠加分析,选择旅游公路廊道,在旅游价值评价的基础上,对旅游公路进行分类分级,进而提出旅游公路建设的原则、目标、任务等。

规划总体思路是,根据旅游公路的本质属性,以生态条件为基础,通过游憩、文化、自然生态等多类廊道提取与叠加,选择具有典型旅游特征的廊道;同时,根据交通规划方法,以旅游交通需求为主要条件,提取交通廊道;将上述两类廊道叠加整合,作为旅游公路廊道。在此基础上,对备选廊道进行旅游价值评价,进行分级与分类,进而得到旅游公路布局结果,旅游公路规划流程见图14-1。

(1) 基于生态基础条件的廊道评价

通过对区域景观基底、景观要素以及旅游资源综合分析,开展全路网的旅游吸引力评价及生态承载力评价,在保证区域景观价值及生态功能的前提下,提取区域内适于游憩的廊道,作为旅游公路的基础廊道之一,确保旅游公路及其所在廊道有充分的游憩价值。

将乡土文化、游憩、水系、生物的网络格局通过GIS叠加分析,形成区域基底景观的综合成果;核心区域为重点景区、重要潜在景区/景点、潜在淹没区和大面积林地等;联系核心区域的廊道为水系、绿带等线性元素,包括乡土文化廊道、游憩廊道、水系廊道、生物迁徙廊道四种类型。其中,前两者主要与廊道构成有关,关系着旅游吸引力;后两者与廊道控制有关,关系到生态承载力。

(2) 基于交通需求预测的廊道评价

根据交通规划方法,调查旅游资源间的通达性现状,根据交通需求预测,提取交通廊道,作为旅游公路的基础廊道之一,以保证旅游公路具备充足的旅游交通功能。

(3) 旅游公路廊道选择与网络构建

将上述两类廊道叠加整合,选择同时具有乡土文化/游憩功能以及交通功能的廊道作为旅游公路的备选廊道,进而提出初步的旅游公路网络。

(4) 基于旅游价值评价的旅游公路分级与分类

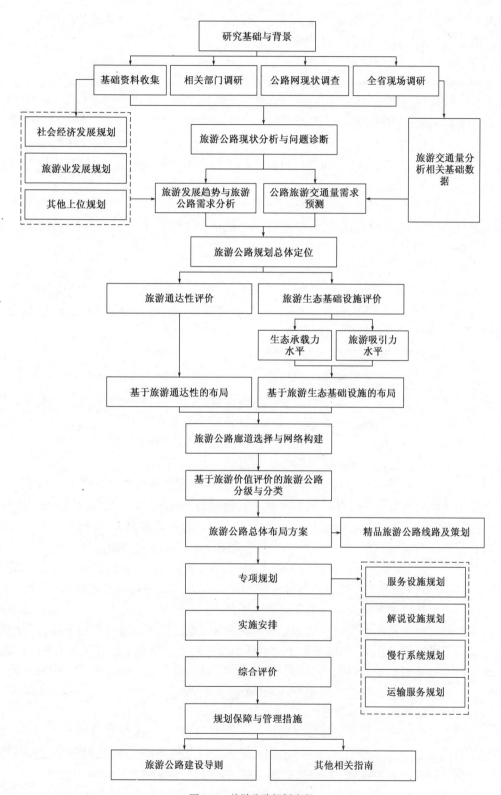

图 14-1 旅游公路规划流程

对备选廊道进行旅游价值评价,进行旅游公路分级与分类,并形成旅游公路布局。

旅游公路规划应重点把握下列关系:

(1)公路与旅游景区/景点的关系

旅游公路既是公路也是景区,与区域公路交通规划和旅游规划有密切关系,既是一种旅游基础设施,又是对旅游景区/景点的延伸与补充。

(2)公路交通与游憩功能的关系

作为公路,首先必须具有完备的交通运输功能。作为线性/带状景区,应根据旅游需求和景观条件,合理布设公路路线,合理安排包括慢行系统在内的游憩设施,确保具有完善的游憩服务功能。

(3)公路与生态环境的关系

旅游公路建设不应以牺牲或破坏生态景观为代价。规划应正确处理建设与保护的关系,确保区域"生态安全"。

(4)交通管控与交通组织的关系

一方面,旅游交通与过境交通、货运交通等存在着交叉、重叠或并行,需采取有效的管控措施,确保旅游交通安全与有序;另一方面,旅游交通又需要与公共交通、慢行交通、城市交通等相衔接,需进行合理组织,实现"零距离换乘"。

14.2.2 规划的主要方法

14.2.2.1 旅游交通需求预测

狭义的旅游交通通常指为旅游者以实现旅游为目的,使用各种交通方式从出发地到目的地,以及在目的地内进行游览再回到出发地,通过各种交通设施提供的一切旅途服务的总和。旅游交通系统包括:旅游客源地与目的地之间、目的地内各旅游城市之间、旅游城市与其所辖的各景区之间以及景区内部等各层级的旅游交通。

旅游交通需求预测,应在分析旅游市场需求和游客出行特征的基础上进行。旅游交通需求与日常生活出行在出行距离和时间等方面具有较大的差异,不仅与规划区域有一定的相关性,更与广阔的客源地范围密切相关;旅游客流量随季节的波动性很大,存在明显的时间性和经济性特征。因此,旅游交通需求预测很难划分交通小区,传统的重力模型也不适用于旅游交通需求预测。为此,应分析旅游景区的客源范围,根据旅游区的旅游阻抗,预测各景区的旅游需求,再在出行结构分析的基础上预测旅游交通需求,为旅游交通规划提供依据。

14.2.2.2 区域生态承载力与旅游吸引力评价

旅游公路廊道需从生态环境及使用者需求两方面考虑。为此,需对规划区域进行生态承载力评价与旅游吸引力评价,形成基于生态承载力的公路廊道与基于旅游吸引力的公路廊道。

将上述两种类型的廊道进行叠加,确定合理的旅游公路廊道布局,使之既能满足旅游需求,具备较强的旅游功能,又不会对生态环境造成太大的扰动。

14.2.2.3 路域旅游价值评价

公路旅游价值评价是通过对规划区域内旅游资源调查,进行线路价值的综合评价。根据公路旅游价值判定旅游公路等级,为后续设计、建设提供基础依据。改扩建旅游公路项目评价范围一般为线位两侧各5km范围;新建旅游公路项目评价范围为项目影响区域。

收集与规划区旅游资源及其赋存环境有关的资料,包括地方志、旅游区与旅游景点介绍、旅游规划或专题报告、地图、照片、影像资料等,并填写资源调查表。

调查内容主要包括:

(1) 文化资源:艺术、文化设施,人类活动进程中独特文化特征、特殊文化事件等。

(2) 历史资源:当地历史文脉、历史地标、地点、区域。

(3) 自然资源:地形地貌、气候、水体和野生生物栖息地等。

(4) 视觉资源:具有视觉敏感性的自然和文化景观元素、独特地物等。

(5) 娱乐资源:休闲娱乐设施,公园、乡村俱乐部、采摘园和高尔夫球场等。

评价主要采用模拟评估法,根据资源调查表及资源特征照片,对线路从视觉、自然、文化、历史、娱乐五个方面分别进行打分评价,进而判定线路的旅游价值并进行旅游公路分级。

评价人员一般由使用者、设计团队组成人员、公路及景观等方面的专家组成,每个资源应由 3 人以上进行评价,所得分值取平均值。

根据旅游公路旅游资源评价指标及分值(表 14-1),在资源表中进行打分。

旅游公路旅游资源评价指标及其赋值　　　　　　　表 14-1

价值	等级	评价指标	赋值	以海南为例
视觉	视觉一级	具有较强的整体感和连续性,形成具有全国代表性的主题特质,给人以深刻印象和协调的愉悦感受	5	热带特色明显的滨海地带
	视觉二级	有整体性和一定的连续性,具有地域代表性的主题特质,给人以记忆和可欣赏的感受	3	定安冷泉
	视觉三级	有一定的整体性,能够带来审美感受	1	定安"独木成林"
自然	自然一级	具有全国罕见的独特性,保持完整的原始自然状态	5	五指山热带雨林
	自然二级	具有全国少见的独特性,保持一定完整性的原始状态	3	昌江棋子湾
	自然三级	具有地域的独特性,人工干扰很小	1	昌化江沿江区域
历史	历史一级	国家级文物保护单位、历史文化名城名村名镇、历史景点;有国家影响的重大历史事件	5	儋州东坡书院
	历史二级	省级文物保护单位、历史文化名城名村名镇、历史景点;有区域影响的历史事件	3	红色娘子军
	历史三级	县市级具有历史价值的区域、景点或事件	1	定安母瑞山
娱乐	娱乐一级	国内著名的具有休闲娱乐功能的景点或场所	5	博鳌论坛会址
	娱乐二级	省内有名的具有休闲娱乐功能的景点或场所	3	观澜高尔夫球场
	娱乐三级	县市区域内有休闲娱乐功能的景点或场所	1	屯昌枫木镇鹿场
文化	文化一级	具有全国文化代表性的各类事物存在或延续的区域及场所	5	黎苗原始聚居区
	文化二级	具有区域文化代表性的事物存在或延续的区域及场所	3	片状热带经济作物区
	文化三级	具有文化价值的事物存在或延续的区域及场所	1	陵水疍家鱼排

以公路网的相交节点为分隔切点,将整个公路网络进行节段划分(图 14-2)。公路与周边旅游资源的关系如图 14-3 所示。

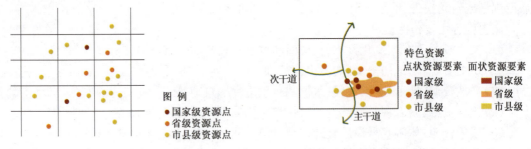

图 14-2 公路网络概念模型　　　　图 14-3 公路与周边旅游资源的空间关系

公路与周边旅游资源点以最近原则自动赋至距离其最近的公路节段，按表 14-2 的标准确定公路旅游价值的等级，如图 14-4 所示。

公路旅游价值等级标准　　　　表 14-2

公路旅游价值等级	评 价 标 准
一级	公路周边具有国内甚至国际唯一资源，或者两个以上省级唯一资源
二级	具有特色资源，或者 5 个以上县市级特色资源
三级	具有 2 个以上县市级特色资源
四级	一般公路

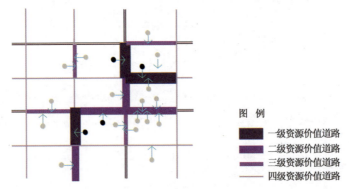

图 14-4　公路旅游价值等级的确定

14.3　旅游公路设计

旅游公路与普通公路相较，具有交通运输和旅游服务双重功能，所以设计内容更为丰富，涉及因素更为复杂。除公路主体外，旅游公路还应同步考虑慢行系统、服务设施、解说系统及景观文化等内容。应根据旅游公路规划对旅游公路的等级划分、主题定位等，有针对性地进行设计。下面重点介绍旅游公路区别于普通公路的相关设计指标，以及服务设施、解说系统等设计内容。

14.3.1　建设指标选择

14.3.1.1　控制要素

为了充分发挥旅游公路应有的功能，基于海南等地的研究实践，建议将旅游公路分为以下 2 种级别：

A级旅游公路:旅游资源丰富,旅游价值高、环境敏感性高,旅游公路设计速度应结合沿线地形、地貌、地质、旅游资源、生态环境等条件灵活选用,设计速度不宜过高;可设计为供汽车行驶的双车道旅游公路,沿线需设置非机动车专用道(或加宽硬路肩兼用非机动车道);需控制过往车辆车型,如中型车及以下的车型(小客车)。

B级旅游公路:环境敏感性较低,可设计为供汽车分向、分车道行驶,并可根据需要控制出入的多车道旅游公路,可采用较高的设计速度;根据过往的车型,在设计速度及平纵横指标设计上不拘于传统公路设计思维,要体现灵活性和人性化设计。

对旅游公路而言,控制要素选取需要同时满足两方面的需求,一是满足旅游功能,二是满足交通功能。为此,应重点考虑以下控制要素:

(1)设计速度

设计速度是公路设计时确定几何线形的基本要素,也是最关键的参数。设计速度的取值需要与旅游公路的旅游价值相适应,需要考虑行车的安全性,还要考虑与自然环境相协调,考虑沿线的地形、地貌及地质条件等因素。

为了使旅游者能更好地观赏旅游公路沿线可视范围内的风景,最大限度地实现旅游价值,旅游价值高的区域,应设计较低的行车速度。综观国内外旅游公路设计速度指标,总体来说是不拘一格,没有统一和严格的标准,沿线旅游价值高、游客心理能够接受的行车速度均可作为设计速度。

针对我国实际情况,建议A级旅游公路的设计速度最高取60km/h,最低取20km/h,具体路段的设计速度还要统筹考虑其他设计条件。对于相连的不同设计速度路段,为保证行车安全要做好速度变化衔接与提示。B级旅游公路的设计速度,建议最高取80km/h,最低取60km/h,对于旅游价值较高路段或受自然环境约束路段,为使旅游者感受旅游价值、减少建设成本,可考虑采用小客车和大客车或货车分离式设计。旅游公路设计速度指标建议值,如表14-3所示。

旅游公路设计速度 表14-3

旅游公路类别	A级旅游公路				B级旅游公路	
设计速度(km/h)	60	40	30	20	80	60

(2)建筑限界

建筑限界考虑的因素主要有旅游公路分级、沿线地形、地貌、旅游交通流(机动车和非机动车)的构成和种类及沿线景观等。

建筑限界的宽度由以下几个部分组成:行车道宽、路肩宽、侧向宽度(安全余宽)、中间带宽,如自行车道与行车道并行还需考虑自行车道宽等;建筑限界的高度主要指允许通行的车型最高高度值再加上安全高度值。

对于A级旅游公路来说,服务的是中型车及以下的车型(小客车),沿线设计速度不等。所以,其建筑限界的高度是统一的,但宽度应根据设计速度不同取用相应的宽度值。如自行车道与行车道并行设置,建筑限界的宽度还要加上自行车道的宽度,如自行车道与行车道设置分离,则需单独界定。设置观景台、休憩场所、小型停车场、游客中心区、特色商业街等特殊路段的建筑限界需进行单独设计,以满足旅行者观光与休闲需求。对于B级旅游公路,如客货车道不采取分离设计,建筑限界的高度应按货车的高度限定,如采取分离设计,建筑限界的高度应分别按中型车高度和货车高度限定。建筑限界的宽度,按客货车道是否分离进行单独界定。

旅游公路建筑限界示意图如图14-5所示。

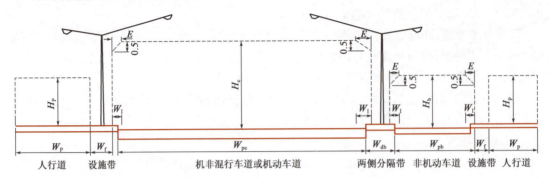

图14-5　旅游公路建筑限界示意图(尺寸单位:m)

H_c-机动车最小净高(m);H_b-非机动车最小净高(m);H_p-行人最小净高(m);E-建筑限界顶角宽度(m);W_{pc}-机动车道或机非混行车道的路面宽度(m);W_{pb}-非机动车道的路面宽度(m);W_{db}-两侧分隔带宽度(m);W_p-人行道宽度(m);W_f-设施带宽度(m)

(3)荷载标准

《公路工程技术标准》(JTG B01—2014)规定汽车荷载分为公路—Ⅰ级和公路—Ⅱ级两个等级。汽车荷载由车道荷载和车辆荷载组成。车道荷载由均布荷载和集中荷载组成。高速、一级以及作为干线公路且重车多时,采用公路—Ⅰ级荷载标准;其余等级公路采用公路—Ⅱ级。

根据我国旅游公路的特点,A级旅游公路考虑其服务的车辆种类主要为小客车和中型车为主的特点,汽车荷载等级建议采用公路—Ⅱ级,B级旅游公路在重车比例较高的路段汽车荷载等级采用公路—Ⅰ级。

(4)设计洪水频率

路基和桥涵设计洪水频率参照《公路工程技术标准》(JTG B01—2014)确定,见表14-4。

旅游公路设计洪水频率　　　　　　　　表14-4

防洪等级	设计洪水频率				
	特大桥	大中桥	小桥	涵洞	路基
一级	1/300	1/100	1/100	1/100	1/100
二级	1/300	1/100	1/50	1/50	1/50
三级	1/100	1/50	1/25	1/25	1/25
四级	1/100	1/50	1/25	不作规定	按具体情况确定

B级旅游公路路基和桥涵设计洪水频率建议不低于二级标准,四车道B级旅游公路有条件的情况下建议采用一级标准。

A级旅游公路设计速度大于等于40km/h的路段,路基和桥涵设计洪水频率建议采用二级标准;设计速度小于40km/h的路段,路基和桥涵设计洪水频率建议采用三级标准,旅游价值较高或重要路段可提高至二级标准;设计速度20km/h或以下的路段,路基和桥涵设计洪水频率根据具体情况也可采用四级标准。

14.3.1.2 选线及廊道控制

为了充分体现旅游公路的旅游价值,线位选择需从公路工程、景观展现、旅游发展和环境保护等方面统筹考虑。线形设计需充分体现自然和生态环境景观,实现个性化设计、灵活性设计、自然式设计和乡土化设计相融合,遵循下列原则:

(1)功能布线

旅游公路路线走向尽可能地串联滨海及自然山水等旅游资源,并合理控制与地方村镇的距离,保证在毗连景观资源的同时,也能够依托城镇满足游客的补给需要;路线应尽量避免从村镇内部穿越,确保旅游交通与村镇内部交通的相互分离,尽可能减少两者之间的干扰。选线应根据旅游公路的分类、分级及其功能特性,科学、灵活运用技术指标,保持线形连续、均衡,确保行驶安全、舒适。

对 A 级旅游公路,在保证行车安全的前提下,最大限度地尊重自然景观,与自然环境统一协调,顺势为之。对 B 级旅游公路,行车条件是首要考虑要素,但要避免一味地追求行车条件而损失自然旅游价值。

(2)规划布线

对于已进行控制性详细规划的景区,路线应尽可能地利用规划道路的线位,避免占用景区用地,保障旅游公路建设与景区开发的有机统一。

(3)景观布线

充分考虑旅游资源开发与利用状况,结合沿线生态环境及游客的观景需求进行布线,尽可能与自然环境巧妙融合,保证游客便捷、舒适赏景的同时,尽可能降低对自然环境的破坏。路线设计应以满足旅游需求、提升旅游价值为切入点和落脚点,以沿线旅游价值较高的自然和人文景观为路线基本走向的控制点,结合沿线地形、地貌和地质条件,充分展现景观特色。如海南环岛滨海旅游公路线位宜靠近海滨,以展现热带滨海风光。

(4)安全布线

作为以服务旅游者为主的公路,路线应更加重视线形标准,强化平纵线形组合设计,并逐段对线形进行安全性评价与分析,最大限度地保证游客出行的安全性。

(5)地质布线

应对工程地质和水文地质进行深入勘测,查清其对公路工程的影响,确定合理的路线走向及工程建设方案。

(6)生态布线

路线应避让各类保护区,尽可能减少对生态环境的破坏;在满足强制性规范要求的前提下,线形设计应尽量采用中、低指标,减少工程对耕地、林地等的占用;尽可能优化靠近村庄、景区段线形,减少对建成区的干扰,做到项目与建成区社会环境互相适应。

此外,在规划线位已有公路的情况下,旅游公路原则上应尽可能利用现有公路改建,不得已时再考虑采用新建方案;改建项目的路线线位、线形可满足行车安全要求的,应尽量利用老路进行改扩建,避免大改大调或大填大挖占用宝贵资源,局部线位可综合考虑资源节约与景观展现,充分结合潜在景点的旅游开发以及现有景区、景点利用的可能性,进行改线新建,将优美景观尽可能纳入公路的视域范围,同时避让和保护环境敏感区;新建项目路线方案的布设与选择应立足于旅游资源及景观筛选,根据旅游资源的价值、特性和开发要求,明确可开发利用的区域、应避让保护的区域等,作为选线控制点,尽可能展示一级价值的旅游资源,临近二级价值的旅游资源。

14.3.1.3 平纵横指标

旅游公路上行驶的机动车以小客车和大客车为主,而小客车比大客车各方面性能都要高,因此以大客车作为代表车型,对平纵面指标进行分析研究。

1)平面设计指标

(1)尽管大客车的动力特性较载重货车要高,相同条件下较货车可以适应更小的圆曲线半径,但由于缺乏实际观测研究,建议旅游公路圆曲线最小半径值与《公路工程技术标准》(JTG B01—2014)保持一致。

(2)根据旅游公路休闲、观光的特点,圆曲线极限最小半径值同时考虑设计速度和采用的最大超高,建议旅游公路圆曲线极限最小半径如表14-5所示,平面采用或接近极限最小半径值的,应加强交通安全设施的设计。

圆曲线极限最小半径 表14-5

设计速度v(km/h)			80	60	40	30	20
横向力最大系数μ			0.13	0.15	0.15	0.15	0.15
极限值	最大超高	$i=8\%$	250	125	55	30	15
		$i=6\%$	270	135	60	35	15
		$i=4\%$		150	70	40	20
		$i=2\%$			75	45	20

2)纵断面设计指标

(1)在对旅游公路典型车辆大客车行驶动力性能分析的基础上,综合国内外相关技术标准,根据区域地形、地貌特征灵活确定,建议旅游公路最大纵坡如表14-6所示。

旅游公路最大纵坡 表14-6

运行速度v(km/h)		80	60	40	30	20
B级旅游公路	平原区	5	6			
	丘陵区	6	7			
	山岭区	7	8			
A级旅游公路	平原区		7	8	9	10
	丘陵区		8	9	10	11
	山岭区		9	10	11	12

(2)建议对旅游公路不作具体的坡长限制,按照《公路项目安全性评价指南》(JTG TB05—2004)的运行速度计算方法来计算小客车实际运行速度不低于容许最低速度(表14-7)。

上坡方向容许最低速度　　　　　　　　　　　表14-7

设计速度 v(km/h)	80	60	40	30	20
旅游公路采用值	50	40	25	20	15

（3）旅游公路竖曲线最小半径和最小长度通过分析行车舒适性和小客车停车视距确定，建议与现行规范保持一致。

3）横断面组成要素

（1）横断面形式的选择根据旅游公路的设计交通量以及交通构成、旅游公路等级等，分段确定通行能力和服务水平，以通行能力和服务水平作为选取车道数和横断面组成型式的重要指标。

（2）双车道旅游公路行车道宽度，与现行规范采用值保持一致；设置中央分隔带的四车道旅游公路，车道宽可较现行规范减少 0.25～0.5m 的宽度。

（3）四车道 B 级旅游公路的右侧硬路肩宽度，建议取满足速度所需的最小宽度即可，土路肩的宽度建议不小于现行规范要求，根据地形和投资能力灵活掌握；双车道 A 级旅游公路的路肩宽度，建议根据旅游价值和服务交通量大小灵活确定。

（4）A 级旅游公路应在有条件的路段设置自行车道，自行车道宽度和设置方式应根据非机动车的设计交通量和通行能力计算确定；旅游价值较低路段的自行车道与硬路肩共用，建议最小宽度取 1.5～1.8m，若设置在一侧双向行驶，则最小宽度取 2.0～2.5m；旅游价值较高路段，自行车道最好与行车道分开设置，可采用城市道路形式或路基外单独设置的形式，单向自行车专用道宽度不小于 2m，双向自行车专用道宽度不应小于 2.5m，同时应设置不小于 0.5m 的土路肩或路缘带。

（5）旅游公路人行道的最小宽度不低于 1.5m，与自行车道合并设计的不低于 2.5m（即人行道最小宽度 + 单条自行车道宽度）。

14.3.1.4　公路路面

A 级旅游公路的路面结构设计和铺装类型可参考《公路沥青路面设计规范》（JTG D50—2017）有关规定进行。为提高行车安全性、诱导行车和增加公路旅游品质，A 级旅游公路路面铺装可采用彩色路面、排水路面或透水路面结构。为提高行车安全性、诱导行车，在设计速度变化衔接段、特殊路段（需警示和提醒路段）可采用彩色路面或彩色标识。

自行车车道的路面铺装，需根据旅游价值的大小，并与周围自然环境景观相协调，要体现多样性和人性化设计。

14.3.2　旅游服务设施

14.3.2.1　类型及功能

旅游公路服务设施指分布于公路沿线，为提升旅游公路整体服务水平和服务质量，以车辆和旅客为服务对象而设置的公路服务设施。基于服务半径及服务功能，主要分为游客服务中心、驿站、观景（停车）休憩区等类型，有条件的地方还可设置房车/汽车营地，见表 14-8、图 14-6。

旅游公路旅游服务设施类型　　　　　　　　　表 14-8

类　型	服务目的	功　能	配　套
旅游服务中心	综合性服务兼顾游客集散功能	1. 提供旅游、文化信息及旅游公路相关宣传信息； 2. 休憩、休闲； 3. 停车、加油； 4. 维修保养车辆	1. 加减速车道； 2. 大车与小车独立停车区； 3. 满足 50 人以上使用的公厕； 4. 野餐休闲区； 5. 步行系统； 6. 具有休憩、观景功能以及提供旅游信息的场所； 7. 餐厅/咖啡馆、商店； 8. 照明、通信、加油、维修等供给设施
旅游公路驿站	提供特色化服务，加强公路旅游功能，提高行者舒适程度	1. 供管理养护人员使用； 2. 供游客短暂停留、休憩； 3. 供骑行者补给必需品； 4. 以展示地方特色为主，包括信息展示和特色产品销售； 5. 提供旅游公路宣传信息	1. 加减速车道； 2. 停车区； 3. 满足 5 人以上使用的公厕； 4. 具有休憩功能并提供旅游信息的场所； 5. 地方特色展示与销售； 6. 照明、通信、加油、维修、必需品等供给设施
观景（停车）休憩区	观景休憩、大巴及自驾车停留	1. 供游客短暂停留、休憩，欣赏周边景观； 2. 可提供科普、展示信息	1. 加减速车道； 2. 停车区； 3. 观景休憩区及相关解说标识； 4. 旅游信息标识； 5. 可有小型的游憩系统

a) 旅游服务中心　　　　　　　　　b) 旅游公路驿站

c) 观景休憩区　　　　　　　　　　d) 停车休憩区

图 14-6　旅游公路不同类型旅游服务设施规模及平面结构示例（摘自 google earth）

(1)旅游服务中心提供综合性服务兼顾游客集散功能。
(2)驿站适应自驾游、背包族提供简单餐饮住宿(Bed and Breakfast)以及补给等服务。
(3)观景(停车)休憩区侧重游客短暂停留、休憩等功能,可结合欣赏周边景观的功能,视具体情况可设置洗手间。

14.3.2.2　设计方法
(1)设计步骤
旅游公路服务设施设计步骤见图14-7。

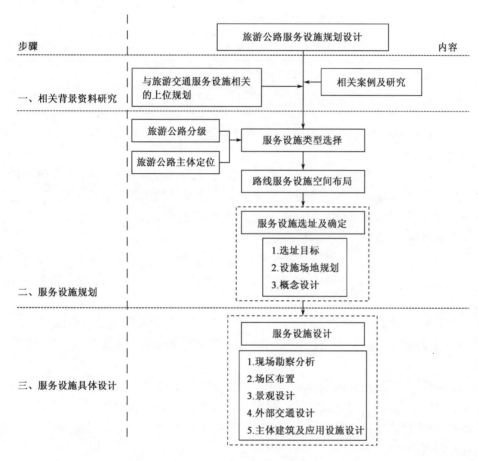

图14-7　旅游服务设施设计流程图

(2)类型选择
根据旅游公路等级,同时考虑与周边城镇及其他旅游服务设施的位置关系,确定需设置的服务设施类型(参见表14-9)。

(3)布局选址
服务设施需满足国内外游客增长的服务需求。根据不同类型服务设施的服务半径要求进行路侧停车设施间距控制,规划出公路沿线路侧设施的间距。
若旅游公路连接重要景区,可在游客流量集中的聚集处设置旅游服务中心。
里程较长的旅游公路应设置驿站。若为改建项目,可结合条件较好的公路养护道班进行开放式改造扩建,以提高资源的利用率;新建项目,应选择有住宿需求但周边没有居民点、相对幽静的地段,如景区内或景区附近环境优美的地方。

服务设施类型选择 表14-9

服务设施类型	旅游公路等级	
	A级旅游公路	B级旅游公路
旅游服务中心	1.可设一处; 2.若节点处有重要旅游景区,可结合景区服务中心设置	1.一般免设; 2.若节点处有重要旅游景区,可结合景区服务中心设置
驿站	可选择设置	≥20km的项目可选择设置
观景休憩区	有条件的地方尽量设置	有条件的地方尽量设置
停车休憩区	有条件的地方尽量设置	按服务半径或间距设置

观景休憩区可因地制宜,尽量多设,一般选择景观好、具备安全条件的地点设置,且要便于交通流的交叉组织协调。

A级旅游公路,可根据路段的车流特点与游客行程,尽量设置停车休憩区;B级旅游公路,可按照车速推算,按半小时左右的行驶时间确定停车休憩区的间距。在少儿娱乐区或景色优美的地段须设置停车区,使得停车逗留不对交通造成危险。

旅游服务设施布局还必须考虑以下因素:

①公共服务配套设施:水源供给、污水处理、电力供应等配套设施条件,关系到设置旅游服务设施的可行性;沿线既有服务设施的有无及远近,决定着设置旅游服务设施的必要性。

②车流类型:车流组成,如大客车、小汽车、自行车对停车间距的要求各不相同。

③安全保障:服务设施应避免设置在主线小半径曲线段或陡坡地段,以免遮挡视线和妨碍车辆出入。

④立地条件:应尽量避开地质条件较差的地区;要尽量选择风景秀丽、山水迷人的地方。要考虑今后公路拓宽和设施扩建的需要,尽量选择留有扩建余地的地点。

⑤管养维护:运营期是否具备日常维护、管养的条件和人力,也是旅游服务设施布局需要考虑的重要因素。

(4)设计要点

对主要场地要素进行评估,明确相互间的功能关系,在此基础上进行功能区布局与设计:

①明确不同功能区的相互关系:

协调关系——如野餐区和风景优美的休憩区;

冲突关系——如野餐区和垃圾回收设施。

②采取措施缓解不同功能区之间的冲突,包括:

缓冲——如用景观岛减轻噪声;

遮挡——如在野餐区和不良景观间进行遮挡栽植;

物理分割——如在不同的用地性质间用空地进行分隔。

③采取措施增强不同功能区之间的协调联系。

关联用途但分隔位置以加强美学体验。如,在停车场旁设立洗手间,使其间距适宜,使人们既能方便停车,又通过设置座椅使人们在等候的同时能欣赏停车场与洗手间之间营造的景观。

④加强场地和建筑之间外在与内在的联系。

主体建筑形式尽量多元化,强调实用,且具有当地特色、与环境融合(图14-8、图14-9)。内外联系包括:建筑的朝向、建筑出入口、建筑形式以及场地特征,如:岩石、坡度、现状植被、视野或背景等。

图14-8 停车场和野餐区之间的关系,舒适而又存在分隔(王萌萌 拍摄)

图14-9 休憩区的建筑,具有地方人文特色和自然风格(王萌萌 拍摄)

⑤合理设置停车区。

根据车流量情况确定停车规模,避免停车位不足或闲置。停车区应为残疾人提供便利。

⑥根据特殊功能或设施位置,注重保护措施以及人性化设计,如利用铺装设置区分空间。

⑦建立一个分层级的步道系统。

主路应该连接停车场、建筑和主要景点。

次级路应服务于野餐区及附属设施,并提供散步的机会。

支路应该更加自然,提供通过林地/草地或其他未经改造的地方。

主路和次级路应配备残疾人设施,满足残障人士使用需求。

⑧外部交通。

服务设施外部交通组织包括进入服务设施之前的指示标志、车道渠化、服务设施与公路主线的隔离设施等。

应提前设置指示标志,并根据运行车速合理确定标志的前置距离。服务设施的位置和服务内容应在指示标志上明确标出。也可配以路侧广告牌等,诱导车辆前去停车休息。

在进出口路段,应设计加宽渐变段(加、减速车道)、对公路进行渠化或设置隔离等措施,以保证车辆安全进入服务设施(图14-10),且不影响主路的正常行驶。通过设置警告标志、减速标线等措施,使车辆在进入服务设施前将速度降下来。可利用现状或设计地形及植被,降低交通速度(图14-11)。

图 14-10　限制岛及曲线入口（陆旭东 拍摄）

图 14-11　出入口标志（王萌萌 拍摄）

⑨其他。

服务设施应最大限度地保持原有植物群落稳定性，并进行景观规划，保护和改善原有生境，对于原有古树名木尽可能地予以保留。

景观规划应有合理的方向感以及识别性、引导性，保证使用者对于各项服务设施能够一目了然，便于接受各项服务。植物配植应不影响交通视线。

在停车场、餐厅可透进视线的地方，创造合理、优美的景观，利于视线的引导，巧于因借窗外的景致。

驿站应为过往司乘人员满足短暂休息的需要，提供个性化、家庭化的服务。注重服务功能的多样化与个性化，如提供自行车租赁、出行信息服务等。

14.3.3　解说系统

14.3.3.1　类型选择

解说系统应作为旅游公路的重要组成部分加以设计。解说系统以提供信息、路线、方位、名称等内容为目的，需根据旅游公路的规划定位、景观规划要求、等级和断面形式等，决定其形式、色彩和风格。包括诱导型、说明型、环境地图型、警示型、公共设施指示型等类型，具体见表 14-10。

旅游公路解说系统类型及释义　　　　表 14-10

解说设施类型		
类型	释　义	图　示
目的引导型	具有诱导使用者到达目的地的功能； 内容主要为目的地名称、方向、距离，以及到达途径； 道路交通标志中的指路标志和旅游区标志属于此类	
说明型	对周边重要人文景观进行概括性介绍与说明，使游人能够认识与了解其概况和重要性	

续上表

解说设施类型		
类型	释　义	图　示
环境地图型	包括公路、景点、服务设施等要素,可确认旅游公路及其周边景点、景区、城镇等位置,及与所在地位置关系	
警示型	以保障公路交通安全、环境与空间秩序为目的而设置,具有提示、告诫或督促旅游者行为的功能;道路交通标志中的警告标志、禁令标志、指示标志等属于此类	
公共设施指示型	方便旅游者,使他们能够方便快捷地找到所需的公共设施	

注:本表中的图片自上而下图1、3、5由陆旭东拍摄,2、4由王萌萌提供。

14.3.3.2　设置要求

旅游公路解说系统的设置要求,详见表14-11。

旅游公路解说系统设置要求　　　　　　　　　表14-11

解说系统类型	适用的旅游公路	设置地点
目的引导型	所有旅游公路	1.依据相关规范和标准; 2.公路沿线有著名旅游景点或景区,可设置加以指示
说明型	1.历史旅游公路; 2.文化旅游公路; 3.沿线具有重要或特殊的自然、历史和文化景点的旅游公路	1.以服务设施内为主; 2.综合服务设施、停车区游人休憩场所; 3.人文景观为主或周边具有人文特色以及其他特殊景观点的观景台
环境地图型	1.所有旅游公路; 2.地理位置或区划位置特殊的旅游公路必须设置	1.以服务设施内为主; 2.综合服务设施、停车区人流集散处; 3.地理位置特殊的观景台

续上表

解说系统类型	适用的旅游公路	设 置 地 点
警示型	所有旅游公路	1. 主要依据相关规范和标准； 2. 临近或穿越自然保护区路段须设置动物保护标志
公共设施指示型	所有旅游公路	1. 公路沿线主要依据相关规范和标准； 2. 服务设施内人流集散及分流处

14.3.3.3 设计要点

解说系统在同一条旅游公路中应保持风格和设计元素的统一，并与主题相吻合，见图14-12。

图14-12 旅游公路标志使用示例

（摘自 http://www.colorado.com/articles/quick-guide-colorados-scenic-historic-byways）

解说系统要针对旅游者的旅游目的，充分考虑旅游者感受，深入研究旅游者的行为和心理，力求满足旅游者的旅游需要，并进行抽象性、趣味性的表达。

从景观美学角度来看，解说系统直接影响和制约整个环境景观。因此，要注意解说系统与环境的融合，刻画具有个性的景区表情，创造旅游公路特色鲜明的形象，增强其魅力。简洁明了地表述旅游信息，使设施特色鲜明，保证旅游者对重要旅游信息的关注及获取。注重表现旅游公路及其周边的历史文化内涵，提高其文化品位。提倡采用多种形式和先进技术，流量较大的路段建议采用可变信息牌等智能形式。在满足规范要求的前提下，尽量采用乡土或自然材料；材质和色彩能够与周边环境和谐，简洁、美观。

14.3.4 公路景观

公路，尤其是旅游公路，必须高度重视沿线视觉景观，通过恰当的公路景观设计，尽可能保护和恢复自然景观，因地制宜地保护和营造人文景观。

14.3.4.1 设计原则

公路景观设计应追求人与自然和谐发展，努力使公路能"精于保护，存自然风貌；巧于因

借,纳四时烂漫;工于协调,融苍莽林海",以体现自然界之大美。应遵循以下原则:

(1)尊重自然,保护为先

尊重自然,高度重视自然景观、生态环境的保护工作,努力做到"最大限度地保护""最大限度地恢复",避免"先破坏,后恢复"现象的发生。

(2)顺应自然,借景为主

以自然风光为背景,"利用地形,巧于结合外因,冶内外于一炉,纳千里于咫尺",即在公路选线、线形设计、景观设计等方面合理、巧妙地利用自然条件,将优美的自然景观纳入公路景观中,借山之雄壮、水之旷美以形成山水相依的沿途景观,从而达到近水远山"虽非我有而若为我备"的境地。

(3)节约资源,综合利用

巧妙利用公路占地内的土地、水、植物等资源,合理利用公路建设中产生的表土、植物、弃方等资源,尽可能变废为宝,循环利用,节约资源。生态恢复尽量考虑自然恢复措施、减少人工绿化,并考虑选用抗污染、吸尾气的植物种类。

(4)系统规划,全面设计

将公路全线景观作为一个整体予以系统考虑和规划,对路内景观和路侧景观进行全面设计,以从路上看景为主,兼顾从路外看路,以路内景观为主,兼顾路外景观,以动态景观为主,静态景观为辅,抓住重点、突破难点、呈现亮点。

(5)以人为本,安全第一

全面把握公路使用者的视觉感受和行车心理,充分考虑视觉导向、色彩及尺度、景观连续性等交通心理因素,通过合理的植物配置和柔化遮挡作用,优化公路行车环境,增强行车的舒适性。在确保公路路基边坡稳定和行车安全的前提下,充分发挥植物的生态防护及视觉诱导作用,营造安全、高效的交通环境。公路构造物弱化人工痕迹,努力降低构造物的生硬感和突兀感,使公路完全融入自然之中营造和谐的公路环境。

14.3.4.2 线性景观

线性景观的观赏者多处于高速行驶状态下,在这一状态下景观主体对景观客体的认识只能是整体与轮廓。因此,线性景观设计应力求做到公路线形、边坡、中央分隔带等连续、平滑平顺、自然且通视效果好,与环境景观要素相容、协调。

1)路线

要通过合理选线从源头、根本上保护公路沿线环境,利用好沿线自然景观。在路线方案选定时,除注意地形选线、地质选线外,还要强调环保选线、景观选线。公路线形既要做到公路本身整体协调,又要达到与周围环境的协调统一,充分突出当地的特色。

公路线形要与地形相适应,尊重地形、地物、地貌等特征,尽可能地减小工程量和对环境的破坏;合理选用各种线性要素,在满足规范的前提下尽量做到与地形地貌的结合;在困难路段可以采用左右分离、上下分离、半路半桥、半路半隧等路基方式,做到与地形地势的协调,将对环境的破坏减少到最小。

针对不同地形,采用不同的选线对策。如低山丘陵地形,路线选择需结合地物、挖填平衡等条件,充分利用荒山、荒坡地、废弃地、劣质地布设路线,尽可能减少对耕地、林地的占用;傍山陡坡地形,路线一般应选择在山脚,避免对山坡的开挖,当受纵面高程控制时,且地形较好的路段,路线可选择在山腰,以桥梁形式通过,避免高填深挖,维持原有景观和自然环境,减小破坏;越岭(山)地形,路线应选择在地质条件好、隧道设置长度短、纵坡平缓、有利于隧道分线、隧道进出口地形地质条件良好的地段布设路线方案;山体较小、较低、山脊狭窄的越岭地形,可选择从山中穿过,以减少边坡开挖高度和防护工程数量;山间平原地形,路线尽可能选择在平原区边沿,以保持耕地的完整性。

例如:吉林鹤大高速公路在 K323+100 附近植被覆盖度很高,生态环境十分敏感。原设计线位为了追求线性指标选用了一条穿山而过的线路,造成了较大规模的深挖方,对生态环境破坏很大。为此,通过设计优化,适当延长路线长度、降低线性指标,从山谷中绕行,保护了生态廊道的完整性,见图14-13。

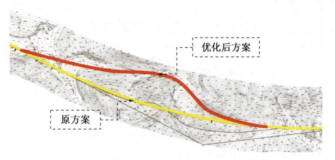

图14-13 吉林省鹤大高速公路 K321～K323 段线路比选方案

2)路基防护及排水

路基防护及排水设计不仅要考虑工程对公路本身的保护作用,还应根据公路沿线的不同特点,从景观协调、生态保护等角度出发,控制路基边坡坡率,合理选择路基防护形式和路基排水方式。

路基断面形式应与沿线自然环境相协调,避免因深挖、高填造成不良影响;边坡坡率应灵活自然、因地制宜、顺势而为,不宜采用单一坡度,以减少人工痕迹;横断面设计上,从减少人工痕迹、融入自然入手,不采用单一坡度,在增加工程量不大的情况下,边坡能缓则缓,尽量与自然起伏的地形相适应,与原地貌融为一体,从而美化环境,提高行车安全。

各种排水设施和形式应根据沿线地形地貌、路基填挖高度、降雨量、汇水面积、各种排水设施的泄流能力等实际情况,灵活选择排水设施的断面类型,并从安全、视觉效果上与周围环境相协调。

例如,环长白山旅游公路通过优化设计大大降低路基高度,比原设计降低了 0.8m。同时,采用灵活的边坡坡率,尽量使路基边坡与自然坡面有机的融合为一体。填方坡脚、挖方坡顶几何形状以接近自然的曲线为主设计,路基、路堑边坡在增加工程量不大的情况下,边坡坡率能缓则缓,宜陡则陡,以求尽量与自然起伏的地形相适应,融入自然,见图14-14。

公路路肩、边坡、护坡道、边沟、碎落台、路堑、坡顶、截水沟等几何形状以接近自然的曲线为主设计,边坡造型及绿化应与现有景观相适应,弥补挖方或填方对自然景观的破坏。山区挖方边坡的坡脚、坡顶,应取消折角,采用贴近自然的圆弧过渡;低填路段应尽量将边坡放缓,与原地貌融为一体,形成缓冲带,具有美化环境、提高行车安全的功能。边坡防护则应尽量避免高大的圬工结构或浆砌工程。在满足安全的前提下,优先选择刚性结构与柔性结构相结合,工程防护与植被防护相结合的方法进行边坡治理,避免光亮的圬工防护坡面与周围的自然环境形成强烈反差。力争经过几年生态恢复,边坡外形与周围环境融为一体,看不出明显开挖(填筑)痕迹。

图 14-14　吉林省环长白山旅游公路,采用灵活的边坡坡率(陆旭东 拍摄)

例如,吉林省鹤大高速公路 K630~K660 段落位于狭窄谷底,沿山脚蜿蜒延伸,以半填半挖的形式为主,对原生植被的破坏量较大。在该路段采取分路基的形式,双向车道在不同的高程位置布设,有效地减少开挖量,保护原地形和植被不受破坏,使驾驶人获得更好的驾驶体验,见图 14-15。

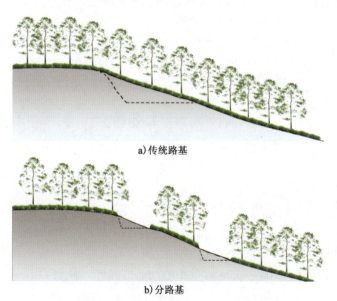

图 14-15　分离式路基示意图(陆旭东 制图)

上边坡切忌采用高挡墙进行大段落防护,尽量减少挡墙设置。

对于自然裸露的稳定岩体(如独石),只要对行车没有影响,可不作任何处理(其本身可构成风景)。对于地表土体裸露、无法绿化,但地质结构基本稳定,对路基及行车安全不构成威胁的边坡,可以采用"封"的办法进行遮挡(移栽乔木和灌木遮挡视线)。

例如,吉林省环长白山旅游公路边坡防护充分利用长白山区生态恢复能力强的特点,在保证边坡稳定的前提下,以植被防护为主;需要防护的边坡则充分利用地域材料,因地制宜地采取植物防护、倒木防护、石笼挡墙等与自然协调的防护形式,见图14-16。

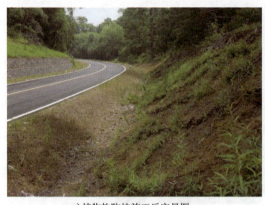

a) 植物软防护施工后实景图　　　　　　　　b) 石笼挡墙防护图

图14-16　吉林省环长白山旅游公路不同边坡防护方式(陆旭东　拍摄)

排水工程应尽量采用浅碟形生态边沟,既与环境相协调,又具有防止水土流失及生物过滤作用,能有效去除路面径流中SS等污染物。

3) 中央分隔带

中央分隔带具有避免对向冲突、诱导视线、防止眩光等交通安全功能,因此,从兼顾交通安全和景观美观的角度,中央分隔带设计应做到:

①具有明显的节奏感和韵律感,能够渲染和调节单调的行车气氛,使驾乘人员保持轻松明快的心情,减缓反应迟钝和旅途疲劳。

②必须满足防眩的基本功能。若采用植物防眩,应做到四季常绿,尽量减少落叶、冠形不齐的现象,以免削弱防眩功能。

③色彩不宜太艳丽,以免分散驾驶员的注意力,影响行车安全。同时,每隔一定距离增加一些跳跃性的色彩,避免驾驶人视觉疲劳。

(1) 防眩设计

为保证植物防眩效果,需要对植株的间距和高度进行设计。通常情况下,只要灌木超过视线高度并且植株间距满足树冠直径的两倍,即具有一定的防眩效果,防眩要求高时则需专门设计。

防眩树木的种植高度与车灯位置及驾驶人的视线高度有关,一般小汽车前照灯的高度是70cm,驾驶人的视线高度为100~120cm;货车的前照灯高度一般为110cm,驾驶人的视线高度为180~200cm。

植株过高会形成"树墙",给驾乘人员带来压抑感;而植株过低,则起不到防眩作用。因此,树高一般不应低于120cm,以120~180cm的高度为佳。

(2) 风格变换

为了渲染和调节单调的行车气氛,使驾乘人员保持轻松明快的心情,减缓反应迟钝和旅途疲劳,应适当地对中央分隔带的景观特征进行变换。中央分隔带的风格不能千篇一律,以免使用者产生枯燥困倦之感;但又不可杂乱无章,令使用者眼花缭乱,分散注意力。一般以汽车行驶 2~3min,变换一个景观特征为宜。如果时速为 100km,则 3~5km 可变换一个类型。

14.3.4.3 节点景观

景观节点是异质的空间段落的交叉点,也是整个行程中的兴奋点,它作为公路景观中面积较大、景观可塑性较强的部位,可作为全线景观的高潮部分来考虑。互通立交、服务区、收费站等节点景观,不仅要考虑高速行驶状态下的观赏需要,还要兼顾静止、步行或慢行状态下的观赏需要。节点景观给人的印象应轮廓清晰、醒目、高低有致、色彩协调、风格统一。

1)互通立交区

互通立交区景观设计内容主要包括地形塑造、植物造景、景观小品等。

(1)地形塑造

地形是景观的骨架,地形塑造是互通立交区景观设计的基础和关键。过去,很多互通立交区景观不重视地形的保护和塑造,往往造成互通区内边坡、排水沟、绿化区等区域的割裂,未能形成一个景观整体。互通区地形设计应结合排水设计,尽量放缓边坡,对互通立交内部区域的路基边坡、路肩等部位作圆弧形处理,并将互通区内排水系统隐蔽化、地下化,见图 14-17、图 14-18。

图 14-17 某互通区放缓边坡
(陆旭东 拍摄)

图 14-18 英国某互通区地形塑造效果
(陆旭东 拍摄)

水体是自然景观中的奇丽角色。从汩汩的泉水、深幽的碧潭到飞溅的溪流、激浪、瀑布、江河,水对所有人都有不可抗拒的吸引力。一般情况下,如互通立交区内有水塘、鱼池和大坑,或其周边有河流、湖泊等水源时,可进行水体设计。设计水体,模仿湿地、河滩等景观,既能提升景观效果,又可达到生态补偿的作用。如果立交区位于缺水地区,通常不提倡进行水体设计,以免影响景观效果,并避免水资源浪费。

(2)植物景观

绿化是互通立交区景观的重要组成部分,同时又是提高运营安全、坡面防护和改善生态环境的重要手段。互通区的植物应根据地形乔灌草相结合进行造景营造,种植方式上"密不透风,疏可跑马",密林主要种植在环内的中心区域,在路侧安全净区和会车区则全部植草,见图 14-19。

图14-19　英国某互通区"密不透风"的植物种植（陆旭东　拍摄）

（3）景观小品

互通立交区景观小品设计主要由其所处位置决定。位于城市重要门户或重要交通枢纽的互通立交，可利用立交内部的空地和地形条件，设置体现当地历史文化特色的园林或硬质景观。在空间形式和空间布局上，宜采用规则对称式，以形成整体鲜明的形象。针对城市的风格和个性，具体构思和灵活设计，使互通立交鲜明地反映出城市的地域、文化特点和内涵。

位于城郊、乡村等自然地段的互通立交，尽可能不设置雕塑小品等构筑物，以追求与天然环境相融合的自然景观为宜。

2）公路服务区

高速公路服务区是司乘人员餐饮、休息、购物、娱乐和车辆维修的场所。美国高速公路服务区一般设有：餐厅、休息场所、娱乐场所、电话通信、停车场、加油站、公共厕所、公共汽车站和车辆维修站等。有的还设有公路气象站，通过可变情报板，及时向过往车辆通报高速公路沿线的天气变化情况，以利于行车安全、方便旅行。

从景观角度看，国内一些服务区存在以下问题：一是服务区没有很好地与场地特征、地域特色相结合，往往是先把场地推平后再机械地摆布建筑，风格雷同，特色不明显；二是服务区对称地分布于主线两侧，缺乏景观空间分隔，受主线的噪音、粉尘干扰较严重；三是硬化面积过大，绿化水平较低，缺乏休闲空间和旅游、气象等信息服务，人性化设计欠缺。

（1）景观设计要点

服务区景观设计是公路景观设计的一部分，各服务区的设计应符合总体景观规划，使全线景观形成一个完整的系统。

服务区景观设计要突出自然性：一是对原生植物的保护；二是景观恢复时采用原生树种。服务区尽可能设置在自然景观比较好的地方，使其融入自然景观。

景观规划设计要充分考虑使用者的感受，以满足服务功能为前提。如在加油站汽车转弯半径内不做绿化设计，在公厕前不使用高大乔木以免遮挡标志牌等。服务区景观设计要点包括：

①体现地域特色

将服务区作为公路的标志性建筑来建设，力求独一无二，吸引人们的视线，使人难以忘怀。选址时，首先考虑与周围景观的联系，根据周边的景观特点设计服务区的风格，使服务区融入周围环境,同时注意尽量保护、保留占地内的植被,还要考虑旅客在一定距离中即可隐约见到服务区,以吸引游人进入。

服务区单体建筑设计强调建筑风格与自然环境相融合,在满足使用功能的同时,考虑人们使用的方便与舒适,充分体现以人为本的设计理念。房屋建筑景观上风格统一,尽量体现当地民族习俗和人文历史文化,与沿线自然环境有机结合,体现当地的人文特点。考虑地方特色,提供特色饮食、娱乐服务,使服务区成为休息、饮食的宜人场所。

②注意与主线的分隔

尽量营造安静的服务区空间,如吉林省吉延高速公路每个服务区与主线之间都设有很宽的绿化带,有效地减少了主线和服务区之间互相干扰。

有条件的地方,服务区可与主线分离,建到主线外1~2km甚至更远的地方。通过合理利用自然地形或利用弃土人工设计微地形的手段使服务区与主路之间隔离开来,使服务区的主体建筑和停车场等设施尽量布置在公路视线可及范围之外,利用线形自由灵活的减速、加速车道将服务区与主路连接,闹中求静、营造服务区优美的景观环境。

③突出园林式休闲功能

公路服务区应尽量设在自然环境优美的地方,并进行较好的绿化设计,将乔、灌、花、草有机地结合在一起,构成丰富多彩的四季景观,使之成为公路的一个亮点。绿地内可设计步行道或小型休息广场,供人休息观景,休憩场所周围设计沿途景观介绍牌,丰富行人旅游知识,体现特色。如:吉延高速公路服务区多采用植物造景,局部设园路、小广场,方便游客游览,同时采用乡土、抗污染、净化汽车尾气的树种,减少服务区内的污染,为游客营造良好的休闲环境。

(2)吉延高速公路服务区景观设计案例

吉延高速公路全线设江密峰服务区、蛟河服务区、黄泥河服务区、敦化服务区、东明服务区、延吉服务区六个服务区,根据总体景观规划,每个服务区充分考虑所处景观段落特点进行相应的景观设计,见图14-20。

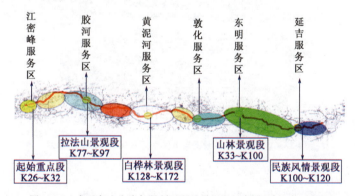

图14-20 吉延高速公路各服务区所处景观段示意图(陆旭东 制图)

①江密峰服务区

江密峰服务区处于长春至延吉的起始段,右侧为平缓山坡,左侧为农田,周围环境元素为农田、树林和村落,色调随四季有明显的变化,所以服务区定位为田园风格,植物色彩多采用代表丰收的金黄色。服务区楼前摆放当地生产的景观石,结合地域文化进行石刻,以反映地域文化特征(图14-21)。

图 14-21　吉延高速公路江密峰服务区及景观文化石（陆旭东　拍摄）

②蛟河服务区

蛟河服务区（图 14-22、图 14-23）处于拉法山景观段，右侧为拉法河，左侧为拉法山，有傍山倚水之地利优势，所以服务区建筑定位为山地建筑，充分借景拉法山，使建筑融入其中，成为环境中的亮点；在绿地内设计步行道和休息广场，供游人休憩、观景；在休憩广场周围设计介绍拉法山的指示牌，以丰富行人的旅游知识，并体现旅游特色；通过招商，把原来国道上颇具特色和知名度的庆岭活鱼村引入服务区，满足驾乘人员和游客的餐饮需求。

图 14-22　吉延高速公路蛟河服务区平面效果图（陆旭东　制图）

③黄泥河服务区

黄泥河服务区处于白桦林景观段，周围环境主要以白桦林为主，且有缓坡地形。景观设计重点在于保护原有植被，即除建筑、道路占地以外的地域内的树木全部保护；对于被破坏的地域，则种植与周围环境相同的树木，进行植被恢复和生态补偿。

④东明服务区

东明服务区处于山林景观段，位于山坡地上，周围森林茂密，建筑设计充分结合和利用周围地形。左侧服务区在充分考虑行车、停车等功能的前提下，形成分层的台地，建筑高低错落；右侧服务区场地已基本填平。设计要点是种植当地自然分布的蒙古栎,恢复山林气氛(图14-24)。

图14-23　蛟河服务区庆岭活鱼村(陆旭东 拍摄)

图14-24　吉延高速公路东明服务区栽植了大量乡土植被,如白桦、蒙古栎等,将服务区建筑和高速公路主线进行分隔,恢复山林气氛(陆旭东 拍摄)

⑤延吉服务区

延吉服务区(图14-25)处于民族风情景观段,接近延边朝鲜族自治州首府延吉市,所以定位于朝鲜族文化特色。在植物种植方面多采用开白花的植物和延吉州花——金达莱,并在服务楼和特色餐厅前摆放两组朝鲜族常用的坛子,以体现当地文化特色。把服务区打造成民俗村(图14-26),提供朝鲜族特色餐饮,售卖朝鲜族特色商品,并表演朝鲜族特色歌舞(图14-27)。

图14-25　吉延高速公路延吉服务区平面效果图(陆旭东 制图)

3)收费站

收费站景观设计应以周边的自然、人文景观为背景,通过植物造景和建筑形式,体现出高速公路的文化主题,并创造出简洁、大方、静谧的景观环境。

(1)满足工作人员工作生活的需要,因地制宜地设置一定的群体活动场所和休闲健身场地。

(2)在选择植物时,应考虑降低噪声、防尘、减低风速、净化空气等功能;另一方面,利用植物的不同特性、姿态、色相、花色、花期、质感、神韵,注重植物的季节变化和空间层次,巧妙构思,形成多层次的立体景观。力求设计精致,创造具有时代感和较高艺术水平的景观。

图 14-26　延吉服务区中的延边民俗村（陆旭东 拍摄）　　图 14-27　民俗村中的朝鲜族歌舞表演（陆旭东 拍摄）

（3）在空间构图上，景观绿化应与建筑布局、当地建筑特色、风格、色彩和功能诸方面取得景观和功能上的协调统一，相互衬托，体现当地文化特色，形成最佳的视觉景观（图 14-28）。

图 14-28　吉林省鹤大高速公路敦化收费站，体现渤海国文化（陆旭东 拍摄）

4）隧道口

隧道口景观是公路景观建设的重要部分，可以起到美化环境、利于行车安全、保护公路构造物等作用。隧道口景观设计应在满足基本功能的同时达到既与周边环境有机融合又成为周边单调景观的亮点。

（1）隧道洞口

隧道口应本着"早进洞，晚出洞"的原则，尽量减少对原有自然环境的破坏。同时根据地形、地质条件对洞门景观进行重点设计，力求每个隧道口各有千秋，各具特色。可采用端墙式、削竹式等形式，并进行景观美化，充分体现乡土人情、历史典故，使生硬的构造物散发出历史文化的气息。

云南省思小高速公路 15 座隧道设计各具特色、别具匠心，充分体现了地方特征，受到了游客的好评，是我国第一条被评为 AA 级景区的高速公路。百花山隧道、野象谷隧道位于傣族村寨附近，在设计时使用傣族服装、饰品的美学元素装饰隧道洞门，使游客充分领略到傣族风情。

而其他一些隧道也根据位置的不同分别采用了不同的装饰手法,有的做成城墙的形式,表现出边境堡垒的意味;有的则装饰岩石贴面,仿佛一个自然形成的山洞(图14-29～图14-32)。

图14-29　百花山隧道(陆旭东　拍摄)

图14-30　野象谷隧道(陆旭东　拍摄)

图14-31　仿城墙的隧道洞门(陆旭东　拍摄)

图14-32　仿自然的隧道洞门(陆旭东　拍摄)

(2)隧道分离式车道

地形是景观的骨架,良好的地形修整能使景观工程事半功倍,这对于隧道口分离式车道景观设计尤为重要。为节约建设资金,尽可能地缩短隧道长度,隧道出入口往往有较高的挖填方,这会使两幅车道中间形成一条大的山脊或者沟壑,视觉效果很差。针对这种情况,应将分离式车道中间空地当作一个完整的自然绿地考虑,尽量将其整形为坡度缓于1:4的大浅碟形的洼地或缓丘形的凸地,再通过景观植物的栽植达到理想的效果。具体修坡整形方式见图14-33～图14-36。

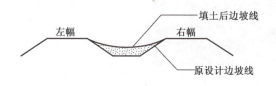

图14-33　等高分离式车道之间填土整形

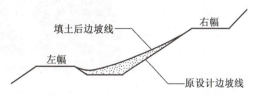

图14-34　不等高分离式车道之间填土整形

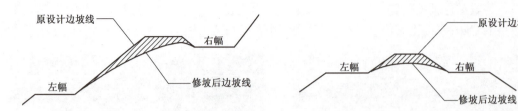

图 14-35　不等高分离式车道间修坡整形　　　　图 14-36　等高分离式车道之间修坡整形

隧道出入口位置光线变化强烈,不利于行车安全,明暗过渡栽植能够缓解光线明暗变化给驾驶人带来的不适。隧道出入口景观绿化应采用明暗过渡的方法进行设计,靠近出入口处应减少树木的栽种间距,逐渐向外扩大间距,植物配置模仿自然群落,与洞口建筑、灯光照明、边坡绿化、山石融为一体,体现出清新的自然美。

例如,吉林省吉延高速公路老爷岭隧道洞口原先圬工结构过多暴露呈暗灰色与周围环境不相协调,影响整体景观效果。后期通过景观改善,大幅度提升隧道洞口景观效果,见图 14-37 ~ 图 14-39。

图 14-37　吉延高速公路老爷岭隧道出口植被恢复前

图 14-38　吉延高速公路老爷岭隧道出口植被恢复后

图 14-39　吉延高速公路老爷岭隧道出口的景观石(陆旭东 拍摄)

本章参考文献

[1] Akbar K. F, Hale W H G, Headley A D. Assessment of scenic beauty of the roadside vegetation in northern England[J]. Landscape and Urban Planning,2003,63:139-144.

[2] Federal Highway Administration. National Scenic Byways Program Grant Guidance and Information for Grant Applications: U. S[R]. 2006.

[3] Federal Highway Administration. National Scenic Byways Study. Washington, DC: U. S. Department of Transportation[R]. 1991.

[4] Federal Highway Administration. National Scenic Byways Study. Washington, DC: U. S. Department of Transportation[R]. 1995.

[5] Flink C A, Searns R M. Greenways: A Guide to Planning, Design, and Development[M]. Washington, DC: The Con2servation Fund, Island Press,1995.

[6] Gary R Clay, Robert K Smidt. Assessing the validity and reliability of descriptor variables used in scenic highway analysis[J]. Landscape and Urban Planning,2004,66:239-255.

[7] Gary R Clay, Terry C Daniel. Scenic landscape assessment: The effect s of land management jurisdiction on public[R].

[8] Greg Lindsey. Use of urban greenways: Insights from Indianapolis[J]. Landscape and Urban Planning,1999,45:145-157.

[9] James F Palmer. Robin E Hoffman. Rating reliability and representation validity in scenic landscape assessments[J]. Landscape and Urban Planning,2001,54:149-161.

[10] Jolley Harley E. Blue Ridge Parkway: The First 50 Years[M]. Mars Hill, NC: Appalachian Consortium Press,1985.

[11] Mertes J D, Hall J R. Park, Recreation, Open Space and Greenway Guidelines. National Recreation and Park Association[R],1995.

[12] Scott Shannon, Richard Smardon, Melinda Knudson. Using visual assessment as a foundation for greenway planning in the St. Lawrence River Valley[J]. Landscape and Urban Planning,1995,33:357-371.

[13] Searns R M. The evolution of greenway as an adaptive urban landscape form[J]. Landscape and Urban Planning,1995,33:65-80.

[14] 艾贺申.旅游公路交通发展规划研究[D].南京:东南大学,2003.

[15] 韩西丽,俞孔坚.伦敦城市开放空间规划中的绿色通道网络思想[J].新建筑,2005,(4):7-9.

[16] 交通运输部公路司.新理念公路设计指南[M].北京:人民交通出版社,2005.

[17] 行政院公共工程委员会.景观道路设施设计及施工参考手册[M],2010.

[18] 李素青.浅谈我省旅游专用公路交通量调查与分析[J].山西交通科技,2005:6.

[19] 陆旭东,鲁亚义,陈济丁,等.长白山区高速公路景观规划设计初探——以吉林至延吉高速公路为例[J].中外公路,2008,(3):10-14.

[20] 美国交通部联邦公路管理局.公路灵活性设计指南[M].湖南省交通规划勘察设计院,译.北京:人民交通出版社,2006.

[21] 孟强.关于我国旅游路发展的思考与探索[J].环境工程,2009,(8):196-198.

[22] 孟祥波.滨海旅游景观公路的功能特性与设计理念[J].鲁东大学学报(自然科学版),2008,24(3):274-278.

[23] 行政院公共工程委员会.台湾地区山区道路规划设计参考手册[M],1994.

[24] 王萌萌.美国旅游公路发展及启示[J].交通运输研究,2015,1(4):8-15.
[25] 王萌萌,王云,陶双成,等.中巴喀喇昆仑公路沿线景观特征与旅游需求初探[J].中外公路[J].2013,33(4):6-8.
[26] 王显光,王萌萌.关于旅游路体系规划的思考[J].交通战略与规划,2012,(34):19-21.
[27] 吴必虎,李咪咪.小兴安岭旅游路旅游景观评价[J].地理学报,2001,56(2):214-222.
[28] 吴立新,刘锐.与自然环境相协调的旅游路设计新理念[J].吉林建筑工程学院学报,2005,22(4):1-5.
[29] 吴彦,钟湘江.常德—张家界山区旅游高速公路设计特点[J].中外公路,2003,23(2):4-5.
[30] 吴志欢.风景区道路路线设计技术研究[D].南京:东南大学,2007.
[31] 余青,胡晓苒.美国国家风景道体系与计划[J].中国园林,2007,(9):73-77.
[32] 余青,吴必虎,刘志敏,等.风景道研究与规划实践综述[J].地理研究,2007,26(6):1274-1284.
[33] 中华人民共和国行业标准.CJJ 37—2012 城市道路工程设计规范[S].北京:人民交通出版社,2012.
[34] 中华人民共和国行业标准.JTG D20—2006 公路路线设计规范[S].北京:人民交通出版社,2006.
[35] 周年兴,俞孔坚,黄震方.绿道及其研究进展[J].生态学报,2006,(9):3108~3116.
[36] 周荣贵.公路纵坡长度及坡长限制的研究[D].北京:北京工业大学,2004.

下篇
案例篇

15　河南省三门峡至淅川高速公路

15.1　工程概况

三门峡至淅川高速公路卢氏至寺湾段(简称三淅高速),北接灵卢高速公路,途径卢氏县、西峡县和淅川县,南接湖北十堰至郧县高速公路,全长121.714km(图15-1)。项目概算投资135.48亿元,设有主线特大桥8座,主线大桥101座,隧道27座,总隧道长24.23km,桥隧比58.58%。共设互通立交6处,分离式立交3处,服务区2处,管理中心2处,停车区1处,收费站6处。项目于2011年12月开工建设,2015年12月建成通车。

图15-1　项目路线走向

三淅高速是重要的能源运输和旅游观光通道,位于秦岭的东延部分,跨越黄河和长江两大流域,沿途山势陡峭、高壑深谷。沿线途经南阳恐龙蛋化石群国家级自然保护区、伏牛山世界地质公园、大鲵自然保护区等自然生态区,距国家南水北调中线水源地丹江口水库最近距离仅10km,水环境极为敏感。

15.2　建设思路

三淅高速被交通运输部列为2013年度全国首批绿色公路试点,针对项目地处中部山区、生态环境敏感、能源旅游通道等特点,树立全寿命周期成本理念,将绿色发展理念贯彻到三淅高速公路规划、设计、施工、运营、养护和管理的各方面和全过程,保证项目的组织管理、建设管理、设计、施工、监理、技术服务、运营养护等各方面全员参与。通过开展工程规划设计优化、专项技术推广应用、施工运营管理创新等方式,努力实现"节能降耗、资源节约、环境友好、畅通耐久"的建设目标。

15.3 绿色公路试点内容

15.3.1 绿色理念引领公路设计

三淅高速结合地方经济、旅游现状,从全寿命周期的角度考虑,贯穿环保选线的理念,选线避开陡峭地形及分布有居民、厂房的河谷地带,降低拆迁量,降低建设难度,节约土地资源,减轻环境破坏。通过优化公路线形,降低公路纵坡,控制长大纵坡出现频次,降低车辆行驶油耗。鉴于项目经过南水北调中线工程的水源地丹江口水库上游的支流淇河,路线尽量少跨河流,降低危险品运输对敏感水体带来的环境风险,减少桥面径流对水体污染。

高度重视公路线形,注意指标均衡,消除可能形成交通安全隐患的不良组合设计,以不破坏就是最大的保护为原则,开展灵活设计。

(1)在山前区和低山区,避免大填大挖,减少对原有自然环境和景观的改变,降低水土流失强度。

(2)在山岭重丘地段,通过设计平面合理布设,减少隧道,降低长大纵坡出现频次,降低工程风险,降低运营费用。

(3)合理采用工程技术标准,优化纵断面设计和横断面设计,有效避免大开大挖,坚持"能打隧道不开山、能架桥不填沟"等理念,减少工程占地。

(4)根据边坡情况、环境条件等因素,合理布设上下挡土墙,加强下边坡局部耕地路段的收坡、减少上边坡生态环境较好路段的放坡范围,从而减少工程占地。

(5)积极做好土石方调用平衡,并通过调整桥梁和通道数量提高土方利用数量,减少弃土场占地。部分路段考虑弃土场弃置及运输困难的现状,采用高路堤方案,以消化弃渣,尽量实现填挖平衡。

(6)尽量结合当地农田规划,进一步优化弃土场设计,积极利用腐殖土和弃土造田,补偿建设中的土地资源占用。

15.3.2 集约利用土地资源

三淅高速位于豫西山区,沿线区域以林地、农田为主,山高地少,耕地资源珍贵。在施工过程中开展了一系列集约利用土地的措施。

(1)节地有方:施工单位驻地场站选址遵循"因地制宜、经济适用、自然舒适、循环利用、路地双赢、和谐驻地"为原则,实行阶梯式、分段式、路段式整理土地,少占耕地、林地,能租用地方房屋或场地就租用。例如,LXTJ-1标,对卢氏县东明镇河西村锦秀蚕丝厂房屋改造后,作为项目部驻地和工地试验室;将卢氏县卢氏鸡科研基地场地改造,作为钢筋加工场和桥梁队驻地;对灵卢高速原有拌和站经改造后,作为本标段拌和站;预制梁选择在填筑主线路基上,控制梁场高程不高于路床顶,并按路线排水方向设置场内排水系统,工后场地混凝土进行冲压再利用,不产生建筑垃圾,直接进入路面垫层或基层施工,见图15-2、图15-3。

图 15-2　改造后的项目部驻地(付金生 拍摄)

图 15-3　在主线路基上建梁场(杨光亚 拍摄)

(2)造地有术：通过设立专项资金激励机制，鼓励引导施工单位利用隧道弃渣及收集的腐殖土造地，既最大限度地利用了弃渣，又增加了宝贵的耕地资源，造福当地群众见图 15-4。

a)利用弃渣与表土造地

b)造地后耕种效果

图 15-4　利用弃渣与表土造地情况(付金生 拍摄)

15.3.3　废弃材料循环利用

(1)隧道弃渣利用：全线 27 座隧道，总长 24.23km，出渣总量达 416 万 m^3。开展综合利用，隧道弃渣除用于造地外，还用作路基填筑、路面底基层及基层及隧道进出口附近放缓边坡、营造地形等。比如杨树沟至椴树凹隧道进口段(K33+000～K34+000)，废方约 100 万 m^3，堆弃极其困难。通过对 K33+100～K33+450 段现有河道改道，将路段平面线位右移约 20m，降低纵面设计标高约 10 米，并改移 K33+100～K33+400 左侧约 300m 河道，缩短部分桥梁改为填筑路基，消耗废方 100 万 m^3，基本实现了该路段土石方平衡。

(2)表层土利用：表层土中含有大量的植物种子、根系和腐殖质，是十分珍贵的不可再生资源。如将清表土直接当作弃方处置，会造成对天然肥力较高的土壤资源的浪费。在后期边坡、临时用地生态恢复中营养土壤资源又极度匮乏，导致绿化施工单位乱采乱挖或者人工配土，不但对公路沿线的其他土地资源造成破坏，而且增加绿化费用。清表过程中对表层腐殖土进行集中收集，主要用于工程绿化，部分用于造地，见图 15-5。

a) 表土用于路堤边坡防护绿化

b) 表土用于路堑边坡防护绿化

图 15-5　收集表土用于边坡绿化（杨光亚 拍摄）

15.3.4　推广节能减排技术

（1）耐久性路面：三淅高速公路北接山西，是一条重要的能源运输通道，预计重载车比例将超过 50%。为此，全线设置了耐久性路面，路面结构由 70cm 厚度加厚至 75cm，目标是实现路面结构使用 20 年，或承受累计标准轴载作用次数 1 亿次不产生结构破坏，沥青表面层使用性能寿命不少于 10 年。体现全寿命周期理念，最大限度地减少运营期的路面维修养护费用。

（2）地热能利用：地源热泵是利用地下恒温层的土壤或者地下水作为传热媒介借助压缩机系统、消耗部分电能，冬季将地下的热量转换出来供给室内采暖；夏季将地下水源中的冷量转换出来供给室内制冷，被制冷和供热用过的地下水再回灌入地下水层中。在 2 处服务区设置了地源热泵制冷采暖系统，可节能 40% 左右。

（3）LED 照明：在保证照度的前提下，照明系统的光源选择是决定照明能耗的最重要因素。LED 被称为第四代照明光源，同高压钠灯相比，平均可节能 60% 左右，寿命可达 50 000h，对环境污染小，已在照明领域得到广泛应用。全线隧道共使用灯具 18 352 套，其中有 8 125 盏 LED 灯和 629 盏节能荧光灯，节能灯具替代率达到 47.7%，见图 15-6。

（4）隧道通风智能控制：全线长度 1km 以上隧道共有 11 座，为降低隧道运营通风能耗，长大隧道通风采用混合型通风智能控制方式，实时检测隧道各断面一氧化碳（CO）浓度和烟雾（VI）浓度，并根据交通量与车辆类型考虑修正系数，通过控制风机开启台数，既保障隧道内良好的环境质量，又实现延长风机使用寿命与节能的目的。射流风机采用就地手动控制及监控中心远程手动控制和自动控制方式，由自动/手动开关切换，实现现场分组控制。全线 170 台风机通风均采用智能控制的方式，节电率可达 20%~30%。

图 15-6　隧道 LED 照明（王琪 拍摄）

（5）分布式节能供电系统：三淅高速作为

典型的山岭重丘区高速公路,隧道供电设备一般距变电站较远并且负荷较大,存在较大的线损问题。为降低供配电过程中的线损,全线隧道采用分布式节能供电技术,采用三相380V输入,通过上端电源柜输出单项3.3kV电压,在用电点再通过下端电源箱将3.3kV电压转变为220V电压向负载供电。由于采用单相电压,不需考虑三相平衡问题,降低了施工难度,减少了电缆使用种类,节省了电缆用量,同时提高了供配电系统的功率因数,节能效果显著。

15.3.5 环境保护创新示范

(1)水环境保护

为保护公路沿线敏感水环境,创新应用了一系列新技术。

①路面径流生态种植槽净化技术

除了采用常规的浅碟形生态植草沟以外,在临近丹江口水库路段,还采用了9处生态种植槽路面径流净化技术。该技术基于LID及海绵城市等雨洪利用理念,由进水渠(管)、沉砂保障槽和生态种植槽构成,沉砂保障槽起到储存雨水、调节径流和预处理的作用,生态种植槽为主体净化功能区。它将径流雨水均匀扩散到具有一定构造和良好扩散性能的介质层中,使水中污染物在生态系统的物质循环中进行分离、降解、吸附和固定,将植物吸收、微生物氧化、介质吸附、固定和生物提取有机结合,净化水质。此外,沉砂保障槽可临时蓄纳事故泄漏物,为事故处理留下缓冲时间,见图15-7、图15-8。

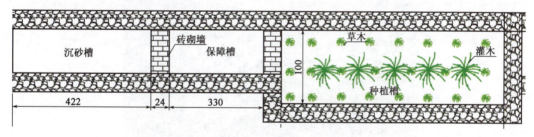

图15-7 生态种植槽设计结构图(尺寸单位:cm)

图15-8 生态种植槽现场施工图(刘学欣 拍摄)

②桥面径流三池联动净化应急技术

在全线10座跨越敏感水体的桥梁下方设置桥面径流净化应急系统,由储存调节池、径流净化池和事故应急池三池构成。桥面径流首先进入储存调节池,进行预处理;平时自流入径流净化池,通过进水弯头、折流挡墙及净化墙等结构,实现对路面径流的沉淀过滤,净化后排入周边水体;当发生危险化学品泄漏事故时,危险化学品稀释液进入防渗的事故应急池临时存储,待环保部门抽取后委托有资质单位进行单独处置。该技术可有效消除径流对河水的污染,保障周边居民的饮水安全及保护区内大鲵的生存环境,见图15-9、图15-10。

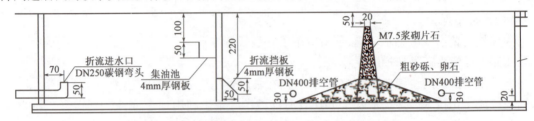

图15-9 径流净化池设计剖面图(尺寸单位:cm)

图15-10 三池联动桥面径流净化应急池(刘学欣 拍摄)

③沿线设施污水生物浮动床+人工湿地组合处理回用技术

在五里川服务区和西坪停车区,建设了以生物浮动床+人工湿地为核心工艺的污水处理及回用系统,处理服务区产生的生活污水和洗车废水后回用作场区绿化。在生物浮动床中通过微生物固定化及载体流化技术,实现有机物降解和氨氮、总氮去除功能,在人工湿地中微生物、基质和植物的协同作用能够实现有机物、磷和悬浮物的深度脱出,从而保证区域内污水深度处理,不向周边水体排放COD、氮、磷等污染物。该技术具有处理水质好、运行成本低、管理维护简单等优点,已在吉林、山东、广东等多个省区得到示范应用,见图15-11。

④服务区污水MBR处理回用技术

寺湾服务区距离丹江河直线距离小于1km,且丹江河汇入南水北调中线水源地丹江口水库,鉴于该服务区采用地下水作为用水水源,供水成本较高,为此,采用MBR工艺进行污水处理回用,以确保污水处理稳定达标、实现回用。MBR采用板式膜,可极大降低后期管理维护操作,而且膜能截留A/O反应池中的微生物,大大提高活性污泥浓度,使降解污水的生化反应进行得更迅速更彻底,同时保证了出水清澈透明,得到高质量的产水。

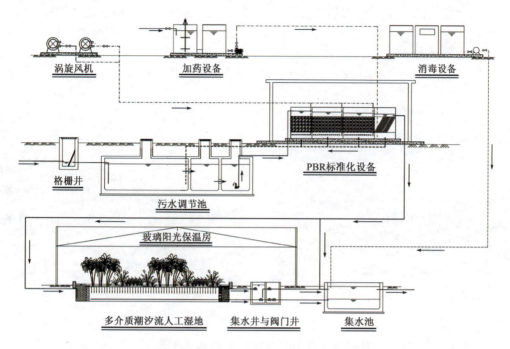

图 15-11　生物浮动床 + 人工湿地污水综合处理工艺

(2)大气环境保护

在施工过程中严格控制大气污染,要求各施工单位必须选用符合国家卫生防护标准的施工机械和运输工具,确保其废气排放符合国家有关标准;加强对机械设备的养护,减少不必要的空转时间,以控制尾气排放。土方、水泥、石灰等散装物料运输和临时存放,采取防风遮挡措施,以减少起尘量;根据天气情况,利用处理后的施工废水定期对裸露的施工道路和施工场所洒水。

对大气污染较为严重的沥青拌和过程,全线实施沥青拌和楼"油改气",用液化天然气取代重油、柴油等作为燃料,CO_2 排放减少 30% ~ 40%,SO_2 减少 90%,TSP 排放减少 40%,噪声减少 40%,无铅、苯等致癌物质,基本不含硫化物,见图 15-12。

图 15-12　沥青拌和楼油改气(付金生　拍摄)

(3) 生态环境保护

对互通匝道、挖方边坡坡顶、填方边坡坡脚、服务区外缘空间等公路占地内的原生植被尽可能地保护和利用，最大限度地保留原地形和植被。在保证公路行车安全的前提下，互通匝道、高填方边坡坡脚处以及其他有条件绿化的区域，尽可能多种植乔灌木，形成碳汇林，吸收固定二氧化碳。对建设中不得不破坏原生植被的区域，采用乔灌草相结合的方式进行最大限度地恢复，见图15-13、图15-14。

图15-13　隧道口植被保护（刘学欣　拍摄）

图15-14　边坡绿化效果（刘学欣　拍摄）

15.3.6　地域特色旅游服务

三淅高速公路，穿越因发掘出大量恐龙蛋化石群而驰名中外的"恐龙之乡"西峡县、有"豫西后花园"美誉的卢氏县，以及南水北调中线工程渠首所在地淅川县。

依托河洛地区被誉为华夏文化之源的河图洛书的精美、神秘布局，打破五里川服务区原设计单调的大广场形式，增设树阵、展示橱窗、指示标志、休闲坐凳、景观小品等，既分隔了空间又体现了地域文化，充分展示当地的旅游资源，见图15-15。

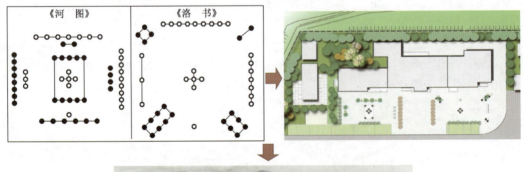

图15-15　五里川服务区河图洛书布局

充分利用隧道弃石和废旧轮胎经过景观化处理形成独特的轮胎景墙,既起到宣传绿色公路的作用,又节约了工程成本。在寺湾服务区以绿叶、绿树、森林为创意,设计了系列绿色展示、提示的铺装,见图15-16、图15-17。

图15-16 五里川服务区轮胎景墙

图15-17 寺湾服务区森林展示栏

15.4 建设成效

2016年5月,三淅高速顺利通过了交通运输部的考核验收,考核等级优秀,正式被授予绿色公路的荣誉称号。依托交通运输部绿色公路试点,三淅高速取得了以下一系列的建设成就:

节能减排效果显著,经第三方审核,项目施工期的燃油替代量为33 550.38t,节能量为11 854.41t标煤,减排CO_2共121 888.92t。项目运营以后每年可节约9 012.24t标煤,减少CO_2排放9 927.77t。

在生态保护方面,全线隧道弃渣利用率达到60%以上,利用弃渣造田1 420亩。通过开展全线表土收集与植被保护,共保护20万m^3的原生植被。

在水污染控制方面,通过对路、桥面径流和服务区污水的全面净化与利用,每年节约新水资源 18.4 万 t,减排 COD 324.73t,减少氨氮排放 16.35t,最大限度地保护沿线极为敏感的水体环境。

将沿线优美景色与地域文化充分融合,通过串联和宣传引导促进了伏牛山旅游开发及豫西经济发展,极大丰富了高速公路服务内涵。

积极开展 8 项科技攻关项目,共参编 3 项交通运输行业标准,申请专利 8 项,对生态敏感区、山岭重丘区绿色公路建设起到示范引领作用。

项目先后组织业内专家,分别对土建、路面、房建、机电、绿化等施工单位及监理设计单位,进行了 5 批次、全过程、系统的绿色公路专题培训,极大提升了从业人员的绿色低碳意识。中国交通报、中国公路网、中国交通新闻网及河南省内报纸、网站上,先后对三淅高速公路开展了 5 次绿色公路专题报道,取得了良好的社会效果。

通过三淅高速绿色公路试点,探索了绿色公路的建设管理经验,推广应用了节能减排、资源循环利用及绿色环保等新技术、新材料、新设备和新工艺,践行了绿色发展理念,建成了河南"最美高速公路",为全国绿色公路建设积累了经验,树立了典范。

16 吉林省环长白山旅游公路

16.1 工程概况

环长白山旅游公路紧邻举世闻名的自然保护区、国家 5A 级风景区、中华十大名山之一的长白山,是连接长白山北、西、南三坡最便捷的旅游公路,沿线风景优美,景观资源丰富。路线起点位于长白山自然保护区管理委员会池北区,终点位于漫江镇北,全长 84.132km。工程技术标准为山岭区二级公路,计算行车速度 60km/h,路基宽 10.0m,路面宽 8.5m,沥青混凝土路面。全线永久占地 153.8hm²,路基土石方总量 164.8 万 m³,观景台 5 处。工程概算总投资 5.8 亿元。该公路 2007 年 7 月开工建设,2009 年 9 月 30 日建成通车,见图 16-1。

图 16-1　环长白山旅游公路路线图

16.2 建设理念

16.2.1 转变观念,认识自然

长白山是世界自然生态重点保护地区,长白山森林生态系统保持了地球同一纬度最好的原始状态,是人类现存最宝贵的物种基因库之一。长白山旅游资源丰富,以火山地貌景观和高山植被垂直景观构成了独特的自然风光。长白山江河纵横,峰峦险峻,物华天宝,资源丰饶,是松花江、鸭绿江、图们江三大水系的源头。

项目建设者充分认识到长白山的独特性、唯一性、珍贵性,转变观念,根据区域生态系统的特点,明确以"原味、原貌、原生态"为项目定位。开展灵活设计、动态设计,把"处处体现保护,突显地域特色"作为项目建设的重点。

16.2.2 理念创新,保护自然

遵循"安全经济、生态自然、科技环保、理念创新"的建设原则,从保护自然入手,摒弃以往"轻车熟路、大同小异、一成不变"的设计模式,把主观认识通过不断探索、挖潜和创新,形成具有针对性、适用性和可操作性的理念,进行创作设计。

设计前通过精细勘察,调查沿线植物、水、景观资源的分布情况及林区旧路与路线的关系,树立"不破坏就是最大的保护"的理念。遵循自然的设计手法,做到公路纵向顺畅、横向顺势,总体效果贴近自然;尽量减少或避免采取圬工防护、引进外来物种、人工造景等有悖于自然的做法。

16.2.3 以人为本,亲近自然

以建设"生态路、环保路、景观路、安全路"为指导方针,保证公路服务于社会,满足区域经济发展的需求,为出行提供便利。注重安全性,平、纵面技术指标均衡连续,运行车速检验,减小安全隐患。重视服务性,观景台(停车区)的设置结合旅游开发的需要,让游人感受长白山特有自然风光。强调协调性,平纵面线形反复优化,同时考虑旅游公路特点,路基以低填浅挖为主,尽可能使其与地形、地貌及生态特征相协调。强化自然性,边坡以自然恢复为主,特殊坡面采用贴近自然的林区柳条、倒木等进行植物防护,与自然环境协调一致。

16.2.4 精细创作,尊重自然

设计是工程建设的灵魂,如何做深、做细、做好不是易事。摆正公路与环境的关系,从勘察设计的每个细节入手,准确定位,明确目标,做到尊重自然,体现责任意识;对工程方案进行细致推敲,反复论证,从理念提升、设计创新下功夫,发挥能力,展示水平,实现方案合理,质量精细,作品合格,体现质量意识。

16.3 主要做法

16.3.1 灵活设计

针对平、纵、横三曲线进行灵活设计:平曲线追求自然流畅、顺势而为;纵曲线追求低填浅挖为特点;横断面追求灵活多样、贴近自然。

(1)平曲线自然流畅

线形走向与山川、河流、大地地势相吻合,不强拉直线、硬切山梁、横跨山谷,做到顺势而为。线形连贯,平滑平顺,自然流畅,给人良好视觉效果。如:头西站方案,路线顺地势从旧路南侧绕过头西岭,避免了头西站旧路方案的大挖方问题(图16-2);在前川方案中,未采用大半径曲线方式做高架桥跨过前川林场,而是利用地势地形,以均衡流畅的几个反向曲线利用在前川林场北侧、南侧的台地展线,以15×30m预应力钢筋混凝土简支T梁桥跨过三道松江河(图16-3)。

图16-2 流畅的线形(陆旭东 拍摄)

图16-3 桥梁替代路基(陆旭东 拍摄)

（2）纵曲线低填浅挖

纵曲线设计中，通过详细调查当地的地质水文，并根据调查资料对纵断面进行控制。在地形、地质、构造物等条件允许的情况下，尽量采用浅挖低填方案，降低路基高度，节约占地，最大限度地减小对生态环境的扰动和对景观的破坏，体现"不破坏就是最大的保护"的理念，使公路与自然环境更加和谐，见图16-4、图16-5。

图16-4　低挖方路段实景图（陆旭东 拍摄）　　　　图16-5　纵断面设计与原地形自然结合（陆旭东 拍摄）

（3）横断面灵活自然

填方坡脚、挖方坡顶几何形状以接近自然曲线设计为主，路堤、路堑边坡在增加工程量不大的情况下，尽量降低边坡坡率，能缓则缓，宜陡则陡，以求尽量与自然起伏的地形相适应，融入自然。浅挖路段均采用浅碟形边沟，形成流畅的视觉效果，使填挖过渡缓和、自然。为了节约土地资源，同时使断面形式与地表自然衔接，在保证安全的基础上，低填浅挖段尽量不设置护坡道、碎落台；需要设置护坡道、碎落台的段落，结合边沟进行一体化设计，形成流畅的视觉效果，见图16-6。

图16-6　横断面设计灵活自然（陆旭东 拍摄）

（4）线形合理组合

在线形设计过程中，结合地形、地质、水文等条件，把线形组合设计贯穿于定线工作的始终，平、纵、横综合考虑，反复推敲，较好地解决了平、纵线形的组合及线形指标与工程量之间的矛盾,最终确定线形方案。全线线形连续、顺适,纵坡均衡、平纵配合协调,指标运用合理,视觉良好,无扭曲、凹陷、遮挡、暗弯等不良线形存在,见图16-7。

图 16-7　线形合理组合(陆旭东 拍摄)

16.3.2　精细施工

施工单位贯彻落实资源节约环境保护的方针,加强管理,精心施工。采取一系列措施,最大限度地保护沿线优美的资源环境。

(1)植物资源保护:设定植物保护绿线,做好标示,采取挂牌、修护栏、砌石墙、根部培土等措施,对路域植被进行有效的保护,见图16-8。

图 16-8　公路路域植物资源保护绿线(陆旭东 拍摄)

(2)水资源保护:土方作业尽可能减少对河岸的扰动,设置围堰防止泥土污染水体;生活污水采用生态式处理,保证水资源循环利用和达标排放。

(3)景观资源保护:坡面努力做到柔化平顺,棱角弧化,贴近自然;清表时全面收集表土、集中堆放,边坡成型后及时将表土回填到边坡上,充分利用当地自然恢复能力较强的特点,尽量避免人工绿化,实现自然恢复的效果。

16.3.3　科学管理

作为交通运输部的勘察设计示范项目,吉林省交通厅、环长白山旅游公路建设领导小组对该项目高度重视,广泛调研,对工程设计、建设方案进行了长时间的研究和论证,努力做到科学决策,为项目顺利实施奠定了良好基础。

在项目实施过程中,交通主管部门、项目业主大力推行标准化、规范化和目标化的管理方法。专门编制《建设指导意见》《环保施工指南》等制度要求,确保施工全过程环境友好,工程产品绿色、自然；健全工程质量监督、检查机制，实现全过程质量控制；做到精力投放、责任分解、安全投入、措施落实到位，杜绝工程质量事故；合理有序组织路基、环保、景观等工程实施，对施工全过程进行指导、监管，避免对植被资源、自然环境的破坏，做到最大限度的保护。

16.4 建设成效

16.4.1 社会效益

本项目建成后，提升了环长白山旅游公路的服务功能，促进了长白山区的旅游和社会经济发展，造福了当地居民，取得了显著的社会效益。项目在实施过程中，坚持"边建设、边总结、边示范"，带动了吉林省公路勘察设计理念的提升，推动了全省公路建设理念的转变，实现了吉林省公路建设的"大跨越"。"资源节约、环境保护"达到"回归自然"的理念及做法，不仅推广到吉林省图们至珲春、营城子至松江河等高速公路建设中，还在江西澎湖高速、黑龙江北黑高速等许多项目得到了推广应用。

通过同步开展课题研究、科技创新和成果推广，为资源节约型环境友好型公路建设积累了宝贵经验。研究提出基于资源环境保护的勘察设计技术，优化了公路线形，提高了旧有林道的利用率，最大限度地减少了树木砍伐量，保护了原始自然环境；研究提出植物及表土资源保护、景观保护与协调、野生动物资源保护等技术，使公路绿化以自然恢复为主，最大限度地保护了长白山区的景观格局和野生动植物资源；提出长白山区旅游公路景观保护与协调管理对策，对吉林省公路建设管理工作具有较强的指导意义。

通过国际交流、学术研讨，促进了科技成果推广，扩大了行业影响力。2010年5月，国际"路域生态学之父"、美国哈佛大学教授 Richard Forman，参观考察了环长白山旅游公路，对我国公路资源环境保护的做法十分赞赏；2009年8月，在中国公路学会环境与可持续发展分会主办的"公路资源节约与利用学术年会"上，环长白山旅游公路"注重保护、回归自然"的做法得到了与会代表的广泛认可。

环长白山旅游公路沿线优美的景观，增加了驾乘人员的兴致，可以有效防止驾驶人驾驶疲劳，提高了行车安全。同时路侧的柔性防护和生态边沟可以降低车辆失控的撞击力，保障驾乘人员生命和财产安全。

16.4.2 环境效益

本项目避免了以往公路建设"先破坏，再恢复""先污染，再治理"的弯路，取得了良好的环境效益。通过设置环保绿线，采用分步清表施工技术，保留了 47hm^2 林地。采取回填表土、埋压柳条等方式进行绿化，加速了自然生态恢复。有效保护了长白山区的景观格局和生物多样性，最大限度地降低了公路对野生动物活动的影响及其栖息地的干扰。最大限度地减少了公路建设、运营过程中对沿线敏感水体的污染，保护了长白山区三江源头的水质。有效控制了公路路域水土流失，保护了环长白山旅游公路沿线视觉景观质量。

16.4.3 经济效益

资源环境保护等技术的推广应用降低了环境保护及公路建设成本，取得了良好的经济效益。例如，公路施工的常规做法是先将征地范围内的植被全部砍伐，后期再购买苗木进行绿化。本项目引入"环保绿线"的概念，采用分步清表技术保留了路基边线至征地线之间的原生树木。经调查,按100m长的路段保留200~400棵树木测算(胸径15~40cm),全线共保留了16.8万~33.6万棵树木。而移栽胸径15~40cm的树木平均价格为1000元/棵,因此,保留树木产生的直接经济效益约为:1.6亿~3.2亿元。此外,通过"就地保护"技术,保留了路侧景观优美、树龄较长、规格大、经济价值高的大树60多棵。按照市场价格1.5万/棵估算,就地保护的树木总价值约90万。又如,全线绿化面积约120hm^2,如采用传统撒播植草、栽植紫穗槐的方式,按市场价格6元/m^{2}估算,需花费720万元。本项目创新性地利用表土资源进行自然恢复,节省了绿化费用。

此外,本项目还有很好的间接经济效益。例如,在长白山地区,圬工防护工程冬季容易发生冻融和冻胀破坏,一般5~8年需要大修一次,维修养护费用约50元/m^2。而采取生态防护措施,可有效避免冻胀破坏的发生,减少公路维护费用。

17　江西省南昌至樟树高速公路改扩建工程

17.1　工程概况

南昌至樟树高速公路（简称昌樟高速）是国家高速网中上海至昆明国家高速公路的有机组成部分，是江西省"三纵四横"公路网主骨架的重要路段，也是江西省连接周边省份、加强对处联系，对接长珠闽、融入全球化的跨省高速公路运输大通道的咽喉要道，在路网中具有十分显要的地位。路线起自南昌市新建县生米镇附近的昌西南枢纽互通，途经宜春市丰城市、高安市和樟树市，止于昌博镇的樟树枢纽互通，全长 86.546km。

改扩建方案全线采用"两侧拼接为主，药湖特大桥、肖江大桥段两侧分离"的扩建形式。全线整体式路基段为 8 车道，药湖特大桥、肖江大桥段为 10 车道。扩建 8 车道整体式路基宽度 42m。全线采用设计速度 100km/h、120km/h 的高速公路标准。工程总投资 44.2 亿元，2011 年 8 月开工建设，2015 年 9 月 21 日建成通车，见图 17-1。

本案例重点介绍该改扩建工程的景观环保工程设计及其成效。

图 17-1　昌樟高速线位图

17.2　景观环保设计原则

（1）以人为本、安全至上

充分考虑视觉原理和心理作用，通过合理的植物配置和色彩运用，发挥绿化的引导、示意和心理调节作用，营造安全、舒适、高效的交通环境。

（2）保护自然、恢复生态

生态恢复坚持自然恢复的理念，通过适当的人工导入，加快自然恢复，改善道路生态环境，减少对原有生态环境的破坏。

（3）展示特色、传承文化

让文化的魅力为公路添彩，宽阔的大道集聚人文色彩、美学价值和服务内涵，实现科技、人文、绿色与公路交通的完美结合。

（4）和谐统一、再造景观

充分考虑公路沿线自然风光的借用，农田景观、民居景观、植物景观以及水资源的利用，将公路景观和原有的人文、生态要素相结合，形成丰富多样的公路景观。

17.3 景观环保设计亮点

17.3.1 早期介入主体设计，打造景观骨架

景观环保设计团队在项目前期就与主体设计单位一同进行勘察设计，提出边坡放缓、互通地形改造、取消低矮边坡碎落台、增加停车区等方案。

（1）边坡放缓设计：昌樟高速处于低丘区，全线两侧边坡以土质低矮边坡为主，为此将路堑边坡放缓至坡率1∶2。边坡放缓不仅可以提高边坡的稳定性，也减少了圬工防护，同时增加了公路路侧空间的开敞感，减少给行车人带来的压抑、紧张等不舒服的感受，见图17-2、图17-3。

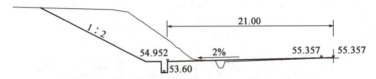

图17-2 路堑边坡放缓设计（尺寸单位：m）

图17-3 路堑边坡放缓施工（杜小冰 拍摄）

（2）互通区地形改造：互通内侧匝道边坡放缓坡率至1∶4，为后期景观绿化做好地形骨架的基础工作。互通内侧边坡放缓后，配合互通内的微地形设计，更有利于互通内植物的配植和景观表现。景观种植设计结合放缓边坡，从外到内，从灌到乔，有层次地进行植物配置，见图17-4。

（3）取消碎落台：边沟外侧碎落台主要功能是防止碎落物落入边沟。该项目路堑边坡较为低矮，以一级土质边坡为主，经过放缓处理后，坡面稳定性进一步增强。因此，取消碎落台的设置，生态边沟直接与坡脚相连，此方案减少了大量的工程占地。

图17-4　昌樟高速公路生米互通区地形改造后的效果(杜小冰　拍摄)

17.3.2　努力保护并充分利用原有植物

在景观绿化设计时,考虑到原高速公路路侧、中分带及互通区等区域已有植物长势良好,因此有条件的地方尽可能地实现原地保护,无法原地保护的植物则先移植然后用于后续绿化工程。

(1)中分带原有植物保护:中分带防眩植物以塔柏[*Sabina chinensis*(L.)Ant.'Pyramidalis']为主,长势良好,冠幅达到80~100cm,是非常好的防眩植物,为此,对原有塔柏予以保留(图17-5)。而塔柏之间原来栽植的木槿(*Hibiscus syricacus*)、紫薇(*Lagerstroenia indica*)、蔷薇(*Rosa chinensis*)等花灌木,由于缺乏统一的规划设计,显得有些杂乱无章。为此,对花灌木进行规划调整,化零为整,移至中分带的重点路段。

图17-5　中央分隔带原有植物保留(杜小冰　拍摄)

(2)路侧原有植物保护:碎落台及隔离栅内侧原有植物,主要品种为桂花、红叶石楠(*Photinia serrulata*)、红花檵木(*Loropetalum chinense var. rubrum*)、木槿、海桐(*Pittosporum tobina*)等观花观叶植物,生长茂盛,是效果非常好的景观绿化树种(图17-6)。设计前先统计了路侧植物的品种和数量,选择好移栽场地,设计时将一部分移栽植物用于原址扩建互通的景观营造,避免二次移栽对植物的损害,提高利用率,另一部分用于扩建后路侧景观营造,以及服务区、收费站等场区的景观绿化。

(3)互通区原有植物利用:昌樟改扩建项目的互通分为两种情况,一为原址扩建互通,二为移位重建和新建互通。对于移位重建互通,只涉及老互通区两侧8m范围内植物的移栽工作,将两侧8m范围内生长良好、树形丰满的植物进行登记,就近移栽。景观设计时将这些移植的植物用于适当的绿化区域,一般还用于互通区。对于原址扩建互通,新互通是在原有地形上进行扩建,设计前要将新旧两互通的地形叠加,以便得出移植区域和保留区域,将移植区的植物就近移栽,对保留区域内的植物进行保护,保证其不被破坏。在设计时,对保留区域再进行相应的景观加强设计,使新栽植区与保留区相融合。

图17-6　昌樟高速公路路侧原有植物的保护和利用(杜小冰 拍摄)

17.3.3　充分考虑交通安全和文化景观

在设计时,充分考虑公路安全和地域文化等因素,通过绿化植物造景等打破公路景观单调性,避免驾驶人疲劳,提高安全性,减少事故发生;同时通过植物缓冲性栽植,减轻事故发生造成的伤害程度,避免二次事故的发生。利用硬质材料丰富路域景观的同时展现当地文化特色,使人们了解当地文化,增加行驶乐趣。

(1)基于安全的景观设计

互通区分合流区利用土方营造微地形,分流区栽植较高大、色彩丰富的标志性树种,提示车辆分流;合流区避免栽植高大植物,栽植低矮的绿化植物,使视线通透,可预判同向车辆行驶轨迹,提高安全性,见图17-7。

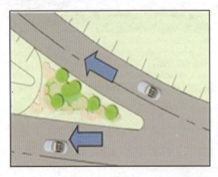

图17-7　互通区植物提示车辆分流

长直线路段容易产生驾驶疲劳,在路侧丛式栽植景观植物,打破这种行车的单调性,增加路内景观的变换,提高驾驶的安全性,同时在路堤边坡下部适当成片密植小灌木,对于意外冲出公路的车辆起到缓冲作用,降低伤害程度,见图17-8。

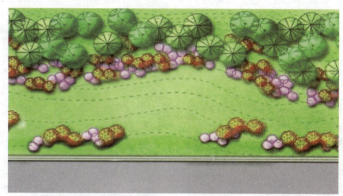

图17-8　路侧丛式栽植景观植物

(2)基于文化的景观设计

本项目经新建、丰城、高安、樟树一县三市,各有文化特色,在设计时全路线按行政区域划分四个景观特色段,分别为:豫章胜景(新建县)、剑邑龙光(丰城市)、江右上观(高安市)、药都古风(樟树市)。

"豫章胜景"采用的景观元素为厚田沙漠景观,在厚田枢纽互通行车视线较好的匝道内营造沙漠景观,适当栽植植物以展现绿洲中的厚田沙漠的微缩景观;"剑邑龙光"主要展现丰城市剑都的特色,以"干将、莫邪"宝剑的传说为元素,在丰城互通区及药湖大桥分离式车道之间设置以"剑"为主题的雕塑小品,以此来展示"剑"的文化;"江右上观"所在景观段高安市是个文化底蕴丰富的地方,高安采茶戏是这块古老土地上勤劳智慧的人民孕育出的一坛老酒,喷发着醉人的醇香,在该景观段路侧以采茶戏的剪影雕塑来展现采茶戏的魅力;"药都古风"所在的樟树市是著名的药都,以中药业著称于世,享有"药不到樟树不齐,药不过樟树不灵"的誉称。药文化主要展现在停车区内,通过文化广场展现出樟树市"药都"的文化特色,设计时在两侧停车区分别设计了文化广场,以中药柜为主题,点缀药柏、药碾等传统器具,让司乘人员在短暂的停留休息过程中也能感受到当地的文化特色,见图17-9。

图17-9　停车区体现地方特色文化的景观设计

沿线民居具有浓郁的江西民宅特色,为此,专门设计了一种民居特色的声屏障。借鉴当地"马头墙"的建筑特点,将农村建筑"白墙灰瓦"的特色融入声屏障设计中,丰富驾乘人员的景观感受见图17-10。

图17-10　马头墙式声屏障(杜小冰 拍摄)

17.3.4　充分考虑节能减排

作为节能减排示范工程,在景观环保设计时除采用常规的节能减排方案外,还根据项目特殊性,开展了许多"废物利用"设计,形成多处亮点。如:

(1)旧桥墩景观涂装:厚田枢纽互通为原址扩建互通,原互通高架桥需要进行拆除,作者提出只将桥面拆除,保留桥墩部分,以减少固体废弃物,并对保留的桥墩进行景观美化,采用不同色彩进行涂装。高大的桥墩形成了一定的视觉冲击力,同时也表达出改扩建项目的特点,见图17-11。

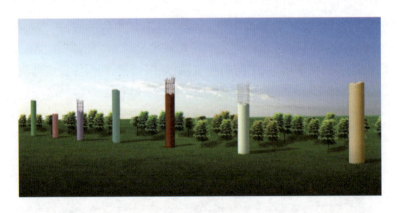

图17-11　厚田枢纽互通高架桥墩景观效果图

(2)弃渣石笼式声屏障:改扩建公路原有构筑物拆除后,将一定粒径的混凝土块作为填充物,放入石笼内,设计成石笼式声屏障。设计高度为4m,厚度为1m,既可以起到降噪的效果,又合理利用了弃渣,成为节能减排示范的又一亮点,见图17-12。

图 17-12　弃渣石笼式声屏障（杜小冰　拍摄）

17.4　建设成效

2015 年 11 月，昌樟高速公路四改八扩建工程全面建成通车，实现双向 8 车道通行，是江西省首条 8 车道高速公路，有效提升了交通服务水平，保障了交通安全和畅通。从空中俯瞰，昌樟高速公路如缀满明珠的玉带，特别是长达 9.1km 双向十车道的药湖大桥，气势雄伟，宛如一条巨龙飞跨在赣中大地上。

在资源节约集约利用方面，成效显著。如对原有植物进行详细的调查后实施保护与利用，全线保护、移植几十种植物共计 15 万余株，经济效益、环境效益十分显著；肖江大桥拆除后保留了完整的空心板 468 片，实现桥梁空心板的再利用；厚田枢纽互通保留原来的桥墩并加以景观美化，不仅减少拆除费用，而且成为一处特色的公路景观；利用工程弃渣修建了声屏障，减少了弃渣和占地，等等。

在环境保护方面，全线保护和种植碳汇林 46.1 万 m^2，草坪 20.0 万 m^2，生态效益突出；药湖大桥建成了大型的桥面径流收集处理系统，可有效防范危险化学品运输事故水环境污染风险；在丰城、樟树等收费站建设生态型污水处理与回用系统 9 处，全线污水经处理后，每年减排 COD 208.8t、氨氮 26.1t，污水回用率超过 50%，每年可节约新水用量 46.9 万 t。

在公路景观方面，全新的昌樟高速公路，似长龙起舞，气势恢宏。一路平坦如砥，一路风景如画。新路、老路，新桥、老桥，无缝衔接，完美结合。

作为江西省第一个"边施工、边通车"的高速公路改扩建工程、全国绿色低碳公路主题性示范工程，广大建设者积极探索，不断创新，"树立四大理念"、"创建六个典范工程"、攻克"三大难关"，在交通安全维护、民工工资管理、绿色低碳环保等方面，积累了诸多经验。江西交通人用实践证明：旧画上改新作，同样可以又新又美。

18　贵州省赤水河谷旅游公路

18.1　项目概述

一条赤水河,从远古至今朝,孕育出这里鬼斧神工的喀斯特与丹霞地貌,滋养出飘香千年的国酒佳酿,谱写出革命征程中"四渡赤水"的华彩篇章。

一条旅游路,从茅台至赤水,串联着黔北这层峦叠嶂的秀丽山川,凝结着赤水河源远流长的文脉历史,昭显着中国遵义这座文化名城的魅力荣光。

遵义市委、政府抓住长江经济带及国家旅游业发展的先机,依托赤水河沿线丰富的旅游资源,借鉴国内外先进经验,决定打造一条服务完善的综合旅游公路系统——遵义赤水河谷旅游公路。

这条旅游公路由主体工程、慢行系统、服务设施、景观文化和解说系统共同构成。路线起于茅台镇S208线,止于赤水市河滨西路与赤水市人民西路交叉口,全长153.588km,二级公路标准,设计速度40km/h;慢行路线全长154.069km,含双向自行车道。全线共设置7处标准型驿站、8处简易型驿站、10处慢行驿站、13处休憩点和7处观景台。

18.2　设计主题

基于项目所在区域自然、人文特点,设计主题概括为"醉红之路"。设计目标是"无处不醉、无处不红",使人在公路旅游中,"醉倒在这条红色之河中",能够时时陶醉在景观氛围中,并能同时感知红色文化的印记。红是过程,醉是结果。

"古来圣贤皆寂寞,惟有饮者留其名",饮者如竹林七贤、李白之流皆为豪迈放达自得其所的性情,而革命者如毛泽东等也同样具有大无畏的豪勇之气,为此,用"醉红"表达恰如其分。

从体验的角度,本项目可划分为悠然、陶然、豁然和怡然四大段落,"悠然"段提供舒适悠闲的公路旅游环境;"陶然"段通过对节点趣味性的打造,创造有乐趣的旅游体验;"豁然"段则是以丹霞地貌瑰丽的景致为主,让人有眼前一亮之感;"怡然"段竹林丛生,行进其间心情舒爽怡然自乐。

结合沿线文化脉络,将项目整合为三大段落,即"醉中红"(体现酒文化)、"奇中红"(集中体现红色文化)、"绿中红"(展现世界自然遗产的山水文化),将红色文化隐蕴其中作为线索,展示各自特征(图18-1)。

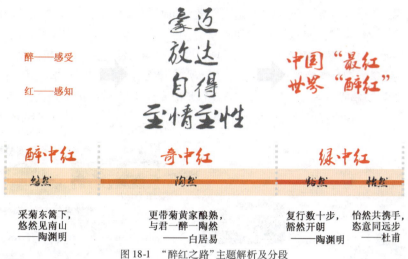

图 18-1 "醉红之路"主题解析及分段

18.3 设计策略

（1）融入

文化通过真实的感知才能避免空洞、说教。设计中采用隐喻的设计手法，将红色文化和其他文化内涵融入旅游者的体验过程，潜移默化、逐步深入地将革命者意志、豪情、胸怀、气魄、信仰通过所见、所闻、所思、所感诱发出来。

（2）变通

赤水河流动的韵律，流光溢彩。体验也应随着这些不同而变化，设计就是要通过改变来与赤水河的吟唱而附和。"变"则"通"。

（3）服务

服务是一个旅游产品的基本要求。旅游公路服务于旅游者、服务于通勤者、服务于当地的区间交通，服务对象多种多样。合理分配路权，平衡不同对象的使用需求；在尽可能为旅游创造有利条件的同时，达到多赢，是设计成功的关键。

（4）示范

具有天然禀赋的环境是旅游公路的最佳条件。在各个阶段、各类子项的设计中最大限度地保护生态环境，通过实践总结提炼出一套教科书般的绿色公路建设范例。

（5）创新

通过理念创新、技术创新和内容创新，在主体设计和景观环保设计等多方面突破公路设计的一些常规做法，突出旅游服务、资源节约、节能减排、景观利用等内容，打造具有地域特色的、精致的作品，而不仅仅是产品。

18.4 主要做法

18.4.1 统筹规划，整合开发沿线的旅游资源

遵义市委市政府坚持打破行政区划，统筹沿线各类资源，按照先策划、再规划、再设计的方式进行区域统筹开发建设。基于"全域旅游"的考虑，经济社会发展各类资源和公共服务，在

以赤水河谷旅游公路为骨架搭建的"平台"上，进行重新配置。将茅台古镇、茅台酒厂、土城古镇、丙安古镇、五柱峰等景区、景点进行串联和整合，并结合沿线新型城镇化和农业产业化、工业现代化建设，将赤水河旅游公路延伸为一个区域，并将整个区域作为一个有机的整体进行统筹。

设计时，路线走向充分考虑串联各大景区，把赤水大瀑布、四洞沟、燕子岩、竹海、中国侏罗纪公园佛光岩等旅游资源串成一线。其中，习水至土城段，原有线路景观平淡，通过改线，串联起沿河众多的古村落、古渡口和其他资源点，如：太平渡、红军小道等，为旅游资源开发奠定基础，参见图18-2。

图18-2 习水至土城段新线，沿河分布，串联太平渡、红军小道等旅游资源

18.4.2 快慢结合，满足游客多元化的旅游需求

公路主线路线沿赤水河布设，由茅台镇沿赤水河，经二合、合马、习酒、土城、元厚、葫市、丙安、复兴至终点赤水市。其中茅台至习酒段为S208的组成部分，习酒至土城段为沿赤水河新建，土城至赤水段为X380的组成部分。同时，结合廊道范围内的资源环境条件，规划旅游公路支线12段，见图18-3。

图18-3 赤水河谷旅游公路主线及支线规划示意图

同步构建以满足游览、游憩为主的独立慢行系统(图18-4),包括用于骑行的自行车道以及步行的步道。在满足自驾游需求的同时,也满足骑行游、徒步游等多样化旅行需求。

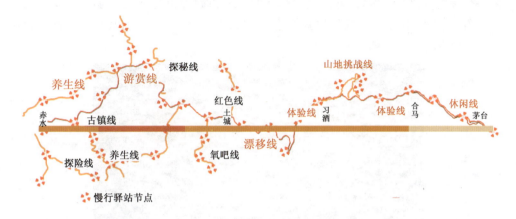

图18-4　赤水河谷旅游公路慢行系统线路规划示意图

骑行是一种绿色交通理念,是一种低碳环保的生活方式,是一种健康出行的认知,是一种风靡全球的时尚。响应国家"全民健身"的号召,依托温润的气候、优美的自然风景、浓厚的地域文化等优势,设计独立的自行车道,打造一系列游览项目、车迷健身活动,吸引越来越多的自行车爱好者,全力发展自行车运动,推广低碳、环保的骑行理念,倡导健康、快乐的生活方式。

充分利用沿线的自然生态及人文资源,通过游径建设、景观提升以及服务配套设施的完善;加强与公共交通网的结合,让游客体验"慢生活""绿色交通"等健康环保的休闲方式,为旅行者提供一个安全、便捷、舒适、优美、生态的休闲环境,见图18-5。

图18-5　满足不同旅游体验的快慢系统(李奇峰 拍摄)

18.4.3　以人为本,全面提升公路的服务品质

为满足不同类型旅游公路使用者,如自驾、骑行、徒步者等,在公路旅游过程中的需求,在旅游公路沿线或廊道内,专门设计为旅游公路使用者提供旅游资讯、休憩环境、用餐场所、住宿服务、应急设施等服务内容,以及观景、科普、售卖、文化展示等附加功能的公路服务设施。

努力为公路使用者提供主题连续的景观视觉体验,即在统一的旅游公路主题下,在体现连续性景观的线性节段或节点,打造具有分主题指向性的景观。结合规划要点与段落划分,在公路沿线每个段落重要节点位置,增加景观小品的要素如 LOGO(图 18-6)、景石、雕塑以及挡墙布置,将"红色""赤水"的文化要素贯穿始终,突出沿线文化特色,增强体验的趣味性,创造景观动态感、序列感和韵律感。

图 18-6　位于公路起点广场的铜制 LOGO

根据规模及功能,将服务设施分为旅游公路服务中心、驿站、慢行驿站、观景点以及汽车露营地。全线规划设计 2 处露营地、5 处驿站、13 处慢行驿站、6 处观景台,见图 18-7。

图 18-7　赤水河谷旅游公路沿线服务设施分布示意图

以驿站为例。在一条红色文脉下,每处均代表当地一种独特的文化内涵,如元厚驿站作为小型简易驿站,反映当地以果树种植为主的田园文化;醉红谷驿站则将红色文化与绿色生态有机结合;茅台驿站,作为全线的起点,按标准型驿站设计,除旅游咨询、休憩观景、租赁、换乘等基础功能外,还包含展览、经营、会议、办公等特殊功能,强化旅游公路起点的科普性、纪念性和感染力,还对各类赛事做好适当预留,见图 18-8 ~ 图 18-11。驿站文化脉络由红色链接,运用现代设计手法,采用乡土材料,将现代设计与地域特色充分融合,营造能够与国际风格接轨,满足国际审美水平的景观风格。

图 18-8　茅台驿站外部环境（张彦丰 拍摄）

图 18-9　自行车自助租赁（张彦丰 拍摄）

图 18-10　露营场地（张彦丰 拍摄）

图 18-11　驿站内部环境（张彦丰 拍摄）

18.4.4　灵活设计，保护利用沿线的资源环境

在确保公路安全性和功能性的同时，因地制宜，灵活运用技术指标，最大限度实现公路与景观环境的协调。例如猴子石路段，位于赤水丹霞地貌的核心区域，段落内红绿辉映、茂林修竹、景观完整，是不可多得的自然美景。按常规手段开辟自行车道将对地形地貌、植被造成不可恢复的影响。为此，设计单位与业主单位、施工单位多方协商，经过多种方案反复对比，确定了架桥通过的方案。该方案虽然一定程度上提高了建设成本，但最大限度地保护了当地的生态环境（图 18-12）。

又如，原有公路两侧的行道树，以刺桐（*Erythrina arborescens*）为代表，胸径在 10～15cm，长势良好。为保留住这些原有植被，设计团队在公路选线时开动脑筋，逐段落实避让的可行性方案；有的路段则维持原有路基宽度，未实施扩宽改造，只是对路面、护栏等进行大修或完善，见图 18-13。

再如，古迹驿站，在平面布局时，充分考虑保护和利用原有的景观优美的巨石，使之成为驿站的有机组成部分；建筑外观设计，模拟巨石性状，

图 18-12　猴子石路段，以桥代路，保护丹霞地貌和植被
（图片由遵义市交通运输局提供）

"虽为人造,宛若天成",与周围环境和谐统一(图18-14)。

图18-13　为了保护路侧行道树(刺桐),部分路段路基未拓宽(图片由遵义市交通运输局提供)

图18-14　古迹驿站,建筑与保留的巨石相得益彰（张彦丰 拍摄）

18.4.5　廊道管理,控制公路沿线的建筑风貌

发挥沿线市县及村镇的作用,依靠群众,对沿线村镇建筑风貌、路侧产业发展等进行控制,包括走廊带旅游产业的布局、沿线景观风貌的改造提升、沿街立面的整治,等等。

例如一标与二标沿线有大量墙体,包括厂房墙体、民房墙体以及防护挡墙,多数墙体景观视觉效果差,影响旅游公路的视觉体验。采用浮雕、垂直绿化等方式,对路侧景观进行改良优化。同时,要求沿线集镇、村庄,按照统一要求进行立面整治或提升,统一细节方面的文化元素,如建筑立面材质、窗户的雕花图案等(图18-15)。在一些特色古镇,如丙安、土城,尽可能通过驿站等与旅游公路结合,优化或改善原有的停车设施、休憩空间。

图18-15　酒厂挡墙效果示意图

18.5　建设成效

遵义赤水河谷旅游公路通过适地改造与新建,成为遵义"醉美之路"、中国"最红之路",实现了"贵州第一、全国领先、世界知名"的建设目标。

18.5.1　旅游公路成为遵义旅游产业发展的先行官

赤水河谷旅游公路的建设,促进了区域旅游产业发展,增加了沿线工业及农业的附加值,为元厚镇的龙眼销售、合马镇的羊肉加工等带来了产业增长的新动力。旅游公路的建设，引领了区域供给侧改革、产业发展和扶贫开发，转变了沿线群众生活方式，达到了"路、景、产"三位一体的建设目标，实现了全民参与、全民受益。

2016年"五一"小长假，刚建成开通的赤水河谷旅游公路，让历史文化名镇——习水县土城镇火了起来，接待游客数量出现"井喷"式增长。据统计，"五一"小长假时间，土城接待游客累计达10余万人次，同比增长80%。

公路建成后，沿线的农家乐和旅馆如雨后春笋般冒了出来，村镇居民的生活也丰富起来，饭后骑行散步的人络绎不绝。

18.5.2　旅游公路成为全域旅游的精品景区

旅游公路作为一种公路旅游产品，响应了"供给侧改革"的要求，从供给的层面为日益膨胀的"自驾游"、房车游、"康乐游"、"享乐游""休闲游"等多层次旅游新需求提供了产品和配套服务。

赤水河谷旅游公路以其天然禀赋为基础，以服务为导向、以满足体验为目标，将整条廊道打造成为一个完整的旅游精品，为逐渐兴盛的新型旅游群体提供了高品质的自驾游或公路旅游服务。赤水河谷旅游公路已经成了遵义旅游的一个"精品景区"和一张名片，越来越多的游客慕名而来，目的就是为了到这条路自驾、骑行或露营（图18-16）。

正如遵义市交通运输局领导所说："'让游客留下来'是赤水河谷旅游公路建设的一个重要目的，也符合沿线地方政府和老百姓的期盼，因为只有游客能够与美景亲密接触，增强深度体验感，沿线老百姓才能获得更大的实惠，分享旅游公路建设带来的红利。"

18.5.3　公路沿线环境及景观得到有效保护

赤水河谷旅游公路途径的赤水河，是沿河酒工业的水源地，是当地工业产业的命脉所在。该项目在建设过程中注重对自然环境和人文环境的保护，取得显著成效，受到广泛好评。

通过路线避绕、路基断面灵活设置等措施，全线约三分之一的行道树得到了成功保留，在通车之时郁郁葱葱地展示着活力（图18-13）。通过以桥代路，猴子石等路段优美的丹霞地貌和自然生态得到了完整保留，成为游客最为津津乐道和赞赏的路段之一（图18-12）。通过精细化施工，路侧许多古树、大树，如黄葛树（*Ficus locor*）得到了保留，并成为公路一景（图18-17）。

图18-16　骑行爱好者在赤水河谷旅游公路
（图片由遵义市交通运输局提供）

图18-17　赤水河谷旅游公路路侧保留下来的古黄葛树
（图片由遵义市交通运输局提供）

贵州省文物考古研究所的研究人员,在福禄台古遗址现场赞叹道:"交通运输部门在旅游公路修建中,通过改线避让古迹遗址,通过文物部门挖掘抢救保护沿线文物,搭建展棚合理利用文物元素,增加古今对话,游客自然会停下来,从美景赏玩中一头扎进绵延千年的历史深处。"

19　吉林省吉林至延吉高速公路

19.1　工程概况

吉林至延吉高速公路(简称吉延高速)是同三国道主干线长春至珲春支线的一部分(图19-1),是国家高速公路"7918"网中横二线珲春至乌兰浩特的重要路段,也是东北区域骨架公路网和吉林省高速公路网的重要组成部分,全长284.7km,设计速度80km/h,双向四车道。

吉延高速穿越长白山区,沿线自然景观优美,起伏的群山、茂密的森林、整齐的农田以及丰富的季相变化向人们展示着一幅幅多彩的画卷。

该路始建于2003年10月,因为设计时间较早,原有设计理念比较陈旧。主要体现在:大填、大挖段落较多,边坡防护多以石砌挡墙、浆砌护面墙为主,排水沟、截水沟多为梯形、矩形浆砌片石结构;对生态景观重视不够,绿化植物种类单一,栽植方式以等间距为主,与自然不和

图19-1　吉林至延吉高速公路区位图

谐,等等。亡羊补牢为时不晚,历史不能在我们手中留下遗憾。为此,吉林省交通运输厅、吉林省高等级公路建设局,于2006年决定邀请交通运输部科学研究院开展工程完善设计,努力将公路建设新理念与路域的自然、人文等要素相融合。公路于2008年9月28日建成通车,实现了建设"生态路、环保路、景观路、安全路"的目标。

19.2　完善设计的主要做法

针对原设计的不足及现场施工的进展情况,主要从以下几个方面进行了设计完善。

19.2.1　安全

坚持以人为本,充分考虑道路使用者的视觉感受和行车心理,发挥植物的视觉诱导和柔化遮挡作用,营造安全高效的交通环境。如:将全线浆砌片石梯形边沟改造为浅碟式生态边沟,对矩形石砌边沟进行了填石、填土、植草等柔化改造,平缓的柔性边沟及护坡不再让驾驶人的错误以付出生命为代价,体现安全路的容错理念(图19-2);在挡墙等低矮硬质构造物前增加遮挡式绿化,让原有的圬工防护、硬质防护变成生态防护、柔性防护,弱化了硬质景观对道路使用者的视觉冲击,提升了道路安全品质,突出了人文关怀。

图 19-2　浆砌边沟(左图)改为生态边沟(右图)(陆旭东 拍摄)

19.2.2　环保

高度重视生态环境、水环境、声环境的保护工作,把公路建设对环境的不利影响降到最低程度。对原有地表植被能保留的尽量保留,坚持不破坏就是最好的保护的原则;节约利用土地资源,开挖地段的地表土集中堆放,为景观绿化工作做储备;采用桥面净流收集系统,保护水环境不受污染;改造后的生态边沟,通过植被的截留和降解,对地表径流起到一定程度的净化作用。

19.2.3　景观

深入分析公路沿线的景观特征、自然植被的演替规律,对全线景观进行系统规划,对路内景观和路外景观进行系统设计;根据沿线自然环境概况,将全线规划为拉法山、白桦林等九个景观段落(图19-3),按段落特点进行景观完善。比如:在拉法山景观段重点突出借景和视线诱导,把拉法山景色纳入公路;在红叶谷景观段,植被恢复采用茶条槭、悬钩子等秋色叶树种;把白桦林景观纳入黄泥河服务区,实现与周围环境的和谐;在民族风情景观段重点体现朝鲜民族特色和朝鲜族人文特征,彰显民族风情(图19-4~图19-7)。

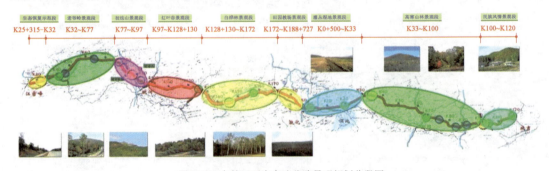

图 19-3　吉林至延吉高速公路景观规划分段图

19.2.4　生态

立足于人和自然相和谐,最大限度地恢复公路沿线植被,使公路融入自然之中。实现公路的"内部和谐"及"外部和谐"。对于坡度缓于1:1.5的土质边坡,主要采用喷播植草灌的形式进行恢复,通过野花种子的运用使边坡短时间内达到理想的景观和生态效果(图19-8)。对于高陡石质挖方段,则主要采用挂网客土喷播等形式进行恢复,达到加速自然恢复的目的,取得了良好的生态效益(图19-9)。

图19-4　拉法山景观段(杨秉政　拍摄)

图19-5　红叶谷景观段(杨秉政　拍摄)

图19-6　白桦林景观段(杨秉政　拍摄)

图19-7　民族风情景观段(杨秉政　拍摄)

图19-8　土质边坡缀花草地效果(杨秉政　拍摄)

图 19-9　石质边坡客土喷播施工前（左图）和施工后（右图）对比（周剑 拍摄）

19.2.5　应用新技术、新材料、新工艺

为了给驾乘人员提供更好的观赏自然的机会，全线近三分之一路段采用缆索护栏；为了增加防眩效果和与周边环境协调，所有防眩板均采用仿生型抗老化、抗色衰的新材料；为避免白色水泥隔离栅立柱破坏行车视觉，在立柱下栽植地锦，使隔离栅成为一条绿色的篱笆；在不同海拔高度及多雨、雪、雾路段设置气象观测仪，提前预告路上气象数据，增加安全性；标志牌立柱采用解体消能结构，避免事故引起的伤害；等等。

19.3　建设成效

尽管该路原有设计存在许多缺陷，通过完善设计、强化管理，经过全体建设者的共同努力，最终取得了很好的效果。

19.3.1　成为一条生态路

（1）最小限度地破坏环境：施工过程中，严格要求施工单位能不砍的树木一棵也不要砍，想方设法保护好。公路沿线的地形、植被，如服务区、收费站等场区内的地貌、植物，以及边坡坡顶位置的植物等，得到了最大限度的保护。

（2）最大限度地恢复生态：提高植被覆盖率、增加绿量，建立了良好的植被群落，既保证边坡的稳定性，又改善了公路景观；充分遵循植被演替规律，充分利用乡土植物造景，通过乡土植物的播种、栽植等人工诱导的方式，加速路域内的自然恢复，形成自然的植物景观（图 19-10）。

19.3.2　成为一条景观路

（1）呈现自然景观：通过路堤边坡坡顶 2m 以内植草、风景优美路段设置通透性好的缆索护栏等手段，保持视线通透。车行在吉林至延吉高速公路上，老爷岭、拉法山、红叶谷、白桦林、田园、湿地、朝鲜民居等景观依次展现在眼前，美不胜收（图 19-11）。

（2）塑造景观亮点：充分挖掘地域自然、人

图 19-10　吉延高速公路生态效果（杨秉政 拍摄）

文景观特色,把重要的景观节点,如蛟河服务区、新站互通、老爷岭隧道出入口等,打造成为高品质的景观亮点,提升整体景观质量。

19.3.3 成为一条环保路

(1)避免桥面径流污染敏感水体:对沿线跨越敏感水体的桥梁,增设桥面径流收集处理系统,并将处理池作为危险品事故泄漏的应急蓄毒池,最大限度地保护了水环境。

(2)避免交通噪声污染沿线居民:通过绿化林带、土堤式声屏障等的建设,有效保护了沿线声环境(图19-12)。

图19-11 吉延高速公路景观效果(杨秉政 拍摄)

图19-12 吉延高速公路环保效果(杨秉政 拍摄)

19.3.4 成为一条安全路

(1)提高公路的安全性:全线行车道外侧设置隆声警示带,减少由于驾驶人疲劳驾驶引发的单方事故;边坡采用工程防护与植物防护相结合,最大限度地减少边坡坍塌等安全隐患;通过借景、造景等手法,丰富了全线景观,避免景观单调,有利于提高驾驶人的注意力。

(2)增强公路的宽容性:标志牌的立柱采用解体消能结构,降低交通事故对司乘人员伤害的程度;采用浅碟形边沟替代原来的梯形浆砌边沟、矩形边沟,增加了路侧净宽,大大降低事故造成的危害(图19-13);边坡下部种植低矮植物,能够对事故车辆起到消能的作用;采用缆索护栏,增加通透效果的同时更增加了安全性。

图19-13 吉延高速公路安全效果(周剑 拍摄)

20 湖北省神农架至宜昌旅游公路

20.1 工程概况

神农架木鱼坪至宜昌兴山昭君桥旅游公路(简称神宜公路)改扩建工程,起于神农架林区旅游接待中心的木鱼镇,终于兴山县高阳镇昭君村,沿原有G209改扩建(图20-1),路线全长52.96km,建设标准为山岭重丘区二级公路,设计车速40(60)km/h,路基宽度8.5(10.0) m。全线约42.1km采用8.5m基本路基宽,约10.8km采用10.0m基本路基宽。全线土石方612 000m³,沥青路面483 000m²,排水防护505 000m³,桥隧比8.66%(含加宽桥约9.63%),平面交叉19处,养护工区2处。工程总投资3.84亿元,2006年3月开工,2007年10月1日建成通车。

图20-1 神宜公路线位图

20.2 建设理念

神宜公路设计施工,秉持如下建设理念:
(1)坚持将"保护好生态环境"作为设计的"第一追求"
"路景相融、自然神宜"的建设目标:落实科学发展观,关爱生命,保护至上,注重科学确定建设标准、注重充分利用老路资源、注重灵活掌握技术指标、注重保护自然原生态,努力做到最小程度的破坏,循环节约,廉政阳光,共同建设质量优良、生态环保、安全舒畅、路景相融的精品旅游公路,塑造公路与自然和谐的典范。

(2)坚持将"恢复好生态环境"作为施工的"第一原则"

将恢复公路生态环境和人文景观有机结合,将恢复公路生态环境与沿线地方环境治理有机结合,打造协调、和谐的生态公路环境。秉持"自然就是最美的""适用就是最好的",合理确定公路建设规模和技术标准,不随意浪费资源、不牺牲生态环境、不盲目贪大求洋,注重环保服务功能,坚持保护自然资源、保护生态环境。

(3)坚持将"科技创新促进生态环保"作为建设的"第一动力"

坚持科研攻关促进生态环保,开展公路边坡植物群落诱导技术、公路景观资源质量评价和景观协调技术、公路弃渣等废弃物利用技术等研究,以科技创新成果指导生态环保公路建设;坚持应用"四新"技术促进生态环保。在勘测设计中采用了 GPS 全球定位系统和先进的地质雷达技术,在隧道施工中应用了超前预报技术,在土建工程中采用了半路半桥、悬挑板等施工工艺,在路面施工中采用了 SBS 改性沥青现场加工技术,在边坡防护施工中应用了主动和被动柔性防护系统,在绿化施工中应用了三维网绿化技术,在安保工程中采用了太阳能交通标志、防火涂料等。据不完全统计,项目共采用了 22 项新技术、新材料、新工艺和新设备,创造了将工程建设、科技应用与生态环保有机结合的新经验。

20.3 主要做法

20.3.1 合理确定建设标准

为了架设林区与外界的快速通道,地方政府非常希望建设一条高速公路,然而,这势必会对神农架的自然环境构成难以恢复的破坏。公路建设决策者充分论证、科学分析、尊重自然、实事求是,最终将原规划的高速公路调整为二级公路。这一科学决策,不仅使工程概算由原来的 20 多亿元减少到 3.84 亿元,符合该区域的发展实际,而且大大节约了资源,有效保护了环境。

20.3.2 灵活运用技术指标

按照以人为本、节约资源、保护环境、协调发展的核心价值,贯彻"灵活性设计"和"宽容性设计"理念,变设计工作为设计创作,变设计产品为设计作品。

针对项目特殊的地质地形条件,在确保安全的前提下,不一味追求技术指标的严格统一,不一味追求裁弯取直,坚持因地制宜,随弯就弯,易宽则宽,灵活运用,合理掌握。

路线平面线型以曲线为主,充分运用对称或非对称基本型、S 形、卵形、复合型等各种线型对虚拟中线进行精确拟合,以充分利用线型(图 20-2)。全线共设置了 94 个弯道,总长 41.06km,占总里程的 77.5%,既减少了对环境的破坏,又使路景交融,自然和谐。纵面线型设计中,采用分类耦合方式,使老路得到最大程度的耦合利用,做到各标段内土石方填挖基本平衡,力求"零弃方"。

对于地形条件好的采用高指标,困难路段采用低指标。一般路段受制因素较多,路基宽采用 8.5m,有条件的城镇、景区、隧道等路段,路基宽采用 10.0m,桥梁一般与路基同宽。不同路基宽度的段落之间设置渐变段,渐变段长度 15m,采用三次抛物线性过渡。

通过对局部段落纵面、横断面的设计优化，提高老路纵面、横幅及边坡拟合程度，降低因纵、横改造所引起的新征土地数量，节约了宝贵的土地资源。

a) 横断面设计优化减少山体开挖　　　　b) 灵活的曲线形式减少地形破坏

图 20-2　神宜公路灵活性设计保护环境（神宜指挥部　供图）

20.3.3　充分利用老路资源

节约土地资源是公路建设资源节约的核心，在寸土寸金的山区更是如此。改扩建工程设计中"宜路则路、宜桥则桥、宜隧则隧"，创造性地应用半路半桥、悬挑帮衬、桥隧相连等设计手法，共新增 11 座半幅桥、6 处悬挑板、20 座全幅桥和 5 座隧道，公路沿线建设的半幅桥与悬挑板已成为沿线的一道靓亮景观，见 20-3。

图 20-3　神宜公路的半幅桥与悬挑板（神宜指挥部　供图）

同时，在设计中，局部路段将设计行车速度降低为 40km，最小半径降低为 60m，进一步增大老路资源的利用程度。路线布置过程中，全线直接改建老路 44.1km，局部路段的老路难以充分利用，有的留有余宽，有的因裁弯取直、路线改移而造成老路废弃。为此，提出了老路资源的系列利用方式：①对余宽较多的路段（计 5.22km，占 35.8%）增设紧急停车带，全线共设置了 57 处停车带和 8 处观景台，以满足司乘人员的停车和赏景的需要。②对余宽较小的线外老路，改建为路侧净区和绿化带（计 1.32km，占 9%）。③对于裁弯取直、路线改移的线外老路，部分转为乡镇、厂区或风景区的道路（7.37km，占 50.5%），部分转为新居民点或公路管理站等加以利用（0.69km，占 4.7%）。这些措施的综合运用使神宜路的旧路利用率达到了 100%，有效保护了环境，节约了资源，同时，为过往游人提供了方便、安全的赏景场所，见图 20-4。

20.3.4　沥青混凝土的循环利用

对于旧路改造中产生的路面废旧沥青混合料，研究提出了循环利用的系列措施。

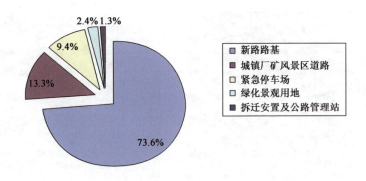

图 20-4 旧路利用方式占比

一是尽可能用于路面冷再生。先确定废旧沥青路面面层经铣刨与破碎后的级配,通过外掺集料,进行配合比设计,使冷再生混合料的级配符合规范要求,然后在公路交叉道口等路段实施冷再生路面铺筑。

二是作为路基填筑材料。

三是探索作为生态恢复的基材。废旧沥青混合料经过粉碎、筛分后,选取粒径不大于1cm的沥青碎石混合料作为生态恢复基材。室内试验结果表明,粒径较大且大小不一的碎石增加了土壤的孔隙度,尤其是大空隙的比例,使土壤的透水能力增强,保水能力减弱;添加沥青碎石混合料使土壤颜色变深、比热容提高,会增加土壤的吸热能力;添加沥青碎石混合料对植物种子发芽有轻微的影响,但影响不大(图 20-5)。

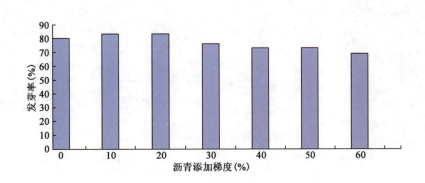

图 20-5 土壤中沥青混合料用量与植物种子发芽率的关系

当沥青碎石混合料含量低于30%时,基本不会影响植物的正常生长。按照沥青碎石混合料和土壤体积比1∶9的比例,通过客土喷播,在公路边坡建立了良好的植被。现场对比试验结果表明,添加沥青碎石混合料的小区植被长势良好,颜色浓绿,比对照小区绿期略长(图 20-6)。

20.3.5 其他废弃物的综合利用

对挖方进行土石分离,分类平衡利用,石料用于填筑路基、砌筑挡墙或防护工程等,土料则

a) 加沥青边坡 b) 不加沥青边坡

图 20-6　沥青混合料作为客土基材的喷播效果（刘龙 拍摄）

用于种植槽填土、客土喷播、土工格栅绿化等；将不适于路基填筑的废方用于路侧净区、路侧绿化带的填筑；表土集中保存，用于绿化施工。

此外，对于施工清表时产生的伐木、枝叶等进行收集，木料用于建设生态型边坡挡墙，既减少了圬工防护，又与自然环境相融合；树枝、树根等干燥后，粉碎成锯末状，作为客土喷播的有机基材加以利用，实现物尽其用（图 20-7）。

a) 利用废弃伐木作为生态挡墙 b) 利用石头作为区域间隔

图 20-7　废弃伐木与石头的利用

20.3.6　景观评价与协调优化

为了解决山区峡谷地带旅游公路景观评价与优化问题，收集了 95 张包括边坡防护形式、地貌类型、植被类型、桥梁隧道设计形式等景观类型的照片，基于公众问卷调查、照片评价、景观生态格局分析等方法研究了公众的审美偏好，筛选了评价指标，建立了旅游公路景观评价体系。据此评价了神宜公路的景观质量，并提出了路域景观与自然景观的协调性方案。包括古树名木等景观保护方案，人文景观资源用于公路观景平台、地名文化用于公路设施命名等景观利用方案，上边坡护面墙垂直绿化等景观协调方案，等等。如三堆河观景休息区采用虚实结合的手法介绍地域风情,反映"诗、美、圣、野"文化。采用石柱雕塑形式展现诗人屈原、美人昭君、圣人神农氏这些中华民族历史上的灿烂人物,是一种"实"景;以分布于地表的脚印展现"神农架之谜"野人的神秘形象,是一种"虚"景。

在对当地文化详细调研的基础上,设计了能反映当地人文特点的公路标志标牌、景观小品。例如,在公路起点木鱼坪,有一段美丽的爱情传说,即木鱼传说。为此,设置了木鱼雕塑:采用仿木钢条编织成鱼的外形,空灵通透;悬挂不锈钢的鳞片,随风舞动。不论是白天还是夜间,均能给驾驶人以醒目的提示。

采用"露、透、封、清、避、绣"的手法保护和利用景观资源。对近景好的"露",远景好的"透",景观不好的通过绿化"封",对"三杆"和沿线危石进行"清",对险要路段和敏感区域进行"避",通过绿化美化进行"绣"。

20.3.7 生态恢复技术创新

神宜路位于峡谷地带,山高坡陡,为了减少开挖、稳定边坡,研究提出了一系列工程防护与植被防护相结合的防护绿化措施。包括:阶梯式空心砖护面墙绿化技术、L形挡墙种植槽绿化技术、钢筋骨架与植生袋固土绿化、干砌片石挡墙绿化、木桩栅栏式挡墙绿化等植被恢复技术。

20.4 建设成效

20.4.1 成为绿色公路的新典范

神宜公路坚持将打造"两型交通"作为交通发展的第一选择并积极付诸实施,实现从重工程建设转向重生态环保、从重项目规模转向重资源节约、从重服务出行转向重旅游经济、从重学习借鉴转向重集成创新、从重方便施工转向重安全便民五个转向,成为绿色公路建设的新典范。

在建设标准层面,将原来的高速公路调整为二级公路,为此,人民日报发表《呵护神农架保护区,生态旅游高速公路改为二级公路》的文章,予以充分肯定。通过科学决策和优化设计,不仅使工程造价由原来的 20 多亿元减少到 3.84 亿元,新征用土地从 266.67 多公顷减少到了 41.33 hm^2,而且避免了大填大挖对沿线生态资源的大量破坏。

20.4.2 成为神农架旅游的新景观

神宜公路沿线有香溪河、神农架国家级自然保护区、三峡珍稀树木园、神龙洞、滴水岩、猴子包峡谷和天生桥等十余处自然景区;有昭君故里、神农坛等人文景观;有美人昭君、诗人屈原、圣人神农、野人传说,以及汉文化史诗《黑暗传》等众多文化元素。神宜公路的建设不仅提供了点对点的通道服务,更是一线穿珠,串起通道沿线的知名旅游景点,使人们在行进中领略神农架风光,感受大自然魅力。通过游客休息区、观景台、文化墙、步游桥、石刻标志牌等服务设施,将项目沿线自然天成的景观元素"橘香""茶韵""峡幽""石趣""木秀""水灵"等有机"珠链"成为溯源香溪、探秘神农、寻梦百里画廊的公园式通道,并将"美人昭君、诗人屈原、圣人炎帝、野人传说"等"美、诗、圣、野"文化元素有机地联为一体,充分展示了神宜公路丰富的文化内涵,见图20-8。

作为全国首条科技环保示范路,神宜公路实现了"路景相融、自然神宜"的建设目标,打造了"路在林中展、溪在路边流、车在景中行、人在画中游"的公路形象,为服务神农架经济尤其是原生态旅游又好又快发展奠定了坚实基础。

图 20-8　人文景观资源在公路景观建设中应用(詹勇　供图)

神宜公路的建成通车,成为当年神农架旅游的最大亮点,自驾车、自助游日趋增长,呈现出旅游淡季不淡、旺季更旺、冬季旅游不再"冬眠"的新气象。游客们普遍反映:神农架风景如画,神宜路锦上添花,又为林区旅游增添了一道靓丽的新景观,见图 20-9。

a) 路在溪边展　　　　　　　　　　　　　b) 车在林中行

图 20-9　路景相融的神宜公路(詹勇　供图)

21　绿色公路展望

早在20世纪20年代,美国的一些州和北欧斯堪迪纳维亚半岛的交通部门就开始关注公路交通与大型哺乳动物之间的相互关系,因为大型哺乳动物(如鹿等)与车辆相撞事故时有发生,导致的车祸引发了医疗保险及经济损失等一系列社会问题(Forman等,2003)。

20世纪80年代以来,有关公路与环境的关系研究,主题不断拓展、研究逐步深入、成果层出不穷。2003年,4位交通专家、1位水文专家和9位生态学家,撰写了《路域生态学:理论与实践》一书,对公路/车辆、土壤/水/空气以及植物/动物等方面的相关研究进行了综合论述(Forman等,2003),为绿色公路建设提供了重要的理论依据。2015年,Rodney van der Ree等人,与来自世界各地的知名专家、学者、建设者和管理者,共同编写了《路域生态学手册》,从公路、铁路和管道等交通基础设施的规划、设计、施工、管养等方面,论述了线性工程对生态可持续性的挑战及其对策的最新研究成果,对于提高绿色公路建设水平具有重要的参考价值(Van der Ree等,2015)。

我国从20世纪80年代末开始研究公路对环境的影响问题,并开展公路建设项目环境影响评价(陈济丁,2002),21世纪初开始关注绿色交通,对绿色交通的内涵及实现途径等进行探讨(陈济丁,2006)。2009年,毛文碧主编了《公路路域生态学》,对我国公路路域生态环境评价与保护等方面的成果进行了系统总结。近些年,绿色公路成为交通领域的研究热点,研究内容涉及路域生态保护与恢复、环境污染及防治、节能减排与低碳交通、资源节约与循环利用、景观保护与利用等各个方面。

构建绿色公路交通体系是一个高度复杂的系统工程,既涉及规划、设计、施工、运营和养护管理各个阶段,也涉及路基、桥梁、隧道、路面、交通工程、环保、景观等各个专业。尽管国内外绿色公路研究已经取得了大量的成果,但要构建完整的绿色公路建设技术体系和标准规范还需要开展大量的、进一步的深入研究和应用实践。

目前,国内研究大多关注单条公路的环境影响,只有为数不多的研究开始涉及路网对环境的影响,如三江并流区公路网对动植物生境影响、内蒙古草原地区公路建设对生物多样性的影响等(陈学平等,2012;关磊等,2014);许多研究期限只有两三年,只能分析公路建设或运营对环境的短期影响(Trombulak,Frissell,2000),长期观测研究、应用基础研究还十分缺乏;多侧重建设期的环境影响研究,对运营期环境影响研究、生态环境影响的定量研究等还比较欠缺。

今后,我国公路建设速度将逐渐趋缓,但公路路网规模将继续扩大,公路对资源环境的影响及其减缓措施研究,将由以建设期为主,逐步转向建设期与运营期并重,不断加强公路运营期的研究;公路网络对环境的影响及其对策、公路长期运营对环境的累积影响、公路建设与运营对生态环境影响的定量评价等方面的研究将越来越引起大家的重视(Laurance等,2014)。

作者认为,未来绿色公路研究的重点方向包括:公路路网对生态完整性的影响研究、环境敏感区公路对典型动植物种群影响的监测研究、融雪剂对路侧土壤和水体累积污染的跟踪研究、公路交通噪声对路侧野生动物的影响规律研究、汽车尾气对雾霾形成的贡献率研究、可再生能源在公路设施的应用、汽车营地规划设计,等等。

在野生动物保护领域,北美、欧洲、澳洲等地野生动物保护技术已经比较成熟和全面,不仅关注大型哺乳动物,也关注两栖类、树栖类、爬行类、鱼类、昆虫等(Beckmann等,2010)。目前,野生动物保护仍是路域生态学领域关注的热点问题,内容涉及生态廊道的连通性、避免野生动物交通致死、动物通道的规划设计、动物通道的有效性监测、动物栖息地的保护等等(Clevenger,Huijser,2011)。国内在野生动物保护方面的研究还较为有限,只有思小高速公路等为数不多的公路设置了专门的动物通道(Pan等,2009)。许多公路由于缺乏动物通道,经常发生交通致死事件。由于事先缺乏对动物迁徙路线、迁徙规律等的观测研究,一些设置的动物通道也没有发挥应有的作用。今后,我国应在公路对野生动物影响的长期观测与影响机理、公路野生动物通道设置技术、野生动物通道效果监测等方面加强研究,不仅要关注大型哺乳类,也要关注两栖类、爬行类和鱼类等野生动物(Kong等,2013;Wang等,2015)。

在植被保护、恢复与管理领域,由于欧美国家现在鲜有公路新建或改扩建工程,近些年国际上针对路域植被恢复的研究较少,但国外在植被恢复中很重视乡土植物的应用(Mallik,Karim,2008;Bochet等,2010;Ament等,2014)。国外高度重视路域植被的管理,以达到改善视线、提高行车安全性、控制非本地种和入侵物种、提高生物多样性等目标(Karim,Mallik,2008;Skousen,Venable,2008;Craig等,2010)。得益于大规模的公路工程建设,近些年我国路域植被恢复技术发展迅速(Xu等,2011)。快速绿化,如客土喷播技术等总体达到国际先进水平(Xu等,2006)。但在防止外来物种入侵、诱导自然恢复等方面研究才刚刚起步,路域植被管理研究尚有待开展。

在水系和水环境保护领域,国外对公路与水系的关系开展了大量研究(Jones等,2000;Tague,Band,2001)。公路设计不仅要考虑排水需要,也要考虑雨洪入渗管理(Pontier等,2004;Li,2015)。路面径流收集处理技术已被普遍应用,如设置沉淀池、建设人工湿地等,并从湿地植物配置、湿地构型等方面研究了人工湿地对公路路面径流、服务区污水的净化处理(Barrett等,1998;Shutes等,1999;Stagge等,2012)。总的来看,我国公路与水系的关系研究还十分有限(李晓珂等,2014;Lv等,2016),融雪剂等对水环境的累积影响尚缺乏研究,路面径流的收集处置技术有待完善。因此,研究重点将由点源污染向面源污染转变,在继续研发服务区污水处理新技术的同时,强化路面径流收集处理等方面的研究。研究方向包括:水系连通性的保护技术、环境友好型冰雪清除技术、路面径流收集处置技术等等。

在公路交通噪声治理方面,美国、日本、德国和澳大利亚等开发了降噪效果好的泡沫陶瓷等作为声屏障材料(Ekici等,2003)。通过轮胎/路面噪声检测标准研究和装备研发,合理评价噪声轮胎/路面噪声,改进路面材料和结构,降低路面噪声排放(Tiwari等,2004;Freitas等,2012)。国外已经开始考虑交通噪声对野生动物的影响,如桥位合理选址、改进桥梁伸缩缝和支座等,以减轻野生动物穿越动物通道时的交通噪声干扰(Foglar,2012;Helldin等,2013)。我国公路交通噪声污染防治方面,仍需研究完善交通噪声标准体系,建立公路交通噪声标准通用模型,加大噪声污染治理的新技术、新材料和装备的研究,继续加强生态型声屏障、废渣再生利用型声屏障等开发研究(储益萍,2011)。

在大气污染防治方面,欧美等发达国家不断测试与研究机动车污染物的排放(Frey 等,2009;Menezes 等,2016),提出机动车污染物排放的控制标准和规范性检测评价体系;研发新的、区域性高分辨率的交通污染物排放与环境影响分析与评估工具(Smit 等,2008;Borge 等,2012;Jung 等,2016);研究替代燃料、开发适应替代燃料的尾气净化装置等(Thomas 2009;Menezes 等,2016)。美国、欧洲和日本等国家交通运输管理部门逐步建立了完善的交通污染控制、评价与监管体系,在此基础上通过合理的经济手段和措施,促进交通部门污染物的减排,为实现交通与环境的协调发展提供了管理依据和手段(Greene,2011)。我国近年来加大了环境空气污染防治方面的研究,环境保护公益性行业科技专项每年都有大量资金用于支持大气污染防治领域的科学研究,立项数量由 2010 年的 3 项增至 2014 年的 28 项。研究范围及内容由城市(如北京、上海)向区域(京津冀、长三角、珠三角、中原经济区)转变(Wang 等,2009;王慧慧等,2016;郑君瑜等,2009;马品等,2015)、由单一因子预测向综合复杂预测模式发展、由单一行业单一污染治理向综合污染物防治转变(王少霞等,2000;Zhou 等,2010)、由 CO_2 温室气体减排控制向 PM2.5、光化学烟雾污染(O_3)、VOC 等区域污染物控制转变(樊守彬等,2016),同时注重监测设备研发、监测技术和方法规范制定等。在机动车排放污染影响方面,开展了柴油车尾气细颗粒物(PM2.5)减排、北京市交通流与环境空气质量改善、京津冀区域道路交通扬尘检测及排放量核查核算方法、国六阶段机动车尾气细颗粒物的粒数和质量排放限值等方面的研究。在汽油车尾气催化净化、柴油车尾气 NO_x 净化、柴油车尾气颗粒物过滤消除、摩托车尾气催化净化、大尺寸蜂窝陶瓷催化剂载体等方面取得了一定的技术突破。目前,我国新车型和油品提升情况下,实际运行工况条件下典型机动车主要污染物的排放源强数据更新滞后,特别对机动车排放的光化学烟雾前体污染物和特征污染物、细颗粒物(含 PM2.5)的污染特征和化学效应等缺乏持续监测和深入研究,对于机动车排放对区域雾霾发展的影响、机动车油品升级与替代燃料使用的减排效应及其对环境空气质量的潜在影响、在用车尾气污染管理的检测/维护(I/M)制度实施的污染物减排效应等方面缺乏定量研究,无法为交通行业污染防治策略制定和行业减排效果量化等提供理论指导。

在土地资源节约利用领域,公路建设中的土地资源节约和保护工作将会越来越得到重视,从主体工程设计优化,到临时用地节约集约和复耕复垦等方面都会逐渐形成行业、地方的标准和规范要求,表土资源收集和保护的理念将得到进一步推广,相关技术将进一步法制化、规范化,表土资源堆存技术和预处理技术水平将不断提高,利用表土进行临时用地复垦的应用技术将从管理制度、操作方法等方面进一步完善(崔慧珊等,2007,2009;李长江等,2014;陶双成等,2015)。总之,公路建设中的土地资源保护工作将会逐步向标准化、规范化、强制性方向发展。在资源再生利用领域,日本旧沥青路面混合料 100% 得到回收利用,其质量与新拌沥青路面料相同,而成本可降低 1/3;美国用地范围内清除的树木,被加工成树屑,作为绿化用的覆盖材料,公路清扫收集的垃圾,在养护工区内进行分类处理(Steinfeld 等,2011);法国利用碎混凝土和碎砖块生产出了砖石混凝土砌块。我国沥青路面混合料再生利用技术达到了国际先进水平,已在全国各地推广应用(黄晓明等,2001;郭乃胜等,2015)。但对于清表过程中清除的植被、公路养护过程中收集的垃圾再生利用技术等,还有待研发。

在公路节能减排方面,英国、美国、欧盟及日本交通运输业节能减排采取的主要管理手段包括健全法律体系、节能技术创新、有效的税费政策等,通过多种措施联合来控制温室气体排放（Greene 等，2011）。为减少空气污染，生物燃料、燃料电池电动汽车等新能源汽车已成为发达国家的选择（Thomas，2009）。美国联邦高速公路管理局于 2008 年设立了二氧化碳封存项目，通过改变公路养护和管理实践来实现固碳，初步研究结果表明全国高速公路系统具有约 85 亿～140 亿美元的碳汇潜力（FHWA，2009；2010）。我国交通运输部相继发布了《公路水路交通运输节能减排"十二五"规划》《建设低碳交通运输体系指导意见》《建设低碳交通运输体系试点工作方案》等指导性文件，取得了积极的成效。2006 年交通环保调研数据表明，公路环保总投资的 69% 用于公路绿化及生态恢复工程，其碳汇能力如何，是否还有提升潜力，能否达到行业碳排放的收支平衡是交通行业亟需回答的科学问题。

在景观保护与利用领域，国外公路景观大多追求自然景观与人文景观的有机结合，以自然景观为主；公路的旅游设施比较完备（陆旭东等，2010）。国内公路景观工程人工痕迹明显，往往忽略自然景观的保护利用；公路旅游设施设计较为欠缺。我国公路建设应更加重视自然和人文景观的保护利用，在公路旅游设施规划设计、汽车营地规划建设等方面取得技术突破（王萌萌，2015）。

本章参考文献

[1] Ament R J, Pokorny M L, Jennings S R, et al. Native Plants for Roadside Revegetation: Field Evaluations and Best Practices Identification [R]. Montana State University, 2014.

[2] Barrett M E, Walsh P M, Jr J F M, et al. Performance of vegetative controls for treating highway runoff[J]. Journal of environmental engineering, 1998, 124(11): 1121-1128.

[3] Beckmann JP, Clevenger AP, Huijser MP, et al. Safe Passages: Highway, wildlife and habitat connectivity. Washington DC: Island Press. 2010.

[4] Bochet E, Tormo J, García–Fayos P. Native Species for Roadslope Revegetation: Selection, Validation, and Cost Effectiveness [J]. Restoration Ecology, 2010, 18(5):656-663.

[5] Borge R, De Miguel I, Paz DDL, et al. Comparison of road traffic emission models in Madrid (Spain) [J]. Atmospheric Environment. 2012,62(15): 461-471.

[6] Clevenger, A. P. Huijser, M. P. Wildlife Crossing Structure Handbook Design and Evaluation in North America. Federal Highway Administration,2011.

[7] Craig D J, Craig J E, Abella S R, et al. Factors affecting exotic annual plant cover and richness along roadsides in the eastern Mojave Desert, USA. [J]. Journal of Arid Environments, 2010, 74(6):702-707.

[8] Ekici I, Bougdah H. A review of research on environmental noise barriers[J]. Building Acoustics, 2003, 10 (4): 289-323.

[9] FHWA. Carbon sequestration pilot program: Implementation and next steps (Progress Report)[R]. Watshington D. C: U. S. Department of Transportation, 2009.

[10] FHWA. Carbon sequestration pilot program [EB/OL]. [2010-07-05].

[11] Foglar M. Influence of Bridge Structural Arrangement on the Noise Induced by Traffic and its Effect on the Use of the Migration Route by Wildlife[J]. American Journal of Psychoanalysis, 2012, 65(4):367-79.

[12] Freitas E, Mendonça C, Santos J A, et al. Traffic noise abatement: How different pavements, vehicle speeds and traffic densities affect annoyance levels[J]. Transportation Research Part D: Transport and Environment, 2012, 17(4): 321-326.

[13] Frey CH, Zhai HB, Rouphall NM. Regional on–road vehicle running emissions modeling and evaluation for

conventional and alternative vehicle technologies[J]. Environmental Science & Technology, 2009, 43: 8449-8455.

[14] Greene D L, Baker H H, Plotkin S E. Greenhouse gas emissions from U.S. transportation[J]. Environmental Policy, 2011.

[15] Helldin J O, Collinder P, Bengtsson D, et al. Assessment of traffic noise impact in important bird sites in Sweden—A practical method for the regional scale[J]. Oecologia Australis, 2013, 17(1): 48-62.

[16] Jones J A, Swanson F J, Wemple B C, et al. Effects of roads on hydrology, geomorphology, and disturbance patches in stream networks[J]. Conservation Biology, 2000, 14(1): 76-85.

[17] Jung S, Kim J, Kim J, et al. An estimation of vehicle kilometer traveled and on-road emissions using the traffic volume and travel speed on road links in Incheon City[J]. Journal of Environmental Sciences, 2016.

[18] Karim M N, Mallik A U. Roadside revegetation by native plants: I. Roadside microhabitats, floristic zonation and species traits[J]. Ecological Engineering, 2008, 32(3):222-237.

[19] Kong YP, Wang Y, Guan L. Road wildlife ecology research in China. Procedia – Social and Behavioral Sciences. 2013, 96: 1191-1197.

[20] Laurance W F, Clements G R, Sloan S, et al. A global strategy for road building [J]. Nature, 2014, 514(7521):262-262.

[21] Li H. Green infrastructure for highway stormwater management: Field investigation for future design, maintenance, and management needs[J]. Journal of Infrastructure Systems, 2015, 21(4): 05015001.

[22] Lv Y, Liu H, Xu Y. Impact of Highway Construction Roadbed Schemes on the Groundwater Environment in Seasonally-frosty Peat Swamp[J]. Journal of the Balkan Tribological Association,2016,22(1A):861-872.

[23] Mallik A U, Karim M N. Roadside revegetation with native plants: Experimental seeding and transplanting of stem cuttings [J]. Applied Vegetation Science, 2008, 11(4):547-554.

[24] Menezes E, Maia A G, Carvalho CSD. Effectiveness of low-carbon development strategies: Evaluation of policy scenarios for the urban transport sector in a Brazilian megacity[J]. Technological Forecasting & Social Change,2016.

[25] Pan W J, Lin L, Luo A D, et al. Corridor use by Asian elephant[J]. Integrative zoology,2009,4:220-231.

[26] Pontier H, Williams J B, May E. Progressive changes in water and sediment quality in a wetland system for control of highway runoff[J]. Science of the total environment, 2004, 319(1): 215-224.

[27] Shutes R B E, Revitt D M, Lagerberg I M, et al. The design of vegetative constructed wetlands for the treatment of highway runoff[J]. Science of the total environment,1999,235(1):189-197.

[28] Skousen J G, Venable C L. Establishing native plants on newly-constructed and older-reclaimed sites along West Virginia highways[J]. Land Degradation & Development, 2008, 19(4):388-396.

[29] Smit R., Brown A. L., Chan Y. C.. Do air pollution emissions and fuel consumption models for roadways include the effects of congestion in the roadway traffic flow? [J]. Environmental Modelling & Software, 2008, 23(10-11): 1262 – 1270.

[30] Stagge J H, Davis A P, Jamil E, et al. Performance of grass swales for improving water quality from highway runoff[J]. Water research, 2012, 46(20): 6731-6742.

[31] Steinfeld D, Fekaris G. Establishing Native Plants on Roadsides: An Integrated Approach[C]// ICOET. Proceedings of 2011 International Conference On Ecology and Transportation. 232-237.

[32] Tague C, Band L. Simulating the impact of road construction and forest harvesting on hydrologic response[J]. Earth Surface Processes and Landforms, 2001, 26(2):135-151.

[33] Tiwari V, Shukla A, Bose A. Acoustic properties of cenosphere reinforced cement and asphalt concrete[J].

Applied Acoustics, 2004, 65(3): 263-275.

[34] Thomas CES. Transportation options in a carbon-constrained world: Hybrids, plug-in hybrids, biofuels, fuel cell electric vehicles, and battery electric vehicles[J]. International Journal of Hydrogen Energy, 2009, 34(23):9279-9296.

[35] Trombulak S C, Frissell C A. Review of ecological effects of roads on terrestrial and aquatic communities. [J]. Conservation Biology, 2000, 14(1):18-30.

[36] Van der Ree R, Smith DJ, Grilo C. Handbook of Road Ecology[M]. Wiley Press, 2015.

[37] Wang HK, Fu LX, Xin L, et al. A bottom-up methodology to estimate vehicle emissions for the Beijing urban area.[J]. Science of the Total Environment, 2009, 407(6):1947-1953.

[38] Wang Y, Kong YP, Chen JD. China: building and managing a massive road and railway network and protecting our rich biodiversity. In Handbook of road ecology[M]. Edited by Rodney van der Ree, Daniel J. Smith and Clara Grilo. Wiley Press,2015.

[39] Xu C, Ye H, Cao S. Constructing China's greenways naturally[J]. Ecological Engineering, 2011, 37(3): 401-406.

[40] Xu X, Zhang K, Kong Y, et al. Effectiveness of erosion control measures along the Qinghai-Tibet highway, Tibetan plateau, China[J]. Transportation Research Part D Transport & Environment, 2006, 11(4): 302-309.

[41] Zhou Y, Wu Y, Yang L, et al. The impact of transportation control measures on emission reduction during the 2008 Olympic Games in Beijing, China[J]. Atmospheric Environment, 2010, 44: 285-293.

[42] 陈济丁. 公路环保时代已经到来[J]. 中国公路,2002(15):70-72.

[43] 陈济丁. 贯彻绿色思想,实现交通可持续发展[J]. 交通世界:运输·车辆, 2006(8):4-4.

[44] 陈学平,关磊,王新军,等. 三江并流区路网对动植物生境影响研究[J]. 公路交通科技:应用技术版, 2012(12).

[45] 储益萍. 道路交通噪声控制措施的技术、经济比较分析[J]. 环境污染与防治, 2011, 33(5):107-110.

[46] 崔慧珊,陈济丁,裴文文. 公路建设节约用地的基本做法和经验[J]. 交通建设与管理, 2007(4): 25-28.

[47] 崔慧珊,鲁亚义,张辛,等. 吉林省公路建设节约集筑用地的经验及问题探讨[J]. 交通建设与管理, 2009(9):104-106.

[48] 樊守彬,袁田灵,张东旭,等. APEC会议期间北京机动车排放控制效果评估[J]. 环境科学, 2016, 37(1): 74-81.

[49] 黄晓明,赵永利,江臣. 沥青路面再生利用试验分析[J]. 岩土工程学报, 2001,23(4):468-471.

[50] 关磊,崔慧珊,孔亚平,等. 道路路网景观生态影响研究现状[J]. 交通标准化,2014,42(15):258-261.

[51] 郭乃胜,谭忆秋,赵颖华. 温拌再生沥青混合料路用性能关键因素影响分析[J]. 公路交通科技, 2015, 32(2):1-7.

[52] 李长江,王偲,王新军,等. 鹤大高速公路资源环境保护管理及成效[J]. 交通建设与管理月刊, 2014(11):7-12.

[53] 李晓珂,王红旗,王新军,等.公路建设对湿地水系连通性的影响评价及影响因素研究——以延边地区为例[J]. 交通建设与管理,2014(11X):105-110.

[54] 陆旭东,陈济丁. 我国公路环保关联性设计的理念与实践[J]. 交通建设与管理, 2010(5):125-130.

[55] 马品,曹生现,刘永红,等. 2006—2012年广东省机动车尾气排放特征及变化规律[J] 环境科学研究, 2015,28(6):855-861.

[56] 陶双成,孔亚平,王偲. 利用表土进行堆形地貌营造的临时用地恢复方法研究[J]. 公路,2015(12):

246-249.

[57] 王慧慧,曾维华,吴开亚.上海市机动车尾气排放协同控制效应研究[J].中国环境科学,2016,36(5):1345-1352.

[58] 王萌萌.美国旅游公路发展及对我国的启示[J].交通标准化,2015(4):8-15.

[59] 王少霞,邵敏,田凯,等.广州市氮氧化物控制的费用效果分析初探[J].环境科学研究,2000,13(1):28-31.

[60] 郑君瑜,张礼俊,钟流举,等.珠江三角洲大气面源排放清单及空间分布特征[J].中国环境科学,2009,29(5):455-460.

[61] 中国科学技术协会.2012~2013道路工程学科发展报告[M].北京:中国科学技术出版社,2014.